Karl Lehrs

Die Pindarscholien

Eine kritische Untersuchung zur philologischen Quellenkunde. Nebst einem Anhange über den falschen Hesychius Milesius und den falschen Philemon

Karl Lehrs

Die Pindarscholien
Eine kritische Untersuchung zur philologischen Quellenkunde. Nebst einem Anhange über den falschen Hesychius Milesius und den falschen Philemon

ISBN/EAN: 9783743311787

Hergestellt in Europa, USA, Kanada, Australien, Japan

Cover: Foto ©Thomas Meinert / pixelio.de

Manufactured and distributed by brebook publishing software (www.brebook.com)

Karl Lehrs

Die Pindarscholien

Inhaltsangabe.

I.
Die ungemeine Verderbung und Verwirrung der Pindarischen Scholien in allen Handschriften. Warnung vor Ueberschätzung des Vratislaviensis A. Die Grundschrift, aus der die älteren Scholien stammen, und verderbliche Art der Fortpflanzung . . . . 1—18

II.
Drei Pindarparaphrasen. Verkennung derselben auch durch Böckh und daher entstandene Irrthümer. Vollständige Paraphrase der neunten Olympischen Ode aus den älteren Scholien. Aeltere und neuere Scholien bei Kalliergus . . . . 18—35

III.
Böckh's Unterscheidung und Scheidung der Scholien unzuverlässig. Σύνταξις 35—45

IV.
Mit Unrecht setzt Böckh die älteren Scholien vor Plutarch . . . . 45—49

V.
Ausbreitung der Dichterparaphrase und ihre Verkennung. Rhetorische Paraphrasen. Grammatische Paraphrasen. Paraphrasen durchflochten mit Kommentar. Zerbröckelte Glossen aus ursprünglich zusammenhängender Paraphrase . . . . 49—72

VI.
Charakterisirung der neuern Scholien. Ihre Verfasser. Die Schneiderschen Scholien. Die Mommsenschen Scholien. Moschopulos. Triklinius. Ἱστορία. Latein unter dem Griechischen. Thomas Magister. ὄπισθεν, ἔμπροσθεν, πρώην bei den Byzantinern . . . . 72—101

VII.

Zur Charakterisirung der ältern Scholien. τὸ σημεῖον χ΄. Ζητεῖται. Paraphrase der vierten Pythischen Ode . . . . 104—142

VIII.

Pyth. IX. Vollständige Probe der Behandlung, Paraphrase nebst dem zugehörigen Kommentar . . . . 142—158

Anhang zweier Abhandlungen zur philologischen Quellenkunde.
    1. Der falsche Hesychius Milesius . . . . 159—164
    2. Der falsche Philemon . . . . 164—190

Berichtigungen und Zusätze. Technisch-grammatischer Gebrauch von λέγειν und γράφειν . . . . 191—197

I.

Die ungemeine Verderbung und Verwirrung der Pindarischen Scholien in allen Handschriften. Warnung vor Ueberschätzung des Vratislaviensis A. Die Grundschrift, aus der die ältern Scholien stammen, und verderbliche Art der Fortpflanzung.

1. Es scheint zweckmässig, an folgendes wenige vorläufig zu erinnern.

Unsere Pindarscholien erschienen zuerst in der Römischen Pindarausgabe des Kalergus. Πινδάρου Ὀλύμπια, Πύθια, Νέμεα, Ἴσθμια. Μετὰ ἐξηγήσεως παλαιᾶς πάνυ ὠφελίμου καὶ σχολίων ὁμοίων. Impressi Romae per Zachariam Calergi Cretensem, permissu S. D. N. Leonis X. Pont. Max. ea etiam conditione, ut ne quis alius per quinquennium hos imprimere aut venumdare libros possit: utque qui fecerit is ab universa Dei ecclesia toto orbe terrarum expers excommunicatusque censeatur. Vom Jahre MDXV.

Der Druck ist so eingerichtet, dass die Verse des Pindarischen Textes, die nur einen Theil jeder Seite einnehmen, an den Seiten und unten, nach Art der mit Scholien versehenen Handschriften, von den Scholien umfasst sind. Vor Beginn der ersten Olympischen Ode ist die Ueberschrift: Ἐξήγησις παλαιὰ πάνυ ὠφέλιμος. — Aber nach Abschluss der Olympischen Oden, ehe in derselben eben genannten Weise es mit den Pythien weitergeht, ist eingeschoben zu den Olympischen Oden noch ein — ich möchte sagen Schub anderer Scholien, fortgehende ohne Text, mit der Ueberschrift: Σχόλια νεωτέρων πάνυ καὶ αὐτὰ ὠφέλιμα, ὡς ἐξ αὐτῶν ἐστι δῆλον, εἰς τὰ Πινδάρου Ὀλύμπια ἢ κατά τινας Δημητρίου Τρικλινίου.

Diese letzteren also blos zu den Olympischen Oden vorhandenen gehen nun unter dem Namen der scholia recentiora, die übrigen als scholia vetera. Sie sind also in der Romana ganz getrennt und aus verschiedenen Handschriften geflossen. Beide Handschriften, welche die Römischen Herausgeber vor sich hatten, weder diejenige zu den alten, noch die zu den neuen, sind bisher nicht zum Vorschein gekommen: möglicher Weise gerade in Folge des Druckes und durch ihre Benutzung zum Druck zu Grunde gegangen. Jetzt findet man jene beiden Arten Scholien durch einander geschrieben und nur durch den jedesmaligen Zusatz Vet. und Rec. bezeichnet. Dies wurde von Beck eingeführt und ist dann bei Heyne und Böckh so beibehalten. Nicht zweckmässig oder zum Vortheil der Sache, wie wir sehen werden. — Neuer Apparat — von dem wenigstens irgend zu reden lohnt — liegt erst durch Gerhard's und Böckh's Bemühungen in Böckh's Ausgabe vor, der auch zuerst den Versuch machte, etwas weitere Scheidungen nicht zusammenstimmend scheinender Scholien vorzunehmen. Mit welchem Glück werden wir nachzuprüfen haben. Unter den Handschriften, die von Böckh benutzt und deren Lesarten beigebracht sind, genügt es uns als den wichtigsten für die neuen Scholien den Mosqu. B zu nennen, und für die alten Scholien, welche uns zunächst besonders beschäftigen werden, den Cod. Vrat. A, dieser nur für die Olympien, und den Gottingensis. Dies, sage ich, genügt, wie auch die übrigen obigen Bemerkungen in Erinnerung zu bringen genügte, um gleich auf die Sache eingehen zu können. Dass ein Zurückgehen auf die Romana von äusserster Wichtigkeit und unerlässlich ist, wie sich zeigen wird, mag auch noch gleich vorläufig bemerkt sein.

2. Unter den Scholien bei Böckh zum ersten Verse der neunten Olympischen Ode ist ein ganz fremdartiges, hier zugeschriebenes Scholion, das aus Codex Vratislaviensis A gekommen, jenes beginnende mit $\tau\acute{\eta}\nu\varepsilon\lambda\lambda\alpha$ $\mu\acute{\iota}\mu\eta\mu\alpha$ $\varphi\omega\nu\tilde{\eta}\varsigma$ $\varkappa\varrho o\acute{\nu}\mu\alpha\tau o\varsigma$ $\alpha\grave{\nu}\lambda o\tilde{\nu}$ $\pi o\iota\tilde{\alpha}\varsigma$ u. s. w., in welchem, wenn man es fortliest (bis $\tau o\nu\tau\acute{\varepsilon}\sigma\tau\iota\nu$ $\acute{\eta}$ $\nu\acute{\iota}\varkappa\eta$), man sogleich bemerkt, dass man erstens hat eine Erklärung von $\tau\acute{\eta}\nu\varepsilon\lambda\lambda\alpha$, dann zweitens mit dem plötzlich anhebenden $\grave{\alpha}\nu\tau\grave{\iota}$ $\tau o\tilde{\nu}$ $\nu\iota\varkappa\eta\varphi\acute{o}\varrho o\varsigma$ Erklärung nicht mehr von $\tau\acute{\eta}\nu\varepsilon\lambda\lambda\alpha$, sondern von $\tau\acute{\eta}\nu\varepsilon\lambda\lambda o\varsigma$, und drittens die noch weniger als schon $\tau\acute{\eta}\nu\varepsilon\lambda\lambda o\varsigma$ hierher gehörige Erklärung von $\pi\nu\varrho\alpha\mu o\tilde{\nu}\varsigma$. Die beiden letzten Erklärungen gehören, wie auch die dabei angeführten Verse gleich zeigen, zu Aristophanes Equites 275 und 276, die erste von $\tau\acute{\eta}\nu\varepsilon\lambda\lambda\alpha$ zu Aristophanes Acharn. 1244 (1228). Es sind alles drei die Aristophanischen Scholien. Und doch sind sie es nicht. Denn beigeschrieben in den Cod. Vrat. A hat sie jemand aus dem Suidas, wo sie ebenso hintereinander stehen, und zwar aus einem Suidas, der schon ganz aussah wie der unsrige; in welchem zwei ursprünglich verschiedene Artikel, nämlich $\tau\acute{\eta}\nu\varepsilon\lambda\lambda\alpha$ und $\tau\acute{\eta}\nu\varepsilon\lambda\lambda o\varsigma$, auch nicht mehr geschieden sind, indem zwischen $\alpha\grave{\iota}\chi\mu\alpha\tau\grave{\alpha}$ $\delta\acute{\nu}o$ und $\mathcal{A}\varrho\iota\sigma\tau o\varphi\acute{\alpha}\nu\eta\varsigma$ $\grave{\alpha}\lambda\lambda'$ $\grave{\varepsilon}\grave{\alpha}\nu$ $\nu\iota\varkappa\acute{\eta}\sigma\eta\varsigma$ $\tau\tilde{\eta}$ $\beta o\tilde{\eta}$ $\tau\acute{\eta}\nu\varepsilon\lambda$-$\lambda o\varsigma$ $\varepsilon\tilde{\iota}$ bereits herausgefallen ist der nothwendige neue Index $\tau\acute{\eta}\nu\varepsilon\lambda\lambda o\varsigma$. Auch der Vers selbst, so falsch wie eben hier ausgeschrieben, nämlich statt des richtigen $\grave{\alpha}\lambda\lambda'$ $\grave{\varepsilon}\grave{\alpha}\nu$ $\mu\acute{\varepsilon}\nu\tau o\iota$ $\gamma\varepsilon$ $\nu\iota\varkappa\tilde{\alpha}\varsigma$ $\tau\tilde{\eta}$ $\beta o\tilde{\eta}$ $\tau\acute{\eta}\nu\varepsilon\lambda\lambda o\varsigma$ $\varepsilon\tilde{\iota}$, steht ebenso schon im Suidas. Eben so das $\grave{\varepsilon}\grave{\alpha}\nu$ $\grave{\nu}\pi\varepsilon\varrho\alpha\varkappa o\nu\tau\acute{\iota}\sigma\eta\varsigma$ $\alpha\grave{\nu}\tau o\grave{\nu}\varsigma$ statt

des richtigen αὐτόν in den Scholien des Aristophanes. Auch ein Paar andere kleine Verschiedenheiten stimmen. Z. B. das Acharnerscholion heisst jetzt in unsern Scholien zum Aristophanes μίμημα ἐπιφθέγματος αὐλοῦ τὸ τήνελλα, im Suidas dagegen so wie hier im cod. Vrat. A μίμημα φωνῆς κρούματος αὐλοῦ ποιᾶς, was an sich auch gar nicht unrichtig gesprochen ist. Doch für unsern Zweck genug, dass wir wissen, es ist ein aus Suidas, aus einem bereits durch Abschreiber ganz dem unsrigen gleich gewordenen Suidas unbesonnen, da weder τήνελλος noch πυραμοῦς hier etwas zu thun hat, in den cod. Vrat. A herüber gekommener Artikel. Ueberflüssige nicht nur, sondern auch schlechte Zusätze sind doch aus diesem Vrat. A recht viele gekommen. Und es wäre wol für eine künftige Ausgabe der Pindarscholien recht wünschenswerth, dass man die, so viel ich sehe, hohe Meinung von dem ganz besondern Vorzug dieser Handschrift herabmindere. Böckh hat schon zu viel daraus gegeben. Er hat es nicht immer vermieden, wo dieser codex ein bereits sonst bekanntes und dastehendes Scholion ebenso oder mit etwas vom Abschreibenden gleichgültig variirtem oder auch verdorbenem Ausdruck hat, es noch als besonderes Scholion aus ihm hinzusetzen. Anderwärts hat er es weislich unterlassen. Und während bei einer neuen Ausgabe der Pindarscholien nichts so wichtig ist als die Masse zu verringern, sind wir wol gar in Gefahr noch grössern Wust zu erhalten und unbedeutend variirte oder einfältig verschlechterte Abschreiberei des cod. Vrat. A, auf deren ganz ausserordentliche Fehlerhaftigkeit Böckh selbst an mehrern Stellen aufmerksam gemacht, mit Wichtigkeit als „andere Version" behandelt und in extenso abgedruckt zu erhalten. Da steht unter dem Scholiengewirr zum ersten Verse der 9ten Olympischen Ode bei Böckh S. 207, in letzter Zeile beginnend, ein Scholion Τὸ μὲν Ἀρχιλόχου μέλος, ὃ τοῖς νικῶσι τὰ Ὀλύμπια ἐπῄδετο u. s. w.*), das ich griechisch unten hinschreibe, hier, weil ich bemerke, dass dieses nöthig ist, übersetzt gebe: „Des Archilochus Lied, welches den Olympischen Siegern zum Siege gesungen wurde, bestand aus drei

---

*) Τὸ μὲν Ἀρχιλόχου μέλος, ὃ τοῖς νικῶσι τὰ Ὀλύμπια ἐπῄδετο, ἦν τρίστροφον, κακῶς δυνάμενον ἁρμόζειν ἐπὶ παντὸς νικηφόρου διὰ τὸ καὶ τῆς πράξεως αὐτῆς ψιλὸν ἔχειν τὸν λόγον, μήτε δὲ ὄνομα, μήτε ἰδίωμα ἀγωνίσματος. ἐφυμνίῳ δὲ κατεχρῶντο τούτῳ Τήνελλα καλλίνικε. τῷ οὖν Ἐφαρμόστῳ, φησίν, ἐπήρκεσε παραχρῆμα κατὰ τὴν Ὀλυμπίαν τοῦτο τὸ μέλος κωμάζοντι σὺν τοῖς ἑταίροις· τὸ δὲ τρικλέος ὅτι τρὶς ἐπεκελάδουν τὸ Καλλίνικε. οὐ καθόλου δὲ τρίς, ἀλλ' ὅτι τριπλῆν ἔχει τὴν στροφὴν καὶ πάλιν ἀναλαμβάνεται. Ἐρατοσθένης δὲ φησι μὴ ἐπινίκιον εἶναι τὸ Ἀρχιλόχου μέλος, ἀλλ' ὕμνον εἰς Ἡρακλέα· τρίπλόον δὲ οὐ διὰ τὸ ἐκ τριῶν στροφῶν συγκεῖσθαι, ἀλλὰ διὰ τὸ τρὶς ἐφυμνιάζεσθαι τὸ Καλλίνικε. περὶ δὲ τοῦ Τήνελλα Ἐρατοσθένης φησὶν ὅτι ὅτε ὁ αὐλητὴς ἢ ὁ κιθαριστὴς μὴ παρῆν, ὁ ἔξαρχος αὐτὸ μεταλαβὼν ἔλεγεν ἔξω τοῦ μέλους, ὁ δὲ τῶν κωμαστῶν χορὸς ἐπέβαλε τὸ Καλλίνικε καὶ οὕτω συνειρόμενον γέγονε τὸ Τήνελλα καλλίνικε. ἡ δὲ ἀρχὴ τοῦ μέλους ἐστίν· Ὦ Καλλίνικε χαῖρ' ἄναξ Ἡράκλεες.

Strophen und war von der Art, dass es allgemein auf jeden, der einen Sieg davontrug, passen konnte, weil es eben nur die blosse Erwähnung der Sache [oder der That, nämlich dass ein Sieg vorlag] enthielt, weder aber einen bestimmten Namen, noch eine spezielle Kampfart. Und als Refrain dabei wendeten sie fort und fort an [κατεχρῶντο: in dieser seiner sehr bekannten Bedeutung z. B. in den Pindarscholien auch vorkommend zu Nem. I, 38] diesen: *Τήνελλα καλλίνικε*. Dem Epharmostos also, sagt er, genügte für den Augenblick in Olympia, da er mit seinen Genossen Aufzug hielt, dieses Lied, das *τριπλόος* aber (in den Worten *καλλίνικος ὁ τριπλόος κεχλαδώς*), weil sie das *καλλίνικε* dreimal zujauchzten. Jedoch ist „dreimal" nicht zu verstehen allgemein, sondern speziell weil das Lied drei Strophen hat und es [als jedesmaliger Refrain jeder Strophe, wie oben gesagt] wiederholt wird. Eratosthenes sagt, das Lied des Archilochos [das man in Olympia zwar als Siegeslied anzuwenden pflegte] sei [ursprünglich, oder eigentlich gesprochen] gar kein Siegeslied, sondern ein Hymnus auf den Herkules. [Wobei wahrscheinlich bemerkt war, dass *καλλίνικος* ein allgemeiner Beiname für den Herkules geworden und man nicht etwa, weil in einem Liede Herkules mit *καλλίνικε* angerufen werde, zu meinen habe, ein solches Lied sei speziell auf einen Sieg gemeint.] Und was das *τριπλόος* bei Pindar betreffe, so habe Pindar *τὸ Ἀρχιλόχου μέλος καλλίνικος ὁ τριπλόος κεχλαδώς* nicht deshalb gesagt, weil das Lied drei Strophen habe [worin gar nicht gesagt liegt, dass Eratosthenes die drei Strophen geläugnet hätte], sondern weil der Refrain *καλλίνικε* dreimal zugejauchzt wurde. [Hiermit hat Eratosthenes etwas sehr gescheites gesagt. Wenn nämlich Pindar gesagt hätte: des Archilochos Lied, der dreifach erbrausende Kallinikos, in dem Sinne: das Siegeslied (also *ὁ καλλίνικος* in diesem Sinne), das in drei Strophen erbraust, so wäre dies wol wenig poetisch und plastisch: jedenfalls, auch wenn das Lied drei Strophen hatte, war es dem Pindar nur darum zu thun, dass eben das „Heil dir im Siegerkranz" dreimal erbrauste, wenn auch eben deshalb dreimal erbrauste, weil es in jeder von drei Strophen als Refrain wiederkehrte. Auch wenn man *καλλίνικος* als „Siegeslied" versteht, ist das so. Man kann es aber auch noch anders verstehen, nämlich so: „das dreifach erbrausende Wort oder Benamung *καλλίνικος* oder vielmehr *καλλίνικε*" nach bekannter Griechischer und antiker Art, Worte und Wortformen zu zitiren. S. quaest. ep. p. 325. Oder noch ein Paar dort nicht stehende Beispiele: Ar. Av. 59 *Παῖ, παῖ.* — *Οὐκ ἀντὶ τοῦ παιδός σ' ἐχρῆν ἐποποῖ καλεῖν;* Vesp. 98 *ἣν ἴδῃ γέ που γεγραμμένον υἱὸν Πυριλάμπους ἐν θύρᾳ Δῆμον καλόν, ἰὼν παρέγραψε πλησίον. Κημὸς καλός.* Ov. Met. IX, 528 Scripta soror fuerat, visum est delere sororem Verbaque correctis incidere talia ceris. Cic. or. II, 46 „Neque paternum aspectum es veritus?" — Nunquam (histrio) illum aspectum dicebat quin —.] Ueber τήνελλα sagt Eratosthenes —. Ich breche hier ab, weil das Fernere zu meinem nächsten Zweck nicht nöthig ist und weil das bisher ganz gescheite und ganz verständliche Scholion bei dem zunächst noch aus Eratosthenes über τήνελλα gesagten sehr fraglich wird und daselbst etwas Unsinn berichtet scheint, wie man ihn dem Eratosthenes wol nicht zutrauen kann, der vielmehr vermuthlich erst bei der Ueberlieferung, vielleicht allmählich durch sehr kleine Auslassungen oder Aenderungen, ut fit, sich so gestaltet hat.

Nachträglich sei noch bemerkt, dass unter diejenigen, welche das τριπλόος „allgemein" verstanden, jedenfalls auch gehören, vielleicht vom Scholiasten vorzugsweise verstanden wurden, jene, die „dreimal" allgemein für πολλάκις nahmen. Das geschah hier, wie man aus Scholien hier ersieht. Das geschah Ol. II, 123 in der Stelle von der Seelenwanderung ὅσοι δ᾽ ἐτόλμασαν ἐς τρὶς ἑκατέρωθεν μείναντες — Moschopulos in Hes. Erg. 250 τρὶς γὰρ μύριοί εἰσι — paraphrasirt πολλάκις γὰρ πολλοί εἰσι. In Aesch. Sept. 731 Ἀπόλλωνος εὖτε Λάϊος βίᾳ τρὶς εἰπόντος ἐν μεσομφάλοις Πυθικοῖς χρηστηρίοις nehmen und paraphrasiren die Scholien τρὶς durch πολλάκις. Da haben wir uns weniger zu verwundern, wenn auch in der Komposition, wo die Sache an und für sich richtiger ist, doch diese Erklärung auf Fälle ausgedehnt wird, die uns anstössig wären, wie bei dem einen Scholiasten zu Aesch. sept. 966 δίυγρα τριπάλτων πημάτων) αἱματοσταγῆ πολιορμήτων καὶ πολυκινήτων δυστυχημάτων· οἱ γὰρ μαχόμενοι πολλαῖς ὁρμαῖς χρῶνται πρὸς τοῦτο. Und τρίγληνα erklärt Apion πολυθέατα, was Apollonios im lex. Hom. billigt, 154, 26. Es geht dies auf die alte, auch Aristarchische Lehre zurück ὅτι ἀρχὴ πλήθους, oder πληθυντικοῦ, ὁ τρεῖς ἀριθμός. S. Schol. zu Il. Ξ, 38. Angewendet auch Schol. vet. Ol. VIII, 53.

In einem Schriftstücke über den Kallinikos des Archilochus und diese Scholien zum Anfang der neunten Olympischen Ode, im Hermes (1870. V, 2) zwar, an welchem jedoch der Hermes Logios gar keinen Antheil hatte, heisst es zu dem besprochenen Scholion: „Eine von Böckh unterdrückte Variation der Stelle enthält der Vrat. A wie folgt: κωμάζοντι φίλοις) πλειόνων οὐσῶν ἀντιστροφῶν καθ᾽ ἑκάστην στροφὴν ἔφη ὅτι τρεῖς (l. τρὶς) ἐπεκελάδουν Καλλίνικε λέγοντες· οὐ καθόλου δὲ τρεῖς (l. τρὶς), ἀλλὰ καὶ τριπλῆν ἔχειν τὴν τροπὴν (στροφήν?) καὶ πάλιν ἀναλαμβάνεσθαι τοῦτον τὸν τρόπον. βέλτιον δὲ ὅτι τρεῖς (τρὶς) ἐπῇδον τὸ ἐφύμνιον οἱ κωμασταί, λέγω δὲ τὸ τήνελλα καλλίνικε. Der Anfang dieser Version ist stark verstümmelt. Wie so oft ist auch hier der Subjektsname zu ἔφη ausgefallen." So etwas, was nichts anderes ist als ein verkürzter und verdunkelter Auszug, soll nun eine andere Version sein. Und weil dem Ausschreiber beliebte, statt φησί zu sagen ἔφη, so wird nun hinter diesem ἔφη der Eratosthenes gesucht. Es ist natürlich, ebenso wie mit φησί, nur Pindar. „Pindar sagte so" gleich „sagt so". Bekanntlich reden die Erklärer häufig so. Ol. I, 20 zu οἷα παίζομεν φίλαν ἀμφὶ τράπεζαν) οἷα δέ, ἔφη, περὶ (wol παρὰ) τὸν πότον εἰώθασι λέγειν. Ol. V, 34 (aus Vrat. A) πόνος δαπάνα τε) πονεῖν ἔφη καὶ δαπανᾶν τοὺς ὀρεγομένους ἀρετῆς. Ol. VII, 86 „ξανθὰν" δὲ κατὰ τὴν ἔμφασιν ἔφη ὁ Πίνδαρος νεφέλην τὴν ἔγκυον οὖσαν χρυσοῦ. VIII, 77 διὸ καὶ ἔφη· τὸ διδάξασθαι δέ τοι εἰδότι ῥᾷτερον. Pyth. V, 43 ἀκράτοις ἀνίαις) ἀκράτους ἀνίας παρὰ τὸ ἀδιαφθόρους εἶναι ἔφη. Pyth. IV, 213 τὸ δὲ ἀνεβράσθησαν ὡς ἐπὶ τῶν ζεστῶν ὑδάτων ἔφη. Nicht weniger εἶπε, z. B. Ol. I, 5 πρὸς ἑαυτὸν δὲ ἐκφέρων εἶπεν· ὦ φίλον ἦτορ, εἰ δὲ καταλέγειν ἆθλα βούλει. — ἐκάλεσε Ol. V, 27. παρέστησε II, 1. μετῆλθε XIV, 19.

3. Der Codex Vratislaviensis A ist in seinem Grundbestandtheile ein Kodex, der aus demselben Kommentar mit zugehöriger Paraphrase geflossen ist wie jener Kodex, aus welchem die Römischen alten Scholien gedruckt sind. Denn von den alten Scholien haben wir hier zunächst nur zu reden. Jener mit durchgängiger Paraphrase versehene Kommentar ist auch in dem Römischen Kodex (so werde ich den Kodex nennen, aus welchem die Römische Ausgabe geflossen) auf uns gekommen in grossen Verkürzungen, theils in absichtlichen Abkürzungen eines Redaktors vielmehr als Lohnschreibers; Abkürzungen, welche eben die Ausführlichkeit und die Gelehrsamkeit jenes Kommentars, der auch an vielen namentlich genannten Autoritäten reich war, beschränkten. Ausser diesen absichtlichen Verkürzungen sind dann aber hinzugekommen unabsichtliche, zufällige von Abschreibern. Bei dem wiederholten weitern Abschreiben jenes schon gekürzten Auszugs wiederholte sich das: ein Redaktor liess manches fort und änderte auch hier und da etwas in der Ausdrucksweise, setzte aber auch einmal eine eigne Meinung oder fremde hinzu, auch wol hinein. Und die Abschreiber thaten ihr verderbliches Werk ihrerseits auch wieder ebenso. Nun ist das Werk der Abschreiber im Vratislav. A von der äussersten Verderblichkeit gewesen: er ist wol noch schlechter abgeschrieben als der Römische und als wol irgend einer der bekannten Codices. Wiewol genaue Abgrenzungen und Skala über das Verhältniss der Verderbungen aufstellen zu wollen eine recht unfruchtbare Sache wäre! Das ausserordentliche Verderbniss des Vrat. A hat Böckh selbst wiederholt betont. Z. B. zu IX, 74 „totum hoc scholion ut pleraque omnia in Vratisl. A admodum corruptum est" und: „memineris in isto codice omnia immane quantum commista et confusa esse."

Aber dagegen hat er allein eine Anzahl guter Notizen erhalten, die in der Romana, also in dem Kodex, nach welchem diese besorgt wurde, nicht vorhanden, die, was für den grössesten Theil richtiger gesagt sein wird, bei der Fortpflanzung im Cod. Romanus verschwunden waren. Da sind im Vratisl. A noch vorhanden solche — in den übrigen jetzigen Handschriften oder auch in der Römischen verschwundene — wichtige Bemerkungen wie zu Ol. II, 48, dass schon Aristophanes das überschiessende Kolon φιλέοντι δὲ Μοῖσαι zu athetiren hatte: wie zu Ol. III, 22 über die Ἑλλανοδίκαι mit Citaten aus Asklepiades, Hellanikos, Aristodemos. Daselbst 54, dass in Athen ein Tempel oder Bildsäule der Diana Orthosia sei und dass auch bei den Eleern sei ein ἱερὸν Ἀρτέμιδος Ὀρθωσίας, ὥς φησι Δίδυμος. Zu Ol. III, 60 und VIII, 12 über das Olympische Πάνθειον. Zu Ol. VIII, 41 — gehalten gegen den blossen Rest in Romana, zu V. 44 (wo φησί zu schreiben statt φασί) — welche treffliche Bemerkung mit Didymos Autorität, selbst Worten von ihm, dass nämlich dieser Mythus über die Hinzunahme des Aeakos bei dem Trojanischen Mauerbau dem Pindar eigenthümlich, bei keinem älteren zu finden sei: Euphorion berühre ihn, nebst Anführung der Verse des Euphorion. Und ausser den Fehlern in den Euphorionversen, welche von Böckh und Gerhard gebessert worden, gut erhalten: denn Böckh hätte die Worte καὶ τὸν λόγον ἀποδίδωσι, φησίν nicht fortlassen sollen: „und giebt (Pindar) den Grund dafür an, sagt Didymos". — Zu Ol. VI, 54 über ὑγιέντα und Nachricht, wie Aristarch verstand und accentuirte. Und anderes Aehnliche. Es hat auch besonderes Interesse, wie man unten noch einsehen wird, wenn auch einmal aus Vrat. A ein ausgefallenes Stückchen Paraphrase ergänzt werden kann. Wie Ol. II, 13 τῶν καλῶς ὀνομαζομένων πατέρων ἀπάνθισμα. Leider haben diese wichtigen Bemerkungen des Vrat. A mitunter wieder unter dem Abschreiberelend gelitten: und trifft dieses letzte auch eine ganze Anzahl zu verschiedenen Stellen hier allein noch auftauchender Autornamen, meist berühmter, deren Ansicht aber dann vielfach entweder ganz ausgelassen oder in einer solchen Gestalt geschrieben ist, dass sie nicht zu enträthseln. Es ist dies so bedeutend, dass man sich wol einmal die Frage vorlegen darf, ob wir es hier mit einer Mystification zu thun haben: das ist jedoch nicht der Fall. Bemerkt muss jedoch werden, dass auch in der Romana ähnliches keinesweges fehlt. Wir wissen nach Pyth. II, 75 nichts von Aristarch, als dass hier einst von ihm eine Meinung berichtet war. Denn wenn wir da lesen Ἀρίσταρχος ἀφ' ἑτέρας ἀρχῆς νῦν ἐπὶ τῆς νεφέλης ὑφίστησι τὸν λόγον τῆς τῷ Ἰξίονι συνευνασθείσης, so ist das eben nichts. Der Name Ἀρίσταρχος steht isolirt. Das ἀφ' ἑτέρας ἀρχῆς u. s. w. hat damit nichts zu thun und hat zum Subjekt den Pindar. Eben so muss der Name Ἀρίσταρχος isolirt werden Pyth. V, 35. Was nun den Vrat. A betrifft, so weiss eben auch in Beziehung auf Aristarch Böckh sehr wohl: „Aristarchi sententia, ut solet, in hoc codice obliterata mendis est," zu Ol. VI, 158. Aber im einzelnen war dies öfter zu bedenken. Ol. VII, 117 haben wir bei Böckh: Ἐκέλευσεν δ' αὐτίκα) Ἀρίσταρχος· ἐκέλευσε δὲ ὁ Ἥλιος παραχρῆμα τὴν μὲν Μοῖραν Λάχεσιν ἐπιχειροτονῆσαι τῷ λόγῳ u. s. w. Bei Ἀρίσταρχος sagt Böckh: „hoc nomen addidi ex Vratisl. A." Aber die Worte ἐκέλευσε δὲ ὁ Ἥλιος u. s. w. sind ja die Fortsetzung der zu V. 110 abgebrochenen Paraphrase, mit der Aristarch nichts zu thun hat, und ist also das von Böckh hinter Ἀρίσταρχος gesetzte Kolon unglücklich. Auch hier ist wieder nichts als der Name. Ein Ζηνόδοτος γράφει, ohne dass man inne würde was, steht aus Vrat. A (was Böckh anzugeben vergessen hat) Ol. VI, 91.

Es ist freilich jedesmal verdriesslich, so oft wir bei den doch immer so beschränkten Nachrichten über solche alte Autoritäten uns so getäuscht finden. Aber was hilft's? Auch Didymos ist uns so reichlich nicht bedacht, dass uns nicht jedesmal ein Δίδυμός φησι ein Fund wäre. So Ol. XIII, 29 Ἡ θεῶν ναοῖσιν οἰωνῶν βασιλέα δίδυμον) οἰωνῶν βασιλέα τὸν ἀετόν φησι, λέγει δὲ τὸ κατὰ τοὺς ναοὺς τῶν θεῶν ἀέτωμα. τίς οὖν, φησίν, ἐν τοῖς ναοῖς τῶν θεῶν τὸν βασιλέα τῶν ὀρνίθων ἐπέθηκε, τὸ λεγόμενον ἀέτωμα; Δίδυμος δέ φησιν, ὅτι διπλᾶ τὰ ἀετώματα, ὄπισθεν καὶ ἔμπροσθεν, διὰ τὸ ἐξ ἀμφοτέρων τῶν μερῶν κατασκευάζεσθαι αὐτά. Aber wir müssen den Δίδυμος doch aufgeben: denn offenbar ist zu schreiben: δίδυμα oder δίδυμα δέ φησιν ὅτι (Pindar nämlich). Und Pyth. V, 33 wiederum bei den Worten über den Karrhotos: οἱ δὲ τὸν ἡνίοχον τούτου, ὅν φησιν ὁ Πίνδαρος τῆς Πυθιακῆς νίκης αἴτιον γενέσθαι, κατάγειν δὲ αὐτῷ καὶ στρατιωτικὸν ἀπὸ τῆς Ἑλλάδος ἀθροίσαντα· ταῦτα δὲ πιστοῦται παρατιθέμενος τὰ Θεοτίμου ἐκ τοῦ πρώτου περὶ Κυρήνης ἔχοντα οὕτω· und nun die wirkliche Stelle — da hat Böckh ganz ohne Zweifel recht, während das παρατιθέμενος ohne Subjekt einbricht, den Didymos zu erkennen. Aber nun hat die Stelle gelitten, auch durch Auslassung gelitten, und es ist schwer, was Didymos sagt, genau zu erkennen, wobei man seine Bemerkung zu Pyth. IV, 455 mit benutzen muss, und worauf er den μέγαν κάματον V. 62 bezog; aber doch, wenn ich nicht irre, ziemlich sicher zu vermuthen. Wenn übrigens Böckh den nothwendigen Namen des Didymos dadurch hineingesetzt wissen will, dass man ὁ Πίνδαρος in ὁ Δίδυμος verwandle: so ist das nicht das richtige. Der Name ist an einer andern Stelle geradezu herausgefallen, oder, was mir sehr wahrscheinlich ist, er steckt in dem οἱ δέ, entstanden aus διδ.

4. Aus den verdorbenen lässt sich doch auch noch eines und das andere gewinnen.

Es ist zu Ol. III, 52 hinzugekommen aus Vrat. A folgendes gewiss dankenswerthe Stück, welches bei Böckh lautet: θήλειαν δὲ εἶπε καὶ χρυσόκερων ἀπὸ Ἰστρίας. ὁ γὰρ Θησηίδα γράψας τοιαύτην αὐτὴν λέγει καὶ Πείσανδρος ὁ Καμειρεὺς καὶ Φερεκύδης. Dies hat Böckh schon wesentlich verbessert: denn was die Handschrift hat, erfahren wir von ihm mit den Worten: „Ex Vrat. A, in quo omisso λέγει est Πίνδαρος ὁ Καμιρεύς et deinde Anacreontis locus (nämlich die schon in dem früher bekannten alten Scholion zitirte Stelle ἀγανῶς οἷά τε νεβρὸν —), sed confusus et mutilus. De Theseide cf. Schol. ad Ol. XI, 83. de Pherecyde et Pisandro schol. ad Pyth. IX, 183 ne plura commemorem." Gut. Aber die ganze Notiz erhält doch erst Schick, wenn man noch für ἀπὸ Ἰστρίας schreibt ἀπὸ ἱστορίας. Und dass, wenn es weiter heisst ἐκαλεῖτο δὲ ἡ ἔλαφος κερβία, für κερβία zu schreiben sein wird vielmehr Κερύνεια wird doch auch nicht zweifelhaft sein. Eben so wenig als dass später in ὅθεν καὶ εἰς ὑπόμνημα τοῦ πραχθέντος τὴν ἔλαφον χρυσώσασα ἀνέθηκε γαμηθεῖσα Διί das γαμηθεῖσα Διί falsch geschrieben ist statt Ἀρτέμιδι. Und dass kurz vorher, wo Böckh auf das Wort διέβαλεν als korrupt aufmerksam gemacht, in χρυσόκερων) διότι χρυσᾶ ποιήσασα κέρατα διέβαλεν ἐν αὐτῇ es, wenn vielleicht nicht das unzweifelhafte, doch wenigstens es nicht zu kühn ist, zu schreiben ἱερὰν ἀνῆκεν ἡ Ταϋγέτη. Das Ganze sehe man sich aber recht an als ein Beispiel der heillosen Art, wie Vrat. A geschrieben ist. — Zu Ol. III, 66 bei ῥιμφαρμάτου διφρηλασίας ist aus ihm hinzugekommen: Ἀρίσταρχος παρὰ τὴν ῥίψιν φησὶ γεγονέναι τὸ ῥιμφαρμάτου. σημαίνει δὲ ἡ λέξις τὴν ταχεῖαν φοράν. Hieraus wissen wir nun wieder über Aristarch gar nichts: denn zu glauben was ihm hier zugeschrieben wird, muss man über ihn nichts gelernt haben. Aber eine Notiz darf man entnehmen, dass es auch eine Lesart ῥιψαρμάτου gab. Das leuchtet hervor. Die Worte herzustellen muss aufgegeben werden. Eine noch interessantere Lesart ist zu entnehmen aus VI, 163 μὴ θραύσοι χρόνος ὄλβον) ὁ λόγος εὐκτικός· μὴ δὴ οὖν, ὦ θεοί, θραύσοι καὶ ἀφανίσοι αὐτοῦ τὴν εὐδαιμονίαν ὁ μακρὸς χρόνος ἐπιγινόμενος, ἀλλὰ φιλοφροσύναις καὶ εὐθυμίαις ἐπεράστοις εἴη τὸν Ἱέρωνα τὸ τοῦ Ἁγησίου ἐγκώμιον δέξασθαι. § μὴ ταράσσοι. Zu den letzten zwei Worten sagt Böckh: „Ex stercore Vratislaviensis primi lecta observatio non aurea." Nun es ist doch gar nicht zu verachten, dass diese Worte für das μὴ θραύσοι auch eine Lesart μὴ θράσσοι verbürgen, deren Paraphrase eben das μὴ ταράσσοι ist. Dass Böckh dies nicht bemerkt, ist um so auffallender, da er in seinem Kommentar selbst auf den Gedanken eines θράσσοι kommt. Tycho Mommsen hat bekanntlich in seiner kleinen Ausgabe unter dem Text eine vollständige Variantensammlung auch aus den Scholien her geben wollen. Wie ganz wird diese umzuarbeiten sein! Er kennt z. B. weder dort ein ῥιψαρμάτου, noch hier als Ueberlieferung ein θράσσοι. Aber ich werde, indem ich die letzte Stelle bei ihm nachsehe, unmittelbar vorher, wo es bei Pindar heisst ἀδύλογόν δέ νιν λύραι μολπαί τε γινώσκοντι, die Angabe gewahr: μολπαί) πολλαί C. Nun dies πολλαί ist ganz gewiss nur Verschreibung einer nicht erwähnten, in der alten Paraphrase deutlich zu Tage liegenden Lesart πνοιαί. Es steht ja dort: λέγονται αἱ ἀπὸ τῶν ὀργάνων πνοαί. ὁ δὲ λόγος· αἱ δὲ ἡδύλογοι αὐτὸν πνοαὶ τῶν ὀργάνων καὶ ᾠδαὶ γνωρίζουσιν. Freilich muss man so weit sein, sich durch das καὶ ᾠδαί gar nicht irren zu lassen, indem man weiss, dass dies eben nur Erklärung und mit dem καὶ in der Sitte dieses Paraphrasten ist.

Im Vorübergehen wollen wir einmal nachsehen, ob Mommsen vielleicht die merkwürdige Lesart beachtet hat, welche sich Nem. IV, 21 ergiebt: εἰ δ' ἔτι ζαμενεῖ Τιμόκριτος ἀελίῳ σὸς πατὴρ ἐθάλπετο) τῷ ἄγαν ξηραντικῷ· τὸ γὰρ ζα ἐπιτατικόν ἐστι μόριον ἀεί. τῷ ἰσχυροτάτῳ οὖν φησιν. Dies ist freilich Konfusion, wie wir sie fort und fort kennen zu lernen haben. Aber wenn ἰσχυροτάτῳ die Erklärung zu ἀμενεῖ ist, wie sie es gewiss ist, so ist τῷ ἄγαν ξηραντικῷ eben so gewiss Erklärung eines ζαθερεῖ. Es fehlt bei Mommsen. — Zu Ol. I, 124 πέδασον ἔγχος Οἰνομάου χάλκεον ist aus Vrat. A hinzugekommen: Ἀμμώνος ἔγχος Οἰνομάου τὸ ἅρμα ἤκουσεν. Das wäre! Er hat offenbar ἔντος gelesen, vielleicht, was zu vermuthen es nicht an Grund fehlt, eine Konjektur.

5. Aber wohl muss man sich hüten, aus der grossen Verderbniss Verständniss oder gar Wortlaut forciren zu wollen. Es giebt Stellen, nicht nur im Vrat. A, sondern auch in der Romana und den sonstigen, wo es mit ganzer Sicherheit noch möglich ist, den Inhalt herauszulesen, den Wortlaut aber herzustellen vernünftigerweise aufgegeben werden muss. Es giebt andere, wo man sich vielleicht noch darauf einlassen kann, auf das eine oder auf das andere, aber nur mit dem Bekenntniss grosser Fraglichkeit.

Zu Ol. II, 140 βουλαῖς ἐν ὀρθαῖσι Ῥαδαμάνθυος,
ὃν πατὴρ ἔχει Κρόνος ἑτοῖμον αὐτῷ πάρεδρον,
πόσις ὁ πάντων Ῥέας ὑπέρτατον ἐχοίσας θρόνον
lesen wir bei Böckh Folgendes:

Πόσις) ὁ μὲν Ἀρίσταρχος πόσιος γράφει ὁ πάντων, καὶ τὸν Δία ἀκούει συμπότην εἶναι τοῦ Ῥαδαμάνθυος. ὁ δὲ Δίδυμος ἐπὶ τοῦ Κρόνου καθιστᾷ τὸν λόγον· ὅντινα Ῥαδάμανθυν ὁ πατὴρ πάντων ὁ Κρόνος, ὁ τῆς Γῆς παῖς, ὁ ἀνὴρ τῆς τὸν ὕπατον ἐχούσης θρόνον Ῥέας. § Πόσις ὢν Ῥέας) παῖς δὲ τῆς ὕπατον ἐχούσης θρόνον. τῆς Πίστης γὰρ τῶν Τιτάνων ὁ θρόνος, οἳ Γῆς εἰσιν υἱοί· θρόνον δὲ αὐτοῦ μέγιστον εἰληφέναι ὡς πάντα φέρουσαν καὶ τοῦ κόσμου νομιζομένην εἶναι θεῶν τροφόν, ὡς καὶ ὁ ποιητής· ζείδωρον ἄρουραν. ἔνιοι πόσιν ἤκουσαν τὸν συμπότην.

Dies ist alles aus Vratislav. A gekommen, mit Ausnahme der Worte ὅντινα ῾Ραδάμανθυν bis ἔχει πάρεδρον. Diese Worte stehen auch in der Romana, und sie sind von Gerhard, der von Böckh darüber sehr belobt wird, hier an das aus cod. Vrat. A gekommene hineingeschoben, der vielleicht auch einige Fetzen davon hat: was aus Böckh nicht recht deutlich. Es sollen diese Worte also Worte des Didymos sein. Das sind sie nicht. Wer einigermassen bewanderter geworden ist in dem Bestande unserer Scholien, erkennt sogleich, dass auch dies, wie wir oben schon auf ein ähnliches verkanntes Beispiel stiessen, Worte der durchgehenden Paraphrase sind, mit welcher wir uns später noch näher bekannt machen werden. Zu warnen ist hier, dass man in den Worten ὁ τῆς Γῆς παῖς nicht glaube durchaus eine Lesart suchen zu müssen, sondern einen eingeschobenen Zusatz des Paraphrasten.

Also jene Worte sind zunächst hier wieder wegzuschaffen. Dann haben wir zu beachten, dass die Worte ὁ δὲ Δίδυμος ἐπὶ τοῦ Κρόνου καθιστᾷ τὸν λόγον so nicht im Vrat. A stehen, sondern durch Emendation Gerhard's aus dem, was der Vrat. A so hat: ὁ δὲ Δίδυμος καθιστᾷ τὸν Κρόνον ὀνομάσας. Und nun ist es doch nöthig Böckh selbst mit seiner ganzen Anmerkung reden zu lassen, bei ἔχει πάρεδρον. „Hoc scholium eximie constituit Gerhardus ex laciniis vulgatae ad v. 138, quam ibi delevi, et ex Vrat. A. Pro verbis καθιστᾷ τὸν λόγον, ὅντινα Ραδάμανθυν ὁ in Vrat. A est: καθιστᾷ τὸν Κρόνον ὀνομάσας. Lectio antiqua fuit Γᾶς pro eo quod nunc est Κρόνος; ut dixi in notis criticis (nämlich so, Γᾶς, hat eine Anzahl unserer Codices): illius vocis expediendae causa Aristarchus videtur scripsisse: πόσις ὁ παῖς ὢν ῾Ρέας, Gerhardo iudice, ad eamque lectionem scholium sequens ex Vrat. A ductum refertur. Aristarchus igitur ita intellexit: *quem Juppiter terrae pater sibi paratum assessorem habet, Juppiter compotor Rhadamanthi, Rheae filius.* Quo nihil sane inficetius inveniri potuit. Contra Didymus etiam absurdius verba ita construxit: ὃν πατὴρ (Κρόνος) πάντων, Γῆς (παῖς), πόσις ὁ ῾Ρέας etc." Nun wenn man zu solchen Resultaten kommt — Böckh würde allerdings wol heute auch etwas bedenklicher sein, so kolossalen Unsinn dem Aristarch und dem Didymus zuzuschreiben — dann ist es doch wol besser solche Forcen nicht anzuwenden und die Sache als unentwirrbar aufzugeben. Und wenn ich für diese Stelle dennoch einen Versuch wage, so füge ich gleich hinzu: es geschieht mit grössester Reserve. Und für Didymos wage ich gar nichts: denn etwa ὁ δὲ Δίδυμος· καθιστᾷ (Pindar) τὸν Κρόνον οὐκ ὀνομάσας (natürlich immer nur auch ein Fetzen) bleibt doch gar zu unsicher. Aber für Aristarch will ich versuchen: ὁ μὲν Ἀρίσταρχος Διὸς γράφει καὶ τοῦ Διὸς ἀκούει συμπότην εἶναι τὸν ῾Ραδάμανθυν. Aristarch würde dann konstruirt haben: „den Rhadamanthys, den der Vater (Kronos) hat, des Zeus ihm zu Gebote stehenden Gesellen". Und hätte verstanden, durch den Umgang mit Zeus eben habe Rhadamanthys seine dem Kronos hülfreiche Weisheit, dadurch dass er wie Minos ein Διὸς ὀαριστής war: und würden wir annehmen, es sei dem Aristarch erwünscht und voller erschienen, eine solche Andeutung im Pindar zu haben, woher die so hervorgehobene Weisheit des Rhadamanthys stamme. Διός — was Mommsen in seinem Text gesetzt — war damalige Lesart, vielleicht schon neben Κρόνος. Denn Konjektur von Aristarch war jenes gewiss nicht: und das Διός ist doch sicher aus den Worten, welche die Tischgenossenschaft angeben, zu entnehmen. Für jene eben versuchte Herstellung kann man von niemand Glauben verlangen. Aber das verlange ich, dass niemand frage: wo kommt denn das unberücksichtigte ὁ πάντων her? Er soll wissen — Böckh hat es auch schon bemerkt — oder lernen, wozu immer weitere Gelegenheit sein wird, dass an falsche Stelle zwischen geworfene Worte aus grösserer oder, wie hier, kleinerer Nähe stammend bis ins Fabelhafte in den überlieferten Texten unserer Pindarscholien vorhanden sind. — Uebrigens hat es auch mit der in den Text verschiedener Handschriften gekommenen Lesart Ἰᾶς schwerlich eine andere Bewandniss. Das Ἰᾶς ist blos irrthümlich dahin verschlagen von dem Ῥέας her, wo es Lesart oder Glosse war.

Das zweite hinter dem Paragraphenzeichen stehende, auch aus Vrat. A gekommene Scholion wird uns, da es nicht anlockende Namen wie Aristarch und Didymos nennt, gleichgültiger sein können. Indessen — mit derselben Reservation — wird es vielleicht doch nicht ganz unnütz sein Folgendes zu versuchen:

Πᾶϊς ὢν Γέας) παῖς δὲ τῆς ὕπατον ἐχούσης θρόνον γῆς· εἷς ἐστι γὰρ τῶν Τιτάνων ὁ Κρόνος, οἳ Γῆς εἰσιν υἱοί. θρόνον δὲ αὐτὴν μέγιστον εἰληφέναι ὡς πάντα φέρουσαν καὶ τοῦ κόσμου νομιζομένην εἶναι ἐκ θεῶν τροφόν, ὡς καὶ ὁ ποιητής· ζείδωρον ἄρουραν. Das αὐτὴν hat Böckh vorgeschlagen und — wogegen ich auch nichts haben kann — hat θεῶν hinausgeworfen. In dem Lemma πόσις ὢν Ῥέας ist übrigens πόσις nicht von der ersten Hand, sondern „vox rubro appicta". Nun bleibt uns noch das Stück, sagen wir das Flick: ἔνιοι πόσιν ἤκουσαν τὸν συμπότην. Böckh hätte wol nach seiner Art davor wieder ein Paragraphenzeichen setzen sollen. Man sieht, dass dies ein einfältiger Fetzen ist, genommen aus dem obigen πόσιος — καὶ τὸν Δία ἀκούει συμπότην. Ich bin wieder so frei zu bitten: man merke sich dergleichen.

Pyth. IV, 508 ὁ γὰρ καιρὸς πρὸς ἀνθρώπων βραχὺ μέτρον ἔχει. Hier kommt in der Romana auch Folgendes: Ὁ γὰρ καιρός. καιρὸς ὁ χρόνος. ἡ εὐκαιρία βραχὺ μέτρον ἔχει. οὐκ ἐπιπολὺ παρατεῖνον ἔχει τὸ μέτρον, ἀλλὰ σπάνιόν ἐστι καὶ βραχὺς ὁ χρόνος (dies heisst: die Gelegenheit ist selten und die Dauer derselben kurz). διὸ καὶ δεῖ, ὅτε ἔξεστιν αὐτὸν λαμβάνειν, ἐκτὸς ἔχειν πόδα τῶν καλῶν ὧν γινώσκει. Bei Böckh fehlen erstens die Worte καιρὸς ὁ χρόνος. Wahrscheinlich fehlen sie im Gottingensis. Aber weggelassen dürfte so etwas doch nicht werden: nur gesondert müsste es werden. Es ist eben auch eine — wenn auch schlechte — Erklärung von irgend einem. Dergleichen fehlt auch im Gottingensis hin und wieder, wie auch in andern Handschriften; häufig steht es auch wieder im Gott., wo es in der Romana fehlt. Es steht also bei Böckh die andere Erklärung ἡ εὐκαιρία βραχὺ μέτρον ἔχει, οὐκ ἐπιπολὺ u. s. w. bis διὸ καὶ δεῖ, ὅτε ἔξεστιν, αὐτὸν λαμβάνειν. Mit diesen besseren Interpunktionen. Die folgenden Worte fehlen dann: „Quae sequebantur ab hoc loco aliena omisi cum Gottingensi." Genannt werden hätten die weggelassenen Worte doch sollen: ja sie hätten wieder nicht weggelassen werden sollen, sondern nur bemerkt werden, dass sie hierher verschlagen, während sie offenbar erst zu 512 gehören: τοῦτ᾽ ἀνιαρότατον καλὰ γινώσκοντ᾽ ἀνάγκᾳ ἐκτὸς ἔχειν πόδα; und dass sie gemeint sind so: ἐκτὸς ἔχειν πόδα) τῶν καλῶν ὧν γινώσκει. Die richtige Erklärung mit εὐκαιρία ist auch schon in der Paraphrase (V. 504). Da lesen wir: ὁ γὰρ ἐν ἀνθρώποις καιρός, οἱονεὶ βίος, βραχὺ ἔχει τὸ μέτρον, οἱονεὶ ἡ τῶν πραγμάτων εὐκαιρία ῥᾳδίαν ἔχει τὴν παραδρομήν. Man hat doch wol gleich bemerkt, welch ein Unsinn in die sehr gute Paraphrase hineingebrochen ist mit den Worten οἱονεὶ βίος, welche hier hinweg müssen. Zusatz eines unnützen Schreibers oder Lesers, dem auch καιρὸς gleich χρόνος galt, und vielleicht also desselben, der auch schrieb καιρὸς ὁ χρόνος, und der das ὁ γὰρ πρὸς ἀνθρώπων καιρὸς βραχὺ ἔχει τὸ μέτρον schön zu erläutern glaubte, „d. i. das menschliche Leben" ist kurz. Uebrigens wahrscheinlich ursprünglich nicht einmal so hineingeschrieben, sondern übergeschrieben oder an den Rand. (Der so verstand, würde dann, wenn wir überhaupt hier ein Stück aus zusammenhängender Erklärung haben, νιν als Neutrum auf μέτρον bezogen haben.)

So in der Reihe zu stehen war doch auch ursprünglich nicht gemeint folgendes, was wir in der Romana lesen zu Pyth. XII, 18 αἱ (κεφαλαὶ) τῶν παρθένων ἀδελφῶν τῆς μεδούσης. σθενούσης. γράφεται καὶ σθενοῦς. καὶ εὐρυάλης. Der Gotting. hat blos Σθενοῦς καὶ Εὐρυάλης. — Oder etwa — denn dergleichen Beispiele sind gar viele — was so ohne weiteres auch bei Böckh stehen geblieben, Isthm. IV (V), 32 in der Paraphrase: ὑμνοῦνται δὲ πάντα χρόνον ἔν τε κιθάρᾳ καὶ αὐλῷ ταῖς ποικίλαις συμφωνίαις διὰ παντὸς τοῦ χρόνου. Natürlich während der Paraphrast Pindars μυρίον χρόνον wiedergegeben durch διὰ παντὸς τοῦ χρόνου, hatte ein anderer über μυρίον χρόνον übergeschrieben oder beigeschrieben πάντα τὸν χρόνον.

Pyth. XII, 6 ὦ ἄνα ἵλαος ἀθανάτων) ὦ δέσποινα Φερσεφόνη, εὐμενὴς σὺν θεῶν καὶ ἀνδρῶν εὐμενείᾳ τὸ ἐκ τῆς Πυθῶνος στεφάνωμα, τὸν ὕμνον, δέξαι. — Bei Böckh wird man das Φερσεφόνη nicht finden, vermuthlich steht es im Gott. nicht, und auch keine Bemerkung, dass es in der Romana steht. Dass es nicht so wie in der Romana in die Reihe des übrigen Textes gestellt wird, ist ganz richtig. Denn wir haben hier von V. 1 an ganz sicher zu übersehende zusammenhängende Paraphrase, welche nicht verstand unter ὦ ἄνα die Persephone, sondern die Stadtnymphe Akragas. Und das ist ganz sicher, der Gottingensis mag es haben oder nicht haben. Aber unerwähnt durfte die Φερσεφόνη nicht bleiben. Denn es ist darin Ueberbleibsel von einem andern Verständniss, gewiss allerdings unrichtigen, bei Ὦ ἄνα neu angehoben und das ἄνα auf Persephone bezogen, die eben genannt war in Φερσεφόνας ἕδος.

Anders scheint Pyth. II, 39 das Verhältniss von Romana und Gottingensis und das in der Romana befindliche φησὶν ἡ Λοκρὶς παρθένος, während Gott. blos φησί hat, was, wie ich glaube, richtig von Böckh in φασί verändert ist. Aber die ganze Stelle ist von Böckh doch nicht richtig behandelt. Doch will ich dies lieber hier unter dem Text auseinandersetzen, damit man es bei Gelegenheit lese und jetzt wir uns nicht zu lange unterbrechen*). Aber wer übernimmt es

---

*) Wir haben nämlich die Stelle, welche der Form einer ἀπορία ähnlich ist — worüber wir später ausführlich zu sprechen haben werden — in zwei im Ausdruck etwas, im Verständniss bedeutend abweichenden Formen. Allerdings halte auch ich aus Vergleichung die Ausdrucksweise des Gotting., welche Böckh hat, für die bessere und dem Paraphrasten ursprünglichere. Auch wol gleich der Anfang Τίνος ἕνεκα — , wo die Rom. Ἄξιον δὲ εἰπεῖν τίνος ἕνεκα — besonders aber das εἰ μὴ ἄρα (vgl. das εἰ μὴ zu V. 27) καθόλου προελήλυθεν ὁ Ἰξίων, ὅτι τὸν εὐεργέτην προσήκει τοῖς αὐτοῖς ἀεὶ ἀμείβεσθαι, aber doch erst dann, wenn eine offenbare Lücke hinter ὁ Ἰξίων ausgefüllt wird: etwa mit eingeschobenem παρακελευόμενος ἀεί. Die Romana hat statt jenes gewählteren: εἰ μὴ ἄρα καθόλου προελήλυθεν ὁ Ἰξίων das gewöhnlichere: φαμὲν οὖν ὅτι καθόλου παρακελεύονται αἱ Λοκρίδες παρθένοι τῷ Ἰξίονι λέγειν τοῖς ἀνθρώποις ὡς τὸν εὐεργέτην προσήκει τοῖς αὐτοῖς ἀεὶ ἀμείβεσθαι. Das ist freilich „absurde". Aber das ist verdorben: es ist etwa zu schreiben τῷ τὸν Ἰξίονα λέγειν. Es entsteht derselbe Sinn wie mit jener früheren Art des Ausdrucks, nur sagen es wieder die Lokrischen Jungfrauen, wie in derselben Rezension es oben schon ebenso genommen war: φησὶν ἡ Λοκρὶς παρθένος. (Wobei übrigens gewiss dies nur als paraphrastischer Ausdruck gebraucht und gemeint war φαντὶ als eintretender Plural nach dem kollektiv gemeinten ἡ Λοκρὶς παρθένος bei Pindar.) Also scheint doch dies auch ein bewusstes konsequentes Verständniss — übrigens geradezu „ineptum" auch nicht. Aber von dem kennbaren ersten Abfasser der Paraphrase scheint dies nicht herzurühren, sondern von einem andern, der das ursprüngliche nach seinem Verständniss, dem er den Vorzug gab, gleich änderte, und konsequent bewusst änderte: so dass in der Paraphrase kein Zwiespalt offen liegt. Aber die dazu

zu sagen, wie und woher jenes allerwunderlichste *Κλέαρχε* oder *καὶ σὺ Κλέαρχε* gekommen Isthm. VI (VII), 27: *Κώμαζ' ἔπειτ' ἐν ἀδυμελεῖ σὺν ὕμνῳ καὶ Στρεψιάδᾳ) πρὸς τὴν πόλιν* (Theben) *ὁ λόγος. εἴ τι ἐκείνοις ᾔσθης* (so Böckh, denn die Romana hat *εἴτε ἐκείνοις μάθης*: das richtige wird sein *εὐφράνθης*), *φησί, καὶ νῦν κώμαζε. ἵνα μὴ ἡ νίκη τοῦ Στρεψιάδου σιωπηθῇ κώμαζε καὶ σὺ Κλέαρχε σὺν ἀδυμελεῖ ὕμνῳ*. „Delevi nomen *Κλέαρχε* (vielleicht war das *καὶ σὺ* mit fort zu schicken) nescio unde illatum." Aber wie wäre denn das? Ist es denn nicht ein Grundsatz der neueren Methodisten: jeder Unsinn ist so lange Sinn, bis man seine Entstehung nachgewiesen?

6. Welcher Dinge Böckh nach seinem Umgang mit den Scholien sich in ihnen versah, davon liegt ein grosser Beweis vor gleich in den nächsten Versen in dieser selben sechsten (siebenten) Isthmischen Ode, V. 37: *ἴστω γὰρ σαφές, ὅστις ἐν ταύτᾳ νεφέλᾳ χάλαζαν αἵματος πρὸ φίλας πάτρας ἀμύνεται λοιγὸν ἀμπεπαλὼν ἐναντίῳ στρατῷ, ἀστῶν γενεᾷ μέγιστον κλέος αὔξων*. Hierzu steht in der Romana: *ὅστις, φησίν, ἐν τῇ τοῦ Ἄρεος νεφέλῃ, τουτέστιν ἐν τῷ πολέμῳ, τὴν τοῦ αἵματος χάλαζαν ἀμύνεται ἐναντίον φέρων ὄλεθρον τοῖς πολεμίοις, ἴστω ὁ τοιοῦτος μέγιστον παρὰ τῶν ἀστῶν κλέος αὔξων τῷ ἑαυτοῦ γένει. ταῦτα δὲ λέγει ὡς περὶ τὴν Σαλαμῖνα μάχην Λάμπωνος ἠνδραγαθηκότος*. Die letzten Worte *ταῦτα δὲ* — (genau so wie sie hier eben geschrieben stehen sie in der Romana, nur dass *ἀνδραγαθηκότος* steht) findet man bei Böckh nicht, sondern folgende Anmerkung: „Hoc loco delevi quae de Lampone et pugna Salaminia legebantur, translata a nobis ad Isthm. IV, 63, ubi v. not." Die Pindarische Stelle Isthm. IV, 63 ist: *καὶ νῦν ἐν Ἄρει μαρτυρῆσαι κεν πόλις Αἴαντος ὀρθωθεῖσα ναύταις ἐν πολυφθόρῳ Σαλαμὶς Διὸς ὄμβρῳ ἀναρίθμων ἀνδρῶν χαλαζάεντι φόνῳ*. Böckh's Anmerkung zu dieser Stelle, auf die er dort verwies, wo er eben jene Worte hingesetzt, heisst: „Haec vulgo ad Isthm. VI, 37 legebantur, ut tot alia in scholiorum codicibus sedem suam mutant. Et ibi quidem neque Lamponi locus est neque pugnae Salaminiae, sed ibi Thebanorum res narrantur, qui in bello Persico arma contra Graecos tulerunt neque ei proelio interfuere. Caeterum addidi *ἐν τῇ*, praeterea vulgo *μάχην* et *ἀνδρ.* legitur." Nämlich Böckh hat mit kleiner Aenderung geschrieben *ταῦτα δὲ λέγει ὡς ἐν τῇ περὶ τὴν Σαλαμῖνα μάχῃ Λάμπωνος ἠνδραγαθηκότος*. Man könnte auch mit blosser Aenderung von *Σαλαμῖνα* in *Σαλαμῖνι* schreiben *ταῦτα δὲ λέ-*

---

gehörige Frage: „warum hat Pindar hier den Ixion herbeigezogen?" scheint mir zu verrathen, dass der erste Paraphrast wirklich nicht die Lokrischen Jungfrauen zu *φαντὶ* als Subjekt genommen, sondern *φαντὶ* verstand als aus Pindars Munde gesprochen: „man sagt, dass" —. Sonst hätte er doch fragen müssen: warum lässt Pindar die Lokrischen Jungfrauen den Ixion herbeiziehen?

γει ὡς περὶ τὴν Σαλαμῖνα μάχην Λάμπωνος ἠνδραγαθηκότος. — Nun könnte man auf den Gedanken kommen, dass die Bemerkung bei Isthm. VI (VII), 37 sich auf eine doch allerdings dort wie hier vorfindende Aehnlichkeit beziehen solle, nämlich auf den Ausdruck von einer Schlacht „χάλαζαν αἵματος", während dort Isthm. IV (V) bei der Beschreibung der Salaminischen Schlacht „χαλαζήεις ὄμβρος" gesagt ward. Dennoch glaube ich das würde anders Griechisch ausgedrückt sein und glaube, dass Böckh Recht hat. Die Notiz, dass dort Isthm. IV (V) eine Ansicht war, dass Pindar mit der Art, wie er rede, andeute, Lampon habe sich in der Schlacht bei Salamis hervorgethan — welche dort in unseren Handschriften ausgefallen — erhalten wir jedenfalls.

7. Also wir denken uns erst eine erklärende Arbeit über Pindar, bestehend aus Paraphrase nebst Kommentar, einem mit Angabe aus frühern bedeutenden Kommentatoren gelehrt und reichlich versehenen Kommentar. Eine Handschrift von dieser Arbeit existirt für uns nicht mehr. Es wurde aber daraus ein verkürzter, immer noch sehr reicher, Auszug gemacht, auch noch immer reich an Citaten von jenen ältern Kommentatoren, der die ununterbrochene Paraphrase beibehielt. Und an diese Arbeit setzen wir an: diese Arbeit ist die Grundlage der uns erhaltenen älteren Scholien. Ob vielleicht gleich auch in der Paraphrase mit kleinen Auslassungen (über deren etwaige Natur wir unten uns klar werden) lässt sich nicht sagen: jetzt erscheint hierin stellenweise, bisweilen strichweise, eine Ungleichmässigkeit, dass man diese Gestalt an solchen Stellen für die ursprüngliche nicht halten kann: ebenso wie diejenige Ungleichmässigkeit, die in derselben Art sich jetzt in dem zugehörigen Kommentare zeigt. Aber einer gewissen Ungleichmässigkeit konnte doch auch vielleicht wirklich schon von Anfang an unser die alte grosse Arbeit abkürzender Redaktor oder Epitomator, sei's nach blosser Laune und Stimmung oder nach zufälliger Schätzung der Schwierigkeit sich ergeben. Allein das wissen wir nicht. Denn es kann auch die ganze, jetzt vorhandene Ungleichmässigkeit — wobei dieselbige Grundlage unverkennbar bleibt — erst allmählich entstanden sein, indem jene unsre Arbeit, jene Arbeit, die für uns die Grundschrift ist, wieder weiter abgeschrieben ward, und theils durch Abschreiber, theils aber auch durch wieder absichtlich kürzende Redaktoren oder Epitomatoren verkürzt wurde. Und dass dieses auf solche Weise geschehen, das bezeugen auch noch die Handschriften, z. B. namentlich auch Vrat. A gehalten gegen die Römische, wo solches Verhältniss wiederholt offen liegt.

Bedenken wir nun die gewöhnlichen Abschreibefehler in hohem, zum Theil im höchsten Grade bei diesem immer weitern Abschreiben um sich greifend (man komme ja nicht mit beschränkter Phantasie heran: auch nicht als müssten unsere Handschriften, die wir eben haben und benutzen können, in gerader Linie aus einander geflossen sein, und nicht auch durch Nebenabschriften, die jetzt verschwunden sind) — so wird man von vornherein sich sagen, welche erstaunliche Schwierigkeiten zu überwinden waren. Und doch! wie glücklich wären wir noch! Denn im jetzigen Zustande ist ausserdem jede unserer jetzigen Handschriften noch durch Abschreibungen, Zuschreibungen, Einschreibungen aus andern Handschriften wüster und verwirrter geworden. Da stehen dieselben Sachen aus mehrern Handschriften neben einander. Es sind an den ursprünglichen Bestand herangekommen neue Ansätze verschiedener Art: zum Theil andere Paraphrasen, ganz andere, anderes Verständniss bietende, zum Theil aus unserer ursprünglichen zusammenhängenden Paraphrase ausgezogene, sie mit zum Theil etwas veränderten Worten wiederholende: nicht selten an derselben Stelle solche andere Paraphrasen nicht noch eine, sondern zwei, drei und mehrere. Ebenso bei dem Kommentar. Es treten zu unserem ursprünglichen Kommentar hinzu Erklärungen, auch wieder zum Theil dem ursprünglichen entnommene, ihn mit etwas andern Worten, auch mitunter missverstanden, wiederholend. Aber auch eine ganze Menge anderswoher stammender. Es sind allmählich nicht nur von Lesern ex propriis, sondern auch aus verschiednen Handschriften an die Handschriften jenes Urbestandes beigeschrieben die verschiedenartigsten Zusätze, grössere bis herunter zu Glossen: von Rändern, an die Ränder: aber von den Rändern allmählich auch mitten in den Text gekommen: und — wiewol nicht dadurch allein — weil von Rändern gekommen, auch an falsche Stellen des Textes gekommen. Versetzung, Konfusion, Repetition.

Nun: die verschiedenen Ursprünge haben ja die Handschriften selbst nicht verhehlt. Sie haben ja so sehr häufig ein Ἄλλως. Ἤ οὕτως. Das könnte uns in dem Wirwarr eine grosse Stütze sein — wenn sich nicht aus innern Gründen zeigte, dass darauf kein Verlass ist: dass jene Wörter jetzt so oft an falschen Stellen stehen, dass wir auch sie als leitende — Sterne!! — aufgeben müssen: uns vielmehr als missleitenden Irrlichtern auch vor ihnen zu hüten haben.

Giebt es nun irgend einen Halt? giebt es irgend einen Ariadnefaden in dem Labyrinth? — Dass ich meinerseits glaube, es gebe einen solchen, hat der Leser schon abnehmen können. Denn ich habe die Annahme eines gewissen ursprünglichen Kommentars mit zugehöriger durchgängiger Paraphrase als ein Faktum hier vorausgenommen: ich muss also doch wol glauben, dass sich dieses durch allen Schutt hindurch erkennen lasse.

II.

Drei Pindarparaphrasen. Verkennung derselben auch durch Böckh und daher entstandene Irrthümer. Vollständige Paraphrase der neunten Olympischen Ode aus den ältern Scholien. Aeltere und neuere Scholien bei Kalliergus.

1. Liest man die Pindarischen Scholien — und natürlich lesen wir sie zunächst und gewöhnlich in der vollständigsten Sammlung bei Böckh, in welcher bekanntlich auch, wie seit Beck gebräuchlich, die sogenannten alten und neuen Scholien durch einander gemischt stehen, jedoch durch Angabe Vet. und Rec. unterschieden — so dringt es sich bald auf, dass man sich vorzugsweise in Paraphrasen bewegt. Wenn es gelänge, in diesem Wuste einige, ja wäre es nur eine Paraphrase auszuscheiden, so wäre das doch wenigstens ein erster Schritt zu einer Klärung und für den gepeinigten Leser eine grosse Wohlthat. Das versteht sich von selbst, und in jedem einzelnen Falle wird man es empfinden. Bleiben wir bei der neunten Olympischen Ode. Setze man unter diesem wüsten Gewirre der Scholien zu V. 1 einmal ein S. 208 hinter dem Kreuz. Aber nicht etwa deshalb, weil ein Kreuz steht. Denn das ist sehr wichtig, dass man sich durch die Zeichen bei Böckh nicht leiten lässt, weder durch dies Kreuz, welches, wenn es hier mit einer bestimmten Bedeutung richtig steht, anderwärts, wo es dann ebenso stehen müsste, fehlt oder wo es diese Bedeutung nicht haben kann, fälschlich steht. Dasselbe gilt von dem andern Zeichen, welches er zur Scheidung von Scholien angewendet hat, dem Paragraphenzeichen §. Unzuverlässig übrigens ist auch sein Ἄλλως. Wer an das Paragraphenzeichen glaubt, der wird sich gleich hier Schaden thun. Er wird bei der achten Zeile es antreffen (vor ἀλλὰ νῦν ὦ ψυχή) und wird glauben stille stehen zu müssen, während er ohne allen Aufenthalt in unmittelbarem Anschluss zunächst noch neun Zeilen weiter zu gehen hat. Und dann haben wir also folgendes:

Τὸ μὲν μέλος, ὅπερ ὁ Ἀρχίλοχος συνέθηκεν ἐν Ὀλυμπίᾳ (doch wol συνέθηκε, τὸ ἐν Ὀλ.) τὸ φωνᾶεν ἤγουν τὸ μετεώρῳ φωνῇ ᾀδόμενον, λέγω ὁ καλλίνικος ὁ τριπλοῦς κεκλῃδώς — ἐπιρρηματικῶς τὸ τρίπλους ἀντὶ τοῦ ἐκ τρίτου — ἤτοι ὁ καλλίνικος ὁ ἐκ τρίτου κεκλῃδώς, τουτέστι τὸ χαῖρε δεχόμενος, ἤγουν τὸ μέλος τὸ καλλίνικε χαῖρε ἐκ τρίτου λεγόμενον ἱκανὸν ἐγένετο κατὰ τὸν ὄχθον ἀντὶ τοῦ τὸν λόφον τὸν Κρόνιον προσηγήσασθαι κωμάζοντι τῷ Ἐφαρμόστῳ, ἐπὶ τῇ νίκῃ τὴν χορείαν τελοῦντι σὺν τοῖς ἑταίροις αὐτοῦ, τουτέστι τοῖς συνήθεσι, τοῖς προσφιλέσιν. ἀλλὰ νῦν, ὦ ψυχὴ δηλονότι, διὰ τόξων μουσικῶν πόρρω βαλλόντων, ἀντὶ τοῦ διὰ λόγων ἐγκωμιαστικῶν, οὓς αἱ Μοῦσαι παρέχουσι, πόρρω τὴν εὐφημίαν πεμπόντων τὸν Δία τε τὸν τῆς πυρώδους καὶ λαμπρᾶς ἀστραπῆς αἴτιον ἐπίνειμαι, ἤγουν ἐπέξελθε, τόξευσον, τουτέστιν ὕμνησον τοιοῖςδε βέλεσιν, ἤτοι διὰ τοιούτων ποιημάτων, καὶ τὸ σεβάσμιον ἀκρωτήριον τῆς Ἤλιδος, ἤγουν τὴν Ὀλυμπίαν, ὕμνησον δηλονότι, ὅπερ ποτὲ ὁ Πέλοψ ὁ ἥρως ὁ ἀπὸ τῆς Λυδίας ἐξήρατο, ἀντὶ τοῦ ἥρατο, ἤτοι ἔλαβεν, ἕδνον κάλλιστον, ἀντὶ τοῦ προῖκα καλλίστην τῆς Ἱπποδαμείας. βέλος δὲ γλυκὺ πτερωτόν, ἀντὶ τοῦ λόγον ἐγκωμιαστικόν, ἵει, ἤγουν πέμπε, Πυθῶνάδε, τουτέστι πρὸς τὴν Πυθῶνα. — μέμνηται δὲ καὶ τῆς Πυθῶνος, ἐπειδὴ καὶ ἐν αὐτῇ ἐνίκησεν ὁ Ἐφάρμοστος.

Diese Art ist wol charakteristisch genug.

1) Der Verf. will nicht eine vom poetischen Text unabhängig zu lesende Umsetzung des Pindar in Prosa geben, sondern eine dem Text parallel gehende, und zwar überwiegend so, dass er das Pindarische Wort selbst hinschreibt und die Paraphrase dazu setzt. Aber auch gar nicht selten setzt er statt des Pindarischen Wortes gleich ein anderes gewöhnlicheres oder verständlicheres, das er dann aber auch oft wieder durch andre noch hinzugefügte weiter aufklärt. Das Pindarische Wort wird fast immer gleich seiner dialektischen Form entkleidet. In der ziemlich langen ausgeschriebenen Stelle ist nur einmal das φωνᾶεν mit dem Dorischen α stehen geblieben. So sonst hin und wieder einmal, z. B. Ol. VI, 69 λόχμας ὑπὸ κυανέας ἤγουν ὑποκάτω δένδρων σκιᾶς. VI, 82 ἐπεὶ ἀφίκετο ἐκ τῆς Πυθῶνος τῆς πετραέσσης (so) ἤγουν τῆς πετρώδους, τραχείας. IX, 152 τὸ δὲ φυᾷ, ἀντὶ τοῦ τὸ μὲν φύσει. XIII, 6 ἐν τᾷ γὰρ ἤγουν ἐν ταύτῃ τῇ Κορίνθῳ. IX, 160 ἄμμε ἀντὶ τοῦ ἡμᾶς. Diesem Pindarischen Worte also tritt dann ein bekannteres, verständlicheres, verdeutlicherendes bei: das geschieht bisweilen stufenweise, wie hier gleich am Anfange. Und wieder V. 5, wo er vor sich hat ἑκαταβόλων μοισᾶν ἀπὸ τόξων und er sagt: διὰ τόξων μουσικῶν πόῤῥω βαλλόντων, ἀντὶ τοῦ διὰ λόγων ἐγκωμιαστικῶν, οὓς αἱ μοῖσαι παρέχουσι, πόῤῥω τὴν εὐφημίαν πεμπόντων. Ol. VI, 95 statt des Pindarischen τερπνᾶς δ᾽ ἐπεὶ χρυσοστεφάνοιο λάβεν καρπὸν ἥβας sagt er so: ἐπεὶ δὲ ἔλαβεν ὁ Ἴαμος καρπὸν ἥβης ἡδείας πάγκαλον προτεινούσης στέφανον, ἤγουν γένεια, ἃ προέτεινεν ἡλικίας ἀκμὴ τερπνὴ παγκάλως δι᾽ αὐτῶν στεφανοῦσα, τουτέστιν ἐπειδὴ εἰς ἀκμὴν ἡλικίας ἔφθασε τερπνῆς καὶ γενείοις παγκάλως ἐστεφανώσατο. Oder, um noch ein einfacheres Beispiel anzuführen, statt des Pindarischen τὸ δὲ φυᾷ κράτιστον ἅπαν heisst es Ol. IX, 152: τὸ δὲ φυᾷ, ἀντὶ τοῦ τὸ μὲν φύσει, τουτέστι τὸ μὲν ἀπὸ φύσεως ἅπαν κράτιστον, ἤγουν ἄριστον, δεξιώτατον. — Das einzelne Wort wird gewöhnlich mit einem paraphrasirenden Worte erläutert, aber auch mit mehrern und nicht selten ohne Partikel neben einander folgenden, wie z. B. II, 83 παραλύει, ἀντὶ τοῦ ἀπολύει, ἐλευθεροῖ. VIII, 61 τὴν κλυτὴν ἤτοι τὴν εὐκλεᾶ, τὴν περιᾳδομένην. XI (X), 6 ἐρύκετον, ἤγουν ἐρύκετε, κωλύετε, παύετε.

2) Die Partikeln und Redeformen, mit denen dieser Paraphrast die Paraphrasen an die Pindarischen Wörter fügt, und die appositionellen Zusätze, die bei Pindar selbst gegebenen oder seine eigenen, sind ἀντὶ τοῦ, ἤγουν, τουτέστι, verhältnissmässig seltener ἤτοι, ferner sehr häufig δηλονότι, λέγω. Das letzte in so sehr häufiger Anwendung, wie bei diesem Paraphrasten, ist auch sehr bezeichnend für ihn und unterscheidend von den übrigen auch Pindarischen Scholien, in welchen man vielmehr λέγω δὴ finden wird und λέγω δέ. Es lohnt eine Anzahl Stellen herzusetzen. Ol. IX, 1 lasen wir es τὸ μέλος .. ... τὸ μετεώρῳ φωνῇ ἀδόμενον, λέγω ὁ καλλίνικος ὁ τριπλοῦς κεκληδώς. V. 79 κείνων δ᾽ ἔσσαν χαλκάσπιδες ὑμέτεροι πρόγονοι ἀρχᾶθεν Ἰαπετιονίδος φύτλας κοῦροι —) ἐξ ἐκείνων δὲ ἦσαν ἀρχῆθεν οἱ ὑμέτεροι, ἀντὶ τοῦ οἱ σοί, πρόγονοι οἱ χαλκάσπιδες, τουτέστιν οἱ πολεμισταί, λέγω τῆς γενεᾶς τῆς ἀπὸ τοῦ Ἰαπετοῦ καταγομένης κοῦροι ἤγουν παῖδες. 143 τὰ δὲ Παρρασίῳ στρατῷ θαυμαστὸς ἐὼν φάνη Ζηνὸς ἀμφὶ πανάγυριν Λυκαίου) κατὰ δὲ τὰ ἔργα τὰ γενόμενα αὐτῷ ἐν τῷ στρατῷ τῷ Παρρασίῳ, ἤγουν τῷ Ἀρκαδικῷ, — Παρρασία γὰρ τόπος ἐν Ἀρκαδίᾳ — θαυμαστὸς ἐφάνη ὤν, λέγω κατὰ τὴν πανήγυριν τοῦ Λυκαίου Διὸς θαυμαστὸς ἐφάνη ὤν. I, 58 ἀμοιβαῖα θεοῖσι δεῖπνα παρέχων) λέγω δεῖπνα διδοὺς αὐτοῖς ἀμοιβὴν ἔχοντα — II, 56. 123. III, 1 zweimal (genau zu V. 6 und 12). VIII, 1. XI (X), 94. XIII, 9. XIV, 1. Wie sehr er λέγω als ein blosses „nämlich" empfand, zeigt wol VII, 60, wo Apollo aus dem Adyton das Orakel giebt στέλλου ἐς ἀμφιθάλασσον νομόν, ἔνθα ποτὲ βρέχε θεῶν βασιλεὺς ὁ μέγας χρυσέαις νιφάδεσσι πόλιν und er den Zusatz, dass Rhodos gemeint sei, also einschiebt: στέλλου εἰς τὸν νομόν, ἤγουν διατριβὴν καὶ τόπον τὸν ἀμφιθάλασσον, τουτέστι τὸν ὑπὸ τῆς θαλάσσης περιλαμβανόμενον, εἰς τὴν Ῥόδον λέγω, ὅπου ποτὲ ὁ βασιλεὺς τῶν θεῶν ὁ μέγας, ἤγουν ὁ Ζεύς, ἔβρεξε u. s. w. Auch I, 105 γάμον ἑτοῖμον) προτεθειμένον τῷ βουλομένῳ λέγω. II, 56 ἀσύχιμον ἀμέραν παῖδ᾽ ἀελίου) ἡμέραν ἡσυχίας, ἀναπαύσεως μετέχουσαν, παῖδα ἡλίου λέγω. Uebrigens findet sich die Nachsetzung des λέγω auch sonst bisweilen, die Voransetzung aber ist das gewöhnlichere. δηλονότι dagegen steht häufiger nach bei ihm. Es kann auch einer Reihe von Wörtern nachstehen. Bei Böckh ist die Interpunktion mehr als einmal zu berichten. Z. B. Ol. IX, 161 nicht τὸν ὕμνον προσφέρων, ὦ νοῦ, δηλονότι τῷ Ἐφαρμόστῳ, sondern ὦ νοῦ δηλονότι, wie zu V. 1 ὦ ψυχῇ δηλονότι sicher steht. Und II, 142 nicht ὁ Πηλεύς τε καὶ ὁ Κάδμος ἐν τούτοις, τοῖς τῶν μακάρων νήσους λαχοῦσιν, οἰκεῖν δηλονότι, sondern ... λαχοῦσιν οἰκεῖν δηλονότι.

Ueber ἤγουν ist zu bemerken, dass es nicht allein angewendet wird, um ein paraphrasirendes Wort anzufügen, sondern dass auch dies gebraucht werden kann, einen erklärenden Zusatz anzufügen. Z. B.

Ol. VI, 87 *οἱ δὲ, ἤγουν οἱ ἐν τῷ οἴκῳ.* II, 142 *ὃς, ἤγουν ὁ Ἀχιλλεύς.* VII, 131 *ἔνθα, ἤγουν ἐν τῇ Ῥόδῳ τῇ νήσῳ.* VII, 147 *ὧν τινων, ἤγουν τῶν Τληπολεμείων.* So wie etwa auch bei Moschopulos zu Hesiodus Erga p. 40 Gsf. *ποιητικὴ ἡ λέξις, ἤγουν τὸ ἀρίζηλος.* Selbst *ἤτοι* wird auch so gebraucht: VII, 100 *κλῆρον αὐτοῦ, ἤτοι τοῦ Ἡλίου.*

Gar selten findet man bei dem bisher besprochenen Paraphrasten zur Anfügung des paraphrasirenden Wortes statt *ἀντὶ τοῦ, ἤγουν* u. s. w. angewendet *καί*. Wie VIII, 41 *στέφανον καὶ περίβολον, περιτείχισμα.* XI (X), 36 *δοκεύσας καὶ ἐπιτηρήσας.* 102 *κενὰ καὶ μάταια.* III, 55 *ἵμερος καὶ ἔρως.* VII, 147 *καὶ ἐν ταῖς Ἀθήναις ταῖς κρανααῖς ἀντὶ τοῦ ἐν τῇ Ἀττικῇ τῇ πετρώδει καὶ καταξήρῳ.* — Aber *ἤ*, denk' ich, darf auffallen. Ol. VIII, 81 *κεῖνα δὲ ἐκεῖνος ἂν εἴποι ἔργα, ἤτοι ὁ πεπειραμένος, περαίτερον, ἀντὶ τοῦ περαιτέρω, ἤγουν ἐπὶ πλέον τῶν ἄλλων, λέγω τίς τρόπος ἢ τίς ὁδός, τίς μηχανὴ προβιβάσει ἄνδρα, τουτέστιν αὐξήσει, δοξάσει* u. s. w. Denn so ist diese Stelle zu lesen, nicht wie man bei Böckh (auch Heyne) findet *λέγοι*, sondern mit dem uns jetzt wohl bekannten *λέγω*, welches in der Romana steht: für *ἤ*, welches diese auch hat, vielleicht doch *ἤτοι*.

---

2. Aber nun lesen wir einmal am Anfange der neunten Olympischen Ode was bei Böckh unmittelbar vor dem ausgeschriebenen und bisher besprochenen Scholion, d. h. Paraphrase, vorhergeht. Da erhalten wir:

Τὸ μὲν Ἀρχιλόχου μέλος, ὁ τριπλόος καὶ ἐκ τρίτου ἀδόμενος καλλίνικος, φωνᾶεν καὶ φωνῆεν ἐν τῇ Ὀλυμπίᾳ, τῷ Ἐφαρμόστῳ κωμάζοντι καὶ χαίροντι σὺν τοῖς φίλοις ἑταίροις παρὰ τὸν Κρόνιον λόφον ἤρκεσε καὶ ἀρκετὸν ἐφάνη ἡγεμονεῦσαι καὶ καθηγήσασθαι, τουτέστιν ἀρκεῖ προῤῥηθέν.

Hier also haben wir wieder eine Paraphrase. Auffallend unterschieden von der andern gleich dadurch, dass das paraphrasirende Wort an das paraphrasirte statt der dortigen *ἀντὶ τοῦ, ἤγουν, τουτέστι* u. a. der Regel nach und ganz überwiegend angeschlossen wird durch *καί*, und eines von jenen dem *καί* gegenüber nur selten kommt: ohne, namentlich bei zusätzlichen Erläuterungen, ganz ausgeschlossen zu sein. Dieser bei den Byzantinern nicht seltene Gebrauch von *καί* in der Bedeutung von id est hat, wo er einzeln vorkommt, wol bisweilen die Meinung erregt, es sei in *ἤ* zu ändern. Hier haben wir es in grossartiger Anwendung. Und von der ganz gangbar gewordenen Anwendung zu diesem Zweck der Paraphrase kann man sich überzeugen etwa z. B. vorläufig bei Triklinus zum Sophokles, bei Tzetzes zu Lykophron.

Für die Gewohnheit dieser Paraphrase ist noch zu bemerken, dass sie, man darf sagen, fast regelmässig Pindarisches Wort nach Pindarischem Wort hinstellt und dasselbe mit einem und zwar durch *καί* verbundenen paraphrasirenden Wort begleitet, dass sie dabei auch gewöhnlichste Dialektformen und sonstige bekannteste Wörter und Wortformen nicht ausschliesst. Z. B. ἄτε καὶ καθά I, 1. ὁ ἐὼν καὶ ὑπάρχων 173. εἰ δὲ μὴ ταχὺ καὶ ταχέως λίποι 174. ἔχοντες αἰεὶ καὶ πάντοτε II, 65. ὅσοι δὲ τῶν ἀνθρώπων ἐτόλμησαν καὶ ἠθέλησαν ἔχειν τὴν ψυχὴν ἅπο καὶ μακρὰν τῶν ἀδίκων πάμπαν καὶ παντελῶς μείναντες ἐς τρὶς καὶ ἐκ τρίτον ἑκατέρωθι, ἤγουν ἐν τῷ βίῳ καὶ ἐν τῷ ᾅδῃ, ἔτειλαν καὶ ἐπορεύθησαν Διὸς ὁδόν, ἤγουν ἣν αὐτοῖς ὁ Ζεὺς ἔταξε, παρὰ τὴν τύρσιν καὶ τὴν πόλιν τοῦ Κρόνου, ἤγουν ἐν ταῖς τῶν μακάρων νήσοις. — μιν καὶ αὐτόν VII, 1. νικώντεσσι καὶ νικῶσι daselbst. ἔσαν καὶ ὑπῆρχον IX, 72. ἐντὶ γὰρ καὶ εἰσί IX, 152. ἀεὶ καὶ διὰ παντός das. μιν καὶ αὐτόν auch wieder X, 16.

3. Aber sehen wir nun wieder in die Pindarscholien, so werden wir noch hier neben der eben ausgeschriebenen Paraphrase mit καί eine andere gewahr, gleichfalls mit καί, bei Böckh S. 207:

Ὁ δὲ λόγος· τὸ μὲν Ἀρχιλόχου μέλος, οἷον τὸ τήνελλα καλλίνικε, φωνηθὲν καὶ προλεχθὲν ἐν τῇ Ὀλυμπίᾳ, ὅπερ μέλος ἔχον τὸ καλλίνικος τρίτον ἐλέγετο μετὰ πλήθους καὶ χοροῦ, ἐξήρκεσε παρὰ τὸ Κρόνιον ὄρος ἐν τῇ Ὀλυμπίᾳ καθηγήσασθαι καὶ ποῤῥηθῆναι τότε χορεύοντι καὶ κωμάζοντι σὺν τοῖς ἑταίροις τῷ Ἐφαρμόστῳ.

Man könnte sich aus dieser einen Stelle gegen die erst angeführte mit καί gehalten verschiedentliche Vermuthungen erlauben, etwa dass es dieselbe wäre, nur von einem, der jene abschrieb, etwas anders gestaltet. Es ist dem nicht so, sondern hier ist eine dritte Paraphrase, wie man bei dem Verfolgen dieser Sache sich bald überzeugt.

Auch diese Paraphrase bedient sich des καί. Sie geht den Pindarischen Text entlang, führt grossentheils das Pindarische Wort nicht mit auf, um es dann durch ein mit καί verbundenes zu bestimmen, sondern ersetzt, während sie bei einem gangbarern Worte des Pindarischen Textes auch wol, und nicht gar zu selten, dieses selbst beibehält, an Stelle des Pindarischen Wortes gleich ein paraphrasirendes verständlicheres, prosaischeres, zugänglicheres, oft ein dem Pindarischen sich einigermassen noch anschmiegendes, auch wol etymologisch anschmiegendes: und diesem fügt sie dann nicht selten noch ein zweites erläuterndes bei, und zwar überwiegend mit Anwendung des καί. Dies letztere thut dieser Paraphrast, wie gesagt, nicht selten: aber er unterlässt es doch auch sehr oft: man liest ganze Strecken auch ohne auf ein solches καί zu treffen. Und — wie in einigem andern, wovon nachher — ist er darin nicht ganz konsequent. Wo er an einer Stelle mit diesem καί freigebiger ist, da kann diese Paraphrase der eben vorher besprochenen des καί sich bedienenden wol einmal sehr ähnlich sehen, so dass eine sichere Unterscheidung schwer wäre. Unsere kurze Stelle, die wol auch dahin gehören könnte, namentlich wenn, wie so gar häufig, jene andere Paraphrase nicht daneben vorhanden wäre, enthält aber doch etwas, was dieser Paraphrase gegen die vorige eigenthümlich ist, was in ihr immer wieder hin und her auftaucht, einen Gebrauch, der merkwürdig genug ist, nämlich dass sie das Pindarische Wort erst hinter dem καί folgen lässt, nachdem sie ihr paraphrasirendes Wort hat vorangehen lassen: für das Pindarische κωμάζοντι giebt sie χορεύοντι καὶ κωμάζοντι, später für ἀκίνητον giebt sie ἀσθενῆ καὶ ἀκίνητον. Nicht nur bei dem Pindarischen Wort, sondern auch bei dem, um so zu sagen, zur ersten Umsetzung an die Stelle getretenen, z. B. wenn er für ἀκάμπτοις hat ἀκαταμαχήτοις καὶ σκληραῖς oder für ἐν δαιτὸς μοίρᾳ sagt ἐν τῷ συμποσιακῷ καιρῷ καὶ τῇ μερίδι τῆς εὐωχίας. Diese Beispiele sind aus der vierten Pythischen.

Diese Paraphrase nun ist ebenso wie jene zuerst besprochene mit ἀντὶ τοῦ u. s. w. zu unserer neunten Olympischen vollständig vorhanden: ich werde sie alsbald ausschreiben: und sie ist überhaupt die hervortretende Paraphrase in den Scholia vetera, und nicht blos in den Olympischen, sondern auch in den übrigen. Ich werde als Beispiel sie unten aus der längsten Pindarischen Ode, der vierten Pythischen, gleichfalls vollständig aufweisen und vorlegen. Dagegen stellt sich die andere Paraphrase mit καί nur stückweise ein: in unserer neunten Olympischen V. 1—6. 152—160. 162—165: und es ist Grund zu glauben, dass sie auch aus den Händen ihres Verfassers nur stückweise, aber mitunter auch in recht langen Stücken, in seinen Kommentar eingefügt war. Warum man dieses anzunehmen berechtigt ist, davon später.

Nun aber kommt uns bei der vorher angegebenen, mitunter eintretenden Aehnlichkeit der beiden des καί sich vorzugsweise bedienenden Paraphrasen zur Unterscheidung ein äusseres Hülfsmittel zu statten, dessen wir uns, nachdem wir erst aus innern Gründen die Grundlagen der Beurtheilung gewonnen, nun subsidiarisch auch bedienen dürfen. Nämlich die erst genannte Paraphrase mit καί steht, ebenso auch jene zu allererst besprochene mit ἀντὶ τοῦ u. s. w., in den Scholia Recentia, diese andern mit καί dagegen, von der ich sogleich die vollständige Probe aus Ol. IX vorlegen werde, in den Scholia Vetera.

4. Aber ehe ich weiter gehe, will ich zunächst mein eben gegebenes Versprechen lösen und ausgehoben aus den älteren Scholien die Paraphrase der neunten Olympischen Ode zusammenhängend herschreiben. Also ich habe sie aus dem damit verwachsenen Kommentar ausgezogen: von diesem nur an ein Paar Stellen etwas, wo der Ueber-

gang etwa einmal aus besonderem Grunde dazu einlud, oder sonst die
eingefügten Erklärungen kurz waren, mit aufgenommen. Ich habe das
der Paraphrasirung dienende καί mit einem Strich unterstrichen, das
umgekehrte καί mit zwei Strichen. Nun aber ist für die Gewohnheit
dieses Paraphrasten etwas sehr wichtig, worin man seine Art muss
kennen lernen, und ich habe auch dieses bezeichnen wollen. Ich meine
die zwischen die anschliessende Paraphrase von ihm eingefügten Aus-
füllungen, theils in einzelnen Wörtern, theils mehrere Wörter umfas-
send, womit er theils gleich eine kurze Erklärung einfügt, theils die
Straffheit und Knappheit des Pindarischen Gedankenganges lösen oder
ausfüllen oder durch Uebergänge fortleiten will. Viel mehr als uns
nöthig scheint! Ich habe nun dies durch untergesetzte Punkte angezeigt: wo es ein einziges Wort ist, steht der Punkt darunter, wo mehrere, am Anfang und Schluss. Was ich hier bezeichnet habe, ist also
in die Paraphrase ich möchte fast sagen organisch von ihm eingefügt.
Wo ich Erläuterungen von ihm aufgenommen, die dieser Art nicht
mehr sind, sondern schon sich als Erläuterungen abheben, habe ich
diese zwischen horizontale Striche gestellt. Man wird noch ein Zeichen finden, ein Kreuz unter die Superlative gestellt, mit welchen er
einen Positiv des Pindar paraphrasirt. Man kann dies mit zu den
Zeichen rechnen, wodurch er erkennbar wird. — Endlich habe ich am
Rande, um einigermassen Vergleichung mit dem Pindarischen Text
auch ohne Nachschlagen und Nachsehen zu erleichtern, hin und wieder die entsprechenden Pindarischen Wörter oder auch wol Zeilen am
Rande beigeschrieben. Alle diese Punkte ohne pedantische Konsequenz,
da der Pedantismus nicht erquicklich, die Konsequenz nicht immer
möglich war! Der Paraphrast ist selbst nicht konsequent. Im ganzen kann seine Uebersetzung, abgerechnet jene besprochenen Ausfül-
lungen, eine wörtliche heissen: er folgt selbst der Pindarischen Wortfolge: aber doch nicht immer und principiell. ·Und noch mehr: bisweilen übersetzt er wol auch mehr sinnangebend, er übersetzt, möchte
ich sagen, bisweilen und plötzlich oberflächlich. Die zusammengesetz-
ten Epitheta übersetzt auch er wechselnd, bald mit mehrern getrennten Worten unter Anwendung eines ὤν, ἔχων u. dgl., bald wieder mit
einer Zusammensetzung, bald mit einem einfachen, wie wenn βαρυ-
δούπων durch ἠχητικῶν, λευκίππων durch ἱππικῶν, χαλκάρματος Ἄρης
durch ἱππικώτατος. — Man findet auch manches im Text stehende
Epitheton gar nicht in der Paraphrase. Dies hat doppelten Grund:
manches solches Beiwort lässt er in der Paraphrase weg und holt es,
weil besonderer Erläuterung werth, im Kommentar nach: andere scheint
er auch wegen ihrer Unwesentlichkeit übergangen zu haben, wiewol
wir hier keine Sicherheit haben, wie viel erst durch die Ueberlieferung

verloren gegangen. Es ist doch häufig genug und seiner sonstigen Art, die ich als bisweilen oberflächlich bezeichnet habe, nicht widersprechend, so dass ich wol geneigt bin anzunehmen, es rühre diese Auslassung nicht selten wirklich schon von ihm selbst her.

Aeltere Paraphrase von Olymp. IX.

V. 1—25.

Τὸ μὲν τοῦ Ἀρχιλόχου μέλος, οἷον τὸ Τήνελλα καλλίνικε, φωνηθὲν καὶ προλεχθὲν ἐν τῇ Ὀλυμπίᾳ, ὅπερ μέλος ἔχον τὸ καλλίνικος τρίτον ἐλέγετο μετὰ πλήθους καὶ χοροῦ, ἐξήρκεσε παρὰ τὸ Κρόνιον ὄρος ἐν τῇ Ὀλυμπίᾳ καθηγήσασθαι καὶ προρῥηθῆναι τότε χορεύοντι καὶ κωμάζοντι σὺν τοῖς ἑταίροις τῷ Ἐφαρμόστῳ. ἀλλὰ κατὰ τὸν ἐνεστῶτα χρόνον*) ἀπὸ τῶν μουσικῶν τόξων ἐπινεμέθητι τοῖς ὕμνοις τὸν Δία καὶ τὴν Ὀλυμπίαν, τῶν εἰς ἅπαντα τόπον διικνεῖσθαι ποιούντων τὰ ποιήματα. ἔπελθε οὖν τὸ ἀκρωτήριον τῆς Ἤλιδος, ὅπερ ποτὲ ὁ Πέλοψ ἐξαίρετον εἴληφε παρὰ τῆς Ἱπποδαμείας νικήσας τὸν Οἰνόμαον ἕδνον, τοιούτοις ὕμνοις: — τοῖς νῦν καὶ μὴ οἵοις οἱ πρότερον: — καὶ εἰς τὴν Πυθῶνα δὲ ἵει καὶ πρόπεμπε τὸν πτερόεντα ὀϊστόν. οὐ γὰρ δὴ εὐτελῶν οὐδὲ μικρῶν λόγων ἀπάρξῃ περὶ τῶν τοῦ ἀνδρὸς παλαισμάτων λέγων καὶ τῇ κιθάρᾳ ἐπὶ τούτοις χρώμενος: — οὐ τοιούτων λόγων ἐφάψει κατὰ τοῦτον τὸν ὕμνον οἳ πέσοιεν ἂν χαμαί, ἀλλὰ τοὐναντίον ἐνδόξων καὶ δυναμένων πανταχοῦ διικνεῖσθαι. — ποίου, φησίν, ἀνδρός; — τοῦ ἐκ τῆς Ὀποῦντος. — ἵν᾽ ᾖ τοῦ Ἐφαρμόστου· ἐκεῖθεν γὰρ τὸ γένος ἔχει. — αἰνήσαις αὐτὴν καὶ τὸν υἱὸν αὐτῆς· ἥντινα Ὀποῦντα ἥ τε Θέμις καὶ ἡ θυγάτηρ ταύτης Εὐνομία ἡ τὰς πόλεις σώζουσα κεκλήρωται ἔχειν, ἥτις Εὐνο-

φωνᾶεν Ὀλυμπίᾳ

κεχλαδώς

ὄχθος (ebenso durch ὄρος z. B. Nem. XI, 30).
ἁγεμονεῦσαι
κωμάζοντι

νῦν
ἑκαταβόλων Μοισᾶν ἀπὸ τόξων

ἐξάρατο

ἵει

χαμαιπετέων
φόρμιγγ᾽ ἐλελίζων

σώτειρα

---

*) Für νῦν. Man bemerke den nicht seltenen Gebrauch für νῦν von ἐπὶ τοῦ παρόντος in den älteren Scholien und meistens wenigstens bei diesem Paraphrasten selbst. Ol. I, 146. VI, 148. **VII, 32.** Pyth. IV, 88. 114. V, 24. 155. IX, 95. Ol. XI, 1. Vgl. πρὸς τὸ παρὸν Ol. **III proem.** κατὰ τὸ παρὸν εὐθέως Ol. VI, 111.

V. 26—51.

μεγαλόδοξος θάλλει ἀρεταῖσιν	μία μεγάλην δόξαν ἔχει. βρύει δὲ καὶ αὔξεται ταῖς ἀρεταῖς τῆς νίκης ἡ Ὀποῦς ἔν τε τῇ Κασταλίᾳ πηγῇ, ἐν Πυθοῖ, καὶ ἐν ταῖς ῥοαῖς (ῥοαῖς habe ich hinzugefügt, Pindar ῥεέθροις) τοῦ Ἀλφεοῦ ποταμοῦ, τουτέστιν ἐν Ὀλυμπίᾳ,
ἄωτοι κλυτὰν ἐπαείροντι ἀγλαόδενδρον	ἀφ᾽ ὧν, ἤτοι ποταμῶν ἢ τόπων, αἱ νῖκαι καὶ τὰ ἄνθη τῶν στεφάνων τὴν ἔνδοξον τῶν Λοκρῶν μητέρα τὴν Ὀποῦντα ἐπέρχονται καὶ ὑψοῦσι τὴν καλλίδενδρον: — ἀφ᾽ οὗ δηλοῖ τὴν εὔ-
φίλαν πόλιν	γειον. — ἐγὼ δ᾽ οὖν ταύτην τὴν προσφιλεστά-
μαλεραῖς ἐπιφλέγων ἀοιδαῖς	την *) Ὀποῦντα ἐκδήλοις καταυγάζων ὕμνοις πανταχοῦ ἐκπέμπω ταύτην τὴν ἀγγελίαν καὶ
ἀγάνορος ἵππου καὶ ναὸς ὑποπτέρου σύν τινι μοιριδίῳ παλάμᾳ	ἵππου παντὸς ταχυτάτου καὶ ναὸς ταχείας θᾶττον, εἴπερ τινὶ θείᾳ μοίρᾳ καὶ μετά τινος θείας χειρὸς τὸν ἐξαίρετον τῶν Χαρίτων κῆπον, — τὸν ποιητικὸν λέγει, — νέμομαι, καρποῦμαι. αἵ τινες (so habe ich geschrieben für αἱ) Χάριτες τὰ ἐν τῷ βίῳ τερπνὰ τοῖς ἀνθρώποις παρέσχον. ἀγαθοὶ δὲ καὶ σοφοὶ καὶ
κατὰ δαίμονα	ἀνδρεῖοι ἄνθρωποι κατὰ βούλησιν τοῦ δαιμονίου καὶ θεῶν γίνονται. ἐπεὶ εἰ μὴ ἐκ θεῶν ἦν τὰ κάλλιστα τοῖς ἀνθρώποις, πόθεν ἂν (so habe ich geschrieben für πότε ἂν) ἠδυνήθη
ἀντίον πῶς ἂν τριόδοντος Ἡρακλέης σκύταλον τίναξε χερσίν	Ἡρακλῆς τῷ ῥοπάλῳ ἀντιμάχεσθαι πρὸς τὴν τοῦ Ποσειδῶνος τρίαιναν καὶ νικῆσαι, ἡνίκα ὁ Ποσειδῶν στὰς περὶ τὴν Πύλον διεκώλυε τὸν Ἡρακλέα καὶ ἐπολέμει (es fehlt etwa πρὸς αὐτὸν ὁ Φοῖβος). ἀπὸ κοινοῦ εἰ μὴ κατὰ δαίμονα ἄνδρες ἐγένοντο οὐκ ἂν οὐδὲ ὁ Ἅιδης
ἀκινήταν	ἀσθενῆ καὶ ἀκίνητον διαμαχόμενος Ἡρακλεῖ εἶχε ῥάβδον, ἐν ᾗ ῥάβδῳ τὰ τῶν ἀνθρώπων σώματα ἀσθενῆ ποιῶν οὕτως εἰς τὸν κοῖλον

---

*) Pindar φίλαν πόλιν. Auch der Thesaurus lässt uns nichts von dem häufigen Byzantinischen προςφιλής sehen. In den Paraphrasen ist es merkwürdig, wie ganz gewöhnlich es zur Paraphrase von φίλος angewendet wird: auch in dieser ältern Paraphrase schon ebenso gewöhnlich, wie in den neuern Paraphrasen, ganz besonders in der ersten mit ἀντὶ τοῦ. Und von andern Paraphrasen, z. B. in der Bekkerschen der Ilias. — Möge hier auch auf den bei allen vorherrschenden Gebrauch des ὅστις in der Paraphrase von ὅς aufmerksam gemacht sein.

V. 52—67.

τόπον τοῦ Ἅιδου κατάγει, τῶν τελευτώντων. ἀπόρῥιψόν μοι τοῦτον τὸν λόγον, ὦ στόμα, παῦσαι τοῦ λέγειν ταῦτα περὶ θεῶν. τὸ γὰρ βλασφημίας (so habe ich geschrieben statt βλασφήμως) ἐχόμενα λέγειν περὶ θεῶν ἀλλότριον τοῖς σοφοῖς, ἀνοήτοις δὲ οἰκεῖον*). τὸ γοῦν ἐπὶ ταῖς οὕτως ἀκαίρως ἐνηνεγμέναις (so habe ich geschrieben statt ἀναγκαίαις) διηγήσεσι καυχᾶσθαι καὶ σεμνύνεσθαι μανίας ὅμοιόν ἐστι. μὴ τοίνυν θορύβει καὶ τὰ τοιαῦτα φλυάρει, ἀλλ' ἀπόρῥιψον καὶ ἔα καὶ μὴ μέμνησο πολέμων καὶ μαχῶν. τὰ γὰρ τοιαῦτα κεχώρισται καὶ πόρῥω ἐστὶ τῶν θεῶν. φέροις δὲ μᾶλλον, ὦ στόμα, καὶ λέγοις τὰ περὶ τῆς πόλεως τῆς ἀπὸ Πρωτογενείας, λέγει δὲ τῆς Ὀποῦντος. ἔνθα, ἐν ᾗ Ὀποῦντι, κατὰ βούλησιν τοῦ Διὸς ὅ τε Δευκαλίων καὶ ἡ Πύρῥα ἀπὸ τοῦ ὄρους τοῦ Παρνασοῦ καταβάντες κατῴκισαν ἑαυτοῖς οἰκίαν. οἱ προειρημένοι δὲ (dies

ἐχθρὰ σοφία

μανίαισιν ὑποκρέκει

ἔα πόλεμόν τε μάχαν τε πᾶσαν. χωρὶς ἀθανάτων. (so hat er interpungirt)

φέροις ἄστει γλῶσσαν

Διὸς αἶσα

---

*) ἀνοήτοις δὲ οἰκεῖον. Eine Manier, die öfter bemerklich wird: „nicht so", dass dann in der Paraphrase noch hinzugefügt wird: „sondern so", „sondern im Gegentheil so". V. 118 wird er mit gleichem ihm angehörigen Zusatz sagen μήποτε χωρὶς τάσσεσθαι τῆς πολεμικῆς αὐτοῦ τάξεως, ἀλλ' ἅμα αὐτῷ πολεμεῖν. Und 156 τὸ ἄνευ δὲ θεοῦ γινόμενον οὐ σκαιότερον, ἀλλ' ἐκ τῶν ἐναντίων βέλτιον σιωπώμενον. Und oben V. 19 οὐ τοιούτων λόγων ἐφάψει κατὰ τοῦτον τὸν ὕμνον οἳ πέσκεν ἂν χαμαί, ἀλλὰ τοὐναντίον ἐνδόξων καὶ δυναμένων πανταχοῦ διακνεῖσθαι. Aehnlich doch auch 60 das: μὴ τοίνυν τοιαῦτα φλυάρει, ἀλλ' ἀπόρῥιψον — Pyth. IV, 6 οὐκ ἀποδημοῦντος τοῦ θεοῦ, ἀλλὰ παρόντος. 510 οὐ δράστης, ἀλλὰ παράμονος. Nem. III, 23 τὴν ἀγορὰν καὶ σύνοδον οὐδαμῶς ὕβρισε καὶ ὀνειδισμοῖς ἐμίανεν Ἀριστοκλείδης, ἀλλὰ τοὐναντίον καὶ προσηύξησεν, — ὡς καὶ Ὅμηρος· ἐπεὶ οὔ μιν ἀφαυρότατος βάλ' Ἀχαιῶν, ἀλλὰ ἰσχυρότατος δηλονότι. Nem. III, 53 οὐ σπανίζει, ἀλλὰ πλεονάζει. X, 166 οὕτω ταῦτα τοῦ Διὸς εἰπόντος οὐ κατεμερίσθη τὴν γνώμην ὁ Πολυδεύκης, ἀλλ' εὐθέως ἐπὶ τὸ ἕτερον ἐχώρησεν, ἐπὶ τὸ τὴν εὐδαιμονίαν τῷ ἀδελφῷ μερίσασθαι, hat er wol auch so verstanden, als ob er geschrieben ἀλλὰ τοὐναντίον. — Ol. VI, 5 τίνα διαφύγῃ ἂν ὁ τοιοῦτος ὕμνον, οὐχὶ δὲ παντὸς τύχῃ; 167 οἴκοθεν οἴκαδε, οἰκεῖον ὄντα καὶ οὐκ ἀλλότριον. — Aehnlich der Zusatz mit μήτοι γε Pyth. IV, 484 τοῖς ἀσθενεστέροις ῥᾴδιόν ἐστι, μήτοι γε δὴ τοῖς ἐν δυνάμει κειμένοις. — Ich weiss nicht, ob die Worte Ol. II, 102 εἰ δέ τις αὐτῷ χρήσεται εἰς δέον καὶ οὐκ εἰς ἀδικίαν κατατιθέμενος τὴν δύναμιν αὐτοῦ, ἀλλὰ τοὐναντίον εἰς δικαιοσύνην ihm angehören. — In der ersten der neuern Paraphrasen kommt es auch vor. Ol. I, 29 ἀπὸ πασσάλου λάμβανε καὶ μὴ ἀργῶν αὐτὴν ἔα κεῖσθαι, ἀλλὰ λάμβανε καὶ κίνει — 43 ἐλάττων γὰρ οὕτω μέμψις, ἀντὶ τοῦ οὐδεμία, ἀλλὰ καὶ ἔπαινος μᾶλλον. VI, 72 δι' ἰοῦ μελισσῶν ἀμεμφοῦς, τουτέστιν οὐ μέμψεως ἀξίου, ἀλλ' ἐπαίνου δηλονότι.

V. 68—84.

ἄτερ εὐνᾶς ὁμόδαμον κτισάσθαν λίθινον γόνον	δὲ habe ich hinzugefügt) *Δευκαλίων τε καὶ Πύῤῥα χωρὶς κοίτης καὶ μίξεως ὅμοιον καὶ ἴσον γένος δήμου ἐποιήσαντο ἐκ λίθων βολῆς. διὰ τοῦτο καὶ λαοὶ οἱ ὄχλοι ὠνομάσθησαν* (dies *ὠνομάσθησαν* habe ich hinzugefügt. *ὄχλος* und *ὄχλοι* ist übrigens die gewöhnliche Paraphrase von *λαός* und *λαοί*, s. z. B. unsern Paraphra-
ἔγειρ' ἐπέων σφιν οἶμον λιγύν	sten gleich zu V. 99). *ἔγειρε καὶ ἴστα καὶ παῦε* (er scheint das im Pindar allein stehende *ἔγειρε* verstanden zu haben „scheuche fort") *τὴν ὁδὸν ταύτην τὴν ἡδεῖαν τῆς μυθολογίας· προςήκει γὰρ ἐπαινεῖν οὐ τὰ παλαιὰ ποιήματα, ἀλλὰ
ἄνθεα δ' ὕμνων νεωτέρων	παλαιὸν μὲν οἶνον ἐπαίνει, λόγων δὲ νεαρῶν καὶ προκειμένων τὰς ὑποθέσεις καὶ τὰ ἄνθη.* (Es fehlt jetzt die Paraphrase der Pindarischen Worte V. 75—80 *λέγοντι μὰν* bis *ἑλεῖν*.)*) *ἀπ' ἐκείνων δὴ ἦσαν οἱ πρόγονοι ὑμῶν οἱ πο-
χαλκάσπιδες	λεμικώτατοι ἐξ ἀρχῆς γενόμενοι, ἐκ τῆς γενεᾶς τῆς Ἰαπετιονίδος**), ἀπόγονοι τῆς κόρης τῆς Πρωτογενείας καὶ τοῦ ἀρίστου Κρονίδου, τουτέστι τοῦ Διός, διαπαντὸς τῆς αὐτῶν γῆς βασιλεύοντες.* (Ich habe zuerst die Paraphrase zusammenhängend schreiben wollen. Sonst ist die Stelle bemerkenswerth und festzuhalten durch die Art, wie er durch eine zwischengesetzte Erklärung die zusammengehörige Paraphrase getrennt. Denn es heisst bei ihm eigentlich so: „*ἐκ τῆς γενεᾶς τῆς Ἰαπετιονί-*

---

*) Die folgenden paraphrasirenden Worte ἀπ' ἐκείνων δὴ u. s. w. werden eingeleitet mit den Worten: λοιπὸν ὡς πρὸς τὸν Ἐφάρμαστόν φησιν· ἀπ' ἐκείνων. Ich will hiebei die Bemerkung machen, dass ein häufiger Gebrauch von λοιπὸν in seinen verschiedenen Bedeutungen, für deinceps und die anschliessenden Bedeutungen, auch geradezu für ἤδη, zu den Eigenthümlichkeiten unseres Paraphrasten gehört. Ich setze eine Zahl Stellen, die ich vor mir habe, her. Wenn etwa ein Paar mitunterlaufen sollten, die nicht aus der Hand unseres Paraphrasten wären, so hat das für die Sache im ganzen nichts auf sich. Ol. II, 76. Ol. III, 19. Ol. V, 53. VI, 5. 70 (οὕτω λοιπὸν hinter Particip), 148. 160. Pyth. IV, 341 (gleich ἤδη), 373 (Paraphrase für ein ἤδη im Pindarischen Text), 526 (λοιπὸν und τὸ λ.). V, 117. Nem. IV, 101 (οὕτω λοιπὸν nach Particip), 112 (περαιτέρω γὰρ λοιπὸν ὁ Ὠκεανός). IX, 25. X, 49 (τὸ λ. deinceps). Isthm. V (VI), 20.

**) τῆς Ἰαπετιονίδος. Es steht τῆς τοῦ Προμηθέως Ἰαπετιονίδος. Ich habe τοῦ Προμηθέως weggelassen, weil die gleich anzuführende Erklärung die Abkunft von Japetos nicht nur durch Prometheus, sondern eben so zugleich durch Epimetheus angiebt.

δος — Ἰαπετοῦ γὰρ Προμηθεύς, ἐξ οὗ καὶ Κλυμένης γίνεται Δευκαλίων*). πάλιν Ἰαπετοῦ Ἐπιμηθεύς, ἐξ οὗ καὶ Πανδώρας Πύῤῥα. Πύῤῥας δὲ καὶ Δευκαλίωνος Πρωτογένεια, ἧς καὶ Διὸς Ὀποῦς, ἐξ οὗ Ὀποῦντος — „οἱ ὄντες ἀπόγονοι τῆς κόρης τῆς Πρωτογενείας καὶ τοῦ ἀρίστου Κρονίδου, τουτέστι τοῦ Διός, διαπαντὸς τῆς αὐτῶν γῆς βασιλεύοντες.") τὸ γὰρ παλαιὸν ὁ Ζεὺς ἀναρπάσας (es fehlen ein Paar Worte: θύγατρ᾽ ἀπὸ γᾶς Ἐπειῶν Ὀπόεντος) τὴν Πρωτογένειαν ἥσυχον αὐτῇ ἐμίγη ἐν τῷ Μαινάλῳ ὄρει τῆς Ἀρκαδίας καὶ μετὰ ταῦτα ἐγκύμονα ποιήσας ἤνεγκε τῷ Λοκρῷ, ἵνα μὴ ὁ αἰὼν καὶ ὁ χρόνος αὐτὸν ἐξέλοι τῆς ζωῆς ἔρημον ὄντα παίδων καὶ γένους. — Es fehlt   ὀρφανὸν γενεᾶς
die Paraphrase der Worte ἔσχεν δὲ σπέρμα μέγιστον ἄλοχος. — εὐφράνθη τε ὁ Λοκρὸς θεασάμενος τὸν παῖδα, ὃς ἦν μὲν θετὸς αὐτοῦ καὶ οὐ κατὰ φύσιν υἱός (so habe ich geschrieben mit Hinzufügung von καὶ οὐ und υἱός für ὃς ἦν μὲν θετὸς αὐτοῦ κατὰ φύσιν), ἐκ δὲ τῆς ἀγνοίας ἴδιος αὐτῷ ἐνομίζετο· ἡσθεὶς οὖν ὁ Λοκρὸς ἐκάλεσεν αὐτὸν τοῦ πρὸς μητρὸς   μάτρωος ἐκάλεσσέ νιν ἰσώνυμον ἔμμεν ὑπέρφατον
πάππου τὸ ὄνομα, ὑπερφυᾶ καὶ μέγαν καὶ τῷ εἴδει καὶ τοῖς πράγμασιν· ὄντι δὲ τῷ παιδὶ ἐξαιρέτῳ καὶ ἀνδρωθέντι ὁ Λοκρὸς τὴν πόλιν ἐνεχείρισε καὶ τὸν ὄχλον διαιτᾶν καὶ διοικεῖν. διαβοήτου δὲ τῆς τοῦ Ὀποῦντος ἀρετῆς τυγχανούσης πανταχόθεν τὰς ἰδίας αὐτῶν πατρίδας οἱ περίοικοι καταλελοιπότες πρὸς αὐτὸν ἔσπευδον. παρεγένοντο μὲν οὖν μέτοικοι πρὸς αὐτὸν ἀπό τε τοῦ Ἄργους καὶ τῶν Θηβῶν καὶ οἱ μὲν ἐξ Ἀρκαδίας, οἱ δὲ Πισᾶται. ὑπὲρ πάντας δὲ τοὺς ἐνοικοῦντας ξένους ἐτίμησε τὸν   ἐξόχως ἐποίκων
Ἄκτορος παῖδα τὸν ἐξ Αἰγίνης μητρὸς Με-

---

*) Hinter Δευκαλίων steht ἐξ οὗ Πρωτογένεια. Dies habe ich weggelassen, was sich sogleich bei den Worten Πύῤῥας δὲ καὶ Δευκαλίωνος Πρωτογένεια als nothwendig erweisen wird.

V. 107—135.

Τευθραντος πεδίον

ἀλκάεντας

πρύμναις ἁλίαισιν

ὥστ᾽ ἔμφρονι δεῖξαι μαθεῖν Πατρόκλου βιατὰν νόον

σφετέρας ἄτερθε ταξιοῦσθαι δαμασιμβρότου αἰχμᾶς

εἴην εὑρησιεπὴς ἀναγεῖσθαι πρόσφορος ἐν Μοισᾶν δίφρῳ

τιμάορος

νοίτιον. τούτου οὖν τοῦ Μενοιτίου παῖς συστρατεύσας τοῖς Ἀτρέως πασὶν εἰς Μυσίαν κατήντησε, καὶ τῶν ἄλλων Ἑλλήνων εἰς φυγὴν τραπέντων μόνος αὐτὸς Ἀχιλλεῖ συμπαρέστη, ἡνίκα τοὺς γενναιοτάτους Ἕλληνας τρέψας καὶ νικήσας μέχρι τῶν νεῶν καὶ τοῦ πελάγους συνήλασεν ὁ Τήλεφος ὁ Μυσῶν βασιλεύς, ὥστε δυνατὸν εἶναι δεῖξαι παντὶ φρονίμῳ πρὸς τὸ γνῶναι τὴν τοῦ Πατρόκλου ἐπὶ τῇ ἀνδρείᾳ διάνοιάν τε καὶ σπουδὴν καὶ θάρσος. θαυμάσας ὁ Ἀχιλλεὺς ἐν τῇ προσβολῇ τότε τὴν ἀξίαν (so Romana, bei Böckh steht βίαν) τοῦ Πατρόκλου ἀρχὴν ἔλαβε τοῦ φιλεῖν (so habe ich geschrieben φιλεῖν für θαυμάζειν) αὐτὸν καὶ παρῄνει μήποτε χωρὶς τάσσεσθαι τῆς πολεμικῆς αὐτοῦ τάξεως, ἀλλ᾽ ἅμα αὐτῷ πολεμεῖν. εἴην δὲ λόγων καινοπρεπῶν εὑρετὴς ἐπὶ τὸ (so Romana, Böckh τῷ) διηγεῖσθαι καὶ πρόσφορος ποιητικῇ καὶ τρόπῳ Μουσῶν ἁρμοδίῳ (vielleicht ἁρμόδιος. Hinter ποιητικῇ habe ich Μούσῃ getilgt). εἴη μοι τολμᾶν καὶ ἀποκινδυνεύειν διαπλάσσοντι τὰ τοιαῦτα. διὰ δὲ τὴν προξενίαν, τουτέστι τὴν φιλίαν, καὶ τὴν ἀρετὴν τοῦ Λαμπρομάχου ἦλθον ἐπαινέτης τῶν ἐν τῷ Ἰσθμῷ μιτρῶν, ὅτι (sic) κατὰ μίαν ἡμέραν οἱ δύο ἐνίκησαν, — ὁ μὲν Ἐφάρμοστος Ὀλύμπια, ὁ δὲ Λαμπρόμαχος Ἴσθμια. ἔνιοι δέ φασιν ὅτι οἱ δύο Ἴσθμια ἐν μιᾷ ἡμέρᾳ ἐνίκησαν. — ἐν Ἰσθμῷ ἄλλαι δύο νῖκαι (er schrieb wol χαραὶ καὶ νῖκαι) ἐγένοντο Ἐφαρμόστῳ, ἑξῆς καὶ ἄλλαι δὲ χαραὶ ἐγένοντο τῷ Ἐφαρμόστῳ ἐν τῷ κόλπῳ τῆς Νεμέας: — ἔστι δὲ περίφρασις ἀντὶ τοῦ ἐν Νεμέᾳ. — καὶ ἐν Ἄργει δὲ δόξαν προσείληφεν ἀνδρῶν νικήσας τὰ Ἥραια καὶ ὡς παῖς ἐν Ἀθήναις — ἀπὸ κοινοῦ δὲ τὸ κῦδος ἔσχε — νικήσας ἢ τὰ Παναθήναια ἢ τὰ Ὀλύμπια. ὅπως δὲ καὶ οἵως ὑπέμεινεν ἐν τῇ Μαραθῶνι ἀγωνιζόμενος πρὸς τοὺς προβεβηκότας ἄνδρας, ἀποσυληθεὶς τῶν ἀγενείων καὶ ὑπεξελ-

V. 136—160.

θὼν καὶ εἰς τοὺς ἄνδρας χωρήσας, ἡνίκα περὶ ἀργυρῶν φιαλῶν προέκειτο ἀγωνίζεσθαι. τοὺς δὲ ἄνδρας τοὺς ἀνταγωνιστὰς αὐτοῦ τέχνῃ ὀξυτάτῃ νικήσας, αὐτὸς κατὰ τὴν ἄθλησιν μὴ πεσὼν μήτε ὑποστὰς πτῶμα διέβαινε τὸν κύκλον τοῦ σταδίου μεθ᾽ ὅσης βοῆς καὶ ὅσων ἐπαίνων, νεανίας μὲν ὢν καὶ θαυμαστὸς τῷ ὀφθῆναι, ταῖς δὲ πράξεσιν οὐ καταισχύνων τὸ εἶδος. τὰ δὲ ἔργα αὐτοῦ τὰ ἐν τῷ ἀγῶνι τοῦ Λυκαίου Διὸς κατὰ τὴν Παρρασίαν τῆς Ἀρκαδίας ὅπως αὐτὸν ἔδειξε θαύματος ἄξιον. ἐφάνη δὲ θαυμάσιος καὶ ἡνίκα τῶν ψυχρῶν αὐρῶν καὶ τοῦ κρύους τὸ φάρμακον καὶ τὸ βοήθημα ἀπὸ τῆς Πελλήνης λαβὼν ἔφερε, τὴν χλανίδα: — ὁ δὲ ἀγὼν ἐν Πελλήνῃ Ἕρμαια ἐκαλεῖτο: — μαρτυρεῖ δὲ αὐτοῦ τῇ ἀνδρείᾳ καὶ ὁ τοῦ Ἰολάου τάφος ἐν Θήβαις: — Ἰολάϊα γὰρ λέγεται ὁ ἀγών, ὃν ἐνίκησεν: — καὶ ἡ Ἐλευσὶς δὲ ἡ πρὸς τῇ θαλάσσῃ κειμένη ταῖς ἀγλαΐαις αὐτοῦ καὶ νίκαις μαρτυρεῖ: — ἄγεται δὲ αὐτόθι ἀγὼν Κόρης καὶ Δήμητρος, ὃς καλεῖται Ἐλευσίνια, οὗ ἔπαθλον κριθαί. — τὸ δὲ ἐκ φύσεως προσὸν ἀγαθὸν καὶ θείας μοίρας κράτιστον καὶ ἐξαίρετον. πολλοὶ δὲ δόξαν ἑαυτοῖς ἠθέλησαν περιποιήσασθαι ἀπὸ διδακτῶν ἀρετῶν καὶ ὥρμησαν καὶ ἔσπευσαν ἐπὶ τοῦτο προελθεῖν. τὸ ἄνευ δὲ θεοῦ γινόμενον οὐ σκαιότερον, ἀλλ᾽ ἐκ τῶν ἐναντίων βέλτιον σιωπώμενον. — οἷον μετὰ θεοῦ τις παραγενόμενος εἰς τοὺς ἀγῶνας, οἷος ὁ Ἐφάρμοστος, ὑμνείσθω· ὁ δὲ παρὰ θεόν τι πράσσων, ὡς αὐτόθεν μηδὲ νικᾶν μέλλων, εὐλόγως ἂν καὶ οὐ σκαιῶς σιωπῷτο. διὰ τί οὐκ ἔστι σκαιότερον τὸ θαυμάζειν (Böckh will τὸ μὴ θαυμάζειν: vielleicht τὸ ἀτιμάζειν) τοὺς ἄνευ θεοῦ μοίρας τι πράττοντας, ἑαυτοῖς δὲ ἐπιτρέποντας; — ὅτι εἰσὶν αἱρετώτερα καὶ προτιμότεραί τινες ἐπιτηδεύσεις ἐπιτηδεύσεων. οὐ γὰρ ἡ μία

ἀμφ᾽ ἀργυρίδεσσι

ὀξυρεπεῖ δόλῳ ἀπτῶτι

ὡραῖος ἐὼν καὶ καλὸς
κάλλιστά τε ῥέξαις

ψυχρᾶν εὐδιανὸν φάρμακον αὐρᾶν

εἰναλία Ἐλευσίς

τὸ δὲ φυᾷ κράτιστον ἅπαν

πολλοὶ δὲ διδακταῖς ἀνθρώπων ἀρεταῖς κλέος ὤρουσαν ἀρέσθαι. ἄνευ δὲ θεοῦ σεσιγαμένον οὐ σκαιότερον χρῆμ᾽ ἕκαστον.

ὁδοὶ ὁδῶν περαίτεραι

V. 161—168.

σοφίαι αἰπειναί	μελέτῃ οὐδὲ τὸ ἓν ἐπιτήδευμα πάντας ἡμᾶς δύναται τρέφειν. αἱ δὲ σοφίαι ὑψηλαί εἰσι καὶ πόῤῥω καὶ δυςχερεῖς.
	Ἑαυτῷ ὁ Πίνδαρος παρακελεύεταί καὶ φησιν· ὅμως δὲ τοῦτο ἀπὸ τῆς σοφίας ἆθλον προςφέρων καὶ ἐκπληρῶν, τὸν ὕμνον, μέγα καὶ
ὄρθιον ὤρυσαι	ὑπερφυὲς ἀναβόησον μετὰ εὐθαρσίας. — τί δὲ ἀναβόησον; — τοῦτον δαιμονίᾳ, λείπει μοίρᾳ, γεγενῆσθαι δυνατὸν ἐν ταῖς χερσὶ καὶ παντὶ
εὔχειρα, δεξιόγυιον	τῷ σώματι ἐπιδέξιον κατὰ πᾶν μέλος: — ἵνα κοῦφος ᾖ καὶ εὔστροφος παλαιστής: — ὃς καὶ
ὁρῶντ' ἀλκάν	τῷ βλέμματι ἀλκὴν καὶ δύναμιν ἐμφαίνει, ὅστις ἀνὴρ καὶ ἐν τῇ τοῦ Αἴαντος τοῦ Ὀϊλέως παιδὸς πανηγύρει καὶ ἐν τῷ ἐπωνύμῳ αὐτοῦ ἀγῶνι
ἐπεστιφάνωσε	νικήσας θυσίαις καὶ στέμμασι τὸν Αἰάντειον βωμὸν κατεκόσμησε. — τὰ Αἰάντεια δὲ ἐν Ὀποῦντι ἄγεται.

Wie diese Paraphrase nun zu dieser neunten Olympischen Ode vollständig vorhanden ist, so ist sie es, wie ich schon bemerkte, für andere: z. B. für die grösseste aller Pindarischen Oden, die vierte Pythische: die ich später auch ausgeschrieben vorlegen werde. Kurz sie ist nicht nur für die Olympischen, sondern auch für die drei andern Abtheilungen noch jetzt in überwiegender Vollständigkeit vorhanden: wenn auch bei einigen die stellenweise durch schlechte Ueberlieferung jetzt vorkommenden Lücken etwas häufiger sind: und sie ist der Ariadnefaden, da es doch möglich ist sie heraus zu erkennen, welcher allein durch das Labyrinth der älteren Pindarischen Scholien leiten kann: indem man zunächst dann noch die zu ihr gehörigen, an sie und in sie geschlossenen Erklärungen zu erkennen sucht: was doch bis auf einen gewissen Punkt auch wol gelingt, und dazu nicht gehöriges wieder sich absondert. Wir werden solche Versuche später vorlegen. Aber die Schwierigkeiten, mit denen man fort und fort zu kämpfen hat, sind gross, sind ungemein gross, in den ältern Scholien noch bedeutend grösser als in den neuen. Wiewol auch in diesen die Sachen so liegen, dass Böckh auch hier die Hauptsache entgehen konnte und seine Scheidungen irre leiten. Wir müssen uns darüber klar werden.

5. Lassen wir für jetzt diese durch καί charakterisirten Paraphrasen, die aus den neuern Scholien sowol, als die aus den alten,

und kehren zu jener zuerst besprochenen zurück, jener mit ἀντὶ τοῦ u. s. w. paraphrasirenden. Hier ist nun zuerst zu bemerken, dass diese zu den Olympischen Oden ganz vollständig vorhanden ist: es sind höchstens hin und wieder etwa wenige Worte weggeschwemmt. Man liest diese Paraphrase, welche so schön zusammenhängend fortgeht, allerdings in den Ausgaben merkwürdig zerstückelt, und bei Böckh am allermeisten, und viel zerstückelter als in der Römischen Ausgabe. Und so ist denn diese Kontinuität unbemerkt geblieben. Hätte auch Böckh bemerkt, dass in der ersten Ode, wie oben schon gesagt, diese Paraphrase ganz zusammenhängend zum Fortlesen einladet, so hätte ers schwerlich über das Herz gebracht, eine gleich vorn vorgekommene Versetzung, wie sie in der Romana und so fort sich findet, nämlich dass die Paraphrase der Worte V. 3—6 (5—10) εἰ δ᾽ ἄεθλα γαρύεν bis ἐρήμας δι᾽ αἰθέρος erst folgt, unmittelbar folgt hinter der Paraphrase 7—12 (11—20) μηδ᾽ Ὀλυμπίας ἀγῶνα bis ἐν πολυμήλῳ Σικελίᾳ, er hätte es schwerlich, sage ich, über das Herz gebracht, das nicht in die gehörige Ordnung umzustellen, sondern es so zu belassen, ne ordinem traditum mutarem, sagt er. Ein Princip, das er ja sonst oft genug gar nicht festgehalten und wol niemand daran denken wird, aus seiner Ausgabe sich genau die einzelnen Scholienredaktionen vors Auge stellen zu wollen. Das Ol. VI mit V. 61 anhebende Stück schliesst bei Böckh mit: ἡ δέ, ἤγουν ἡ Εὐάδνη, καταθεῖσα τὴν ζώνην αὐτῆς τὴν φοινικόκροκον, ἤγουν τὴν κρόκῳ βεβαμμένην, καὶ τὴν κάλπιδα τὴν ἀπὸ ἀργύρου κατεσκευασμένην Rec. Hört so mit dem Participium auf — und wo folgt dazu das Verbum? Nachdem aus alt und neu Erklärung, Paraphrase, Glosse zu V. 63. 65. 66. 68. 69 dazwischen getreten, zu diesem V. 69 in den Worten: λόχμας ὑπὸ κυανέας ἤγουν ὑποκάτω δένδρων σκιᾶς βαθείας ποιητικῶν διὰ τὴν πυκνότητα ἔτεκεν υἱὸν Θεόφρονα, ἤγουν ἐνθέου φρονήσεως δεκτικόν: — τοῦτο δέ φησι διὰ τὴν ὕστερον ἠσκημένην αὐτῷ μαντικήν. Bis hieher wenigstens hätte doch wol alles andere Zeit gehabt. Uebrigens ist es bei Heyne schon ebenso. Schlägt man die Romana νεωτέρων auf, so findet man den unmittelbaren Fortgang, nur durch den grossen Buchstaben — Punkte werden in ihr so überall gesetzt — mit dem sie Λόχμαν ὑπὸ κυανέαν schreiben, wird man sich doch nicht irre machen lassen. — Unsere Pindarischen Scholien dürfen doch künftig so komisch nicht aussehen, dass Ol. III, 75 eine Partie solcher Paraphrase aufhört so: ὁ Θήρων .... ἅπτεται ταῖς οἴκοθεν ἀρεταῖς, τουτέστι ταῖς γνησίαις, ταῖς οἰκείαις τῷ γένει αὐτοῦ, und uns auf den Genitiv zu ἅπτεται τῶν στηλῶν τοῦ Ἡρακλέους zwölf Quartzeilen warten lässt.

Auch diese Paraphrase ist erhalten und enthalten in den neuen Scholien, d. h. also in dem bei Calliergus nachträglichen Theil zu den

Olympischen Oden, welche überschrieben ist Σχόλια νεωτέρων πάνυ καὶ αὐτὰ ὠφέλιμα, ὡς ἐξ αὐτῶν ἐστι δῆλον, εἰς τὰ Πινδάρου Ὀλύμπια ἢ κατά τινας Δημητρίου Τρικλινίου. Es wird dann unmittelbar folgendes hinzugefügt:

Οἱ νομίσαντες τὰ σχόλια ταῦτα Δημητρίου εἶναι τοῦ τρικλινίου τούτου ἕνεκα οὕτως ὑπέλαβον. εὑρέθη γὰρ ἔν τινι τῶν παρ᾽ ἡμῖν ἀντιγράφων ἐπισημείωσις οὕτω λέγουσα. Ἰστέον ὅτι τὰ γραφέντα περὶ τῶν κώλων ἐν ἀρχαῖς πάντων τῶν ὀλυμπίων ἐπινικίων καὶ τοῦ πρώτου μόνου τῶν πυθίων παλαιά ἐστι. διωρθώθη δὲ παρὰ τοῦ ἡμετέρου σοφιστοῦ ἤτοι μυσταγωγοῦ, κυροῦ Δημητρίου τοῦ τρικλινίου. τὰ δὲ λοιπὰ τῶν πυθίων ἐμετρήθη παρ᾽ αὐτοῦ, πολλῶν τινῶν τῶν καθ᾽ ἡμᾶς σοφῶν εἰς τοῦτο αὐτὸν προτρεψάντων. καὶ ὅσα δὲ ἐν τῇ βίβλῳ ἐγράφη σχόλια σημειώσεις τινὰς ἔχοντα ἐν ταῖς τῶν λέξεων ἐναλλαγαῖς, ἃ καὶ σημεῖον τὰ διὰ μέλανος κεφάλαια ἔχουσι καὶ τἆλλα τὰ κατ᾽ ἄλλον τρόπον γραφέντα καὶ ταῦτα τοῦ αὐτοῦ ἐστιν.

Dann beginnt Ἄριστον μὲν ὕδωρ. Ἐπειδὴ τέσσαρές εἰσιν ἀγῶνες u. s. w. dieser Kommentar, jedesmal mit der jedesmaligen Ueberschrift Σχόλια εἰς τὸ δεύτερον τῶν Ὀλυμπίων εἶδος, Σχόλια εἰς τὸ τρίτον τῶν Ὀλυμπίων εἶδος und so fort die sämtlichen, die letzte mit der Ueberschrift Σχόλια εἰς τὸ τεσσαρεσκαιδέκατον καὶ τελευταῖον τῶν Ὀλυμπίων εἶδος.

Diese beiden Gattungen Scholien sind es also, welche man seit Beck unter einander gemischt gab und durch Vet. und Rec. unterschied. Sie müssen künftig wieder getrennt werden.

Was jene eben über die Σχόλια νεωτέρων ausgeschriebene Erklärung aus der Romana betrifft, so wird der aufmerksame Leser manches in den Wörtern und in der Sache nicht verstehen. Ich bin in demselben Falle: bin aber auch glücklicher Weise in dem Falle mich dagegen gleichgültig verhalten zu dürfen, weil ich sagen kann, die Römischen Σχόλια νεωτέρων enthalten zusammengeschrieben, hinter einander geschrieben zu den einzelnen zu erklärenden Stellen, die Kommentare, bezüglich Paraphrase, von zwei Verfassern, und zwar des Moschopulos und des Triklinius: welche beide Bestandtheile derselben wir beinahe durchweg aus den innern Kennzeichen zu scheiden vermögen. Und wenn ich rathen muss, für die Σχόλια παλαιὰ den Ausdruck „alte" Scholien zu vermeiden, so geschieht es, um der Phantasie kein falsches Bild zu erregen: sie sind auch nicht alt in prägnantem Sinne: durchaus nicht etwa darf man sich vorstellen, was Böckh glaubte, man habe hier Kommentare älter als Plutarch vor sich: aber älter als die Σχόλια τῶν νεωτέρων, welche die andern unverkennbar schon benutzten, sind sie.

6. Auch mit jener uns oben schon bekannt gewordenen in den ältern Scholien enthaltenen Paraphrase ist es Böckh nicht besser er-

gangen. Er hat sie nicht erkannt, und seine Irrthümer sind gross.
Z. B. Pyth. IV, 328: ἐπέκαιε δὲ καὶ ἐνέβαλλεν ἐπιθυμίαν τοῖς ἥρωσιν
ἡ Ἥρα τοῦ Ἀργώου σκάφους, ὥστε μή τινα ἀπολειπόμενον ἀκινδύνως
καὶ ἀδόξως τὸν αἰῶνα παρὰ μητρὶ μένοντα διαιτᾶσθαι. § ἰέναι δὲ ἐν
ἐπιθυμίᾳ ἐποίει ἡ Ἥρα, μὴ ἔξωθεν κινδύνου ἕκαστον παρὰ τῇ μητρὶ
διαιτᾶσθαι. § ἢ οὕτως· ᾖρουν ἐνέκαιεν ἐπιθυμίαν τοῦ ἐμβῆναι. Ἄλλως. μὴ μένειν ἀδόξως παρὰ τῇ μητρί, ἀλλὰ καὶ ἐπὶ τῷ θανάτῳ τῆς
ἰδίας ἀρετῆς κάλλιστον φάρμακον τὴν μετὰ ταῦτα εὐδοξίαν σὺν ταῖς
ἄλλαις ὁμήλιξιν εὑρέσθαι. Wir sehen jetzt augenblicklich, dass wir
von ἐπέκαιε δὲ καὶ bis μένοντα διαιτᾶσθαι unsere Paraphrase haben,
und dass wir hinter diesem διαιτᾶσθαι, was für nützliches oder wie
hier unnützes Zeug auch dazwischen getreten, augenblicklich dieselbe
Paraphrase weiter zu lesen und zu schreiben haben mit dem ἀλλὰ καὶ
ἐπὶ τῷ θανάτῳ —.
 Es ist bei Böckh noch bunter geworden als es in der Romana
auch schon ist. In dieser steht hinter μένοντα διαιτᾶσθαι so, mit
neuem Lemma Μή τινα λειπόμενον. τὸ ὅλον· ἰέναι δὲ ἐν ἐπιθυμίᾳ
ἐποίει ἡ Ἥρα, μὴ ἔξωθεν κινδύνου ἕκαστον παρὰ τῇ μητρὶ μένειν ἀδόξως, ἀλλὰ καὶ ἐπὶ τῷ θανάτῳ u. s. w. bis εὑρέσθαι.

III.
Böckh's Unterscheidung und Scheidung der Scholien unzuverlässig. Σύνταξις.

1. Wir wollen es immer anerkennen, dass Böckh zu scheiden, zu
trennen versuchte. Aber wir haben uns klar zu werden, welches Ver-
trauen wir ihm schenken dürfen. Wir finden, dass er uns keine einigermassen verlässliche Sicherheit bietet, weder in der Unterscheidung
der Autoren noch in der Scheidung und Trennung der einzelnen Stücke,
sei es in den neuern, sei es in den ältern Scholien.
 Am Schluss von Ol. III bei dem οὔ νιν διώξω· κεινὸς εἴην steht
eine interessante grosse Auseinandersetzung aus den Römischen Scholia
vetera. Sie beginnt bei Böckh: ἐπιστήσας τις u. s. w. Böckh hätte
besser gethan beizubehalten, was die Romana hat: Ἄλλως. περὶ τοῦ
κεῖνος εἴην. ἐπιστήσας τις u. s. w. Hinter dieses Scholion hat Böckh
nun geschrieben: Rec. mit der Bemerkung: Hoc scholium quamquam
olim inter vetera habebatur, est Triclinii, quantum augurari ex genere
dicendi licet. Nun ist allerdings dieses Scholion gewiss sehr neu By-
zantinisch. Aber dem Triklinius gehört es ganz gewiss nicht. Dies
eben ist aus dem genus dicendi ganz gewiss. Weder in einzelnen Ausdrücken, noch im ganzen Kolorit und Ton erinnert es an die Art des
Triklinius: vielmehr es klingt alles ganz anders. So hat er denn an-

derwärts wieder wirklich Triklinianisches verkannt: um nur ein Paar
Beispiele zu nennen hat er VII, 89 das letzte Stück τέχναν u. s. w.,
das dem Triklinius gehört, von dem vorangehenden Moschopuleischen
nicht gesondert. IV, 26 ist der lange theils aus Mosc. B, theils aus
Mosc. B und Ciz. hinzugekommene Artikel ein einziger, nicht durch
ein Paragraphenzeichen zu trennender Artikel, und zwar des Triklinius. Und wo er Moschopulos oder Triklinius richtig nennt, muss man
es demnach bei ihm doch nur für Zufall ansehen. Bei so wenig noch
gesichertem Urtheil hätten wir wol immer noch über die Romana un-
terrichtet bleiben sollen, und es hätte jedenfalls nicht geschehen sollen, dass wir nicht genau erfahren, was in der Romana in den σχόλια
τῶν παλαιῶν oder in den σχόλια τῶν νεωτέρων steht. Wir erfahren
es bei ihm nicht, dass ein ganzes Stück Scholion vetus zu Ol. VIII, 30
sich in der Romana nicht nur da, sondern auch wieder — freilich mit
Unrecht — in den σχόλια νεωτέρων findet.

2. Böckh sagt in der Vorrede zu den Scholien S. VIII: „Tandem scholiorum congeriem interpositis siglis § et in Moschopuleis † in suos arti-
culos distinxi, partim sententiis, partim libris ducibus, in quibus quae aut
omissa aut alio loco posita sunt ea a ceteris separanda esse sponte patet."

Wenn ich dieses richtig verstehe, so muss vor jedem Scholion des
Moschopulos ein Kreuz stehen. Und dann fehlt es allein in der zweiten Olympischen Ode dreizehnmal, und dreimal, vielleicht viermal steht
es mit Unrecht (zu 44. 65. 123, wol auch 122). Ja wenn bei Böckh
von der Olympischen Ode XI (τὸν Ὀλυμπιονίκην ἀνάγνωτέ μοι —) an
— ich denke von da an — das Zeichen des Kreuzes ganz oder etwa
mit verschwindender Ausnahme (z. B. zu XIII, 12. 14) ganz aufhört,
heisst das, es seien hier keine Moschopulea mehr? Sie sind aber vollständig auch da vorhanden. Und was das Zeichen § betrifft, so dürfte
vor einem Scholion des Moschopulos dies nicht zu treffen sein. Wie
in derselben zweiten V. 123, wo vielmehr das Kreuz vor ὅσοι ἐτόλμησαν zu setzen war. Noch müsste ein zusammenhängendes Moschopuleisches durch ein Kreuz getrennt sein. Was auch geschehen. Es sei
davon ein recht sicheres und auffallendes Beispiel angeführt, Ol. XII, 1,
wo keinesweges vor ἢ οὕτως ein anderes Scholion oder das Scholion
eines andern angeht und Böckh sein Habet etiam Leid. B Cygn. Lips.
Mosc. B nicht zweimal zu schreiben brauchte. Es ist Moschopulos
selbst, der zuerst unter Annahme der Lesart Ἱμέρᾳ εὐρυσθενεῖ ἀμφὶ
πόλει, dann der anderen ἀμφιπόλει paraphrasirt. Der sich des ἢ οὕτως eben auch sonst bedient, z. B. unter Annahme einer doppelten
möglichen Konstruktion, wie z. B. Ol. III, 68. Und bei dem allerdings
in dieser Rücksicht oft zu fatalem Zweifel Anlass gebenden ἢ οὕτως
ist öfter eine fälschliche Trennung geschehen. Auch natürlich in den

ältern Scholien. Zum Beispiel Isthm. VI (VII), 23 ist ein Paragraphenzeichen vor einem ἢ οὕτως fälschlich gesetzt, wo, ganz ähnlich wie in dem eben berührten Moschopuleischen Fall, mit dem ἢ οὕτως der bisher paraphrasirende Scholiast noch eine zweite mögliche Paraphrasirung der Stelle angiebt, wenn man sie anders konstruirt, je nachdem ἄκρον ἄωτον Nominativ oder Accusativ wird, und was sich weiter danach ändert. — Doch zurück zu Moschopulos. Um weiter noch ein gutes Beispiel falscher Trennung für diesen anzuführen, sei es III, 79, wo die eintretenden verschiedenen Erklärungen von ἄβατον alle dem Moschopulos gehören. Eben so wenig war Ol. IV, 38 das Paragraphenzeichen vor Ὑψιπύλεια zu setzen und auch nicht gleich wieder eine Zeile später hinter Πηνελόπη. Dies alles hängt zusammen und gehören diese grammatischen Bemerkungen demselben Verfasser als die vorangehenden paraphrasirenden Worte, dem Moschopulos.

Ebenso wie in den Zeichen irrt Böckh und leitet irre mit ἄλλως, in dem er nicht selten — wovon wir kurz zuvor bei καιρὸς εἴην ein Beispiel unrichtigen Weglassens hatten — besser der Romana gefolgt wäre. Als Beispiel etwa eines bei ihm falsch hinzugekommenen ἄλλως nenne ich Pyth. IV, 120, wo bei Böckh steht: Ἄλλως. κατὰ κοινοῦ τὸ Μοίσαισι δώσω. Während in der Romana es an das vorige richtig angeschlossen weiter geht ohne ein ἄλλως mit κατὰ κοινοῦ δὲ τὸ Μοίσαισι δώσω. So hätte er in den älteren Scholien mehrfach ein sich in der Romana findendes ὁ νοῦς, ὁ δὲ νοῦς beibehalten sollen. Aber nicht etwa als ob nicht auch in der Romana falsche ἄλλως sich fänden.

Σύνταξις.

3. Vielleicht ist uns ein Zeichen zur Unterscheidung an die Hand gegeben in dem häufig genug vor Stellen der neuern Scholien bei Böckh vorgesetzten Σύνταξις. Bei Böckh. Denn erst bei Böckh ist dieses Σύνταξις hinzugekommen, wie es scheint aus dem cod. Mosqu. B. Wir finden es z. B. in der zweiten Olympischen Ode vor V. 56. 65. 73. 102. 109. 142. 154. 160. 166. Zu V. 160 lesen wir so: Ἔπεχε νῦν) ἀντὶ τοῦ ἐπέχων ἤδη ἔντυνε, ὦ θυμέ, κατὰ τοῦ σκοποῦ τὸ τόξον. ἀντὶ τοῦ χαλιναγωγῶν τὸν λόγον ἀπὸ τῶν ἔξω τοῦ καιροῦ ἐπὶ τὴν προκειμένην ὑπόθεσιν ἀπότεινε. † Σύνταξις. ἄγε, εἰπέ, ὦ θυμέ, ἤγουν ὦ ψυχή, τίνα βάλλομεν, ἤγουν τοξεύομεν, ὀϊστοὺς πέμποντες ἐνδόξους ἀπὸ ἡμέρου καὶ φιλικῆς φρενός; τουτέστι τίνα ἐγκωμιάζομεν; ἐπὶ τὴν Ἀκράγαντα τάνυσον, ἤγουν ἕλκυσον, τὸ τόξον δηλονότι, ἀντὶ τοῦ ἐπὶ τὴν Ἀκράγαντα ἀπότεινε τὸν λόγον.

Nun! wir können weder dies Kreuz noch dies Σύνταξις brauchen. Es ist das Ganze, von Ἔπεχε νῦν bis τὸν λόγον die zusammenhängende Paraphrase, und zwar die Moschopuleische Paraphrase, der Pindarischen Worte V. 160—165 (89—92) Ἔπεχε νῦν σκοπῷ τόξον. ἄγε, θυμέ, τίνα βάλλομεν ἐκ μαλθακᾶς αὖτε φρενὸς εὐκλέας ὀϊστοὺς ἱέντες; ἐπί τοι Ἀκράγαντι τανύσαις (vom Paraphrasten, wie wir sehen, für imperativischen Optativ genommen).

Also geben wir es nur sogleich auf, nach dem Σύνταξις bei Böckh als einem Leitstern zu sehen. Die Sache ist folgende. Solches Σύνταξις deutet paraphrasirende Stellen an und steht vor solchen. Nun gab es Handschriften, es gab eine Pindarische, den Moschopulischen und Triklinischen Kommentar vermischt enthaltende Handschrift, wo im Gegensatz gegen Erklärungen einzelner Wörter oder etwaige sonstige längere Auseinandersetzung, namentlich auch im Gegensatz gegen die ἱστορίαι, bei wieder angehender Paraphrase zur Bequemlichkeit des Gebrauchs Σύνταξις vorgeschrieben oder an den Rand geschrieben war, wie auch Ἱστορία so an- oder vorgeschrieben ward, worüber wir unten aus diesen Pindarkommentaren ausführlichere Nachweisung zu geben haben, und was wir zu vergleichen bitten. Davon sind die jetzt uns vorkommenden Σύνταξις die Ueberbleibsel, jetzt an zufälligen Stellen noch auftauchende Ueberbleibsel. Zu der ersten Olympischen Ode steht es, wenigstens nach Böckh, jetzt kein einzigesmal, und von der zehnten Ode an ein einzigesmal (XIII, 14). Es blieb beim Weiterabschreiben an vielen Stellen, wo es noch richtig gestanden, fort. Und im Gegentheil konnte es auch überflüssige oder unpassende Stellung erhalten: was sogleich auch geschah, wenn die einzelnen Stücke oder Gruppen etwas anders gesondert oder umgestellt wurden. Sehen kann man dieses auch jetzt an mehrern Stellen, wenn man die Reihenfolge bei Böckh mit der Reihenfolge in den Römischen Scholien vergleicht, insbesondere auch die Einfügung Triklinianischer Stücke zwischen die Moschopulischen. Die Stelle in der zweiten Olympischen Ode 160 ist auch ein Beispiel dazu. Die Theilung und Reihenfolge der einzelnen Stücke, auch die Folge und Einfügung der Triklinianischen Noten ist dort anders als bei Böckh, und würde ein Σύνταξις vor dem Ἄγε, εἰπέ — dort gar nicht so sonderbar stehen, sondern richtig: weil dort hinter Triklinischen erklärenden Bemerkungen mit dem Ἄγε, εἰπέ Moschopulische Paraphrase wieder anhebt.

Einiges ist wol in seiner jetzigen Art erst durch Böckh gerade so an einander geschoben. Aber ohne allen Zweifel wurden schon die Handschriften in der Reihenfolge variirt. Und z. B. gleich das vor φυᾷ — V. 154 stehende Σύνταξις würde auch in der Romana nicht passen, wo auch unmittelbar schon vorhergeht ein Paraphrasenstück (des Moschopulos). Ferner: es stand und steht noch jetzt das Σύνταξις sowol vor Moschopulischen als Triklinischen Paraphrasen. Von den oben aus der zweiten Ode angeführten neun Stellen kommen drei (65. 154. 166) auf den Triklinius. In den folgenden Oden wird das Eintreten des Σύνταξις gerade vor Moschopulischen Paraphrasen noch viel überwiegender: nun es war ja überhaupt viel mehr Moschopulische Paraphrase vorhanden als Triklinische: aber es kommen immer auch Stellen, wo es vor Triklinischer Paraphrase steht.

Dies alles können wir sagen, weil wir es schon ohne das Σύνταξις wissen: aus ihm würden wir es nicht lernen. Erhalten diese zur Pindarerklärung geschriebenen Bücher künftig einen richtigen Herausgeber, so werden wir das Triklinianische Buch und das Moschopulische Buch weder zerpflückt, noch unter einander gemischt lesen, sondern jedes zusammenhängend für sich, und werden uns nirgend am Rande sagen lassen: hier ist Paraphrase.

---

4. Doch über das Wort Σύνταξις und seine Anwendungen zur Bezeichnung paraphrasirender Stellen wollen wir bei dieser Gelegenheit noch einiges uns vorführen. In der ersten Olympischen Ode heisst es V. 103 (165) *πέποιθα δὲ μή τιν' ἀμφότερα καλῶν τε ἴδριν ἄλλον ἢ δύναμιν κυριώτερον τῶν γε νῦν κλυταῖσι δαιδαλωσέμεν ὕμνων πτυχαῖς.* Hiezu ist eine lange Note, welche dem Triklinius gehört, also: *τοῦτο καὶ ἐπὶ τοῦ Πινδάρου ὑπὲρ ἑαυτοῦ λέγοντος νοοῦσι καὶ ἐπὶ τοῦ Ἱέρωνος. καὶ ἐπὶ μὲν τοῦ Ἱέρωνος οὕτω· πέποιθα δὲ καὶ θαῤῥῶ μή τινα ἄλλον ξένον καὶ φίλον ἐμὸν δαιδαλωσέμεν καὶ κοσμῆσαι* [*ἐμέ:* denn dies *ἐμέ*, so viel ich sehe, muss fort: es ist wol noch eine Nachwirkung von dem *ἐμὲν* in *δαιδαλωσέμεν*, vielleicht hindurchgegangen durch ein *κοσμησέμεν*, wie aber Triklinius selbst nicht geschrieben] *ἐν κλυταῖς καὶ ἐνδόξοις πτυχαῖς καὶ περιβολαῖς ἐπαίνων ἴδριν τε καὶ ἐπιστήμονα καλῶν καὶ ἀγαθῶν καὶ δὴ καὶ κυριώτερον καὶ κρείττονα τῶν νῦν ἀνθρώπων κατὰ δύναμιν σώματός τε καὶ πλούτου, ἀμφότερα. τουτέστιν ἐλπίζω* u. s. w. Sodann: *ἐπὶ δὲ τοῦ Πινδάρου οὕτω· πέποιθα δὲ μή τινα ξένον δαιδαλωσέμεν καὶ κοσμεῖν ἐν κλυταῖς πτυχαῖς ἐπαίνων, ἴδριν τε καὶ ἐπιστήμονα καλῶν ἢ κυριώτερον καὶ κρείττονα τῶν νῦν ἀνθρώπων κατὰ τὴν τοῦ λόγου δύναμιν, ἀμφότερα· τουτέστιν ἐλπίζω* u. s. w. *ἔστι δὲ τὸ καλῶν ἴδριν καὶ τὸ δύναμιν κυριώτερον ἰσοδυναμοῦντα πρὸς τὸ ἀμφότερα.* [D. h. gehören gleicherweise zu —, ihre Bedeutung weist sie gleicherweise zu —. Vgl. Triklinius zu Ol. IX, 162 *τὸ τοῦτο πρὸς τὸ γεγάμεν ἔχει τὴν δύναμιν*, worauf dann die Paraphrase der Stelle nach seiner Art mit *καί* folgt und zugleich mit Anwendung der Wortstellung, nach welcher das bei Pindar ganz davon getrennt stehende *τοῦτο* mit *γεγάμεν* zusammengerückt wird.] *διὸ καὶ μετ' ἐκεῖνα τοῦτο λέγω κατὰ τὴν σύνταξιν, εἰ καὶ προηγεῖται κατὰ τὴν φράσιν.*

So finden wir denn in dieser Gattung Kommentare häufig, wo die Verfasser zu einer Stelle kommen, deren Verständniss sie durch zusammenhängende Paraphrase geben wollen, oder wo sie nach andern Bemerkungen, grammatischen oder einzelnen lexikalischen, oder nach Erzählung der zur Erklärung der Stelle nöthigen Geschichten und Fabeln zur Paraphrase der Stelle übergehen, da also von den Verfassern selbst geschrieben ἡ σύνταξις und ἡ δὲ σύνταξις. Wiewol sie sehr häufig auch ohne solchen Anweis diese σύνταξις anheben oder eintreten lassen. Bei Triklinius ist — ich irre mich wol nicht — in dem Pindarkommentar von seiner Hand ein solches ἡ σύνταξις oder ἡ δὲ σύνταξις nicht vorhanden. Aber in seinem Kommentar des Sophokles sind mehrere Beispiele. Z. B. Antig. 415 καὶ τότ᾽ ἐξαίφνης: ἡ σύνταξις· καὶ τότ᾽ ἐξαίφνης ὁ τυφώς — οὗτος γὰρ στροβίλων καὶ καταιγίδος ἔφορός ἐστιν — ἀείρας καὶ ἐπάρας σκηπτὸν καὶ στροβιλώδη ἄνεμον u. s. w. Vor den Schlussversen in Aias, 1400: ἡ σύνταξις· ἀλλ᾽ ἄγε πᾶς ἀνήρ, ὅστις φῃσὶ παρεῖναι καὶ ὑπάρχειν φίλος .... σούσθω καὶ ὁρμάσθω, βάτω καὶ πορενέσθω u. s. w. Oed. R. 35. Auch mit dem Verbum: wie Antig. 765 κρύψω δὲ ζῶσαν: σύντασσε οὕτω· κρύψω αὐτὴν ζῶσαν ἐν κατώρυχι καὶ ὀρύγματι πετρώδει u. s. w. Oder τοῦτο οὕτω συντάξεις· ὦ φίλη δέσποινα ἐγὼ παρὼν ἐνταῦθα καὶ ἐρῶ καὶ εἴπω u. s. w. Antig. 1176. — Zu Antig. 956 wird erst die Phinidenfabel ausführlich erzählt, dann: ἡ σύνταξις· αἱ δὲ Βοσπόριαι καὶ Θρᾳκιαὶ ἀκταὶ τῆς ἁλὸς τῆς ἀπὸ τῶν κυανέων πετρῶν διδύμας καὶ διπλῆς u. s. w. — Elektra 237 εὔκηλος γονέων ἐκτίμους ἴσχουσα πτέρυγας ὀξυτόνων γόων: εἰκότως τὰς πτέρυγας εἶπεν ἐπὶ τῶν γόων, δίκην γὰρ πτερῶν ἄνω πρὸς ὕψος φέρονται. ἡ δὲ σύνταξις· ἴσχουσα εὔκηλος καὶ ἥσυχος πτέρυγας γόων ὀξυτόνων ἐκτίμους καὶ ἀτίμους τῶν γονέων. Antig. 24 nach der Besprechung über die Bedeutung des χρησθείς: συντάσσε δὲ οὕτω· τὸν Ἐτεοκλέα μὲν ἔθαψε κατὰ τῆς χθονὸς σὺν δίκῃ δικαίᾳ, ὡς λέγουσιν, οἱ τὰ ἐκείνου φρονοῦντες δηλονότι, χρησθεὶς καὶ παραγγελθεὶς καὶ ὁρισθεὶς παρ᾽ ἐκείνου.

Wir sehen, dass σύνταξις allerdings immer die Ordnung und Konstruktion der Wörter anweisen soll, und dass es leistet was es bedeutet: aber wir sehen eben so die sehr zur Gewohnheit gewordene Art, diese Angabe der Anordnung zugleich zu verbinden mit der jedem Textworte hinzugefügten Paraphrasirung, wodurch denn σύνταξις auch in den Begriff „Paraphrasirung" hinüberschillert. Aber es giebt doch auch noch andere Ausdrücke, welche auch zur Bezeichnung und Einführung derselben paraphrasirenden Syntaxis gebraucht werden, einerseits — um von der Einführung mit einem τὸ δὲ ὅλον, τὸ δὲ πᾶν ἔχει οὕτως (wie z. B. Triclin. Ol. I, 61) gar nicht zu reden. — τὸ ἑξῆς, τὸ δὲ ἑξῆς, andererseits ὁ νοῦς, ὁ λόγος, ἡ διάνοια, ἡ ἔννοια. Aber sie können auch wieder von σύνταξις unterschieden, gegen σύνταξις abgestuft werden. Wir wollen noch ein wenig dabei verweilen.

Das ist sehr erklärlich, dass die Angabe der genauen grammatischen — oder auch wenigstens der Prosagewohnheit angenäherten — Reihenfolge und Zusammengehörigkeit der Wörter in der Periode der Interpretation, mit welcher wir es zu thun haben, ein sehr wichtiges Stück der Auslegung wurde bei den ungewöhnlichen und kühnen Wortstellungen der Dichter, eines Sophokles, eines Aeschylos, eines Pindar. Oder gar eines Lykophron, über dessen ἀσάφεια Tzetzes, der uns in seinem Lykophronkommentar für unsern Gegenstand sehr lehrreich wird, sich recht ärgert. ἐν τούτοις δέ, sagt er V. 822, ὁ Λυκόφρων ἀσάφειαν ἐργάζεται τὰ ὕστερα τοῖς πρώτοις μιγνὺς καὶ τὰ πρῶτα τοῖς ὑστέροις. Diese σύνταξις nun dem Leser vorzuführen gab es verschiedene Mittel. Tzetzes, wo es ihm einmal zu viel wird im Lykophron, beziffert nur die Wörter im Text und verweist zur Erkenntniss der σύνταξις dahin. Wie auch wir dergleichen bezifferte Ausgaben von fremdländischen für den Unterricht bestimmten Texten haben, oder mit Fingersetzung bezeichnete Musikstücke. Und soll es auch, wie uns die Herausgeber zu V. 52 sagen, ganz durchbezifferte Handschriften des Lykophron noch geben. Damit entledigt sich Tzetzes mehreremal ausdrücklich jeder weitern σύνταξις. Dies Beziffern nennt er διαγράφειν und διάγραμμα. Zu V. 22 (S. 308) Αἱ δὲ παρθενοκτόνον μέχρι τοῦ αἱ φαλακραῖαι κόραι (V. 24) συντάσσεται οὕτω καθ' ἣν διαγράψω τάξιν τοῦ α καὶ β καὶ τῶν λοιπῶν στοιχείων. Zu V. 52 (S. 353) τὰς δὲ συντάξεις οὐ δεῖ γράφειν, ἀλλὰ διὰ γραμμάτων ἄλφα καὶ βῆτα καὶ λοιπῶν ταύτας διαγράψω· μᾶλλον δὲ μόνας ἐκείνας τὰς περινενοημένας καὶ δεινάς. Nämlich doch wol zu verstehen δεῖ γράφειν: nur an den überkünstlich ersonnenen und gefährlichen Stellen vielmehr sei es nöthig, die σύνταξις nicht nur durch Bezifferung anzugeben, sondern sie gehörig zu schreiben. Wobei man sich ja nicht etwa den Kopf zerbrechen wolle bei diesem Tzetzes, wenn unter den blos mit Bezifferung in dieser Hinsicht behandelten Stellen sich eben so schwer zu konstruirende vorfinden als unter den andern. (Genaue σύνταξις — mit Paraphrase — geht hier erst nach zwanzig Versen, V. 72, wieder an.) Zu V. 110 (S. 388) τὴν δὲ σύνταξιν βλέπε εἰς τὸ διάγραμμα. Zu V. 115 (S. 392) ἡ δὲ σύνταξις καθ' ὑπερβατόν (vgl. ἐν ὑπερβατῷ ἡ σύνταξις V. 1263) ἀπὸ τοῦ „ὁ γάρ σε συλλέκτροιο" (115) μέχρι τοῦ „λίπτοντα κάσσης ἐκβαλὼν πελειάδος" (131). συνταχθήσεται δὲ τῷ διαγράμματι. Dies ist nämlich eine einzige Periode, deren Konstruktion wahrlich schon περινενοημένη und δεινή heissen darf. Uebrigens auch schon die vorangehende, 110—115. Und auch die Stelle V. 243 ff. (S. 502), wo es ihm eben beliebt zu erklären: — *ἀλλ᾽ ἡ μὲν ἔννοιά ἐστιν αὕτη· συντάξεως δὲ ἐνταῦθα οὐκ ἔχομεν χρείαν διὰ τὸ σαφές. τὰς δὲ ἱστορίας γραπτέον.* V. 603 heisst es *αὕτη ἡ ἔννοια καὶ ἡ σύνταξις σαφεστάτη ἐστίν. τὴν δὲ περὶ Διομήδους ἱστορίαν λεκτέον.* Um sich des Ausschreibens der *σύνταξις* zu entledigen scheint auch geschrieben zu sein zu V. 275 *Καὶ αἱ μὲν οὖν λέξεις οὕτως ἔχουσι, περὶ ὧν οὐκέτι γράψω, γράψον δὲ σὺ ταύτας μέσον τῶν στίχων.* Und schon 270, wo die Erklärung dieser einzelnen *λέξεις* angeht — denn dahin gehört es, am besten hinter *λαβὼν δὲ ταύρον) ταῦρον τὸν Ἕκτορα καλεῖ ὡς θυμικὸν καὶ ἀνδρεῖον*, nicht zu V. 261, wohin es mit der falschen Stellung des Verses *λευρὰς βοώτης* gekommen, s. Bachmann — also schon V. 270 *Ἀλλὰ κἂν τὰς λέξεις ἄνωθεν τῶν στίχων γράφε.* That der Leser das und waren die Textesworte nicht beziffert, so hatte er eine Interlinearversion, waren sie aber beziffert, was Tzetzes wol annimmt, so konnte er, wenn er zwischen Textwort und der gegebenen Erklärung ein *καί* einschob, die *σύνταξις* in der gewöhnlichen Art aus dem Text ablesen. Dass Tzetzes hier einmal von solchen Marotten befallen wird, dem Leser zuzumuthen, er solle sich das selbst überschreiben, wird niemand Wunder nehmen, der diesen unberechenbaren philologischen Narren kennt. Ist es ja auch nur Marotte, dass er an vielen — wie wir gesehen haben gar nicht leichter als andere zu ordnenden — Stellen überhaupt die *σύνταξις* nicht schreiben will, er, der sonst ein und dieselbe Sache wieder und wieder einbläut, sei es grammatische Lieblingsregeln oder sonstige seiner Weisheiten, sei es auch Geschichten, und mit Bewusstsein. Denn da heisst es ja: *ἔφην καὶ πρότερον ὅτι* und nun kommt es wieder ganz so ausführlich wie *πρότερον* (etwa 187, und *πρότερον* 164). Oder: 315 *περὶ δὲ τῆς Κίλλης εἴπομεν εἰς τὸ Μηδ᾽ Αἰσακείων οὑμός* (V. 224) *καὶ πάλιν ἐρῶ. Κίλλα Ἑκάβης ἦν ἀδελφή* u. s. w. Oder 279 *Εἶπον τὴν ἱστορίαν καὶ πάλιν ἐρῶ. Εἱμαρμένον ἦν* u. s. w.

5. Will man nun aber nicht ablehnen, sondern die *σύνταξις* der im Texte stehenden Worte ausschreibend angeben, so könnte das zunächst so geschehen, dass man eben blos die Wörter des Textes wieder gebraucht, aber sie in der ursprünglichen oder verständlichern Reihefolge aufführt. Da ist in den Persern V. 930 die Stelle:

προςφθόγγον σοι νόστου τὰν
κακοφάτιδα βοάν, κακομέλετον ἰὰν
Μαριανδυνοῦ θρηνητῆρος
πέμψω πολύδακρυν ἰαχάν.

Wozu Schütz und auch Dindorf noch ebenso uns als Scholion B folgendes hingeben:

προςφθόγγου) χαιρετιστικοῦ. νόστου ὑποστροφῆς. ἡ σύνταξις· πέμψω σοι τὴν βοὴν τοῦ νόστου τοῦ προςφθόγγου κακοφάτιδα ἰὰν καὶ βοὴν κακομέλετον Μαριανδυνοῦ θρηνητῆρος, ἰαχὴν λέγω πολύδακρυν. τουτέστιν —.

Es war wirklich nöthig einmal eine zusammenhängende Betrachtung dieser Dinge anzustellen: sie wird hoffentlich dazu beitragen, dass künftige Herausgeber solcher Scholien sich bei jedem einzelnen und bei den einzelnen Partien die Frage stellen, was denn eigentlich vorliegt, ob von Anfang an vereinzelte Glossen, ob zerpflückte oder auch vollständige Interlinearübersetzung, ob zerpflückte oder auch vollständige σύνταξις, wie wir sie jetzt besprechen, und welche Art derselben. Dann werden sie sich doch entschliessen, mit mehr Sicherheit und Entschiedenheit in solchen unsauber überlieferten Scholientexten vorzugehen und eine Stelle wie die obige wird ohne weiteres geschrieben sein: προσφθόγγου) χαιρετιστικοῦ. νόστου ὑποστροφῆς. ἡ σύνταξις· πέμψω σοι τὴν τοῦ νόστου τοῦ προσφθόγγου κακοφάτιδα βοὴν καὶ ἰὰν κακομέλετον Μαριανδυνοῦ θρηνητῆρος, ἰαχὴν λέγω πολύδακρυν. τουτέστιν —. Die andere Art ist, dass man hiebei zum Textesworte jedesmal das paraphrasirende Wort zugleich hinzufügt mit einer der dafür in Gebrauch gekommenen Partikeln, wozu wir καί in äusserst verbreiteter Anwendung haben kennen lernen: wenn das auch nicht ganz konsequent geschieht, sondern auch wol einmal ein Textwort ohne paraphrasirendes Wort oder auch gleich ein paraphrasirendes Wort ohne das Textwort eintritt. Denn fortgesetzte Beschäftigung führt nicht dahin, etwa in solchen Fällen stets Verderbung durch die Ueberlieferung anzunehmen.

Wie andere so geht auch Tzetzes in die Paraphrase über ohne eine ausdrückliche Angabe; aber ἡ δὲ σύνταξις dient ihm ausdrücklich dazu. Mehrmals hat er auch in demselben Sinne vor langen mit seinem καί paraphrasirten Stellen τὸ δὲ ἑξῆς. Z. B. V. 570 (S. 683). Gleich wieder V. 598. Ebenso V. 315. Nun unterscheidet aber Tzetzes noch ὁ νοῦς, ἡ ἔννοια. Z. B. V. 930 ῾Ο νοῦς οὕτως ἔχει und später dann für dieselben Verse ἡ δὲ σύνταξις οὕτως. Nach jenem ὁ νοῦς οὕτως wird in erzählender, nicht eigentlich paraphrasirender Weise angegeben der ganze Inhalt und Fortgang der Verse 930 bis 950, dann mit dem ἡ δὲ σύνταξις οὕτως folgt die genaue wörtliche Paraphrase in seiner Art der einzelnen Textesworte mit Anwendung des καί. V. 243 (S. 502) ἡ μὲν ἔννοια οὕτως ἔχει . . . . ἀλλ᾽ ἡ μὲν ἔννοιά ἐστιν αὕτη· συντάξεως δὲ ἐνταῦθα οὐκ ἔχομεν χρείαν διὰ τὸ σαφές. τὰς δὲ ἱστορίας γραπτέον. Und so mehrmals ὁ νοῦς (z. B. 503. 508) und ἡ ἔννοια wie 517 ἡ ἔννοια ὄπισθεν ἐρρέθη πλατυτέρως, nämlich zu V. 447.

Bei Tzetzes also haben jene Wörter eine von σύνταξις verschiedene Anwendung. Dies ist anderwärts nicht so. In den Scholien zum

Nikander wird die Paraphrase angekündigt gleich V. 1 mit ὁ νοῦς οὗτος, V. 29 mit ἡ δὲ σύνταξις οὕτως, 153 ὁ δὲ λόγος, 159 ἡ δὲ σύνταξις. In den Pindarischen älteren Scholien kommt ἡ σύνταξις nicht vor. Und Böckh selbst hat es bemerkt, dass solche Anwendung von σύνταξις ausser der Gewohnheit der älteren Pindarscholien ist. Wir lesen es zwar bei ihm zu Pyth. V, 35, wo nach der Auseinandersetzung über Prometheus und Epimetheus in seinem Texte es fortgeht: § "Ἄλλως. ἡ σύνταξις· ὅστις ὁ Κάρρωτος οὐ τὴν τοῦ βραδέως βουλευσαμένου Ἐπιμηθέως Πρόφασιν ἄγων εἰς τοὺς οἴκους τῶν Βαττιαδῶν, τουτέστι τῶν Κυρηναίων, παρεγένετο. ὁ δὲ νοῦς τῷ λόγῳ ὅτι οὐχ ἡττηθεὶς καὶ προφασισάμενος αἰτίας τῆς ἥττης ἦλθεν εἰς Κυρήνην, ἀλλὰ νικήσας. Böckh macht aber hier bei dem σύνταξις folgende Anmerkung: „Sic Gott., quod memorabile ob formulae huius usum in scholiis recentiorum ad Olympia." Aber er hat es nicht der Mühe werth geachtet uns anzugeben, was denn statt dieser lectio Gottingensis anderswo steht. Es steht aber in der Romana erstlich natürlich kein Paragraphenzeichen, zweitens kein ἄλλως, drittens kein σύνταξις, viertens kein ὁ δὲ νοῦς τῷ λόγῳ, sondern es steht: ὁ δὲ νοῦς οὕτως· ὅστις ὁ Κάρρωτος u. s. w. wie hier bis παρεγένετο. Dann: τουτέστιν οὐχ ἡττηθείς u. s. w. Und dies wird also künftig zurückkehren. Lehrreich aber wird uns auch aus diesem Beispiele sogleich bleiben, dass auch die ursprüngliche Form dieser Andeutungen der eintretenden Paraphrase beim Weitertragen und Abschreiben umgesetzt wurde.

6. In den älteren Pindarischen Scholien ist ganz überwiegend beim Eintreten der Paraphrase ὁ δὲ νοῦς: — freilich tritt sie auch mit dem blossen eingeschobenen φησί ein, auch dieses φησί noch nach eben vorausgegangenem ὁ δὲ νοῦς. Und, beiläufig, tritt auch mitten in gleichmässig fortlaufender Paraphrase nicht selten noch wieder einmal ein φησί ein. Seltener als ὁ δὲ νοῦς ist ὁ δὲ λόγος, ἡ δὲ διάνοια. (Einiges vereinzelter vorkommende, z. B. τὸ δὲ σαφές, τὸ δὲ ὅλον, lasse ich jetzt.) Und an einigen Stellen wechseln die Handschriften an derselben Stelle, wie eine Vergleichung von Böckh und Romana zeigt. Z. B. Pyth. IV, 1 ὁ νοῦς, in der Romana ἡ διάνοια. 496 bei Böckh ὁ δὲ λόγος, Romana ὁ δὲ νοῦς. Uebrigens hat dies ursprünglich viel häufiger gestanden als es jetzt noch erscheint. In manchen kommt es noch jetzt wenigstens ziemlich häufig. Wenn aber z. B. in der dritten Olympischen Ode, deren ganze ältere zusammenhängende Paraphrase vorliegt, es nur ein einzigesmal erscheint, V. 1, so ist es gewiss öfter verloren gegangen. Ferner ist mit der Verkennung der Paraphrase auch das ὁ νοῦς, ὁ δὲ νοῦς nicht immer erkannt worden; Böckh hat es einigemal weggelassen, wo es in der Romana treffend gefunden wird: ja wol anstatt seiner oder auch davor ein ruinirendes

ἄλλως. Nicht als ob nicht auch in der Romana man vor solchen Fehlern auf der Hut sein müsste.

Man kann nicht vorsichtig genug sein. Natürlich stehen ὁ νοῦς, ὁ λόγος auch in andern Verbindungen und Nüancirungen der Bedeutung und wenn Pyth. XII am Anfang beginnt Αἰτέω σε, φιλάγλαε καλλίστα) ὁ λόγος ἀπότασις τῷ Πινδάρῳ πρὸς τὴν ἡρωίδα ἢ καὶ τὴν Ἀκράγαντα πόλιν· ὦ φιλόκαλε καὶ καλλίστη τῶν πόλεων, ἥτις εἰ Φερσεφόνης ἕδος, αἰτέω σε ἵνα ἵλεως δέξῃ τὸ στεφάνωμα τοῦ Μίδα, ὃ ἐκ τοῦ Πυθῶνος ἤνεγκεν. ὁ δὲ νοῦς· αἰτέω σε, ὦ καλλίστη τῶν ἀνθρώπων καὶ φιλόκαλε πόλι u. s. w., so hat Böckh sich **geirrt, indem** er vor ὁ δὲ νοῦς sein Paragraphenzeichen setzte, so verführerisch es war. Es war dort die Pindarische Redewendung und der Inhalt ihrer Bitte an die Akragas doch immer erst mehr im ganzen anzugeben die Absicht, dann mit ὁ δὲ νοῦς tritt die wörtliche Paraphrase ein.

Gewiss ist die Anwendung von σύνταξις für Einleitung wörtlicher Paraphrase erst seit einer gewissen, es scheint nicht zu frühen Zeit aufgekommen. Wenn in einer Scholiensammlung, in der wörtliche Paraphrase nicht selten und der Gebrauch einer Einführung durch solche Formel auch nicht zu selten, sich gar kein σύνταξις fände, sondern blos etwa ὁ δὲ νοῦς, ὁ δὲ λόγος, so könnte das doch ein beachtenswerthes Zeichen ihres verhältnissmässigen Alters sein. Wenn man einmal eine Stunde Zeit hätte, lohnte sich's wol etwa die Scholien des Apollonius und des Aratus darauf durchzugehen.

IV.

Mit Unrecht setzt Böckh die älteren Scholien vor Plutarch.

1. Böckh's Aeusserung, **dass die älteren** Pindarischen Scholien grösstentheils älter als Plutarch seien, findet sich zum Scholion der vierten Pythischen Ode, V. 407: ἄφθιτον στρωμνὴν τὸ δέρος τοῦ κριοῦ, τὸ κώδιον. οἱ γὰρ ἀρχαῖοι ὑπεστρώννυντο τὰ κώδια, ἀφ᾽ οὗ καὶ κῶμα ὁ ὕπνος, διὰ τὸ ἐπὶ κωδίων αὐτοὺς κοιμᾶσθαι. Ἀριστοφάνης· ἦν σε μὴ μισῶ γενοίμην ἐν Κρατίνου κώδιον. ἄφθιτον δὲ αὐτὸ εἶπε καθὸ χρυσοῦν ἦν. ὁ δὲ χρυσὸς ἄφθαρτος. καὶ ἡ Σαπφώ· ὅτι Διὸς παῖς ὁ χρυσὸς κεῖνον οὐ σῆς οὐδὲ κὶς δάπτει βροτέαν φρένα κράτιστον φρενῶν. Nach Zeugnissen des Plutarch und Proklus gehören die Worte οὐ σῆς — dem Pindar an. Und Böckh sagt nun: „Si auctoritatem spectes, quamquam Pindari scholia maximam partem Plutarcho antiquiora sunt, tamen quia nimis mutila ad nos pervenere, Plutarcho et Proclo plus tribuerim." Dass der Schluss jenes Pindarscholions nicht so von seinem Verfasser gekommen, sondern verdorben ist, geben wir gern zu. Aber

davon abgesehen: man sehe sich doch die Art von Pindarerläuterung und von Belegen einen Augenblick genauer an und man wird mir wol zugeben, dass gerade im Angesicht eines solchen Scholions es etwas kühn war, jene Aeusserung zu thun: und — Böckh rechnete doch dieses Scholion, alles was dieses Scholion bildet, auch eben nicht, wie man ja sieht, zu dem kleinern Theil, der etwa der maxima pars gegenüber blieb. Es kann immer sein, dass die Namen angeführter Grammatiker, Historiker alle vor Plutarch fallen: wiewol der Ἀμυντιανός, der zu Ol. III, 52 über die Hörner der weiblichen Hirsche mit dem Zeugniss aus Anakreon angeführt wird und mit der Notiz, Zenodot habe dort ἐροέσσης statt πτεροέσσης gelesen, lebte unter dem Kaiser Markus, Phot. bibl. 131 S. 917. a Be*). Aber dass die zitirten Dichterstellen, dass eine Menge Erklärungen ihrer Beschaffenheit nach, dass Ausdrucksweise und Sprache überwiegend den Eindruck vorplutarchischer Zeit und der Berechnung für ein vorplutarchisches Publikum machen, das wird man nicht sagen. Ich will einmal einiges als γεῦμα hersetzen. Ich meine, mit dem Gedanken an ein vorplutarchisches Publikum stimmt es schon wenig, wenn man in der Erzählung über jenen Alkmäon, der sich bei Krösus mit Gold anfüllte, zu den Worten ὑποδησάμενος δὲ κοθόρνοις gelangt, dazu gesetzt trifft οἵ εἰσιν ὑποδήματα Διονυσιακά, Einleitung zur siebenten Pythischen. Oder gar Ol. III, 25 Ἴστρος ποταμὸς διὰ πολλῶν ἐθνῶν τῆς Εὐρώπης χωρεῖ, ἔχει δὲ τὰς πηγὰς ἐν τῇ τῶν Ὑπερβορέων χώρᾳ, ὃς νῦν Δάνουβις λέγεται. Worüber wir uns bei Tzetzes nicht wundern: τὸν Ἴστρον ποταμὸν τὸν καὶ Δάνουβιν καλούμενον, zu Lykophr. 74.

Oder Pyth. IV, 376 Φᾶσις δὲ ποταμὸς Σκυθίας τῆς κατὰ τὴν Ἀσίαν. ἔστι γὰρ καὶ ἑτέρα Εὐρώπης πλησίον τῆς Μαιώτιδος λίμνης καὶ τοῦ Τανάϊδος ποταμοῦ. τούτου Ἀπολλώνιος μνημονεύει· Φᾶσις δινήεις εὐρὺν ῥόον εἰς ἅλα βάλλει.

Oder Ol. XIII, 81 οἱ μὲν γὰρ περὶ τὸν Εὐχήνορα, Κορίνθιος δὲ ὁ ἀνήρ, ἅμα τοῖς Ἀτρείδαις ἐβούλοντο τὴν Ἑλένην ἀνακομίσασθαι ἁρπασθεῖσαν ὑπὸ Ἀλεξάνδρου τοῦ Ἰλιώτου. ὅτι δὲ Εὐχήνωρ Κορίνθιος ἦν καὶ Ὅμηρός φησιν· ἦν δέ τις Εὐχήνωρ Πολυείδου u. s. w.

Oder Pyth. IV, 337 ταῖς μαντείαις χρησάμενος ὁ Μόψος ἐνεβίβασε τὸν στρατὸν προθύμως. εἰώθασι δὲ διὰ κλήρων μαντεύεσθαι τὸ πρίν, καὶ ἦσαν ἐπὶ τῶν ἱερῶν τραπεζῶν οἱ ἀστράγαλοι, οἷς ῥίπτοντες ἐμαντεύοντο, οἷον ἐὰν βάλλοντός μου τόδε ἀναβῇ, ἀποτελεσθήσεται τόδε,

---

*) Natürlich nur aus diesem Pindarscholion hat Tzetzes seine Weisheit und den Amyntianos in seinem eigenen Scholion zu einer Stelle der Chiliaden, das man sehe bei Cramer An. Ox. III, 357. Pressel hinter den Episteln S. 109. vgl. Matranga Anecd. I. p. 15.

εἰ δὲ μή, οὐκ ἀποτελεσθήσεται. So steht es in der Romana und so hat man es künftig zu geben, nicht in der gewiss schlechteren Fassung aus dem Gottingensis, wie man es bei Böckh liest.

Oder Ol. IX, 150 aus seinem Vratisl. A: ἐν Ἐλευσῖνι ἄγεται τὰ Δημήτρια. τοῦτον δὲ πρῶτον ἀγώνων φασὶν εἶναι. μετὰ γὰρ τὸ εὑρεθῆναι τὸν Δημήτριον καρπὸν εὐρωστίας οἱ ἄνθρωποι ἐπίδειξιν ἐπιδειξάμενοι ἠγωνίζοντο, καὶ τετραποδιστὶ τὸ πάλαι περιπατοῦντες ἀνέστησαν καὶ δρόμον ἠγωνίζοντο. ἔνθεν καὶ στάδιον καλοῦσι δρόμον διὰ τὴν στάσιν. Was aus den σχόλια Πινδάρου zitirt ist im Etym. M. unter στάδιον.

Oder daselbst 126 μίτραι κυρίως οἱ ἀπὸ φασκίων καὶ ὠραρίων γινόμενοι στέφανοι. ἐν καταχρήσει δὲ πᾶς στέφανος λέγεται, ὡς καὶ ἐνταῦθα.

2. Für das Sprachliche will ich auf einen Gebrauch aufmerksam machen, der in dieser Ausdehnung, wie er hier erscheint, wahrlich nicht auf vorplutarchische Zeit deutet: auf den Gebrauch der dritten Person des Perfekts statt des Aoristes, und zwar im Singular wie im Plural. Vgl. Quaest. ep. p. 274. Selbst das γέγονε dürfte in solcher Häufigkeit wie hier auffallen. Aber es erscheint dieser Gebrauch überhaupt in der ältern Paraphrase wie in den zugehörigen Erläuterungen ungemein häufig.

Ol. IV, 32 ἡ δὲ ἱστορία τοιαύτη. Ὑψιπύλης ἀγῶνα ἐπιτελούσης ἐπιτάφιον Θόαντι τῷ πατρὶ Λημνίων βασιλεῖ συμβέβηκεν ἀπιόντας ἐπὶ τὸ χρυσοῦν δέρας τοὺς Ἀργοναύτας ἐκεῖσε γενέσθαι —. Ol. XIII, in. Τρισολυμπιονίκαν) παρόσον τρεῖς νίκας αὐτοῖς συμβέβηκε γενέσθαι. Nem. VI, 17 τοῦ γένους τοῦ Ἀλκιμίδου οἱ μὲν ἠγωνίσαντο, οἱ δὲ οὔ. ἀλλὰ συμβέβηκε τύχῃ τινὶ παρὰ μέρος ἀθλεῖν. Isthm. I, 76.

Ol. VII, 111 διὸ τὴν Λάχεσιν .... ἐκέλευσεν αὐτῷ ἐπικρῖναι τὴν Ῥόδον, τοὺς δὲ θεοὺς ἐπικρῖναι πεποίηκε μηδένα παρεφεῖν μηδὲ ἀναπεῖσαι τὸν Δία. Pyth. IV, 63 οὐδ᾽ ἀπίθησε νιν) οὐδ᾽ ἀπιθῆ αὐτὸν πεποίηκε πρὸς τὴν ὑποδοχήν. Pyth. VIII, 28 ἐπλούτισε καὶ εὐδαίμονα πεποίηκε. Pyth. IX, 194 ὁ δὲ πατὴρ Ἀνταῖος ἐνδοξότερον τῇ ἑαυτοῦ θυγατρὶ κατασκευάζων τὸν γάμον πεποίηκεν ὅπερ ἤκουσέ ποτε ἐν Ἄργει τὸν Δαναὸν τοῖς τεσσαρακονταοκτὼ θυγατράσιν αὐτοῦ πεποιηκέναι κἀκεῖνον ἐμιμήσατο. Nem. XI, 37.

Pyth. IV, 461 ἐντεῦθεν δέ, ἐκ τῆς Θήρας, τῷ σῷ γένει, Ἀρκεσίλα, ὁ Ἀπόλλων χρησμοῖς καὶ μαντείαις δέδωκε (ἔπορε Pind.) σὺν θεῷ τὸ τῆς Λιβύης πεδίον τιμαῖς αὔξειν. (Aber δέδωκε in einer Stelle des Timäus Nem. IX, 95 muss gewiss δεδώκει heissen.)

Pyth. IX, 137 ὁ γὰρ Ἰόλαος τεθνηκώς, ἐπειδὴ ἔμαθεν Εὐρυσθέα ἐξαιτούμενον παρ᾽ Ἀθηναίων τοὺς Ἡρακλείδας καὶ ἐπαπειλοῦντα πόλεμὸν εἰ μὴ δώσουσιν, εὔξατο ἀναβιῶναι, καὶ ἀναβιοὺς ἀπέκτεινε τὸν Εὐρυσθέα καὶ πάλιν τέθνηκεν. Pyth. XI, 50 ἀποτέθνηκεν.

Ol. III, 53 πρὸ δὲ τοῦ εἰς Ὑπερβορέους παραγενέσθαι Ἡρακλῆς διατέθεικε μίαν Ὀλυμπιάδα.

Pyth. II, 85 ῥητέον, ὅτι Πειρίθους τὴν τῶν γάμων ἑστίασιν ἐπιτελῶν κέκληκε τοὺς Κενταύρους.

Pyth. II, 125 τοῦτο δὲ εἶπεν ὁ Πίνδαρος παρόσον διὰ μισθοῦ συντέταχε τὸ ἐγκώμιον τῷ Ἱέρωνι.

Ol. VI, 73 ἐγεννήθη ὁ Ἴαμος καὶ ἦλθεν εἰς τὸ φῶς εὐθύς. τοῦτον οὖν τίκτουσα καὶ ἐπιλυπουμένη καταλέλοιπεν ἐπὶ τῇ γῇ ἡ Εὐάδνη (Pind.: τὸν μὲν κνιζομένα λεῖπε χαμαί).

Nem. IV, 95 ὁ γὰρ Δαίδαλος ... πείθει τὰς θυγατέρας διὰ τῆς ὀροφῆς ποιῆσαι κατάρρουν ... καὶ τοῦτον τὸν τρόπον ἀπόλωλεν ὁ Μίνως.

Nem. V, 59 ἱρίζα γὰρ (ὁ Θησεὺς) ἐν τῷ λαβυρίνθῳ ἐξησθένει πρὸς τὴν ἰσχὺν τοῦ Μινωταύρου παγκρατίῳ αὐτὸν διαπαλαίων περιγέγονεν. Pyth. IV, 533 παραγέγονε γὰρ πρὸς τὸν Πίνδαρον ὁ Δημόφιλος, ἵνα αὐτὸν ἀξιώσῃ διὰ τοῦ ὕμνου διαλλάξαι αὐτὸν πρὸς τὸν Ἀρκεσίλαον. Ebenso Nem. X, 46.

Ol. XIII, 82 πῶς δὲ ὁ Γλαῦκος γέγονε Λύκιος, ... ἐξ οὗ Λυκίαν οἰκοῦντος ὡς βασιλέως υἱὸς γέγονεν Ἱππόλοχος, οὗ Γλαῦκος. οὗτος ἄρα Κορίνθιος γέγονε Γλαῦκος τὸ γένος. (Es muss etwa heissen οὕτως ἄρα Λύκιος γέγονε Γλαῦκος, Κορίνθιος ὢν τὸ γένος.) Pyth. IV, 18 ἀθάνατον στόμα τὸ Μηδείας εἶπεν .... ὡς Ἀσκληπιάδης ὅτι οὐδὲν τῶν ῥηθέντων ὑπ᾽ αὐτῆς ἀτελὲς γέγονεν οὐδὲ ἐφθάρη. Nem. IV, 101 οὕτω λοιπὸν ἔγημεν αὐτὴν καὶ γέγονε τῶν οὐρανίων θεατὴς ἀκριβῶς.

Bemerke auch das Plusquamperfekt: εἰλήφει Pyth. IV, 61 τί οὖν οὐδεὶς εἰλήφει (gleich ἔλαβε) τούτων; (παραγκόει? Ol. IX, 46.) — Die Herausgeber des Tzetzes hätten gleich V. 7 das handschriftliche εἰλήφει (aoristisch) nicht in εἴληφε zu ändern gehabt, eben so wie V. 17 S. 300 ἐσχήκει eben so richtig ist, was einige haben, als ἔσχηκε was andere, während Eudocia hat ἴσχε.

Ol. I, 78 ζέοισαν εἰς ἀκμὰν μαχαίρᾳ τάμον κατὰ μέλη .... διεδάσαντο καὶ φάγον) ἀντὶ τοῦ εἰς ὕδωρ ἀκμαίως ζέον, εἰς θερμόν, κατὰ μέλη ταμόντες ἐμβεβλήκασι καὶ τὸ τελευταῖον ἐν ταῖς τραπέζαις παραθέντες καὶ μερίδας ποιήσαντες βεβρώκασιν.

Nem. IX, 30 εἶτα συνεληλύθασι πάλιν ἐφ᾽ ᾧ — (kamen überein —).

Ol. I, 72 ὡς δὲ ἀφανὴς ἐγένου καὶ οἱ ζητοῦντές σε κενοὶ καὶ ἄπρακτοι ὑπέστρεψαν —, οἱ γείτονες διαδεδώκασιν ὑπὸ τοῦ πατρός σε κατακεκόφθαι.

Ol. II, 104 ποινὰς ἔτισαν) ποινὰς καὶ τιμωρίας ἐκεῖ δεδώκασιν.

Pyth. IV, 116 τούτῳ τῷ Ἀρκεσιλάῳ ὅτε Ἀπόλλων καὶ ἡ Πυθὼ ἐκ τῆς ἱπποδρομίας δόξαν καὶ μνήμην ἐκ πάντων τῶν περιοίκων δεδώκασιν (ἕτερον Pind.). 197 οἵτινές με οἱ γονεῖς ἐπειδὴ τεχθεὶς τὸ πρῶτον τὸ φῶς ἐθεασάμην ... λαθραίως ἔπεμπον .... καὶ δεδώκασί με ἀνατρέφειν τῷ Χείρωνι (τράφεν Χείρωνι δῶκαν Pind.).

Pyth. IV, 449 ἐφ᾽ ᾧ ζηλοτυπήσασαι αἱ γυναῖκες ἐψηφίσαντο ἐκ Θρᾴκης ὑποστρέφοντας τοὺς ἄνδρας ἀνελεῖν, ὅπερ καὶ π ε π ο ι ή κ α σ ι ν. Nem. X, 126 ἀλλ᾽ οὔτε αὐτὸν ἔπληξαν, οὔτε ὑποχωρῆσαι π ε π ο ι ή κ α σ ι ν (Pind. ἀλλ᾽ οὔ νιν φλάσαν οὐδ᾽ ἀνέχασσαν).

Pyth. IV, 100 ἢ ῥα Μηδείας ἐπέων στίχες) οὕτως ε ἰ ρ ή κ α σ ι ν οἱ τῆς Μηδείας λόγοι.

Und gar ε ἰ ώ θ α σ ι ν τὸ πρὶν „sie pflegten ehemals" in der kurz vorher angeführten Stelle Pyth. IV, 337.

---

3. Schrieb man vor Plutarch Texte und Kommentare mit dem Zeichen für alles τὸ σημεῖον χ ὅτι —? Wie in den Scholia vetera — und nur in diesen — wiederholentlich vorkommt. Böckh ist über dieses Zeichen in grossem Irrthum, wie man aus der Vorrede zu den Scholien S. XXXIV sieht. Ich habe darüber ausführlicher zu sprechen: kann es aber an dieser Stelle noch nicht thun, weil es gehörig nur im Zusammenhange mit anderem zu behandeln ist, wovon erst später die Rede sein kann.

V.

Ausbreitung der Dichterparaphrase und ihre Verkennung.

1. Wie sehr man zusammenhängende Paraphrase verkannt hat, das ist zu verwundern. Soll ich daran zuerst erinnern, so sehe man Müller's zu den Lykophronscholien wunderliche Aeusserungen an Stellen, wo aus den Sebastianischen Scholien oder aus Potterschen Handschriften Stellen, die in den seinigen fehlten, ihm hinzu geboten werden, und man wird inne, dass er sich über diesen dort so wichtigen Punkt gar nicht klar geworden. Man scheint die ausserordentliche Ausdehnung der Dichterparaphrase sich gar nicht verdeutlicht zu haben. Ein fruchtbarer Stoff der Bearbeitung: so fruchtbar, dass es mir entfernt nicht einfallen kann, eine eigentliche Bearbeitung auch nur zu beginnen. Möchte doch auch mehr aus dem Stoff, den die Bibliotheken dazu bieten, herausgegeben werden. Aber einige Bemerkungen will ich machen, zufällige, die aber hoffe ich doch auch einem künftigen Bearbeiter sich nützlich erweisen werden.

Die Hauptunterscheidung, welche zuerst zu machen, ist die Unterscheidung zwischen rhetorischen und grammatischen Paraphrasen. Wobei ich unter rhetorischen Paraphrasen alle diejenigen verstanden wissen will, die mit stylistischen Zwecken gemacht wurden und nicht bestimmt neben dem Dichtertext gelesen zu werden. Es war in den Rhetorenschulen Dichterparaphrase eine herkömmliche Uebung. In des Aristides Τέχναι ῥητορικαί z. B. finden wir als vierzehntes Kapitel des ersten Buches unter der Ueberschrift παράφρασις erstens eine Paraphrase von Ilias Α, V. 1 — 40, und zweitens von Odyssee ι, 425 „ἄρνες οἳ ἦσαν εὐτραφεῖς καὶ δασεῖς μαλλοῖς, θαυμαστοὶ τὸ κάλλος καὶ τὸ μέγεθος" bis 436 „ἐκείνην οὖν τὴν νύκτα οὕτω ταλαιπωροῦντες ἠνεσχόμεθα." Und es gab da gewiss schon verschiedene, bewusste Formen. Wie in dem ersten Beispiel die an den vorangestellten Vers μῆνιν ἄειδε θεά erst sich anknüpfende kleine Einleitung „τὸ μὲν γὰρ ἔργον Μουσῶν δι᾽ ἀκριβείας διελθεῖν τὴν μῆνιν" u. s. w. sich bemerklich macht, und dass eine Strecke hindurch in indirekter Rede paraphrasirt wird (τίς δῆθα θεῶν αὐτοὺς συνέβαλε καὶ πόθεν ἄρξασθαι φῶμεν τὴν ἔριν; ἀπὸ Ἀπόλλωνος, ὃν ἐμβαλεῖν τοῖς Ἀχαιοῖς νόσον u. s. w.). — Dass auch aus dem Griechischen ins Lateinische, und umgekehrt, und gewiss auch Dichter, übersetzt wurden in den Rhetorenschulen, daran wollen wir uns doch auch erinnern: zum Theil „genau anschliessend". Der Philosoph hat es leichter als der, welcher der Rhetorik beflissen ist. Jenem nihil per noctem meditandum, u. s. w.; zuletzt „nihil de Graeco in nostram linguam pariter vertendum", sagt Fronto: worüber ich zu sprechen hatte Quaest. ep. S. 16. — Nun aber das verblieb nicht in der Schule: es ward ein Schriftstellerzweig.

2. Rhetorische Paraphrasen.

Vgl. Fabricius, besonders Harless I S. 402. Die ältesten, die wir kennen, werden sein jener Rhetor Dorion, bei Seneca suasor. I, 12 (in metaphrasi dicta Homeri) und die von Apollonius, dem Verfasser des Homerischen Wörterbuches, einmal zitirte Paraphrase des Timogenes, von der wir freilich ganz sicher nicht wissen, ob sie zu den rhetorischen oder zu den bald zu besprechenden grammatischen Paraphrasen gehörten. Die Stelle haben wir vor uns so: ἅρπυιαι· ὁ Ἡλιόδωρος ἐν τῇ Σ Ὀδυσσείας (so Bekker, d. i. vielmehr τῆς Ὀδ., und zu lesen ist ἐν τῇ υ τῆς Ὀδ., V. 77) „τόφρα καὶ τὰς κούρας Ἅρπυιαι" ἀπὸ τοῦ ἁρπάζειν. ἐμφαίνει δὲ Ὅμηρος ἱππομόρφους αὐτάς. ἐν δὲ τῇ Ἰλιάδι ἐπὶ τοῦ „τοὺς ἔτεκεν Ζεφύρῳ ἀνέμῳ Ἅρπυια Ποδάργη" ὁ μὲν Τιμογένης ἐν ταῖς παραφράσεσιν ἔνδειξεν ὅτι κύριον ὄνομα Ἅρπυια, τὸ δὲ Ποδάργη ἐπίθετον, πλανηθείς· τοὐναντίον γὰρ φαίνεται. ἐν γὰρ ἄλλοις τὸν Ξάνθον καὶ Βαλίον προσαγορεύων ὁ Ἀχιλλεύς φησι, „Ξάνθε τε καὶ σὺ Βαλίε, τηλεκλυτὰ τέκνα Ποδάργης" ὥστε τὴν ἅρπυιαν ἐπιθετικῶς εἰρῆσθαι, οἷον τὴν ἁρπακτικὴν τοῦ δρόμου διὰ τάχους. Das möchte man in den Worten, die uns angehen, doch etwa so emendiren: ὁ μὲν Τιμογένης ἐν ταῖς παραφράσεσιν ἀποδοὺς „ταχίστη Ἅρπυια" ἔδειξεν ὅτι κύριον ἐνόμισεν ὄνομα Ἅρπυια. Die Versuche über den etwaigen Verfasser *Τιμαγένης* oder *Τιμογένης* (der eine Artikel Timagenes bei Suidas beginnt *Τιμαγένης ἢ Τιμογένης, Μιλήσιος*) führen auf einen Rhetor. — Eustathius sagt bei einer Auseinandersetzung über die Bedeutungen von μεταβάλλειν: μεταβάλλειν λέγεται λέξεις ὁ δίγλωσσος. ὅθεν καὶ τὸ βιβλίον ὅλον τοῦτο παραφράσας Θρᾷξ Δημοσθένης μεταβολὰς Ὀδυσσείας τὴν τοιαύτην αὐτοῦ πραγματείαν ἐκάλεσεν. Eustathius hat bekanntlich in der Odyssee diesen mehrmals angeführt (vgl. Valckenaer de Scholiis in Homerum), auch Stellen (die längste ist wol λ über Sisyphus) aus ihm mitgetheilt. Wenn wir bei Suidas lesen *Δημοσθένης Θρᾷξ. οὗτος ἔγραψε μετάφρασιν Ἰλιάδος πεζῷ λόγῳ*, so dürfte der wahrscheinlichste Schluss sein, dass er sowol eine Paraphrase der Odyssee als der Ilias geschrieben. Wenn dem Eustathius nur die eine zur Hand kam, so beweist das wahrlich nicht gegen die andre: und anzunehmen, dass im Suidas καὶ Ὀδυσσείας ausgefallen, ist wol natürlicher als dass Ἰλιάδος an die Stelle von Ὀδυσσείας gekommen. Das lernen wir noch aus Suidas, dass derselbe ebenso die Theogonie des Hesiodus paraphrasirt hatte: μετάφρασιν εἰς τὴν Ἡσιόδου Θεογονίαν. Gewiss war der ächte Titel dieses μεταβολεύς, wie Eustathius ihn auch nennt, wiewol auch παραφραστής, auch hier μεταβολαί. Dass diese Paraphrase keine grammatische war, sondern rhetorische, stylistische Umsetzung in prosaische Erzählung, zeigen die erhaltenen Stellen bei Eustathius deutlich. (Den Namen Μεταβολή betreffend, so ist auch im Thesaurus an Nonnus Μεταβολὴ τοῦ κατὰ Ἰωάννην εὐαγγελίου erinnert.)

In die Klasse der rhetorischen Paraphrase gehören des Eutecnius Paraphrase des Nikander — in welcher oft so viel Erweiterung und Umschreibung des allerdings dürftig kurzen und schwer gelehrten Nikander ist, und selbst solche Zusätze jetzt wenigstens mitten in den Text gesetzt uns begegnen wie καὶ τοῦτο παρὰ τῆς πείρας ἐσχήκαμεν (S. 325 Schn.), dass Botaniker oder Arzt als Leser gedacht scheint. Dabei ist trotz der im ganzen freien Uebersetzung hin und wieder doch ein solches Anlehnen, dass man auch einzelne Verderbungen hiernach berichtigen darf. Z. B. V. 16 ἀχράντων ὅτε χερσὶ θεὶς ἐδράξατο πέπλων liest man ὅτι αὐτῆς ἐκεῖνος τῶν ἀδίκων οἶμαι καὶ καθαρῶν οὐ παρῃτήσατο προςάψασθαι ἱματίων. Bei ἀδίκων fragt Schneider, ob ἀθίκτων? Aber wohin dann mit dem οἶμαι? Ich denke in ἀδίκων οἶμαι steckt ἀμάντων. Allein um näheres über diese Eutecniusparaphrase zu sagen wäre doch erst Vergleichung besserer Handschriften nöthig: besser jedenfalls ist schon der Escurialensis, wie ich schon bemerkt zum Didot'schen Nikander S. X*). In diese Klasse gehört unverkennbar auch, obgleich wir das poetische Original nicht haben, die Paraphrase von den Ixeutica des Dionysius. Diese Paraphrase, die sich recht angenehm liest, hat eben den Zweck, für sich gelesen zu werden. Sie scheint sich übrigens sehr dem Original angeschlossen zu haben, nicht mit Erweiterungen gearbeitet. Man darf dies schliessen aus der grossen Aehnlichkeit, die man mit der Manier der Oppianischen Gedichte bei dem Lesen dieser Paraphrase so wie sie ist wahrnimmt.

Eine Paraphrase des Oppian hat Miller mitgebracht: „Paraphrase des Halieutiques d'Oppien d'après un Manuscrit du dixième siècle" Mélange de littérature Grecque p. X. Vielleicht tragen diese meine flüchtigen Bemerkungen über diesen Gegenstand etwas bei, das Interesse für denselben zu erhöhen und Bekanntmachungen zu fördern. Bis jetzt also natürlich wissen wir nicht, ob diese Oppianparaphrase zu dieser Klasse gehört, noch in welchem Verhältniss sie zu den edirten Scholien steht.

3. Grammatische Paraphrasen.

Hier nun haben wir zuerst zu gedenken, dass schon Aristarch in seinen Erklärungen nicht nur ungemein häufig einzelne Wörter anschliessend paraphrasirte, sondern auch Sätze in treffende Uebertragung gefasst wiedergab: „*τὴν ὅλην διάνοιαν ἐξηγούμενος*", worüber ich zu verweisen habe auf Aristarch S. 153. 154. Wäre ich nicht aus sehr guten Gründen damals für meinen Aristarch möglichst besorgt gewesen, ihm nichts zu geben, was ihm nicht ganz sicher gehört, so hätte ich dort noch aus Apollonius' Wörterbuch den Artikel *καλάμη* hingeschrieben: wo sehr wahrscheinlich wir bis zum Schluss unverfälschte Aristarchische Worte haben: *καλάμην· ἐπὶ τῆς τοῦ ξ ῥαψῳδίας* (ich denke *ἐπὶ στίχου τῆς —*, s. Aristarch S. 5) *τῆς Ὀδυσσείας "ἀλλ' ἔμπης καλάμην γέ σ' ὀΐομαι εἰσορόωντα γινώσκειν"* .... *ὁ δὲ Ἀρίσταρχός φησι· μεταφορικῶς τὴν καλάμην εἴρηκεν. καὶ γὰρ ἐπὶ τοῦ ἀμητοῦ τὸ πλῆθος ἰδόντα τῆς καλάμης καὶ τὴν εὐγένειαν* (wird wol richtig

---

*) Mehr eine Bearbeitung als eine Paraphrase sollte doch sein, obgleich ganze grosse Strecken, wol der überwiegende Theil, ganz genaue Paraphrase des Dionysius Periegetes sind, des Nicephorus Blemmidas Γεωγραφία συνοπτική. Denn dies ist gewiss der passendere Titel, und nicht, wie Bernhardy urtheilt S. 1011, „Paraphrasis". Hat er auch Umstellungen? Weglassungen hat er sehr viele. Er hat die eingefügten mythischen Nachrichten und poetischen Ausschreitungen weggelassen, oder persönliches, wie 706 ff. die nach bekannten Hesiodusversen gearbeitete Stelle. Er würde vielleicht auch den Schluss nicht so genau wiedergegeben haben, wenn es nicht zum Preise Gottes wäre. Die θεοί und der μέγας Ζεύς bei Dionysius sind wiedergegeben durch ὁ θεός.

und hübsch sein und wol nicht, was man allerdings fragen darf, in εὐθένειαν zu ändern) ἔστιν ἐπιγνῶναι ὅσος καὶ οἷος ὁ καρπός· καὶ νῦν οὕτως λέγει „ἀλλ᾽ ὅμως καὶ τὸ λείψανόν σε ὁρῶντα τοῦ σώματος οἴομαι (οἴομαι) ἐπιγινώσκειν, οἷος ἤμην ἀκμάζων ἐγὼ καὶ εὐσθενῶν." Und sind für diese Aristarchische Sitte auch die Pindarscholien nicht ohne allen Beitrag. Demnächst hätten wir zu gedenken der in den Quaestiones Epicae S. 15 behandelten Stelle aus Statius Sylv. V, 3, 148, wo er die Thätigkeit seines Vaters beschreibt, der in Neapel Griechische Schule hielt und Dichter erklärte, und wie Statius dies im einzelnen vorführend auch ihm sagt:

Tu par assuetus Homero
Ferre iugum senosque pedes aequare solutis
Versibus et nunquam passu breviore relinqui.

Also die Schüler haben ihren Homer vor sich. Sie stehen etwa bei dem Gleichnisse Π, 155

Μυρμιδόνας δ᾽ ἄρ᾽ ἐποιχόμενος θώρηξεν Ἀχιλλεὺς
πάντας ἀνὰ κλισίας σὺν τεύχεσιν. οἱ δὲ λύκοι ὣς
ὠμοφάγοι, τοῖσίν τε περὶ φρεσὶν ἄσπετος ἀλκή,
οἵ τ᾽ ἔλαφον κεραὸν μέγαν οὔρεσι δῃώσαντες
δάπτουσιν· πᾶσιν δὲ παρήιον αἵματι φοινόν·
καί τ᾽ ἀγεληδὸν ἴασιν ἀπὸ κρήνης μελανύδρου
λάψαντες γλώσσῃσιν ἀραιῇσιν μέλαν ὕδωρ,
ἄκρον ἐρευγόμενοι φόνον αἵματος· ἐν δέ τε θυμὸς
στήθεσιν ἄτρομός ἐστι, περιστένεται δέ τε γαστήρ·
τοῖοι Μυρμιδόνων ἡγήτορες ἠδὲ μέδοντες
ἀμφ᾽ ἀγαθὸν θεράποντα ποδώκεος Αἰακίδαο
ῥώοντ᾽, ἐν δ᾽ ἄρα τοῖσιν ἀρήιος ἵστατ᾽ Ἀχιλλεύς,
ὀτρύνων ἵππους τε καὶ ἀνέρας ἀσπιδιώτας.

Und der Lehrer paraphrasirte ihnen das, indem er senos pedes aequat solutis versibus et nunquam passu breviore relinquit, etwa also:

τοὺς δὲ Μυρμιδόνας ἐπιπορευόμενος καθώπλισεν ὁ Ἀχιλλεὺς πάντας κατὰ τὰς σκηνὰς σὺν ὅπλοις· οἱ δὲ ὥσπερ λύκοι ὠμὰ ἐσθίοντες — ἐν τούτοις περὶ τὰς διανοίας πολλὴ δύναμις —, οἵ τινες ἔλαφον μεγαλόκερων ἐν τοῖς ὄρεσι σπαράξαντες ἐσθίουσιν, ἐν πᾶσι δὲ περὶ τὰς σιαγόνας τὸ πυῤῥὸν αἷμα· καὶ αὗται κατὰ ἀγέλας πορεύονται, ἀπὸ πηγῆς μέλαν ὕδωρ ἐχούσης ἀναρροφήσαντες (so, Aorist) ταῖς λεπταῖς γλώσσαις τὸ μέλαν ὕδωρ, ἀπ᾽ ἄκρου τοῦ στόματος ἐρευγόμενοι τὸν φόνον τοῦ αἵματος· ἡ δὲ ψυχὴ αὐτῶν ἐν τοῖς στήθεσιν ἄφοβος ὑπάρχει, περιστενοχωρεῖται δὲ αὐτῶν ἡ γαστήρ· τοιοῦτοι οἱ τῶν Μυρμιδόνων ἡγεμόνες καὶ βασιλεῖς περὶ τὸν ἀνδρεῖον θεράποντα τοῦ ταχύποδος Ἀχιλλέως ἔσπευδον, ἐν τούτοις δὲ ἵστατο ὁ πολεμικὸς Ἀχιλλεὺς παρορμῶν τούς τε ἵππους καὶ τοὺς ὁπλίτας ἄνδρας.

Die Homerischen Paraphrasen, namentlich die von Bekker herausgegebene.

Diese eben als Probe genommene Paraphrase ist die von Bekker als dritter Band der Venetianischen Scholien herausgegebene. Sie leistet noch etwas mehr als in der Stelle des Statius deutlich gesagt, wahrscheinlich aber mit gemeint war: nämlich die ganz genau eingehaltene Wortfolge des Homerischen Textes, so dass selbst solche ganz kleine Abweichungen wie ein ἐν τούτοις δὲ ἵστατο ὁ πολεμικὸς Ἀχιλλεύς für ἐν τούτοις δὲ ὁ πολεμικὸς ἵστατο Ἀχιλλεύς hier oder wo so etwas sonst hin und her vorkommt, wie es denn vorkommt, doch selten heissen muss. Wie etwa T, 285 χερσὶν ἄμυξε durch ἕξεε ταῖς χερσίν. Ψ, 293 τῷ δ᾽ ἄρ᾽ ἐπ᾽ Ἀτρείδης ὦρτο ξανθὸς Μενέλαος durch ἐπὶ δὲ τούτῳ ἠγέρθη ὁ Ἀτρέως παῖς ὁ πυῤῥὸς Μενέλαος. B, 298 παρὰ νηυσὶ κορωνίσιν durch παρὰ ταῖς ναυσὶ ταῖς καμπυλοπρύμνοις, aber 393 παρὰ ταῖς καμπυλοπρύμνοις ναυσί, u. s. w.

Dies ist ein merkwürdiges pariter vertere, wie es wol bei Homer, und vielleicht Hesiodus, noch am ersten ausführbar sein möchte, wenn überhaupt noch, überall wenigstens, verständliche und prosaische Rede zu Stande kommen soll. In unserer Paraphrase geht dieses eben so durch die ganze Ilias. Beachten darf man, wenn er das κεῖσ᾽ οὕτω Φ, 184 giebt durch οὕτω κεῖσο. Das hatte vielleicht, da er die prägnanten Wörter nicht ändern wollte, seinen Grund in seinen und den damaligen Gesetzen über Hiatus und Apostroph. Denn ein κεῖσ᾽ lag ihm bei den äusserst seltenen Apostrophen, etwa so viel ich mich erinnere bei ἀλλ᾽ und einigen Präpositionen hin und wieder angewendet, wol fern: und möglicher Weise lag ein κεῖσο οὕτω wiederum ausser der Neigung seiner und der damaligen Hiatusgewohnheiten. — Ferner kam selten irgend ein zugesetztes Wort, ausser den Artikeln natürlich und etwa Pronomen (wie περιστενοχωρεῖται δὲ αὐτῶν ἡ γαστήρ) und hin und wieder Nomen proprium (auch einmal wol so wie ὅστις ὁ Ἀχιλλεύς, eine in den Pindarparaphrasen sehr häufige Art). Denn ἄκρον ἐρευγόμενοι durch ἀπ᾽ ἄκρου στόματος ἐρευγόμενοι übersetzt gehört nicht mehr dahin. Das Homerische Wort selbst wird mitunter auch beibehalten (z. B. ἄφοβοι, θεράποντα, ἐρευγόμενοι), meistentheils aber eben durch ein anderes gleich ersetzt. — Ausserhalb der Paraphrase hinausgehende Hinweise wie E, 277 „ταῦτα δέ φησιν ἐν εἰρωνείᾳ" sind schon Ausnahmen. Γ, 449 περιήρχετο λέοντι παραπλήσιος, κατ᾽ ἐξοχήν. Nämlich θηρί — denn es steht im Text θηρὶ ἐοικώς — für λέοντι. Immerhin könnte eine Stelle wie die obige, und es giebt viele solche und sehr lange, es unentschieden lassen, ob der Verfasser seine Paraphrase zur freien Lektüre, wenn ich so sagen soll, berechnet habe,

oder um neben dem Homerischen Text eine Erklärung zu sein. Dass
dies letztere der Fall ist, das beweist denn doch schon eine so geartete Anschliessung wie αὐτὴν γὰρ αὐτὴν τρόμος δεινὸς καταλαμβάνει,
d. i. αὐτὴν γάρ μιν ὑπὸ τρόμος αἰνὸς ἱκάνει, Α, 117, und αὐτῷ ἑαυτῷ,
d. i. οἱ αὐτῷ Ψ, 127. Oder für ein Einzelwort wie φύλοπις an ein
Paar Stellen eine Wiedergabe durch ἡ κατὰ τὸ πλῆθος μάχη, wie Π,
208 νῦν δὲ πέφασται φυλόπιδος μέγα ἔργον· νῦν δὲ πεφανέρωται τῆς
κατὰ τὸ πλῆθος μάχης τὸ μέγα ἔργον. Α, 16 τὴν κατὰ πλῆθη τὴν
δεινὴν μάχην. Es beweisen sodann solche Stellen, wo er das Homerische Wort selbst oder ein an Stelle jenes eingetretenes, ihm aber näher, z. B. etymologisch entsprechendes durch Hinzufügung eines andern
noch einmal wiedergiebt. Es geschieht das nicht selten durch καί.
Z. B. Α, 94 ὃν ἠτίμασεν καὶ ἐξουδένωσεν Ἀγαμέμνων. Α, 181 ἀπειλήσω δέ τοι ὧδε) ἀπειλήσομαι δέ σοι καὶ διορίσομαι οὕτως. Α, 134
αὐτὰρ ἔμ' αὔτως ἧσθαι δευόμενον) ἐμὲ δὲ ματαίως καθίζεσθαι ἐπιδεόμενον καὶ χρῄζοντα. Α, 103 der εὐρυκρείων Ἀγαμέμνων ὁ μεγάλως
κρατῶν καὶ βασιλεύων Ἀγαμέμνων. Α, 189 μερμήριξε) ἐμερίμνησε καὶ
ἐβουλεύσατο. Α, 284 ἕρκος πέλεται (Achilles) τεῖχος καὶ ὀχύρωμα.
Α, 137 ἔρυμα χροός) φύλαγμα καὶ ἀσφάλειαν. U. a. Α, 189 οὕτως
γὰρ λέξω καὶ ἀπαγορεύσω gehört zu den Fällen, wo er eines Kompositums einzelne Theile durch einzelne Wörter wiedergiebt, wie ἀντιβίην Α, 239 durch βιαίως καὶ ἐξ ἐναντίας und 305 ἀντιβίοις ἐπέεσσι
durch ἐναντίοις καὶ βιαίοις λόγοις. — Oder auch mit dem uns bereits
bekannten umgekehrten καί. Z. B. Α, 269 καὶ ἐκπάγλως ἀπόλεσσαν
καὶ φοβερῶς διέφθειραν καὶ ἀπώλεσαν. 273 μαχέοιτο: πολεμοίη καὶ
μάχοιτο. 227 ἔθελ' ἐριζέμεναι: βούλου καὶ θέλε. — Γ, 469 ὣς ἔφατ'
Ἀτρείδης, ἐπὶ δ' ἤνεον ἄλλοι Ἀχαιοί giebt er so: οὕτως εἶπεν ὁ Ἀγαμέμνων, ἐπήνουν δὲ καὶ συγκατετίθεντο τῇ γνώμῃ αὐτοῦ καὶ οἱ λοιποὶ
Ἕλληνες. Er gebraucht aber auch häufig dabei ἤ. Denn er wendet ἤ
nicht allein an in solchen Stellen, wo er — was ein zweiter Beweis
ist, dass er für daneben gehaltenen Homerischen Text paraphrasirte —
zwei mögliche Erklärungen giebt, wie κύνας ἀργούς Α, 51 τοὺς λευκοὺς κύνας ἢ τοὺς ταχεῖς. 137 ἀρέσαντες κατὰ ψυχὴν αὐτῶν ἢ κατὰ
ψυχὴν ἐμήν (ἄρσαντες κατὰ θυμόν). Γ, 54 οὐκ ἄν τοι χραίσμῃ κίθαρις καὶ δῶρ' Ἀφροδίτης so: οὐκ ἄν σοι βοηθήσῃ ἡ κιθαρῳδία καὶ ἡ
Ἑλένη ἢ ὅπερ ἔχεις κάλλος: sondern auch, wie καί, da wo für dasselbe
Verständniss zwei Uebersetzungen, z. B. Α, 435 καρπαλίμως τὴν δ'
εἰς ὅρμον προέρυσσαν (denn so las er und so verband er) ἐρετμοῖς:
ταύτην δὲ ταχέως εἰς τὸν λιμένα προςείλκυσαν ταῖς κώπαις ἢ προςήγγισαν.

Häufig bedient er sich gar keiner Partikel: Γ, 6 ἀνδράσι πυγμαίοισι: ἀνδράσι τοῖς πηχυαίοις, ἴσοις γρόθοις (so geschrieben). 16

Ἀλέξανδρος θεοειδής: Ἀλ. ὁ θεοῖς ὅμοιος τὸ εἶδος, εὐπρεπής. 39 ἠπεροπευτά: ἀπατεών, ψεῦστα. 39 θαλερὴν παράκοιτιν: ἀκμαίαν, νέαν. 149 ἀμφίπολοι: θεράπαιναι, δουλεύτριαι. Auch für zwei in Wahl gestellte Erklärungen, wie Γ, 176 τὴν θυγατέρα Ἑρμιόνην τὴν ἀγαπητήν, μονογενῆ (nämlich τηλυγέτην). Uebrigens auch einmal, doch selten andere Verbindungen als die obigen. Z. B. Ι, 47 ἑτάρους ἐρίηρας ἀγείρας: φίλους εὐαρμόστους, τουτέστιν αὐτῷ ὁμοίους, ἅρπαγας, συναθροίσας. Δ, 350 ποῖος λόγος ἐξέφυγε τῶν χειλέων ἤγουν πῶς δὴ λέγεις τοιαῦτα; Θ, 45 οὗτοι δὲ ἑκόντες ἐπετάσθησαν μεταξὺ γῆς καὶ οὐρανοῦ τοῦ ἀστέρας ἔχοντος, ὅ ἐστι δι᾽ ἀέρος. 150 οὕτω ποτὲ καυχίσεται· πρότερον χάσματι γῆς δεχθείην, ὅ ἐστιν ἀποθάνοιμι. Β, 275 ὅστις τὸν ὑβριστήν, τὸν ἔπεσιν, ὅ ἐστι λόγοις βάλλοντα ἐπέσχε τῶν δημηγορῶν. Ξ, 18 οὐδαμῶς δὲ προσωτέρω κυλίνδεται οὐδὲ εἰς ἕτερον μέρος (Hom. οὐδ᾽ ἄρα τε προκυλίνδεται οὐδ᾽ ἑτέρωσε) τουτέστιν οὔτε ὧδε οὔτε ἐκεῖ. Κ, 294 βοῦν ἀδάμαστον, ἣν οὐδέπω ὑπὸ ζυγὸν ἤγαγεν ἀνήρ, ἤτοι νέαν, ἄζευκτον. Bemerkenswerth ist auch in dieser Paraphrase die Ungleichmässigkeit in denselben Wörtern oder Phrasen: Da steht z. B. Α, 560 πρὸς ταύτην ἀνταποκριθεὶς ἔφη ὁ τῆς τῶν νεφελῶν ἀθροίσεως αἴτιος Ζεύς. Θ, 469 πρὸς ταύτην δὲ ἀνταποκρινόμενος εἶπεν ὁ τὰς νεφέλας ἀγείρων Ζεύς. Ξ, 312. 342 πρὸς ταύτην δὲ ἀνταποκρινόμενος εἶπεν ὁ νεφεληγερέτης Ζεύς. Υ, 19 πρὸς ταύτην δὲ ἀποκρινόμενος εἶπεν ὁ νεφελοποιὸς Ζεύς. Und ebenso mit dem νεφελοποιὸς Ζεύς Ο, 220. Χ, 182. Ω, 64 (ἀποκριθείς). ἔτεκεν ὁ νεφελοποιὸς Ζεύς Υ, 215. Auch treffen wir ὁ τὰς νεφέλας ἀθροίζων und συναθροίζων und συνάγων Ζεύς. Das beibehaltene νεφεληγερέτης (τοῦ νεφεληγερέτου Διὸς) auch noch dreimal (Ο, 154. Υ, 10. Φ, 499). — Das νεφελοποιός kennt der Thesaurus nicht.

Κορυθαίολος Ἕκτωρ.

Β, 816 τῶν Τρώων μὲν ἡγεῖτο ὁ κινῶν τὴν περικεφαλαίαν μέγας Ἕκτωρ
Γ, 83 διαβεβαιοῦται γάρ τινα λόγον ἐρεῖν ὁ πολεμικὸς Ἕκτωρ
— 324 ἐκίνησε δὲ ὁ μέγας καὶ ποικίλος τὸν ὁπλισμὸν Ἕκτωρ
Ε, 680 εἰ μὴ δὴ ταχέως ἐθεάσατο ὁ μέγας καὶ εὔοπλος Ἕκτωρ
— 689 πρὸς τοῦτον δὲ οὐδὲν εἶπεν ὁ ποικίλος τὴν περικεφαλαίαν Ἕκτωρ
Ζ, 116 οὕτω δὴ εἰπὼν ἐπορεύθη ὁ τὴν περικεφαλαίαν εὐκίνητος Ἕκτωρ
— 263 πρὸς ταύτην δὲ ἀπεκρίνατο μετὰ ταῦτα ὁ μέγας κορυθαίολος Ἕκτωρ
— 342 πρὸς τοῦτον δὲ οὐδὲν εἶπεν ὁ εὔοπλος Ἕκτωρ
— 359 πρὸς ταύτην δὲ ἀπεκρίνατο μετὰ ταῦτα ὁ πολεμικὸς Ἕκτωρ
— 369 οὕτω δὴ εἰπὼν ἐπορεύθη ὁ εὔοπλος Ἕκτωρ
— 440 πρὸς ταύτην δὲ εἶπεν ὁ μέγας καὶ πολεμικὸς Ἕκτωρ

Z, 520 *πρὸς τοῦτον δὲ ἀνταποκρινόμενος εἶπεν ὁ πολεμικὸς Ἕκτωρ*
H, 158 wieder *ὁ πολεμικὸς Ἕκτωρ*
H, 263 *ἀλλ' οὐδὲ οὕτως ἀπεπαύετο τῆς μάχης ὁ πελεμικώτατος Ἕκτωρ*
— 287 *πρὸς τοῦτον δὲ δὴ εἶπεν ὁ μέγας καὶ ἔνδοξος Ἕκτωρ*
Λ, 315 *αἰσχύνη γὰρ δὴ γενήσεται εἰ τὰς ναῦς λάβῃ ὁ εὔοπλος καὶ πο-
λεμικὸς Ἕκτωρ* (auch blos für *κορυθ. Ἑ.*).
Wir kommen darauf zurück.

Βοὴν ἀγαθός.

Es sieht allerdings fast wie eine absichtliche Musterkarte aus, wenn man *βοὴν ἀγαθός* liest also:

B, 408 *ὁ ἐν τῷ πολέμῳ γενναῖος Μενέλαος*. 586 *ὁ πολεμικώτατος Μενέλαος*. 563 *ὁ πολεμικὸς Διομήδης*. 567 *ὁ ἐν τῇ μάχῃ γενναῖος Διομήδης*. E, 347 *ὁ γενναῖος τὴν μάχην Διομήδης*. 856 *ὁ κατὰ
τὴν μάχην ἀνδρεῖος Διομήδης*. Θ, 91 *ὁ τὴν μάχην γενναῖος Διομήδης*.
Λ, 345 *ὁ κατὰ τὴν μάχην γενναῖος Διομήδης*. Λ, 220 *ἕως οὗτοι περὶ
τὸν Μενέλαον τὸν ἀνδρεῖον ἠσχολοῦντο*. Γ, 96 *ἐν τούτοις δὲ μετὰ
ταῦτα εἶπεν ὁ κατὰ τὸν πόλεμον ἰσχυρὸς Μενέλαος*. P, 246 *οὕτως
εἶπεν· ὑπήκουσε δὲ ὁ ἀνδρεῖος καὶ πολεμικὸς Μενέλαος*. 656 *οὕτως
εἶπεν· ὑπήκουσε δὲ ὁ ἀνδρεῖος Μενέλαος*. 237 *καὶ τότε δὲ ὁ Ἕκτωρ
εἶπε πρὸς τὸν ἀνδρεῖον Μενέλαον*, derselbe Vers daselbst 651, nur mit *γενναῖον*. K, 36 *πρὸς τοῦτον δὲ πρότερον ἀπεκρίνατο ὁ κατὰ τὴν μά-
χην γενναῖος* und 60 derselbe Vers mit blossem *ὁ γενναῖος*. In den wenigen übrigen Stellen trifft man sei's bei Menelaus sei's bei einem andern Nomen *γενναῖος* und *ἀνδρεῖος* mit *τὴν* oder *κατὰ τὴν μάχην*, oder allein: z. B. auch *ὁ ἀνδρεῖος Αἴας* O, 250. *τὸν ἀνδρεῖον Πο-
λίτην* Ω, 250.

Ich mache zuerst die Bemerkung, dass man eine etwaige Voraussetzung, für dieselben Wörter, Formeln, Verse des dichterischen Textes, welches Dichters es sei, in diesen Paraphrasen wieder ebenso gleiche wiederkehrende zu treffen, in ihnen also nicht bestätigt finden wird: auch nicht für den Homer, wo jene wiederkehrende Gleichheit von Wörtern, Formeln, Versen so ausgeprägt ist. Eine Buntscheckigkeit, wie sie in den eben vorgeführten Beispielen entgegentritt, kann doch auffallen und auf die entgegengesetzte Frage führen, ob es vielleicht Absicht gewesen sei, gerade in Mannichfaltigkeit der Wiedergabe der wiederkehrenden gleichen Textesworte eine Erfindsamkeit zu zeigen. Zuerst würde doch aber diese Mannichfaltigkeit bei dem zusammenhängenden Lesen des Ganzen nicht so hervortreten: denn für *κορυθαίολος* z. B. ist von Buch *M* an an allen Stellen (auch an der, wo es nicht von Hektor, sondern von Ares gesagt ist, Y, 38) *εὔοπλος* gebraucht, ich denke siebzehn Stellen, das auch schon an vier der obigen

Stellen gebraucht war: das wären also etwa ein und zwanzig Stellen
gegen zwölf. Und so wird man denn trotz aller Variation doch den
Eindruck von überwiegend viel sich wiederholendem empfangen. Und
vergessen wir nicht, dass ein damaliger Leser doch nicht so genau auf
diese Dinge passte als ein heutiger Philologe. Und dann welche Erfindsamkeit ist es für ἤ bald ἔφη, bald εἶπεν zu sagen, für Ἀτρείδης,
und ähnliche, bald dies selbst, bald ὁ Ἀγαμέμνων, bald ὁ Ἀτρέως υἱός
oder παῖς. Und vieles ähnliche. Selbst für φύλοπις, wie wir oben
sahen, einmal ἡ κατὰ πλῆθος μάχη, einmal ἡ κατὰ πλήθη μάχη und
übrigens blos ἡ μάχη. Oder für ὁ καθαρὸς Ἀπόλλων (Φοῖβος) auch
ὁ καθαρώτατος, und ὁ πολεμικός und ὁ πολεμικώτατος, ὁ εὐγενής und
ὁ εὐγενέστατος und manches andere Adjektiv ebenso in dieser zwie-
fachen Gestalt: nach der Neigung, die wir in den ältern Pindarscholien recht ausgeprägt vor uns haben, in den Superlativ zu übersetzen:
welche Neigung auch einmal einen bemerkenswertheren Superlativ her-
vortreibt, z. B. διὰ παντὸς ἀριστεύειν καὶ ὑπεροχικώτατον εἶναι τῶν
λοιπῶν Λ, 784 (Ζ, 208 hiess es ἐνδοξότερον εἶναι τ. λ.): was zu dem
einen Beispiel dieses Superlativs im Thesaurus hinzutreten kann. Aber
ich bin sehr geneigt auch das τὸν φοινικότατον δράκοντα, das wir an
der einen Stelle für φοινήεντα δράκοντα finden, Μ, 220, für unver-
dorben zu halten, sei es dass die Byzantiner auch den Positiv φοινι-
κός kannten, wohin doch die Verderbnisse des Akzents in Schriftstel-
lern, die selbst allerdings φοινιζᾶ und nicht φοινικά u. s. w. geschrieben hatten, deuten können, also wie ἁπλός, διπλός, oder dass er sich
wenigstens nach ἁπλότερος, διπλότερος den Superlativ zu φοινικοῦς
so zu bilden erlaubte.

Wir haben nun, und wir können es auch bequem schon allein aus
den obigen Uebersetzungen von κορυθαίολος, noch etwas anderes wahr-
zunehmen: nämlich dass der Paraphrast ohne Princip übersetzt, indem
er bald sich genau anschliesst und auch die Individualität der Homerischen Ausdrücke nachahmt, bald blos, wenn ich so sagen soll, die
prosaische Allgemeinheit wiedergiebt. Uebersetzt er doch z. B. κυ-
νῶπα, κυνῶπις nur durch ἀναίσχυντος und ἀναιδής, ἀναιδέστατος, höchstens μέγα ἀναιδέστατος (Α, 159). Dahin gehört also, wenn er — wie
ja auch z. B. ein ἱππόδαμος durch πολεμικός, z. B. Α, 450: auch
Τρώων πολεμικῶν für ἱπποδάμων, z. B. Γ, 127 — das κορυθαίολος durch
πολεμικός oder εὔοπλος wiedergiebt oder auch schon durch ποικίλος
τὸν ὁπλισμόν, nach einer aus den Scholiasten nicht unbekannten Erklä-
rungsweise „den Helm" für die ganze Bewaffnung gesetzt annehmend.
Wie er denn εὐκνήμιδες durch εὔοπλοι wiederzugeben pflegt. Und zu
jenem prosaisirenden Verallgemeinern könnte auch mit noch einem

Schritt weiter gehören das auffallendste, die Wiedergabe des *κορυθαίολος* durch *ἔνδοξος* H, 287. Denn eine solche hervortretende Bewaffnung wird doch nur den hervorragenden Helden beigelegt werden. Und erkennen wir dieses selbe Princip doch wieder in seinen ausdrücklichen Worten zu *Γ*, 226 *τίς δὲ οὗτος ὁ ἄλλος Ἕλλην ἀνὴρ ὁ πλατὺς καὶ μέγας — ἀφ᾿ οὗ γενναῖος — ὁ ἐξοχώτατος τῶν Ἑλλήνων τὴν κεφαλὴν καὶ τοὺς πλατεῖς ὤμους*. Und so könnte das *ἔνδοξος* doch richtig sein, wiewol es auch nahe liegt, dass das *ἔνδοξος*, welches zumal ein Wort ist, das jedem Abschreiber dieser Paraphrase ganz ausserordentlich geläufig werden musste, aus *εὔοπλος* verdorben sein könnte. Denn unerklärlich ist der Fall noch nicht. Wir treffen aber auch unerklärliche Fälle: wie wenn wir *E*, 765 *τὴν δ᾿ ἀπαμειβόμενος προςέφη νεφεληγερέτα Ζεύς* wiedergegeben finden durch *πρὸς ταύτην δὲ ἀνταποκρινόμενος εἶπεν ὁ πατὴρ τῶν θεῶν τε καὶ τῶν ἀνθρώπων*: oder *Φ*, 506 *ἣ δ᾿ ἄρ᾿ Ὄλυμπον ἵκανε Διὸς ποτὶ χαλκοβατὲς δῶ* wiedergegeben durch *εἰς τὸ τοῦ Διὸς ἱερὸν οἴκημα*. Dort muss der Paraphrast entweder vor sich gehabt haben einen Vers wie *τὴν δ᾿ ἡμείβετ᾿ ἔπειτα πατὴρ ἀνδρῶν τε θεῶν τε* oder es hat sich das sonst unabsichtlich eingedrängt durch Erinnerung etwa an *Α*, 68 oder *Θ*, 47 (*μείδησεν δὲ πατὴρ ἀνδρῶν τε θεῶν τε καί μιν ἀμειβόμενος ἔπεα πτερόεντα προςηύδα*). Und *ἱερὸν οἴκημα* ist einfach verschrieben für *στερεόν*, wie es heisst *Α*, 426. *Ξ*, 173. *Φ*, 438. Er hat auch *Γ*, 55 *οὐκ ἄν τοι χραίσμη κίθαρις τά τε δῶρ᾿ Ἀφροδίτης ἥ τε κόμη τό τε εἶδος ὅτ᾿ ἐν κονίῃσι μιγείης* den Schluss nicht übersetzt, wie wir jetzt lesen, *καὶ ἡ τῆς κεφαλῆς θρὶξ τό τε εἶδος ὅταν ἀναιρεθῇς συστὰς εἰς μάχην τῷ Μενελάῳ*. Die von Villoison herausgegebene Paraphrase des dritten Buches (hinter Apollonius) hat *αἵ τε τρίχες καὶ ἡ μορφή ὅτε ἐν τῷ κονιορτῷ μιγείης* in der einen seiner beiden Handschriften, in der andern *ἡνίκα τῇ γῇ προςμιχθείης*. Und unser Paraphrast wird geschrieben haben *ἡνίκα τῇ γῇ προςμιχθείης*, *ὅ ἐστι* oder *ἤγουν ὅταν ἀναιρεθῇς συστὰς εἰς μάχην τῷ Μενελάῳ*. Wie *Θ*, 150 *πρότερον χάσματι γῆς δεχθείην*, *ὅ ἐστιν ἀποθάνοιμι*. Oder *Α*, 350 *ποῖος λόγος ἐξέφυγε τῶν χειλέων*, *ἤγουν πῶς δὴ λέγεις ταῦτα*; Die Paraphrase *ἡνίκα τῇ γῇ προςμιχθείης* wäre in seiner Gewohnheit, da er eine Neigung hat, *κονίη*, wo es angeht durch *γῆ* zu paraphrasiren, z. B. *Π*, 775. *Φ*, 503 *λαλοῦντος δὲ τούτου ἡ κεφαλὴ τῇ γῇ ἡνώθη* (*κονίῃσιν ἐμίχθη*).

Etwas aber kenne ich bei ihm, was mir in der That ganz unerklärlich bleibt und das ich eben deshalb fürs künftige kurz als Thatsache hier anführen will. Nämlich die an den meisten Stellen wo *νηυσὶν ἐπὶ πρύμνῃσιν* steht sich hier findenden Uebersetzungen, nämlich *βαϑείαις*, *μελαίναις* und mehrmals *μεγάλαις*, und einmal, *N*, 334, *μεγαλοπρύμνοις* (dem Thesaurus unbekannt).

Hier stellt sich der Wunsch ein, zu wissen was wol andere Handschriften haben. Aus einigen beiläufigen Aeusserungen unter der grossen Schweigsamkeit Bekkers, S. 696, S. 811, ersieht man, dass von dieser Paraphrase mehrere Handschriften vorhanden sind. Ich zweifle nicht, nach sonstiger Analogie, wie namentlich auch der beiden Handschriften der Villoisonschen Paraphrase, dass an nicht wenigen Stellen die Handschriften etwas abweichen werden, nicht nur durch Verschreibung, sondern durch nachrevidirende, ihre Launen hin und wieder hineinbringende andere Hände. Es sollte mich wundern wenn es anders wäre. Wie andrerseits auch in dieser Bekkerschen Handschrift sich manches der Art und manche kleine Auslassung aufdecken wird. Aber das kann dem Charakter des Ganzen und im Ganzen, wie ich ihn schilderte und weiter schildern werde und wie ich jedes einzelne mit vielen andern Beispielen belegen könnte, keinen Eintrag thun. Aber an einzelnen Stellen, deren einige ich gleich bezeichnen möchte, wenn ich nicht mich einschränken müsste, möchte ich wol was andere Handschriften bieten erfahren. Was nun jene wunderlichen Paraphrasen des *νηυσὶν ἐπὶ πρύμνῃσι* betrifft, so ist von vornherein, da es sich hier um eine ganze Zahl von Stellen, und aus einander liegenden Stellen, handelt, doch die Wahrscheinlichkeit, dass sie alle verdorben sein sollten, nicht gar zu gross, und man darf wirklich auf den Gedanken kommen, unser Paraphrast habe eine Lesart *νηυσὶν ἐπ' εὐπρύμνῃσι* vor sich gehabt. Da hat er denn dies verstanden wie *νηῶν ὀρϑοκραιράων*, das er paraphrasirt durch *ὀρϑοπρύμνων*, dem er das *μεγαλοπρύμνων* parallel gebildet: und die Schiffe mit dem hohen Hintertheile bezeichnen ihm überhaupt die hohen und tiefen Schiffe, die er nach seiner sonstigen Gewohnheit ganz richtig mit *βαϑεῖαι* und *μέλαιναι* verallgemeinern kann: *μέλαιναι νῆες* sind ihm, in die man wie in dunkle Tiefe hinabsieht und er übersetzt *νῆες μέλαιναι* gewöhnlich durch *βαϑεῖαι*. In unsern Texten kommt *νῆες εὔπρυμνοι* nur einmal vor, *Δ*, 248, wo er es, dergleichen wir sonst auch bei ihm kennen, anders verstanden und wieder allgemein übersetzend durch *καλαί* wiedergegeben.

Wir haben aber aus den Uebersetzungen von *κορυϑαίολος* noch etwas drittes zu bemerken: nämlich dass er zwischen den verschiedenen Erklärungen des Wortes keiner sichern Auswahl folgt: er übersetzt *κινῶν* und *εὐκίνητος τὴν περικεφαλαίαν* und wieder *ποικίλος*. Und so hat er Θ, 112 *οὕτως εἶπεν· ὑπήκουσε δὲ ὁ ἀπὸ Γερήνης ἱππικὸς Νέστωρ* und Θ, 151 *πρὸς τοῦτον δὲ ἀπεκρίνατο μετὰ ταῦτα ὁ ἔντιμος ἱππικὸς Νέστωρ*. So wieder *I*, 160. Und *Λ*, 655 *ὁ ἔντιμος ἱππό-*

τῆς N. Λ, 840 ὁ ἔντιμος φύλαξ τῶν Ἀχαιῶν (Γερήνιος οὖρος). Dagegen K, 103 kam wieder πρὸς τοῦτον δὲ ἀπεκρίνατο μετὰ ταῦτα ὁ ἀπὸ Γερήνης ἱππικὸς Νέστωρ. Also wo er nicht entschieden ist übersetzt er nach Laune bald nach dem einen, bald nach dem andern Verständniss: während er anderwärts auch beide mit ἤ zusammenstellt, κύνας ταχεῖς ἤ λευκούς. — χρυσῆ Ἀφροδίτη Γ, 65 durch καλή, sonst theils durch ἡ χρυσοφόρος Ἀφροδίτη, theils beibehalten χρυσῆ. Das περὶ κῆρι durch ἐκ ψυχῆς, ἀπὸ ψυχῆς Λ, 96. 54. N, 119. Ω, 61. 435. Und nachdem er Ω, 61 gesagt ὃς ἀπὸ ψυχῆς φίλος ἐγένετο τοῖς θεοῖς steht zur Abwechslung daselbst 423 ἐπειδὴ περιψύχιος φίλος ἦν αὐτοῖς. Aber auch: περισσῶς τῇ ψυχῇ ὠργίσθη, ἡρπασεν N, 206. 430. Da ist doch wol zugleich wie an diesen Stellen das περί als Adverbium genommen, so an jenen als Präposition. Bei dem περιψύχιος bleibt dies unentschieden, und wäre das vielleicht von ihm gebildete Wort für einen Schwankenden recht zweckmässig. Der Thesaurus kennt das Wort nicht.

Das Wort φοινήεις kommt überhaupt zweimal vor, und zwar in nächster Nähe nicht nur, sondern auch in denselben sich eben in nächster Nähe wiederholenden Versen und Worten, M, 202 und 220: ὄρνις — ἐπῆλθε περησέμεναι μεμαῶσιν, αἰετὸς ὑψιπέτης ἐπ᾽ ἀριστερὰ λαῶν ἐέργων, φοινήεντα δράκοντα φέρων ὀνύχεσσι πέλωρον, ζωόν. Es wurde gezweifelt, ob dieser blutige Drache bedeute allgemein die mordsüchtige, mörderische Schlange oder die in diesem Augenblick unter dem Adler blutende: „φοινήεις ὁ φόνιος ἢ ὁ φόνῳ, ὅ ἐστιν αἵματι, βεβαμμένος" Eust. Und was finden wir bei unserm Paraphrasten? Wir finden zuerst in den gleichlautenden Homerischen Worten kleine Aenderungen; wo er das erstemal gesagt περᾶσαι προθυμουμένοις sagt er das zweitemal περᾶσαι προτεθυμημένοις, das erstemal ἐπ᾽ ἀριστερά, das zweitemal ἐπὶ τὰ ἀριστερὰ μέρη, ἔτι ζῶντα, nachher blos ζῶντα: dann die grosse. Das erstemal übersetzt er φονευτικὸν δράκοντα φέρων, das zweitemal φοινικότατον δράκοντα φέρων: was wir wenigstens seinen zu beobachtenden Gewohnheiten nach kein Recht haben für falsch zu halten, und womit er wahrscheinlich das zweitemal eben ausdrücken wollte: den blutrothen, nach dem zweiten angezeigten Verständniss. Hesych. φοινήεντα — φόνιον ἢ ἐρυθρὸν τῷ χρώματι ἢ καταπληκτικὸν (das soll wol nichts bedeuten als δεινόν) ἢ φονευτικόν. Hielt er vielleicht die für die augenblickliche Situation prägnantere zweite Erklärung an der zweiten Stelle im Munde des Polydamas für besonders geeignet, so war dies gar kein unrichtiges Urtheil.

Eine besondere Klasse von Adjektiven sind etwaige solche, die von verschiedenen, aber äusserlich gleich aussehenden Stämmen abgeleitet demgemäss auch ganz verschiedene Bedeutung haben. Uns ist es bis heute noch nicht gelungen, so unbehaglich es uns erscheint, *δαίφρων* solcher Annahme zu entziehen. Und hiebei nun in vielen einzelnen Stellen sich für das eine oder das andere zu entscheiden, das musste für einen Uebersetzer nicht nur schwer, sondern unmöglich sein; hier war er wirklich an einzelnen Stellen auf Laune angewiesen. Er übersetzt *B*, 23 *καθεύδεις Ἀτρέως παῖ τοῦ πολεμικὸν φρόνημα ἔχοντος*. Auch *B*, 875 *δαίφρων Ἀχ.* durch *ὁ πολεμικὸν φρόνημα ἔχων*. *E*, 184 *ὁ τοῦ ἐμπειροπολέμου Τυδέως υἱός* (so ist dort zu schreiben). Sonst theils durch *πολεμικός* (*E*, 277 durch *πολεμικώτατος*), theils durch *συνετός*, und bei einigen ist es ersichtlich warum die Wahl auf die Klugheit fiel, z. B. für den Herold (*Ἰδαῖος ὁ συνετός*) *Ω*, 321. Für Priamus selbst, für den alten Peleus, für Odysseus *Α*, 482 *Ὀδυσσέα τὸν συνετὸν καὶ ποικιλόβουλον* (*δαίφρονα ποικιλομήτην*), für Bellerophon sehr passend *Z*, 162. Aber bei andern wusste er sich nicht zu entscheiden und übersetzt wechselnd. Bei Diomedes mehrmals *πολεμικός*, doch *Ψ*, 405, wozu man doch keinen Grund sieht, *τοῖς ἵπποις τοῦ συνετοῦ Διομήδους*. Den *πολεμικὸν φρόνημα ἔχων Ἀχιλλεύς* hatten wir oben, *Σ*, 30 haben wir *ἔξω δὲ τῆς θύρας περὶ τὸν Ἀχιλλέα τὸν συνετόν*. Aber *Λ*, 839 *ἔρχομαι ὄφρ᾽ Ἀχιλῆϊ δαΐφρονι μῦθον ἐνίσπω* so: *ἀπέρχομαι ὅπως ἂν τῷ Ἀχιλεῖ τῷ πολεμικῷ καὶ συνετῷ λόγον εἴπω*. Gewiss liegt es nahe für *καί* zu schreiben *ἤ*. Ich möchte aber doch dafür sein, sich nicht damit zu übereilen. Es könnte doch vielleicht eine Byzantinische Marotte dahinter stecken, dass man bei solchen Wörtern auch beides zugleich verstehen könne. — *Α*, 450 *ὦ Σῶκε Ἱππάσου υἱὲ τοῦ συνετοῦ καὶ πολεμικοῦ* ist für *δαίφρονος, ἱπποδάμοιο*.

Bei alten Erklärern gehörte in dieselbe Klasse auch *δήιος*. *δήιος* bei *πόλεμος* hat unser Paraphrast durch *καυστικός B*, 416. *Z*, 331. *Θ*, 181. *Λ*, 667. *Π*, 127. *I*, 347 *τῶν νεῶν ἀποσοβῆσαι τὸ καυστικὸν πῦρ*. 675 *τῶν νεῶν ἀποδιῶξαι τὸ καυστικὸν πῦρ*. *Π*, 301 *τῶν νεῶν ἀποδιώξαντες τὸ καυστικὸν πῦρ*. Aber einmal *Σ*, 13 *ἀποδιώξαντα τὸ πολεμικὸν πῦρ ἐπὶ τὰς ναῦς πάλιν ὑποστρέψαι*. Wenn er so regelmässig *πῦρ δήιον* durch *καυστικόν* übersetzte, so nahm er in dieser Verbindung das *δήιος* als hergeleitet von *δαίω* „ich brenne". Und das allgemeinere *δήιος* — *δήιοι πολέμιοι* — wird dann für ein anderes Wort gehalten, von *δαίω* „ich theile", *δαΐζω*. Daher denn auch an diese eigentliche Bedeutung sich anschliessend *δήιος πόλεμος* paraphrasirt wird durch *διακοπτικός Λ*, 281. *H*, 119. 174. *P*, 189. *T*, 73. Und so paraphrasirt er auch an den meisten Stellen *δηιόων*, *δηοῦν* und alle Formen dieser Verba, nicht nur wenn es „zerschlagen" heisst: *M*, 425 *διέκοπτον* (*δῃοῦν*) *ἀλλήλων περὶ τὰ στήθη τὰς ἀπὸ βοείων βυρσῶν περιφερεῖς βύρσας*: und vom feindseligen Tödten nicht nur wenn, wie recht häufig, σιδήρῳ dabei steht, sondern auch ohne dies, z. B. ὅτι δὴ ἐπὶ τὰ ἀριστερὰ μέρη τῶν πλοίων διεκόπτοντο οἱ ὄχλοι ὑπὸ τῶν Ἑλλήνων (ὅττι ῥά οἱ νηῶν ἐπ' ἀριστερὰ δηιόωντο λαοὶ ὑπ' Ἀργείων) Ν, 675. Ἕκτορα διακόψαντες (δηώσαντες) Χ, 218. Aber ein Paar mal nimmt er ein andres Wort, aus Laune. Man möchte allenfalls noch einen Grund sehen warum er abweicht, wenn auch nicht warum er abschwächt, indem er Σ, 195 ἀλλὰ καὶ αὐτὸς ὅδ', ἔλπομ', ἐνὶ πρώτοισιν ὁμιλεῖ, ἔγχεϊ δηιόων περὶ Πατρόκλοιο θανόντος so übersetzt: ἀλλὰ καὶ αὐτὸς οὗτος ἐλπίζω ἐν τοῖς πρωταγωνισταῖς ἀναστρέψεται τῷ δόρατι πολεμῶν περὶ τοῦ ἀποθανόντος Πατρόκλου. Aber gar nicht warum Ι, 243 τοὺς δὲ Ἕλληνας ἀνελεῖν für Ἀχαιοὺς δηώσειν, und Λ, 416 ἐὰν οἱ Ἕλληνες τοὺς Τρῶας φονεύσωσι καὶ πορθήσωσιν Ἴλιον τὴν μεγάλην, τούτῳ δὲ μεγίστη λύπη τῶν Ἑλλήνων φονευθέντων für δηώσωσι und δηωθέντων, und Π, 158 λύκοι — οἵτινες ἔλαφον μεγαλόκερων ἐν τοῖς ὄρεσι σπαράξαντες ἐσθίουσι (δηώσαντες δάπτουσι), während er Ρ, 65 im ähnlichen Gleichniss vom Löwen zum διακόπτειν zurückkehrt, μετὰ ταῦτα δὲ τὸ αἷμα καὶ τὰ ἐντόσθια κατεσθίει διακόπτων (λαφύσσει δρῶν).

Bei δαΐζειν mag etwa die Hälfte der Stellen mit διακόπτειν paraphrasirt sein, worunter auch mehrere mit beistehendem σιδήρῳ: aber durchgeführt ist es auch bei diesen nicht einmal: Τ, 211 steht ὅστις ἐμοὶ ἐν τῇ σκηνῇ τετρωμένος (δεδαϊγμένος) τῷ ὀξεῖ σιδήρῳ κεῖται. In der andern Hälfte etwa hat er τιτρώσκειν, διαφθείρειν, σπαράττειν (Σ, 27). Bei der Uebertragung auf die Seele begreifen wir es wol wenn er διακόπτειν nicht anwenden mochte: οὕτως ὁ πρεσβύτης διενοεῖτο διαμεριζόμενος κατὰ τὴν ψυχὴν διχῶς Ξ, 20. οὕτως ἐμερίζετο ἡ ψυχὴ ἐν τοῖς στήθεσι τῶν Ἑλλήνων Ο, 629, nicht sehr treffend nach dem vorangehenden Beispiele von der beunruhigten See: und hat er denn Ι, 8 bei ähnlichem Beispiele so: ὥσπερ δὲ ἄνεμοι δύο τὴν θάλατταν ταράττουσι (Hom. ὀρίνετον), V. 4, οὕτως ἐταράσσετο (ἐδαΐζετο) ἡ ψυχὴ ἐν τοῖς στήθεσι τῶν Ἑλλήνων.

Wenn auch bei διαδάπτειν, in dem διὰ χρόα δάπτειν, das διακόπτειν zur Paraphrase genommen wird, Ε, 858. Φ, 397. Ν, 831, so ist dabei wol auch an gleiche Etymologie aus jenem δαΐειν gedacht worden. — Aber er hat das in seinem paraphrastischen Apparat eine grosse Rolle spielende Wort auch weiter verwendet: z. B. τὰς τάξεις διακόψαντες, d. i. ῥηξάμενοι Ο, 409. οὐδὲ διέκοψεν ὁ σίδηρος Γ, 343, d. i. οὐδ' ἔρρηξε χαλκός: während er sonst Homerisches ῥήγνυμι beizubehalten pflegt. διακοπτόμενος διὰ τοῦ δόρατος Ν, 441, d. i. ἐρεικόμενος περὶ δουρί.

Der Thesaurus hat über διακόπτειν einen ziemlich langen Artikel, aber von dem hier angewendeten Gebrauch gewaltsamer Tödtung, namentlich auch im Kriege, ich glaube kein einziges Beispiel. Ueber *διακοπτικός* hat er einen kleinen Artikel, mit zwei Beispielen, einen aus Clem. Alex. *τὸ πᾶν καὶ τῆς χολῆς ἐστι μειωτικόν, τουτέστι τοῦ θυμοῦ καὶ τοῦ φλέγματος διακοπτικόν*, und Schol. Eur. Andr. 826 *δαῖα) διακοπτικά, πολέμια, ἐχθρά*. Da wäre hinzuzufügen Schol. A Aesch. Pers. 981 *δαίων) διακοπτικῶν, πολεμίων, κακῶν*. Dann die obigen Stellen aus unserm Paraphrasten und aus Etym. M. *δῆμος ἢ παρὰ τὸ δαίω τὸ καίω δάϊος καὶ δήϊος ὁ καυστικός, ἢ παρὰ τὸ δαίω τὸ κόπτω δῆμος ὁ διακοπτικὸς ἀνθρώπων καὶ οἴκων καὶ πόλεων καὶ δένδρων*.

Wie alt die Anwendung und die gar überwiegende Anwendung des Wortes in der Paraphrase und in der Glossirung Homerischer Wörter, und namentlich dieser Homerischen Wörter sei, wäre zu wissen interessant: — eine Art der Untersuchung hier wie bei andern Wörtern, die für die Geschichte der Homerischen Glossen doch auch einmal versucht werden muss —. Vielleicht ist das Verbum dabei älter als das *διακοπτικός*. Ich setze darüber noch ein Paar Bemerkungen, aber wie sie mir eben zufällig zur Hand sind, her. Ich sehe im Hesychius (der übrigens in den verwandten Glossen mehrmals *διακόπτειν* hat) *δάψαι σπαράξαι καταφαγεῖν μετὰ σπαραγμοῦ. τὸ δὲ αὐτὸ καὶ Δαρδάψαι καὶ διακόψαι καὶ ῥῆξαι*. Und *δηῶν διακόπτων*. Und *δηοῦντες* (ist zwar nicht in dieser Form Homerische Glosse) *διακόπτοντες, καίοντες, ἐλαττοῦντες, πολεμοῦντες*. Auch *ἔδαψεν διέκοψεν διῆλθεν* geht auf E, 858. Und *Δηλήσασθαι, βλάψαι, διακόψαι, φθεῖραι*. Und dies führt uns in den leider für die übrigen Formen so lückenhaft gewordenen Apollonius. Denn dies ist bestimmt aus Apollonius lex. Hom., wo jetzt steht *δηλήσασθαι διαφθεῖραι διακόψαι*. Der auch hat *δαΐζων διαιρῶν διακόπτων*: und *διήρυσεν ἐξήντλησεν, διέκοψεν*. Eines *διακοπτικός* bei Apollonius erinnere ich mich wenigstens nicht.

Ueberlegen wir nun die Sache ein wenig, so wird man bald einsehen, dass eine etwaige Erwartung, gleiche Homerische Wörter, Formeln und Verse durch gleiche übersetzt zu finden, von vorn herein eine unberechtigte ist. Denn erstens war dies nicht möglich: es hätte denn jeder Paraphrast sich ein förmliches Wörterbuch dazu anlegen müssen, um durch den ganzen Homer in dieser ausserordentlichen Masse immer wieder das gleiche zur Hand zu haben: was das blosse Gedächtniss nicht leistete. Traf es ja nicht nur einzelne Wörter, nicht nur einzelne Verse, sondern ganze Komplexe von Versen, und zum Theil in grossen Zwischenräumen erst wiederkehrende. Ein solches Gleichniss z. B. wie *ὡς ὅτε τις στατὸς ἵππος ἀκοστήσας ἐπὶ φάτνῃ*

u. s. w. — ja ein Homerischer Sänger hatte dergleichen in seiner metrischen Gebundenheit und in seiner Originalität leicht und fest im Gedächtniss und auch in seinem improvisatorischen Apparat ebenso wie etwa heut zu Tage ein phantasirender Klaviervirtuose die Melodie des Champagnerliedes oder „gieb mir die Hand", und vieles, vieles: aber solch ein Paraphrast? Jenes Gleichniss steht Z, 506 und O, 263. Und wird man sich wundern, dass da der Abweichungen genug sind, die bis zu verschiedenem Verständniss gehen: z. B. gleich am Anfang das ἀποστήσας das einemal verstanden δυςχεράνας, das anderemal εὐτραφὶς γενόμενος? Und die ihm nothwendig werdende Arbeit lohnte doch auch nicht für ein jedenfalls halbdilettantisches Publikum, für welches Paraphrase ohne Erläuterung gemacht wurde. Es war ferner aber jene Gleichmässigkeit auch deshalb nicht ausführbar, weil ja nicht stets ein Wort zu finden war, das in allen Anwendungen dem Homerischen und dem poetischen Worte folgen konnte, selbst wenn man vor einiger Misshandlung des gewählten prosaischen Wortes nicht gar zu sehr zurückschreckte. Es sollte die Paraphrase ja als Erklärung dienen: sie musste sich also bemühen, die verschiedenen Nüancirungen oder Bedeutungen desselben Homerischen Wortes in den verschiedenen Stellen durch verschiedene Uebersetzung darzulegen. Aber auch dieses war mit Konsequenz nicht ausführbar, sobald man über eine gewisse Grenze hinaus erklären wollte. Homer hat gewisse — ich möchte sagen Wörtchen für alles. Z. B. δῖος. Diese dienen ihm nur zur idealen poetischen Färbung seines Gemäldes und seiner idealen Region. Will man anfangen an der einzelnen Stelle zu fragen, warum er diesen δῖος nennt und warum jenen, und warum hier und warum dort, ich denke man wird gleich einsehen, dass dies eine mit Konsequenz gar nicht durchzuführende Aufgabe ist. Denn dass es wahrscheinlich eben eine gar nicht dem Dichter gerecht werdende, ihm aufgedrungene Intention ist, übrigens nicht etwa unserm Paraphrasten allein angehörig, davon sehen wir ab. Man wird nun δῖος wol überwiegend durch ἔνδοξος, εὐγενής wiedergegeben finden. So auch δῖος Ἀλέξανδρος Ἑλένης πόσις ἠϋκόμοιο. Η, 355 ἐν τούτοις δὲ ἀνέστη ὁ ἔνδοξος Ἀλέξανδρος ὁ τῆς Ἑλένης ἀνὴρ τῆς καλλικόμου. Θ, 83 ἀλλ' ὁ ἵππος κατεπονεῖτο, ὃν ἔβαλε βέλει ὁ ἔνδοξος Ἀλέξανδρος ὁ τῆς καλλικόμου Ἑλένης ἀνήρ. Ν, 765 εὗρε — τὸν ἔνδοξον Ἀλέξανδρον τὸν τῆς καλλικόμου Ἑλένης ἄνδρα. Aber Γ, 329 οὗτος δὲ ἐν τοῖς ὤμοις ἐνεδύσατο τὰ καλὰ ὅπλα ὁ ὡραῖος Ἀλέξανδρος ὁ τῆς Ἑλένης ἀνὴρ τῆς εὐπλοκάμου. Also an dieser Stelle soll Alexandros δῖος genannt sein wegen seiner Schönheit, seiner äussern Erscheinung. Zu dem ὡραῖος Ἀλέξανδρος gesellt sich Γ, 229 die δῖα Ἑλένη als ἡ ὡραία ἐν ταῖς γυναιξίν· πρὸς τοῦτον δὲ ἡ περιτεταμένον πέπλον ἔχουσα εἶπεν ἡ ὡραία ἐν ταῖς γυναιξίν· —

warum hier gerade, nachdem wir eben in dem ganz ähnlichen Verse 171 gelesen *πρὸς τοῦτον ἡ Ἑλένη λόγοις ἀπεκρίνατο ἡ εὐγενὴς ἐν γυναιξὶν* — ist noch weniger abzusehen als dort bei Alexander. Und da hätte doch *I*, 413 die *δῖ' Ἀφροδίτη* wol gewiss eher als beide ein Beiwort von der Schönheit verdient: aber sie heisst daselbst *ἡ ἐνδοξοτάτη Ἀφροδίτη*. Und *ἠῶ δῖαν* heisst *I*, 240 *εὔχεται δὲ ταχύτατα φανῆναι τὴν ἔνδοξον ἡμέραν* (um in die Schlacht gehen zu können). Aber siehe da: *Α*, 723 wieder nach dem obigen Princip *ὅπου ἐμείναμεν ἡμέραν λαμπρὰν οἱ ἱππεῖς τῶν Πυλίων*. — Ueberwiegend kehrte er doch bei dem unendlich häufigen *δῖος* zu den Ausdrücken *ἔνδοξος, εὐγενής*, die übrigens auch für *διοτρεφής* und manches andere gebraucht werden, zurück: zwei Wörtern, die in seinem Uebersetzungsapparat eine grosse Ausdehnung hatten. Denn ein solcher Apparat hatte sich allmählich herausgebildet, den jeder von seinen Vorgängern und seinen Glossenstudien empfing. Es ist schon von Villoison bemerkt, dass die Paraphrasen nicht selten mit den Erklärungen der Glossarien im Apollonius oder Hesychius übereinstimmen. Und einen Aristarcheer muthet es eigen an, wenn die *φύζα* mit seiner genauen Aristarchischen Erklärung begegnet in unserm Paraphrasten am Anfange von Il. *I*: *Οὕτως οἱ μὲν Τρῶες τὰς φυλακὰς ἐφύλαττον· τοὺς δὲ Ἕλληνας θεία ἐκράτει μετὰ δέους φυγή*. Jeder aber bereicherte was er überkam mit einzelnem wieder selbst bei der grossen Bildsamkeit der Sprache. Und obgleich ich mir nicht herausnehmen kann, bei mehreren Wörtern, die unser Paraphrast aufweist und die der Thesaurus nicht nachweist, zu behaupten, er habe sie zuerst gebildet, so darf man ganz sicher sein, dass kein Paraphrast ohne einige eigene Bildungen geblieben. *Ἴδη ἡ πολλὰς πηγὰς ἔχουσα* immer zu sagen — ennuyirte ihn doch: — auch glaube man ja nicht, dass er ohne poetische Anempfindung gewesen, ich weiss das Gegentheil: — er sagte also einmal *ἡ πολύυδρος* Ο, 151, und — was wenigstens der Thesaurus nicht nachweist — *ἡ πολύπηγος* Ξ, 283. Ψ, 117. Den *πολύτλας Ὀδυσσεύς* drückt er auch durch das allgemeine *ὁ καρτερικὸς Ὀδυσσεύς* aus. Aber es regt sich doch auch einmal das Verlangen das poetischere Kompositum nachzumachen und er sagt *ὁ πολυκαρτέρητος Ὀδυσσεύς* Θ, 97. *I*, 672. Der Thesaurus wenigstens kennt das Wort nicht. — Der Thesaurus kennt auch nicht *σιδηρόγναθος* für *χαλκοπάρῃος* vom Helm, *P*, 294. *Υ*, 397. *Μ*, 183 (denn hier ist *σιδηροπερίγναθος* blosser Schreibfehler, wegen zweimaligen in nächster Nähe stehenden *περικεφαλαία*). Er kennt auch nicht *δραγματοδέται* (für *ἀμαλλοδετῆρες*) Σ, 554. — Auch nicht *εὐστόλιστος* (*εὔζωνος*) *Λ*, 429. *δημοσιαστικὸς ἀνήρ* B, 198.

Doch genug. Ich finde mich auf dem Wege, ein Buch über diese Paraphrase zu schreiben, was sehr vergnüglich wäre, auch nützlich für den, der es zu nützen verstünde. Aber dies kann doch hier nicht eingeschoben werden.

Ueber jene Wörter weiss ich auch nicht, ob wenn die mehr genannte Villoisonsche Paraphrase ganz gedruckt würde, sie nicht schon in dieser sich finden würden. Denn dem Bekkerschen Paraphrasten hat jene Villoisonsche Paraphrase vorgelegen. Es ist eine Bearbeitung derselben, vielmehr nur eine neue Redaktion, aber doch nicht ohne Selbständigkeit und an dem Homerischen Texte gemacht.

Bekanntlich ist noch sonst einiges Homerische Paraphrastische gedruckt und vieles ungedruckt.

4. Paraphrasen durchflochten mit Kommentar. Zerbröckelte Glossen aus ursprünglich zusammenhängender Paraphrase.

Jetzt hätten wir derjenigen Paraphrasen zu gedenken, in welchen fortgehende Paraphrase des betreffenden Dichters mit kommentirender Erklärung durchflochten ist oder diese mit jener. Natürlich kann der Kommentar entweder knapper oder ausführlicher gehalten sein und in der Art der Paraphrase werden sich verschiedene Gewohnheiten vorfinden. Ich brauche hier nur an die schönen Proben dafür zu Pindar, die wir nun schon kennen gelernt, des Moschopulos und des ältern Paraphrasten, zu verweisen. Aus dieser Gattung ist nun die Zahl derjenigen Paraphrasen, die in unsern Händen sind, gross genug: theils Paraphrase auch betitelt, theils unter dem Namen Scholien gehend, in denen man öfter die fortgehende Paraphrase nicht erkannt hat. Es gehört dazu die Paraphrase des Dionysios Periegetes (bei Bernhardy von S. 304 an). Es gehören dahin die Scholien des Moschopulos zu Hesiodús Opera et Dies, die Σχόλια παραφραστικά zum Scutum (bei Ranke von S. 42 an), die Scholia A zu Aeschylus (denn von dieser möchte man glauben, dass sie ursprünglich ganz vollständig war), zu Lykophron drei solche fortgehende Paraphrasen mit eingeflochtener Erklärung, ausser jener des Tzetzes, der nur zu kleinem Theile einmal sich der Paraphrase enthebt, aus einer Schnurre, wie wir oben schon sahen, noch zwei. Eine ist die sogenannte Sebastianische, jetzt vollständig (es fehlt ein Blatt am Schluss) aus Cod. Vatic. 1307, welcher ins 10te Jahrh. gesetzt wird, von Bachmann herausgegebene, S. 297 ff. Die Ueberschrift im Codex ist (s. Bachm. S. XXII): ολαιον λιχόφρονος ἀλεξάνδρας σχολ. „omissis, setzt Bachmann hinzu, ab initio una pluribusve litteris, — das ist gewiss — ut postea a rubricatore adderentur — das ist wol weniger gewiss —: de qua inscriptione postea ad Tzetzae scholia dicetur." Dazu ist es nun nicht gekommen. Nennt jemand einen im

Genitiv in ολαιου ausgehenden Namen, so ist es gut. Bis dahin wolle man einen Einfall herzuschreiben erlauben, dass jenes der Rest sei eines ursprünglichen vorgeschriebenen Verses, etwa wie: αἴνιγμα λῦσον σφιγγός ὡς ὁ λαίου. Nun aber haben wir hier nicht zu übergehen, dass einiges, was wir jetzt als zerbröckelte Glossen haben, aus ursprünglich zusammenhängender Paraphrase zu entstammen scheint. Ausser den genannten „Σχόλια παραφραστικά" zum Scutum des Hesiodus haben wir noch Σχόλια, dürftig und verdorben genug. Bei Ranke S. 23 ff. Diese enthalten aber überall Spuren einer zusammenhängenden Paraphrase. Nur mit diesem Gedanken kann man einigermassen sie lesen und sich sondern. Aber auch so nur einigermassen. Die Verwüstung bis zu den kleinen Trümmern, die hier vorhanden, ist zu gross. Anmerken werden wir uns, dass wir als Paraphrase vermittelndes Wort (gleich ἤγουν, ἤτοι) mehrmals finden ὡς ἄν. Z. B. 144 φόβος οὔτι φατειός) ἐνταῦθα σωματοποιεῖ τὸν Φόβον. ὡς ἂν ἐν τῷ μέσῳ ἐξ ἀδάμαντος ἦν οὐδαμῶς δυνάμενος ῥηθῆναι. 203. 235: zu V. 250 blos ὡς.

Fast zusammensetzen könnte man die Paraphrase noch aus den als Glossen erscheinenden Scholien zu den Halieutica des Oppian. Besser wird sich darüber sprechen lassen, wenn man mit diesem Gedanken wieder die Handschriften einsieht, woraus sie geflossen. Ich rede nur nach dem, was sich mir aufdrängt aus demjenigen was wir bei Rittershusius sehen. Zu V. 2 παντοίων νεπόδων πλωτὸν γένος Ἀμφιτρίτης: νεπόδων) ἰχθύων. πλωτὸν) λέγω. πλεόμενον. Ἀμφιτρίτης) θαλάσσης. ὕπατον κράτος) περίφρασις. ὕπατον) ἔξοχον. Ἀντωνῖνε) ὦ. Was wäre denn jenes toll aussehende Λέγω. πλεόμενον anders als πλωτὸν γένος) λέγω πλεόμενον, jenes in der Paraphrase bei Appositionen angewendete λέγω, von welchem wir oben sprachen? Und das ὦ was wäre das anders als von Ἀντωνῖνε die Paraphrase ὦ Ἀντωνῖνε, wie wir ganz gewöhnlich die Vokative der Dichter paraphrasirt finden? Wodurch man sich auch sollte erinnern lassen, wie der eigentlich gangbare Vokativ zu Σωκράτης z. B. wirklich im Griechischen heisst ὦ Σώκρατες: was wieder die wohlthätige Folge haben könnte, dass wir endlich das ewige abscheuliche „o Sokrates", „o Alzibiades" in den Plato- und andern Uebersetzungen los würden. In den Oppianscholien wird man auf dies zum Vokativ hinzugesetzte ὦ fortwährend treffen.

Ferner die Aeschyleischen Scholien B halte ich für Trümmer von Paraphrase. Auf diese muss ich bei einer spätern Gelegenheit noch zu sprechen kommen.

Unsere Euripidesscholien lassen uns gleich am Anfange der Hekuba ein Stück zusammenhängender παράφρασις, mit diesem jedenfalls ganz richtig vorgesetzten Titel, sehen. Sie geht, wenngleich in drei

Raten unter den andern Scholien eintretend, zusammengehörig bis
V. 150. Und es ist schwer glaublich, dass nicht derselbe Paraphrast
wenigstens die ganze Hekuba sollte gefertigt haben. Ob in den weitern zum Theil auch nicht ganz kurzen paraphrasirenden Stellen der
Scholien noch auch Stücke enthalten sind von der eben genannten oder
vielmehr nicht, wird das erste sein, womit ein künftiger Bearbeiter
der Euripidesscholien sich zu befassen haben wird.

Von den Nikandrischen Scholien scheint es auch, dass die Paraphrase durchgängig war: jetzt, wie sie überhaupt nur lückenhaft erhalten sind, ist sie es nicht mehr.

Dagegen die Aratusscholien scheinen, so wie jetzt, so auch ursprünglich zwar grösstentheils auch paraphrasirt zu haben, doch nicht
ganz ununterbrochen.

Von Kommentaren, welche die Paraphrase nicht regelmässig anwendeten, aber oft und sie auch zu sehr langen Stellen fortsetzten, ist
ein gutes Beispiel Triklinius zu Pindar, zu Sophokles, um so mehr da
seine Paraphrase, wo sie eintritt, sich sehr bemerklich macht durch
eine fast Wort für Wort, auch verständlichstes Wort mit einem $καί$
umsetzende Genauigkeit oder Pedanterie.

Ich will hier noch erwähnen diejenige Lykophronparaphrase in
Cod. Vat. CXVII, von welcher Bachmann ein Stück (V. 281—313)
herausgegeben hat. Diese ist der eben besprochenen Homerparaphrase
darin gleich, dass sie sich genau an die Wortfolge des Textes hält,
Wort mit Wort (überwiegend auch hier wieder durch ein Wort) er-
setzend: nur hin und wieder gleich jener solche kleine Umstellungen
und ohne Noth bringend wie $οὐδὲ χωρὶς πικρῶν κακῶν$ aus dem Text
$οὐδ' ἄνευ μόχθων πικρῶν$. Ebenso unnöthig hin und wieder eine Dop-
pelparaphrase: $τοῦ φόνου βρύουσαι καὶ μάχης ἐπιθυμοῦσαι, ὁρμῶσαι$
($κἀπιμαιμῶσαι μάχης$), $σταυρώμασιν ἤγουν τοῖς ξύλοις$ (bei Lykophron
$σταυροῖς$), $τὸν μικρὸν ἤτοι ὀλίγον ἠγαπημένον$ (l. $οὐκ ἠγαπημένον$) $χρό-
νον$ ($βαιὸν ἀστεργῆ χρόνον$). Es ist aber auch hin und wieder Erklä-
rendes eingefügt. Jedoch selten und äusserst knapp gehalten. So das
$κατ' εὐφημισμόν$ bei $ἄφλαστα$ 295: $φασὶ γὰρ διδύμους Τρωίλον καὶ
Κασσάνδραν$ zu dem $τερπνὸν ἀγκάλισμα συγγόνων$ 308. Die Namen
der Personen aber, welche im Lykophron unter der Umschreibung gemeint sind, werden hinzugefügt. So das eingesetzte $ὦ Ἕκτορ$ V. 30
bei $αἱ σαὶ χέρες$. Hiebei bedient er sich auch des $λέγει$: $τὸ σὸν εὐ-
τραφὲς σῶμα, λέγει τὸν Τρωίλον$. Bei $τύμβον αἱμάξεις πατρός$: $τοῦ
Ἀπόλλωνος λέγει$.

Wenn Cod. Paris. A, wie Montfaucon urtheilte, aus dem zehnten
Jahrhundert ist (Bachm. S. VII), so ist diese Paraphrase älter. Denn
es ist ganz wahr was Bachmann am Schluss dieses von ihm hier aus

Cod. Vat. CXVII herausgegebenen Stückes sagt (S. 306): „Praeterea haec apprime cum iis Scholiis conveniunt quae e cod. Parisino A edidimus." Wie sollte es nicht wahr sein? Denn der Codex Parisinus A ist eben (ausser dem Text des Lykophron) selbst nichts anderes als jene selbe Paraphrase: und Bachmann hatte zu V. 281—301 schon in seinen unter dem Text stehenden Sammeleien ganz dasselbe herausgegeben. Und er hatte unter seinem ganzen Lykophrontext von Anfang bis zu Ende diese ganze Paraphrase herausgegeben. Er hat weder gemerkt, dass er eine zusammenhängende Paraphrase vor sich habe, noch dass es dieselbe ist wie jene aus Vatic. CXVII. Beides war nicht schwer: und es mag nur wieder zum Beweise gelten, wie wenig man bisher gelernt hatte eine Sache zu sehen, die auf Wegen und Stegen entgegenkommt. Um so mehr, da an der Zerreissung, aus welcher wir das Aneinanderhängende aus dem versweise gegebenen und stets durch eine Menge aus andern Handschriften entnommenes Material unterbrochenen zusammenlesen und uns zusammenlesen müssen, die Handschrift Parisinus A recht unschuldig ist.

Die Zerreissung nimmt sich, wie wir das auch in den Pindaricis gefunden, nicht selten komisch aus. Z. B. Lyc. 9 ff. *κἀναπεμπάζων φρενὶ πυκνῇ διοίχνει δυσφάτους αἰνιγμάτων Οἴμας τυλίσσων*. Bei Bachmann steht also *ἀριθμῶν τῇ διανοίᾳ* zu V. 9. Dann folgt *Συνετῇ* ganz richtig zu V. 10, nachdem aber zu V. 9 noch zehn Zeilen varia dazwischen getreten, also: *Συνετῇ μετέρχου δυσλίτους αἰνιγμάτων*. Und auf das dazu gehörige *Ὁδούς* V. 11 müssen wir wieder zwölf Zeilen varia hindurch warten.

Die Handschrift, sagte ich, sei recht unschuldig an dem Unheil, viel unschuldiger als ihr Leser.

Bachmann sagt S. VII, die Handschrift enthalte „Lycophronis Alexandram cum brevi sed pervetusta (das nun eben nicht) annotatione singulis versibus in modum glossarii adscripta, ita ut librarius hunc titulum libello scripserit: *Λέξεις Ἀλεξάνδρας Λυκόφρονος καὶ ὑπόθεσις*." Ob *Λέξεις Ἀλεξάνδρας* nicht auch „Paraphrase" bedeuten kann bleibe nicht ungefragt, aber ungesagt. Jedenfalls geht uns eine solche Ueberschrift in den Handschriften nichts an. Was es aber heissen soll: „singulis versibus in modum glossarii adscripta" verstehe ich nicht. Nimmt man hinzu was wir S. VIII noch erfahren: „versus fere omnes in duas partes interiectis scholiis divisi sunt, ad hunc modum, 1348

στείλασα λίστρους αἰπὺν
ἤρειψεν πάγον"

so wird diese Art sogar wol eben deshalb eingeführt sein, um neben jeder Halbzeile für die entsprechende Paraphrase den Raum zu lassen:

freilich mag es nicht immer ganz genau gereicht haben und der Schreiber sich da etwas eingerichtet haben. Aber kurz die Paraphrase ist doch hier dem Text in derselben Art nebengeschrieben wie es auch sonst geschehen, wie, abgerechnet die rothen Buchstaben, jene Ilias in einem Pariser Kodex, von der Villoison Apollon. lex. LXXXII berichtet, er enthalte: „Homeri Iliadem cum Metaphrasi prosaica ad latus adiuncta, litteris ut plurimum rubris, at fere deletis et oculos fugientibus exarata."

Vergleicht man das Stück 281—313 aus Cod. Vat. A mit der andern Handschrift Par. A, so findet man die von selbst zu erwartenden, im ganzen immer kleinen Abweichungen. Zuerst natürlich Schreibfehler, in deren manchen sie schon übereinstimmen, aber auch bald die eine, bald die andere helfend eintritt. Das „omissum τύμβον αἱμάξεις" steht in Par. A mit φοινίξεις τύμβον: aber das „omissum ὅτι τὸν ἄγριον δράκοντα" fehlt auch dort. Das von Bachmann für ἐπιτελής richtig emendirte ἐπιτελεστής steht schon so richtig im Par. A: für das von ihm ohne Bemerkung durchgelassene ἀναδύσεως τοῦ καπνοῦ V. 294 ist dort das richtige ἀναδόσεως. Und dergleichen. Aber wichtiger ist, auch hier zu finden, dass auch hier nicht blos unbewusst entstandene Schreibfehler sind, sondern auch, grossentheils zwar unwesentliche, aber doch bewusst entstandene Redaktionsänderungen, bisweilen etwas nicht gerade nothwendiges kürzende, bisweilen sonstige launenhafte. Dazu kann schon gehören wenn zu V. 292 οὐ γεῖσα χραισμήσουσιν im Vat. steht (οὔτε τὸ ὑψηλὸν τοῖχος geht vorher) οὔτε ἡ στεφανὶς τοῦ τείχεος βοηθήσουσι, aber im Par. οὔτε ἡ στεφανὶς τοῦ τείχους ἢ αἱ στεφανίδες τῶν τειχῶν: anzeigend dass man γεῖσα als nom. sing. oder als plur. verstehen könne. Nicht zufällig ist ἐγὼ δὲ πένθος οὐχὶ μεῖον οἴσομαι V. 302 im Par. A ἐγὼ δὲ πένθος οὐ μικρόν, ἀλλὰ πολὺ μέγα (Schreibfehler für πολὺ καὶ μέγα) ἀπενέγκω, im Vat. ἐγὼ δὲ θρῆνος οὐ μικρόν, ἀλλὰ πολὺ καὶ μέγα ἀπενέγκομαι (sic), für ein Byzantinisches τὸ θρῆνος eine sichere Stelle. Ganz gleichgültig, aber nicht zufällig für οὐδ' ἄνευ μόχθων πικρῶν V. 283 im Par. οὐδὲ χωρὶς πικρῶν καμάτων, im Vat. οὐδὲ χωρὶς πικρῶν κακῶν. 290 ἡ τάφρος, wie bei Lykophron selbst, im Vat., aber im Par. ἡ διορυχή (so).

Jetzt aber schreibe ich aus der Zerstückelung zur Probe die Paraphrase des Anfangs zusammenhängend aus.

Φράσω τὰ πάντα ἀληθῶς — καὶ γὰρ ἐπιτατικῶς νοοῦμεν τὸ νή, ὡς τὸ νήχυτος καὶ νήδυμος — ἅ με πυνθάνῃ καὶ ἐρωτᾷς. Die Worte ἀρχῆς ἀπ' ἄκρης sind ausgefallen. ἐὰν δὲ ἐκτανθῇ τὸ ἔπος, συγχώρει δέσποτα. οὐ γὰρ ἦν ἥσυχος κόρη (lies οὐ γὰρ ἥσυχος ἡ κόρη) ἔλυσε τῶν προρρήσεων, ὡς πρότερον, τὸ ποικίλον στόμα. — λέγει οὖν τὸ ποικίλον καὶ πολυμαθὲς τῶν αἰνίγματων. ἕωλον δὲ τὸ μάταιον διὰ τοῦ ω καὶ ε ψιλόν. — ἀλλὰ ἄσπετον ἐκχέασα πολυίστορον, πάμμικτον φωνὴν μαντικῶν τῶν δαφνῶν σιτουμένων*) ἐμαντεύετο, ἐνθουσία ἐκ τοῦ στόματος φωνήν, τῆς τραχείας Σφιγγός, ἢ σκοτεινῆς καὶ σκολιᾶς — παραβάλλει γὰρ αὐτὴν Σφιγγὶ διὰ τὸ δυςνόητον — φωνὴν ἐκμιμουμένη (hinter δυςνόητον stehen die dummen Worte, die ich weggelassen ἔστι δὲ ὄνομα γυναικός). τούτων ἅτινα ἐν τῇ ψυχῇ καὶ δι' ἐνθυμήσεως ἔχω ἀκούοις ἄν, ὦ βασιλεῦ, καὶ ἀναλογιζόμενος ἢ ἀριθμῶν τῇ διανοίᾳ — ἐπεὶ οἱ ἀρχαῖοι κατὰ πέντε ἠρίθμουν — συνετῇ μετέρχου δυςλύτους αἰνιγμάτων ὁδοὺς ἐρευνῶν, ὅπου δὴ τῆς εὐμαθείας ἡ ὁδὸς εὐθείᾳ ὁδῷ τὰ ἐν τῷ σκότῳ ποδηγεῖ, εἰς φανερὸν ἄγει. — Bald darauf erhalten wir in den Worten τῶν ἀσαφῶν καὶ πλαγίων εἰς ἀφηγήσεις λόγων ein umgekehrtes καί.

VI.

Charakterisirung der neuern Scholien. Ihre Verfasser. Die Schneiderschen Scholien. Die Mommsenschen Scholien.

1. Ich habe oben mit grosser Bestimmtheit die beiden Paraphrasen der neuern Scholien für das Eigenthum die eine des Moschopulos, die andere des Triklinius erklärt. Man wird fragen, woher ich das weiss. Daher dass die eine vollkommen gleich ist, wie aus den Augen geschnitten, derjenigen, welche wir zu den Erga des Hesiodos haben unter dem anerkannten Namen des Moschopulos, d. h. nämlich des Manuel Kretensis (wie im Codex bei Iriarte p. 272: τέλος τοῦ Ἡσιόδου ἐξηγηθέντος παρὰ τοῦ σοφωτάτου καὶ λογιωτάτου κυροῦ μανουὴλ τοῦ κρήτης). Und eben so unverkennbar sieht die andere gleich dem Triklinius zum Sophokles. Auch jene Moschopuleischen Scholien zu den Erga enthalten die zusammenhängende Paraphrase des Gedichts: und jene Sophokleischen enthalten zwar nicht eine zusammenhängende, aber doch häufig eintretende, nicht selten lange Stellen umfassende Paraphrase; gerade wie die Pindarische. Und wir werden deshalb auch hier glauben dürfen, dass auch in den Pindarischen Scholien die Triklinianische Paraphrase von Anfang an nicht eine vollständige und zusammenhängende war. In beiden Paraphrasen also erkennt man die oben aus den Pindarischen beschriebenen Eigenthümlichkeiten völlig

---

*) Ich möchte nicht behaupten, dass dies nicht so richtig sei. Er hat dann δαφνηφάγων zu **φωνήν** genommen und zwar neutral: πάμμικτος φωνὴ τῶν δαφνηφάγων wie sie durch die — wahrsagerischen — verzehrten Lorbeeren bewirkt wird.

und einleuchtend wieder. Aber nicht nur in den Paraphrasen, sondern auch in dem, was beide zu den Paraphrasen noch hinzugethan, auch da sind die Uebereinstimmungen einleuchtend, sei's in der Art dieser Zuthaten, sei's in dem Ausdruck. Stelle ich einmal neben Moschopulos und Triklinius einen dritten uns wohl bekannten Byzantiner, um sie gegen einander zu charakterisiren. Von diesen ist Moschopulos der nüchternste, im guten Sinne gesagt, und ungeachtet mancher ächt Byzantinischer Wunderlichkeiten, die in mancher Erklärung oder Erklärungsart zur Erscheinung kommen, der vernünftigste. Er ist der am wenigsten geschwätzige, ja meistens sich ohne Längen an das nothwendige für die Sache haltende, und derjenige, der nicht beflissen ist, seine Persönlichkeit eitel hervorzuheben und dagegen die Verkehrtheit und Unwissenheit anderer Erklärer bemerklich zu machen. Tzetzes ist wie in allen diesen Punkten so besonders auch in dem letzten der vollständige Narr. Triklinius hält eine Mittelstufe. Seine triviale Ausführlichkeit wie für ein schwer begreifendes Publikum ist nicht gering, seine Spitzfindigkeiten dem Moschopulos gegenüber viel hervortretender, sein Selbstbewusstsein und Selbsterhebung gegen Andere recht gross. „Die so konstruiren verstehen weder die Syntax noch das Metrum." Andere $\dot{\alpha}\gamma\nu o o \tilde{v}\nu\tau\varepsilon\varsigma$ oder $\dot{\alpha}\mu\alpha\vartheta\varepsilon\tilde{\iota}\varsigma$ nehmen es so: „ich aber sage." — Dergleichen ist bei ihm recht beliebt.

Moschopulos.

2. Doch was haben sie denn nun zu der Paraphrase hinzugethan? Natürlich Erklärungen, sachliche und sprachliche. Von Moschopulos ist zu sagen, dass beide meistentheils kurz sind: und zwar im ganzen hat er sich im Pindar noch kürzer und von allgemeinen Regeln blos bei Gelegenheit ad vocem noch freier gehalten als im Hesiodus. Jene Erklärungen sind zwischen die Paraphrase eingeschoben: bisweilen ist eine Notiz, die Sache, den Zusammenhang oder einen sprachlichen Ausdruck betreffend, vorläufig vorangenommen oder nachträglich hinzugefügt vor oder nach einem grössern Stück Paraphrase, das er in der Mitte damit nicht unterbrechen wollte. Natürlich muss man diese Manier etwas kennen lernen. Aber das ist aus den Pindarischen Scholien selbst, nämlich aus denjenigen Stellen, wo die seiner Paraphrase ein- und anhängenden Zuthaten durch unverkennbaren Anschluss an seine Paraphrase sich verrathen und eine Richtschnur für andere Stellen geben, und ist aus Vergleichung der Hesiodusscholien so weit zu erreichen, dass höchst selten ein Zweifel übrig gelassen wird.

Ich hatte oben gesagt, Böckh habe zu Ol. III, 79 sein Paragraphenzeichen fälschlich gesetzt. Dort nämlich schliesst die Moschopuleische Paraphrase dieses ganzen Gedichtes mit den Worten: $\ddot{\alpha}\pi\tau\varepsilon\tau\alpha\iota\ \tau\tilde{\omega}\nu\ \sigma\tau\eta$-

λῶν τοῦ Ἡρακλέους. — τοῦτο δέ φησιν ἐπειδὴ ἐνίκησε τὰ Ὀλύμπια, τὸν κράτιστον ἀγῶνα τῶν ἄλλων —. τὸ πόρσω δέ, τουτέστι τὸ πόῤῥω ἀντὶ τοῦ τὰ περαιτέρω, ἄβατόν ἐστι καὶ ὑπὸ τῶν σοφῶν καὶ ὑπὸ τῶν ἀσόφων. οὐ μὴν διώξω, ἤγουν οὐ ζητήσω, τουτέστιν ὅσον τὸ κατ᾽ ἐμὲ οὐκ ἂν ἐδίωξα. κεινός, ἤγουν μάταιος, ἂν εἴην, εἰ ἐζήτησα τοῦτο δηλονότι. ἄβατον τὸ μὴ πρέπον πατηθῆναι καὶ ὃ οὐ διῆλθέ τις καὶ ὃ οὐ δύναταί τις διελθεῖν ἤγουν τὸ ἀδιεξίτητον. ἐνταῦθα κατὰ τὸ γ´ λέγεται σημαινόμενον. Hier also hat Böckh vor dem ἄβατον τὸ μὴ πρέπον jenes sein Paragraphenzeichen gesetzt. Aber dass wir hier nur eine bei der Paraphrase aufgesparte nachträgliche Bemerkung des Moschopulos selbst haben, daran ist kein Zweifel, wenn man seine Bemerkung zu Hes. Erga 750 μηδ᾽ ἐπ᾽ ἀκινήτοισι καθίζειν παῖδα δυωδεκαταῖον vergleicht: ἤγουν μηδὲ δυοκαίδεκα μηνῶν ὄντα ἐπὶ τοῖς ἀκινήτοισι κάθιζε. ἀκίνητον τὸ μὴ δυνατὸν ἢ τὸ μὴ φύσιν ἔχον κινηθῆναι καὶ τὸ μὴ πρέπον ὑπό τινος κινηθῆναι καὶ τὸ νενομοθετημένον ὑπὸ μηδενὸς κινηθῆναι. κατὰ τὰ δύο ταῦτα σημαινόμενα τοὺς τάφους ἰδίᾳ ἔλεγον ἀκινήτους, καὶ ὡς οὐχ ὅσιον ὂν δηλονότι κινεῖν αὐτούς τινα, ἀντὶ τοῦ ἀνορύττειν, καὶ ὡς νενομοθετημένον ὂν μὴ κινεῖσθαι αὐτοὺς ὑπό τινος. ἔστιν οὖν ἐνταῦθα τὸ μὲν πρόχειρον· μὴ ἴδρυε σὸν παῖδα ἐπὶ τάφοις.

Zu Ol. VI, 105 εὖτ᾽ ἂν — πατρὸς ἑορτάν τε κτίσῃ πλειστόμβροτον τεθμόν τε μέγιστον ἀέθλων steht in dem einen Stücke der neuern Scholien eingeschoben in die Paraphrase die Bemerkung über das, was wir Zeugma nennen, dass nämlich κτίσῃ zu dem τεθμόν nicht mehr in derselben Bedeutung genommen werden könne wie zu dem ἑορτάν, sondern nur in einer analogen: ὅταν δὲ .... ἑορτήν τε τοῦ πατρὸς αὐτοῦ κτίσῃ, ἤγουν συστήσῃ, πλειστόμβροτον, ἤγουν πλείστων ἀνθρώπων συγκροτουμένην, καὶ νόμον μέγιστον, θείη δηλονότι. — οὐ γὰρ δύναται τὸ κτίσῃ ἀπὸ κοινοῦ λέγεσθαι, συνυπακούεται δὲ τὸ οἰκεῖον κατ᾽ ἀναλογίαν τοῦ προῤῥηθέντος. Nun das wird doch wol kein anderer sein als von dem wir zu Hesiodus Erga lesen 230 τοῖσι φέρει μὲν γαῖα πολὺν βίον, οὔρεσι δὲ δρῦς ἄκρη μέν τε φέρει βαλάνους, μέσση δὲ μελίσσας) φέρει δὲ ἡ γῆ πολὺν βίον, ἤγουν καρποὺς πολλοὺς εἰς ζωάρκειαν, ἐν τοῖς ὄρεσι δὲ ἡ δρῦς — ἀπὸ μέρους πάντα τὰ δένδρα δηλοῖ — κατὰ τὴν ἄκραν μέν, ἤγουν τὴν κορυφήν, φέρει βαλάνους, ἤγουν ποιεῖ, γεννᾷ, κατὰ τὴν μέσην δὲ μελίσσας, ἐκτρέφει δηλονότι. οὐ γὰρ δυνατὸν λαμβάνεσθαι ἀπὸ κοινοῦ τὸ φέρειν κατὰ τὸ αὐτὸ σημαινόμενον, συνυπακούεται οὖν τὸ οἰκεῖον κατ᾽ ἀναλογίαν τοῦ προῤῥηθέντος. Und wiederum zu 402 οἶκον μὲν πρώτιστα γυναῖκά τε βοῦν τ᾽ ἀροτῆρα .... ποιήσασθαι) τὸ ποιήσασθαι ἀπὸ κοινοῦ. οἶκον μὲν πρώτιστα παρακελεύομαί σε ποιήσασθαι καὶ γυναῖκα, κτήσασθαι δηλονότι. οὐ γὰρ δύναται συνυπακούεσθαι καὶ ἐπὶ τούτου τὸ ποιήσασθαι. συνυπακούεται οὖν τὸ οἰκεῖον κατ' ἀναλογίαν τοῦ προῤῥηθέντος*).

Hiernach übrigens wird man sich auch überzeugen, dass in seiner ganz interessanten (auch wegen der grammatischen Terminologie interessanten) Auseinandersetzung Ol. IV, 38 über χεῖρες δὲ καὶ ἦτορ ἴσον die Worte „ἐνταῦθα δὲ λέγεται μὲν ἀναγκαίως τὸ ἴσον ἀπὸ κοινοῦ κατὰ ἀναλογίαν τοῦ προῤῥηθέντος" so zu verstehen sind, dass man diesen technischen Ausdruck eines κοινὸν κατὰ ἀναλογίαν τοῦ προῤῥηθέντος zu erkennen hat. Denn ein anderes Verständniss wäre möglich und ist auch wol angenommen, weil man sonst kein Komma hinter κοινοῦ gesetzt haben würde. Es ist zu verstehen: „Auch hier muss nothwendig das ἴσον noch einmal bei einer paraphrastischen Umsetzung wieder ἀπὸ κοινοῦ eintreten, aber nur ἀπὸ κοινοῦ κατὰ ἀναλογίαν τοῦ προῤῥηθέντος." Denn, soll das heissen, man wird nicht λέγειν χεῖρες δὲ ἴσον καὶ ἦτορ ἴσον, sondern χεῖρες δὲ ἴσαι καὶ ἦτορ ἴσον. Auch diese Anwendung fällt ja sehr natürlich unter das ἀπὸ κοινοῦ κατὰ ἀναλογίαν: und auch unter das ἀπὸ κοινοῦ κατὰ ἀναλογίαν τοῦ προῤῥηθέντος: denn in jenem χεῖρες δὲ καὶ ἦτορ ἴσον findet, so ist ohne Zweifel seine Doktrin, eine poetische Versetzung des ursprünglichen statt, aus ἦτορ δὲ ἴσον καὶ χεῖρες: denn wenn ich ein ἴσον ergänzen will, so muss ich es erst haben. — Nach jenem fährt er dann fort: „Aber auch nachdem man das ἴσαι aus dem ἴσον so ergänzt hat, bleibt die Rede immer noch unvollständig. Denn ἴσος verlangt immer die Angabe seiner Beziehung: wem gleich? Wird diese erforderliche Beziehung hier hinzugefügt, dann ἐντελὴς ὁ λόγος γράφεται ἔχων οὕτως· αἱ χεῖρες δὲ ἴσαι τῇ προθυμίᾳ ἴσῃ ταῖς χερσίν (er schrieb vielmehr αἱ χεῖρες δὲ ἴσαι τῇ προθυμίᾳ καὶ ἡ προθυμία ἴση ταῖς χερσίν, wie es Sylloge s. ἴσον steht, wo dieser letzte Theil sonst ganz wörtlich). Denn nothwendig muss die Gleichheit der beiden genannten Gegenstände, wenn nichts anderes dasteht, eben in diesen beiden Gegenständen selbst ihren Bereich haben." — Man bemerke, man hat natürlich bemerkt, den hier eintretenden Ausdruck γράφεται, dasselbe bedeutend, was das vorhergehende λέγεται in dem von uns dort dafür angenommenen bei den Byzantinischen Erklärern sehr gewöhnlichen technischen Gebrauch.

---

*) Nach dem obigen wird man verstehen καὶ τὸ εἶτε δὲ ἀπὸ κοινοῦ κατὰ τὸ ἀνάλογον in den von Tycho Mommsen edirten Scholien zu Nem. IV, 45. In den Aeschyleischen Scholien (Γ) heisst es zu Prom. 21 ἵν' οὔτε φωνὴν οὔτε τοῦ μορφὴν βροτῶν ὄψει) κατὰ ἀναλογίαν λείπει τὸ ἀκούσεις. In einem Scholion (der nicht Triklinianischen) zu Soph. Oed. R. 43 εἴτε του θεῶν φήμην ἀκούσας εἴτ' ἀπ' ἀνδρὸς οἶσθά που) φήμην χρησμόν. ἐπὶ μὲν θεῶν χρησμὸς ἅπαντα οἰκείως, ἐπὶ δὲ τοῦ ἀνδρὸς προσυπακούεται ἡ μαντεία κατ' ἀναλογίαν.

Doch über ein Paar Moschopuleische Anmerkungen muss noch etwas insbesondre gesagt werden, die sich durch eine ihm sonst in der Pindarerklärung ungebräuchliche Ausführlichkeit, ja prinzipielle Darlegung bemerklich machen. Zu den Anfangsversen der ersten Olympischen Ode sieht man bei Böckh S. 23 eine ganze Seite mit Scholia recentiora angefüllt, welche auf folgende Art zu trennen und zu vertheilen sind. Das erste Ἄριστον μὲν ὕδωρ) Ἐπειδὴ τέσσαρές εἰσιν ἀγῶνες bis zu dem ersten Kreuz bei Böckh, nämlich bis zu διάπυρον αἰθέρα ἤτοι τὸ πῦρ gehört dem Triklinius, dem dann sogleich weiter gehört die zu Zeile 3 hinter dem Paragraphenzeichen über πλούτου stehende Bemerkung Οἱ λαμβάνοντες εἰς τὸ πλούτου ἔξωθεν u. s. w. Alles dazwischen stehende von Ἄριστον μὲν ὕδωρ) τῶν ἄλλων δηλονότι στοιχείων gehört, wie auch Böckh durch die Kreuze hier richtig andeutet, dem Moschopulos. Hier ist zuerst schon bei dem ἄριστον μὲν ὕδωρ eine philosophische Begründung Komparativ und Superlativ betreffend, warum denn ἄριστον allein gesagt, ohne einen Zusatz, wovon es denn das beste sei, dennoch verstanden werde: nämlich unter den gleichartigen Gegenständen, wie auch hier zu verstehen sei ἄριστον τῶν ἄλλων στοιχείων. Dieses Stück geht bis παρὰ τῇ θείᾳ γραφῇ. Daran schliesst sich zu αἰθόμενον πῦρ διαπρέπει eine noch ausführlichere prinzipielle Auseinandersetzung, warum διαπρέπει allein stehend bedeute πρὸς τὰ ἄλλα δηλονότι παρατιθέμενον ἃ λαμπρότητα ἔχει, beginnend mit τὸ διαπρέπει λέγεται μεταβατικῶς μεσιτευούσης ἀεὶ προθέσεως. (Das μεσιτεύειν gebraucht er auch Erga 25.)

Hiebei ist nun aber noch etwas bemerkenswerth. Die ganze Auseinandersetzung über διαπρέπει bis zu dem καὶ τὰ ὑπερθετικὰ ἐνίοτε steht wörtlich in des Moschopulos Sylloge in dem Artikel τὸ Διαπρέπει . . . . Hier ist dann nur mit ὡς ἐνταῦθα u. s. w. die Anwendung auf diese Pindarische Stelle hinzugefügt.

Die zweite der auffallend vollständig ausgeführten Auseinandersetzungen ist in derselben ersten Olympischen Ode zu V. 38 bei οὗ μεγασθενής, die sich anschliessende Auseinandersetzung über den Unterschied in der Akzentuation solcher Komposita, je nachdem sie Epitheta oder Propria sind, beginnend mit τὰ παρὰ τὸ σθένος καὶ γένος ὀνόματα u. s. w. Auch dieses ganze steht wörtlich in der Sylloge (hinter Ἐτρυφᾷ τις).

Die dritte ist gleichfalls in Ol. I zu dem ἀμφὶ δεύτατα, die weitläufige Darlegung über Bildung und Gebrauch von πρὸ πρότερος πρῶτος, ὑπὸ ὕστερος ὕστατος, δεύτερος und dass Pindar auch den Superlativ δεύτατος gebildet. Auch dieses steht wörtlich in der Sylloge ἀπὸ τῆς Πρὸ προθέσεως u. s. w. Auch ὁ δὲ Πίνδαρος καὶ ὑπερθετικὸν ἀπὸ τοῦ δευτέρου σχηματίζει τὸ δεύτατον. Θέλει δὲ τοῦτο σημαίνειν ταὐτὸ τῷ ὕστατον steht dort wörtlich. Aber vor dem dort dann unmittelbar folgenden τὸ δὲ τρίτατος u. s. w. tritt hier zuerst der Zusatz dazwischen, der die spezielle Bedeutung und die Rechtfertigung seiner Paraphrase an dieser Stelle angiebt, mit den Worten: ὁ δὲ ἐπὶ σμικρότητος τοῦτό φησι. διεδάσαντο γάρ φησιν ἀμφὶ δεύτατα, ἤγουν εἰς μικρότατα.

Solche grosse grammatische Beigaben, und namentlich wie die Akzentregel bei μεγασθενής für die Stelle gar nicht nöthige, folgen später kaum mehr in den Moschopuleis. Er hat das nachher aufgegeben, oder besser er hat es sehr beschränkt. Es ist zu Ol. IV, 38 bei der Stelle χεῖρες δὲ καὶ ἦτορ ἴσον der letzte Theil von τὸ γὰρ ἴσον über die Unvollständigkeit des Begriffes von ἴσος und dass man jenes verstehen müsse als αἱ χεῖρες ἴσαι τῇ προθυμίᾳ καὶ ἡ προθυμία ἴση ταῖς χερσίν (wie auch im Pindarkommentar herzustellen) genau aus der Sylloge unter ἴσον. Wo ganz offenbar hinter ἐὰν ᾖ μόνον ausgefallen: οἷον παρὰ Πινδάρῳ τὸ χεῖρες δὲ καὶ ἦτορ ἴσον. Dass diese Zusätze nicht etwa von einem andern beigeschrieben wurden, sondern von Moschopulos selbst aus seiner Sylloge herübergenommen sind, darf man glauben. Schon die genauen und passenden kleinen Zusätze, mit welchen wir jene Syllogestellen für die Anwendung auf die Pindarstellen versehen fanden, sprechen dafür, und eben so dass wir dieselbe Erscheinung auch in seiner Paraphrase und Kommentar zu Hesiodus Erga finden. Da steht zu V. 386 die ausführliche Regel über Verschiedenheit des Akzentes je nach der Bedeutung in ἄροτος, ἄμητος, τρυγητός. Dies ist wörtlich Sylloge unter ἀμάω. Zu V. 11 οὐκ ἄρα μοῦνον ἔην ἐρίδων γένος steht eine spitzfindige Auseinandersetzung über Bedeutung von μόνος und οὐ μόνος. Es ist wörtlich der Artikel der Sylloge τὸ Μόνον ὄνομά ἐστιν ὑπερθετικόν u. s. w. bis ᾖ μεθ' ἑτέρων πολλῶν. Und hat dann hier für die Hesiodusstelle den Zusatz erhalten: εἰ οὖν τοῦτο, φανερὸν ὅτι οὐχ ἁρμοδίως ἐνταῦθα κεῖται τὸ οὐ μόνον κατὰ τὴν ἑαυτοῦ δύναμιν, ποιητικῶς δὲ λέγεται ἀντὶ τοῦ οὐχ ἕν.

Zu V. 731 steht bei Gelegenheit von παραφανέμεν die wörtliche Stelle, hier grösstentheils überflüssig, über Zusammensetzung der Verba mit παρά aus der Sylloge παριστῶ u. s. w. mit dem Zusatz hinter dem schliessenden παραφαίνειν: Κατὰ τοῦτο τὸ σημαινόμενον λέγεται κἀνταῦθα τὸ παραφαίνειν, ὥστε τὸ ἐμπελαδὸν περισσῶς λέγεται καὶ ἀδολεσχίαν ἔχει. Und 552 bei οἷκονδε wörtlich über die Adverbia in δέ die Regel aus Sylloge (hinter δεῖν) τὰ εἰς δε λέγοντα ἐπιῤῥήματα u. s. w.

Wir haben Ursache, diese zu Pindar und Hesiodus erscheinenden Stellen aus der Sylloge anders anzusehen als wenn in andern Scholien uns solche wörtliche oder fast wörtliche Stellen aus demselben offenbar viel gebrauchten Buche begegnen. Worauf mehr zu achten sein wird. Ich gebe nur ein Paar Stellen, um darauf aufmerksam zu machen. Z. B. in den Euripidesscholien gleich zu Hec. 5 über κίνδυνος und κινδυνεύω. Zu V. 32 der lange Artikel bei τριταῖον. Zu V. 177 über ψυχὴ λέξις ὁμώνυμος οὖσα σημαίνει u. s. w. Nur die Worte λέξις ὁμώνυμος οὖσα sind hinzugesetzt und dann ὡς ἐνταῦθα Εὐριπίδης φησί καὶ ἀλλαχοῦ Ἕκτορός τ᾿ ἀπώλετο ψυχή statt des in der Sylloge stehenden ὡς παρ᾿ Εὐριπίδῃ Ἕκτορός τ᾿ ἀπώλετο ψυχή. 324 νύμφαι) „νύμφη ἡ ἄρτι εἰς γάμον ἐρχομένη, ἥτις ποιητικῶς νυὸς λέγεται. νύμφαι καὶ τὰ τῶν πηγῶν ὕδατα καὶ αἱ ἔφοροι τούτων δαίμονες παρ᾿ Ἕλλησιν." ἐνταῦθα δὲ νύμφαι ἁπλῶς αἱ ἄνδρας ἔχουσαι. Die mit Gänsefüsschen angezeigten Worte sind aus der Sylloge Νυμφίος ὁ ἄρτι εἰς γάμον ἐρχόμενος καὶ νύμφη ἡ ἄρτι εἰς γάμον ἐρχομένη u. s. w.

Die gar nicht hingehörige Angabe über χωρῶ und seine Komposita in Schol. B zu Aesch. Prom. 74 ist der Artikel χωρῶ aus Moschopulos' Sylloge mit Weglassung eines Beispieles aus Synesios: sonst in ein Paar kleinen Verderbungen gegenseitig aus einander zu verbessern.

Ein Scholion zu Oed. R. 4 Τὸ δὲ ὁμοῦ ἐπὶ συνάψει δύο κώλων λεγόμενον ἐπὶ τοῦ προτέρου κώλου δύναται λέγεσθαι καὶ τοῦ δευτέρου, ὥσπερ ὁ ἅμα καὶ ὁ καὶ σύνδεσμος. καθ᾿ ὃ λέγεται ἐνταῦθα ὁμοῦ μὲν θυμιαμάτων γέμει, ὁμοῦ δὲ παιάνων. Ist bis σύνδεσμος ganz Moschopulos' Sylloge, wo hinter σύνδεσμος noch steht καὶ τἆλλα.

Triklinius.

3. Wir haben oben den Anfang der Paraphrase mit καί, die wir für Triklinianisch erklären, aus der 9ten Olympischen Ode angeführt. Die einleitenden Worte davor beginnen: Ἀρχίλοχος ἦν λυρικὸς ποιητής, ἐποίησε δὲ πρὸς τὸν Ἡρακλέα ὕμνον λέγοντα Καλλίνικε χαῖρε καὶ ἕτερ᾿ ἄττα. Dabei ist es wol natürlich zu fragen, ob bei Triklinius wol der Ausdruck ἕτερ᾿ ἄττα auch sonst vorkomme. Er kommt vor bei ihm zu Aiax 398. 1400. (Im Schol. vet. heisst es zu unserer Stelle οἷον Καλλίνικε χαῖρε ἄναξ καὶ εἴ τι ἕτερον.) — Schol. Ol. XII, 6 in der keinem andern als ihm angehörigen Paraphrase der Stelle von den unsichern Hoffnungen kommt vor: τουτέστιν ἕτερά τις ἐλπίζει καὶ ἕτερ᾿ ἄττα ἀποβαίνει. Zu Ol. I, 24 in dem Stücke der Scholien, das wir dem Triklinius zuzuschreiben haben: „Einige verstehen das Δωρίαν φόρμιγγα also: οὓς αὐτὸς ἐάσας Δωρίαν νόει τὴν Δώριον μέλος ᾄδουσαν. Ebenso XIII, 19 αἰτιῶνταί τινες ἀσυνέτως τὸν Πίνδαρον διότι ὑπερελθόντων εἶπε δέον ὑπερελθοῦσιν εἰπεῖν πρὸς τὸ ὑμῖν. οὓς αὐτὸς ἐάσας τὸ μὲν ὑμῖν νόει διότι u. s. w. So Aiax 189 οὓς ὡς ἀγνοοῦντας αὐτὸς ἐάσας οὕτω λέγε.

Liest man den Triklinius zum Sophokles, so wird man aufmerk-

sam auf die mehrmals vorkommende Art und Ausdrucksweise: *εὕροις
δ' ἂν καὶ ἀλλαχοῦ εἰ ζητοίης* Antig. 84. *καὶ εὕροις ἂν πανταχῇ τῶν
λογοποιῶν ἐξετάζων* Antig. 740. *ὃ δὴ καὶ εὑρήσεις ἔν τε ποιηταῖς καὶ
λογοποιοῖς πολλαχοῦ ἀκριβῶς σκοπῶν* Ai. 215. Ebenso begegnet man
Ol. VII, 1, in einem sich gleich an seine mit *καί* vollführte Paraphrase
anschliessenden längern Stück, das überhaupt recht charakteristisch
für seine Art ist: *εἰ δὲ τοιαύτη ἐστὶν ἡ τῆς παραβολῆς ταύτης ἀπό-
δοσις μὴ θαυμάσῃς. πολλὰ γὰρ ἂν τοιαῦτα ζητῶν εὑρήσεις.* (Ohne
solches *ζητῶν* u. dgl. spricht er z. B. zu X (XI), 102 *εὕροις δ' ἂν καὶ
παρὰ λογοποιοῖς πολλὰ τοιαῦτα*.)

Ol. II, 39 *Ὁμηρικὸς ζῆλος τὸ εὐθρόνοις. ἐκεῖνος γὰρ τοῖς ἐπι-
θέτοις κοσμεῖ τὰς γυναῖκας, ἤγουν λευκώλενος Ἥρα καὶ γλαυκῶπις
Ἀθάνα καὶ ἀργυρόπεζα Θέτις.* Diese Worte können sich an die unmittelbar vorangehende Paraphrase des Moschopulos als eine nachträgliche Bemerkung deshalb nicht anschliessen, weil Moschopulos das *εὐθρόνοις* paraphrasirt hat durch *ταῖς νῦν ἐνδόξῳ τάξει ἱδρυμέναις*, also
nicht, wie jene Bemerkung es thut, das *εὐθρόνοις* als blos schmücken-
des allgemeines Epitheton verstand. Also werden wir die Notiz dem
Triklinus zuweisen. Angenehm ist es doch, auch dieselbe Ausdrucksweise *ζῆλος Ὁμηρικός* sonst bei ihm vorzufinden. Antig. 423 sagt er:
*τὸ δὲ οὕτω δὲ διὰ τοῦτο ἐπέφερεν, ἵνα σύνδεσμον τῆς ἐφεξῆς ἐννοίας
ποιήσῃ. καὶ ἔστι ζῆλος Ὁμηρικός.* Richtig also ist jene Bemerkung
von dem unmittelbar Vorangehenden bei Böckh durch sein Paragraphenzeichen gesondert. Aber besser finden wir sie in der Romana mit
den Triklinianischen Bemerkungen zu V. 29 gleich verbunden stehen
(hinter *τὴν μοῖραν ἐκπέμπουσιν*)*).

„Was man auf zweierlei, dreierlei Art verstehen kann, so oder so"
ὅπερ τριπλῶς νόει οὕτως Ol. I, 38. *τοῦτο διπλῶς νόει, ἔκρυψεν ...
ἢ οὕτως ...* Ol. VI, 51. Vgl. Oed. R. 625 *τοῦτο διπλῶς νοητέον, ἢ
... ἢ ....* Antig. 623 *εἰ δὲ μή, τὸ πρὶν διπλοῦν νόει καὶ ἀντὶ τοῦ
νῦν καὶ ἀντὶ τοῦ πάλαι.* Zu Aiax 162 *τοῦτο διπλῶς λέγε· ἀλλ' οὐ
δυνατόν ... καὶ πάλιν· οὐ δυνατὸν ....*

Dies erinnert, dass er zu denjenigen Byzantinern gehört, die ganz
ausserordentlich häufig anwenden das *οὕτω λέγε, οὕτω εἴποις* (z. B,
Ol. VII, 1. Antig. 1263), *μὴ εἴπῃς*, auch wol *οὐκ εἴποις* (Ol. I, 141
ἕλεν δ' Οἰνομάου βίαν παρθένον τε σύνευνον) *τὸ ἕλεν οὐ πρὸς τὸ παρθένον κατὰ κοινοῦ εἴποις, ἀλλ' ἐνταῦθα μὲν ἀντὶ τοῦ ἔλαβεν ἐρεῖς*,

---

*) Es ist natürlich nicht die Meinung, dass nicht *ζῆλος Ὁμηρικός* auch von Andern
angemerkt worden. Es steht z. B. Ὁμηρικῷ ζήλῳ in den ältern Scholien Pyth. IV,
124. — Z. B. auch Eurip. Hec. 955. Und dies giebt mir Gelegenheit, hier die Bemerkung niederzulegen, dass man die Euripidesscholien absichtlich von mir nicht benutzt
finden wird, da man dort bis jetzt an keiner Zeile weiss was man hat.

πρὸς δὲ τὸ βίαν ἀντὶ τοῦ ἐκράτησε καὶ ἐνίκησε), οὕτως ἐρεῖς, in der Bedeutung „paraphrasiren", aber auch blos: „erkläre so", „verstehe so", ganz in der Bedeutung des schon oben auch vorgekommenen νόει, das auch in der Verbindung vorkommt νόει πρὸς τὸ — „beziehe auf", „verbinde mit", wofür dann noch weitere Ausdrücke sind: τοῦτο — ἐστὶ πρὸς τὸ — oder blos τοῦτο — πρὸς τὸ —, τοῦτο συναπτέον πρὸς τὸ —, τοῦτο τὴν δύναμιν ἔχει πρὸς τὸ —. Freilich alles nicht ihm eigenthümlich, aber doch alles zusammen wesentlich zum Bestande seiner grammatischen Sprache gehörig.

Zu seiner spezielleren Eigenthümlichkeit scheint zu gehören das μεθερμηνευτικός. Ol. V, 54 ὑγίεντα δ᾽ εἴ τις ὄλβον ἄρδει ἐξαρκέων κτεάτεσσι.... ἢ τὸ ὑγίεντα ἀντὶ τοῦ δίκαιον, ἵν᾽ ᾖ τὸ ἐξαρκέων κτεάτεσσι τούτου μεθερμηνευτικόν. VII, 37 τοῖσιν ἐξ ἀρχᾶς ἀπὸ Τλαπολέμου ξυνὸν ἀγγέλλων λόγον) ... τὸ δὲ ἀπὸ Τληπολέμου ὥσπερ μεθερμηνευτικόν ἐστι τοῦ ἐξ ἀρχῆς. XI (X), 67 τὸ δὲ σαφανὲς ἰὼν πόρσω κατέφρασεν, ὅπᾳ .....). Das verstehen und konstruiren einige so, dass sie hinter κατέφρασεν mit einem Punktum abschliessen: er dagegen schliesst es an das vorangehende an, so dass τοῦ σαφανές ἐστι μεθερμηνευτικὸν τὸ ὅπᾳ.

Und so finden wir bei Triklinius zu Oed. R. 1403 μὴ λάβῃς τὸ τὸ ἀργόν, ὥς τινές φασιν· ἀλλ᾽ οὕτω λέγε· ἀλλὰ πάρεστιν ὅδε ὁ Κρέων εἰς δέον ἐκείνων ὧν ἀπαιτεῖς· εἶτα μεθερμηνευτικὸν τοῦ εἰς δέον ἐπάγει τὸ πράσσειν καὶ τὸ βουλεύειν.

Und wird man bei dem Lesen dieser Stelle auch auf den doch nicht alltäglichen Gebrauch des ἀργόν für περισσόν oder dergl. aufmerksam, und zwar im eigentlich grammatischen Gebrauch von grammatischen Pleonasmen, den man bei Triklinius auch zu Oed. R. 1383 hat μὴ λάβῃς τό τε ἀργόν, ὥς τινές φασιν, ἀλλ᾽ οὕτω λέγε, zu Antig. 24 οἱ λέγοντες χρησθεὶς ἀντὶ τοῦ χρησάμενος καὶ διὰ τοῦτο τὸ σὺν ἀργὸν λαμβάνοντες ἀμαθεῖς· τὸ δέ ἐστι τοιοῦτον .... so wird man zu bemerken haben, dass, wenn es noch nöthig wäre, auch Zeichen für Triklinius sein würden Olymp. VI, 116 τό τε οὐκ ἔστιν ἀργόν, ὡς οἴονταί τινες. VII, 95 μὴ εἴπῃς δὲ τό τε ἀργόν, ἀλλ᾽ οὕτω*).

---

*) Anders als dieser streng grammatische Gebrauch von ἀργός ist der ich möchte sagen mehr rhetorische: wenn z. B. in einem (nicht Triklianischen) Scholion zu Antig. 155 ἀλλ᾽ ὅδε γὰρ δὴ βασιλεὺς χώρας κραίνων νεοχμὸς n. s. w. auseinandergesetzt wird, dass Sophokles hier jedes Wort mit Absicht gewählt, um uns die ganzen Umstände zu bezeichnen, und es da heisst: καὶ τὸ νεοχμὸς δὲ οὐκ ἔστιν ἀργόν, sondern um den νεωστὶ καταστάντα εἰς ἀρχὴν καὶ τυραννίδα zu bezeichnen. Ein solches ἀργῶς Schol. Nem. V, 89 ἴσως οὖν ὁ Πίνδαρος οὐκ ἀργῶς μέμνηται τῶν Ἀθηναίων, ἀλλὰ τοιοῦτόν τε ὑποσημαίνων. Dieses ἀργῶς z. B. auch Schol. Aristoph. Nub. 2 ὦ Ζεῦ βασιλεῦ· οὐκ ἀργὸν χρὴ τοῦτο (τὸ βασιλεῦ) νομίζειν τὸν ποιητὴν εἰρηκέναι. ἔχεται γὰρ ἱστορίας τοιαύτης u. s. w. Andere Ausdrücke dafür sind: οὐχ ἁπλῶς Schol. Pyth. IV, 11 ἱερὰν νῆσον

Zu den Redeformen, welche bei den Byzantinern unsere Aufmerksamkeit erregen, gehört bei dem Citiren das πρώην in ὡς πρώην ἔφην und ὡς πρώην ἔφη (der Autor). Bei Triklinius zu Oed. R. 221 καὶ γὰρ ὅμοιον, ὡς πρώην ἐφαμεν, τῷ —. Hier finden wir es Ol. V, 48 ὡς πρώην εἰρήκει „wie Pindar vorher gesagt" nämlich in der ersten Ode. VI, 162 ὡς καὶ πρώην ἔφη· ἀγλαΐζεται δὲ καὶ μουσικῆς ἐν ἀγῶνι: in Stellen, die auch ausserdem Triklinianische Ausdrucksweise an sich tragen. Es stimmen beide Kommentare also auch darin, dass er es eben nicht häufig anwendet. Tzetzes hat es ganz auffallend häufig: aus Moschopulos erinnere ich mich wenigstens keiner Stelle. Das in demselben Sinne gebrauchte ὄπισθεν (sagt doch Tzetzes zusammen πρώην ὄπισθεν εἶπον Erga 112) hat Triklinius auch, und dies ist dem Moschopulos familiär. Zu Ol. VII, 25 sagt Triklinius τὸ δὲ εὐθυμάχαν ἢ πρὸς τὸ Ῥόδον νόει, ὡς καὶ ὄπισθεν ἔφη τὸ Θήβαν πλήξιππον (nämlich VI, 85). Und dabei sagt Böckh: „Pro voce ὄπισθεν esse debuisse ἔμπροσθεν notat Beckius." O nicht doch! Vielmehr sagt Triklinius z. B. Oed. R. 3 δῆλον καὶ ἐξ ὧν ἔμπροσθεν λέγει, τούςδ' ἄραντες ἱκτῆρας κλάδους, um auszudrücken „unten", V. 143. Wofür freilich umgekehrt, wie ich aus Lobeck zu Phrynichus p. 11 ersehe, Irmisch hatte ὄπισθεν emendiren wollen. Des Triklinius ἡ ὄπισθεν σύνταξις zu Ol. XIII, 19 heisst auch, so viel ich verstehe, die „vorhergehende". Kurz den Byzantinern ist ὄπισθεν für das vorangehende, und auch dagegen ἔμπροσθεν für das folgende, so familiär, dass ein Byzantiner belehren kann ὄπισθεν γράφεται καὶ ἐπὶ μέλλοντος. Ἡρόδοτος (V, 22, 1) αὐτός τε οὕτω τυγχάνω ἐπιστάμενος καὶ ἐν τοῖς ὄπισθεν λόγοισιν ἀποδέξω. Lex. Vindobon. Nauck. p. 133. Indessen ist es nöthig, diesen in den Wörterbüchern noch mehr als stiefmütterlich behandelten Anwendungen von πρώην, ὄπισθεν, ἔμπροσθεν einen besondern Exkurs zu widmen, wie unten geschehen wird, wo wir auch die Beispiele dieses Gebrauches aus Moschopulos anführen werden, um jetzt in der Betrachtung unserer Pindarischen Triklinusscholien fortzufahren.

τὴν Θήραν οὐχ ἁπλῶς ὀνομάζει, ἀλλ' ὅτι Κάδμος u. s. w. Im ausführlicheren Scholion daselbst war es auch so speciell erklärt und dann hinzugefügt: ἐγχωρεῖ δὲ καὶ κόσμου χάριν κεῖσθαι τὸ ἐπίθετον. — Beiläufig: es versteht sich von selbst, dass in den Pythien, Nemeen und Isthmien überall wo ich nicht ausdrücklich es anders angebe ich immer von den Römischen und Böckhischen scholia vetera rede. — οὐκ ἐκ τοῦ παρατυχόντος εἶπε Pyth. II, 1. IV, 1: dort οὐκ ἐκ τοῦ παρατυχόντος οὖν μεγαλοπόλιας εἶπε τὰς Συρακούσας, hier τὴν δὲ Κυρήνην εὔιππον οὐκ ἐκ τοῦ παρατυχόντος, ἀλλ' ὅτι Ποσειδῶν — Pyth. I, 1 οὐ μάτην αὐτῷ παρέρριπται τὸ Ἀπόλλωνος κτῆμα εἰπεῖν τὴν κιθάραν, sondern, meint er, mit Beziehung auf die Fabel, dass er sie von Hermes für die gestohlenen Rinder sich erworben. Nem. VI, 85 οὐκ ἐκ παραδρομῆς δὲ ζάκοτον εἶπε τὸ δόρυ τοῦ Ἀχιλλέως ὡς ἂν εἰ μείλινον ἤ τι τοιοῦτον αὐτὸ ἔφη ἐν κοινότητι, ἀλλ' ὅτι ἰδιώτερον παρὰ τὰ ἄλλα ἐσκεύασται. δίκρουν γὰρ u. s. w.

Zu Ol. III, 33 *διχόμηνις ὅλον χρυσάρματος ἑσπέρας ὀφθαλμὸν ἀντέφλεξε Μήνα* heisst es: *ἡ χρυσάρματος μήνη καὶ σελήνη ἀντέφλεξε καὶ ἀντέλαμψεν ὅλον ὀφθαλμὸν τῆς ἑσπέρας. ποταπή; διχόμηνις καὶ πανσέληνος.* So bei Böckh: bei Heyne liest man so: — *τῆς ἑσπέρας. ποταπὴ διχόμηνις καὶ πανσέληνος.* Aber ebenso wenig als von Heyne ist dieses *ποταπός* verstanden von Schneider in den aus Vrat. E zu den vier ersten Pythien von ihm herausgegebenen Scholien. S. 5 zu Pyth. I, 121 finden wir *οἱ δὲ ἔκγονοι τοῦ Παμφύλου* .... *θέλοντι καὶ θέλουσι μένειν αἰεὶ ἐν τοῖς νόμοις τοῦ Αἰγιμιοῦ ποταποὶ Δωριεῖς — τουτέστιν οἱ Λάκωνες ἐάν τε κατὰ χώραν ἐάν τε ἄλλῃ ποι οἰκήσωσιν τὸ πάτριον σώζουσιν ὄνομα.* Und hiebei macht Schneider die Anmerkung: „*ποταποί*) i. e. *οἵτινες* vel *οἵπερ.* Cf. schol. ad v. 160. 162. 181. schol. rec. ad Ol. III, 33. XII, 5." Von der Stelle Ol. III, 5 gingen wir aus. Die Stelle Ol. XII, 5 heisst: *τὶν κυβερνῶνται ἐν χέρσῳ λαιψηροὶ πόλεμοι*) *ὑπὸ σοῦ κυβερνῶνται ἐν τῇ χέρσῳ οἱ πόλεμοι· ποταποί; λαιψηροὶ καὶ ταχεῖς.* Hier auch schon von Heyne richtig mit dem Fragezeichen geschrieben. Wie in den entsprechenden Triklinianischen Stellen zu Sophokles gleichfalls richtig geschieht. Antig. 593 *ποταπή; φοινία ἤγουν φόνον αὐτῇ προξενοῦσα.* 1287 *λύει τὰ βλέφαρα. ποταπά; κελαινά.* Aiax 593 *ἐπὶ τὸν λειμῶνα βάντα σε. ποταπόν; ἱππομανῆ ἤτοι σφοδρῶς μαινόμενον καὶ θυμούμενον.* Electr. 118 *ποταπόν; ἀντίρροπον καὶ ἴσον.* An welchen Stellen eben auch wie in den Pindarischen das Epitheton also angefügt wird. Natürlich ist *ποταπός* nicht *ὅστις*, sondern *ποῖος*. Diese Art des Fortschrittes, um den Gedankengang oder eine appositionelle Konstruktion weiter zu führen, mit Frage, ist bei den Paraphrasten gar gewöhnlich, auch z. B. begegnend in der Paraphrase der ältern Pindarscholien. Es geschieht mit *τίς; τίς δέ; ποῖος; ποῖος δέ; πῶς δέ; πῶς;* Es ist freilich auch dieses missverstanden. In den von Tycho Mommsen herausgegebenen Scholien, die er betitelt Scholia recentiora Thomano-Tricliniana in Pindari Nemea et Isthmia, 1865, steht zu Nem. I, 17 ... *διὸ καὶ Περσεφόνη περὶ τοὺς ἐν Αἴτνῃ διατρίβουσα λειμῶνας ἡρπάγη παρὰ τοῦ Πλούτωνος. πῶς δὲ ἔμελλεν ὀρθοῦσθαι ἡ Σικελία, εἰ ἀξιολόγους ἔχει πόλεις ἐν αὐτῇ.* Hier macht Mommsen bei *πῶς δέ* die nicht sehr verständliche Bemerkung „hoc si exclamantis est, etiam sine *οὐκ* ferri potest." Es war nur hinter *Σικελία* statt des Komma ein Fragezeichen zu setzen. Es ist wol anderwärts in unsern ausgezogenen und ausgesogenen Scholien schwerer zu erkennen. Wie wenn wir in den Aeschylusscholien A zu Pers. 295 bei Schütz auf Folgendes stossen: *τίνα δὲ καὶ πενθήσομεν Τῶν ἀρχελείων, ὅς τ' ἐπὶ σκηπτουχίᾳ Ταχθεὶς ἄνανδρον τάξιν ἠρήμου θανών*) *τινὲς ὥςτε διὰ τοῦ ω μεγάλου γράφουσι καί φασι πῶς τεθνηκώς, ἤγουν ἐπὶ σκηπτουχίᾳ θανών.*

Bei Dindorf heisst es gar τινὲς ὥστε διὰ τοῦ ω μεγάλου γράφουσι καί φασι πῶς τε ἐπὶ σκηπτουχίᾳ θανών. Gewiss steckt hierin jenes πῶς τεθνηκώς; und in der Antwort kann wol selbst das ἤγουν richtig sein, nur θανών muss in ταχθείς verwandelt werden. Hinter καί φασι ist gewiss ein Stück Paraphrase weggefallen.

Zu den Formen nun, in welchen also diese sehr gebräuchliche Art von Fragen bei den Paraphrasten auftritt, gehört auch ποταπός; Wir haben die Anwendung desselben bei Triklinius aus den Pindarscholien und aus den Sophoklesscholien gesehen. Und die von Schneider edirten Scholien gehören auch dem Triklinius, kenntlich genug auch ausser dem ποταπός; Die Stellen mit ποταπός waren ausser Pyth. I, 121, das schon oben ausgeschrieben, V. 160 ποταπός; αἰανὸς καὶ σκοτεινός. 162 ποταπόν; κρύφιον μάλιστα καὶ —. 181 ποταπός; ὀπισόβροτον καὶ ὑπὸ τῶν ἐσομένων βροτῶν ᾀδόμενον. Hingegen kann nicht mit Sicherheit behauptet werden, worüber nachher, ob es in den beiden Stellen, im letzten Ursprung wenigstens, auf Triklinius zurückgeht, in welchen es in den Pindarscholien, die Tycho Mommsen herausgegeben, vorkommt, Nem. VII, 40 ὅντινα Αἴαντα ἤγαγον αἱ νῆες . . . εἰς Ἴλιον. ποταπόν; κράτιστον καὶ ἰσχυρότατον ἐν τῇ μάχῃ χωρὶς τοῦ Ἀχιλλέως, und daselbst 134 . . . τὸν θυμόν. ποταπόν; ἀταλόν. Denn dieses ποταπός, wenn er es auch liebt, hat doch Triklinius nicht allein gebraucht. Tzetzes zum Lykophron bedient sich jener mit Frage fortschreitenden Paraphrase in den mannichfaltigsten Formen. Er hat dies ποταπός auch, freilich so dass man sieht es war ihm weniger geläufig als dem Triklinius, nur viermal: 877 ἐκριφέντας δὲ ποταπούς; προσεσηρότας καὶ διεσχισμένους (bei Müller geschrieben ἐκριφέντας δέ, ποταπούς, προσεσηρότας). 930 ὁ ποδαπός; (wird hier mit δ geschrieben) ὁ πεφρικὼς καὶ φοβούμενος. 1037 λόγους ἐρεῖ — λόγους ποταπούς; στρατοπλώτους καὶ παρακελευομένους πλεῖν. 1206 (p. 962) ὅπου σε, ὦ Ἕκτορ, ἄξει — ἄξει δὲ ποταπόν; σωτῆρα. πότε; ὅταν κάμνωσι — ἄξει δὲ πόθεν; ἀνειρύσας καὶ ἑλκύσας ἐξ Ὀφρυνοῦ —. Gar nicht verstanden worden ist dies ποταπός in den Scholien zum Aeschylus, wo es wiederholt uns begegnet. Da liest man zu Sept. 80 ῥεῖ πολὺς ὅδε λεὼς πρόδρομος ἱππότας bei Schütz: ῥεῖ) δίκην ῥεύματος ἔπεισι. πρόδρομος) προτρέχων, ποταπός. Man wird sogleich unser ποταπός; wiedererkennen und sehen, dass zu stehen habe: δίκην ῥεύματος ἔπεισι. ποταπός; προτρέχων. Oder vielleicht ursprünglich (was auch für folgende Beispiele gilt) ποταπός; πρόδρομος καὶ προτρέχων. Mit derselben verkehrten Stellung stand schon bei μή μοι πόλιν γε πρυμνόθεν πανώλεθρον ἐκθαμνίσητε V. 71 πρυμνόθεν) ῥιζόθεν. πανώλεθρον) ποταπήρ. V. 88 bei λεύκασπις ὄρνυται λαὸς εὐτρεπής steht: ὄρνυται) ὁρμᾶται. εὐτρεπής) ποταπός, ἕτοιμος. Also: ὁρμᾶται. ποταπός; ἕτοιμος. V. 154 *πόλιν δορίπονον μὴ προδῶτε.* Dabei finden wir: *δορίπονον) ποταπήν, αἰχμάλωτον.* Zu *διὰ θεῶν πόλιν νεμόμεθ᾽ ἀδάμαστον* V. 218: *διὰ θεῶν) διὰ τῆς αὐτῶν βοηθείας. νεμόμεθα) οἰκοῦμεν. ἀδάμαστον) ποταπήν, ἀδάμαστον, ἀπόρθητον.* Man sieht doch wol deutlich die zerpflückte Paraphrase *διὰ τῆς τῶν θεῶν βοηθείας οἰκοῦμεν τὴν πόλιν. ποταπήν; ἀπόρθητον.* Oder vielleicht ursprünglich: *διὰ θεῶν καὶ διὰ τῆς τῶν θεῶν βοηθείας νεμόμεθα καὶ οἰκοῦμεν τὴν πόλιν. ποταπήν; ἀδάμαστον καὶ ἀπόρθητον.* 358 *εἰσ᾽) πορεύεται. ἀρτίκολλον) ποταπόν, ὁλόκληρον.* Bei V. 680 stossen wir auf *ἀρά) ποταπή.* Wir verstehen, dass dieses der einzige Rest ist einer Paraphrase, welche in diesem Verse *φίλον γὰρ ἐχθρά μοι πατρὸς τέλει ἀρά* zu dem *ἀρά* mit dem *ποταπή;* die Paraphrase der Epitheta *ἐχθρά* und *τέλεια* hinzufügte.

Ausserhalb der Sieben sind die Stellen folgende: Prom. *ναίειν ἀπενθῆ πέργαμ᾽* 956: *ἀπενθῆ) ποταπά;* Pers. 395 *βρύχιον) ποταπήν ἰχνηπικήν.* Besonders Pers. 927

ὃδ᾽ ἐγώ, αἰαῖ, αἰακτὸς
μέλεος γέννᾳ γᾷ τε πατρῴᾳ
κακὸν ἄρ᾽ ἐγενόμαν

ἤγουν ἀφορμὴ θρήνου πᾶσι γέγονα διὰ τὴν συμβᾶσαν ἐμοὶ συμφοράν, καὶ τῇ πατρῴᾳ γῇ κακῶν αἴτιος γέγονα δι᾽ ὧν τοσοῦτον πλῆθος ἀπώλεσα ἐν Ἑλλάδι. αἰακτὸς) ποταπὸς θρηνητικός. γέννᾳ) τῶν Περσῶν. Man wird nach Analogie anderer Stellen zu denken haben, dass neben der immerhin schon theilweise auch paraphrasirenden, doch aber nur allgemeinern Angabe des Inhalts noch stand etwa mit dem Uebergang *ἡ δὲ σύνταξις* eine noch genauer Wort für Wort sich anschliessende und die Konstruktion der Textesworte genauer angebende Paraphrase: woraus jene nachschleppenden Ueberbleibsel. Auch bei Dindorf ist in keiner dieser Stellen das fragende *ποταπός* erkannt worden.

Wir haben zunächst noch die Bemerkung zu machen, dass alle diese Beispiele mit dem *ποταπός* aus denjenigen Scholien des Aeschylus stammen, welche mit B bezeichnet werden. Und das ist ganz gewiss, dass die mit A und die mit B bezeichneten Scholien aus zwei vollständigen und geschiedenen Kommentaren stammen — was gar nicht ausschliesst, dass nicht der eine von dem andern manches hinübergenommen, wie in den Pindarscholien Triklinius aus Moschopulos, dieser aus seinen Vorgängern —. Erklärungen und Konstruktionen sind oft wesentlich verschieden, und die Manier und Ausdrucksweise ist auch sehr kenntlich eine verschiedene. Beide aber waren Erklärungen verbunden mit Paraphrase, entweder ganz vollständiger oder wenigstens in grossen Partien vollständiger — die Lückenhaftigkeit der jetzigen Ueberlieferung lassen darüber keine ganz bestimmte Entscheidung zu. —

Und in der Manier der Paraphrase hatten sie eine Aehnlichkeit: das καί war überwiegendes Paraphrasenwort: und beide auch hatten das Texteswort gar häufig nicht nur durch ein Wort paraphrasirt, sondern durch zwei (ja selbst mitunter durch mehrere).

Aber die Wörter, mit denen die Texteswörter paraphrasirt werden, sind selten in beiden dieselben.

Hat man nun eine Anwendung jenes ποταπός, welche wir vorher als eine dem Triklinius recht beliebte kennen gelernt, gleichfalls in vielem Gebrauch in den Aeschylusscholien B angetroffen und erinnert man sich, dass Triklinius auch den Aeschylus kommentirt, dass er uns selbst dreimal, zu Antig. 997. Oed. R. 21 und 894 auf seinen Kommentar zu des Aeschylus ἑπτὰ ἐπὶ Θήβαις verweist, — eine interessante wörtliche Stelle daraus s. bei Herm. zu Sept. 12, aus Cod. Vindob. —, so wird man sich die Frage vorlegen: sind diese Scholien B vielleicht die Triklinianischen? Und scheint dafür noch eine oder die andere Bemerkung aus Schol. B zu sprechen. Zu Septem 40 ἥκω σαφῆ τἀκεῖθεν ἐκ στρατοῦ φέρων: τὸ ἐκεῖθεν καὶ τὸ στρατοῦ ἐκ παραλλήλου, μεθερμηνευτικὸν ὂν τοῦ στρατοῦ τὸ ἐκεῖθεν. Da ist doch das μεθερμηνευτικόν ein Ausdruck, den wir oben unter die kennzeichnenden Eigenthümlichkeiten des Triklinius setzen durften. Ebenso der Ausdruck τὴν ἀπὸ ἀρχὴν λαμβάνων Sept. 219, in einem Scholion, in dem noch mehreres an Triklinius erinnern darf. Zu Prom. 940 haben wir folgendes Scholion B bei θεοῖς ἄρχειν· δέον θεῶν εἰπεῖν, θεοῖς εἶπεν Ὁμηρικῷ ζήλῳ. ἐκεῖνος γάρ τινα δὲ τοῖς Ἀχαιοῖς λέγει (es scheint zu sein: ἐκεῖνος γὰρ σημαινέτω οἷς ἄρχει, B, 805, λέγει) ἔστι δὲ πλαγιασμός. Es ist doch nicht ganz abzuweisen, dass man an Triklinius erinnert werde. „Ὁμηρικὸς ζῆλος" wenigstens haben wir oben bei ihm gefunden, und ausserdem fallen wol Worte aus ihm ein wie bei Schneider zu Pyth. IV, 71 δέον δὲ εἰπεῖν ὤτρυνον θεράποντας, πλαγιάσας θεράπόντεσσιν εἶπεν. Oder zu Ol. I, 137 οὐδ᾽ ἀκράντοις ἐφάψατο ἔπεσι) δέον ἀκράντων εἰπεῖν ἐπῶν, ὁ δὲ πλαγιάσας ἀκράντοις ἔπεσιν εἶπε πρὸς τὸ ἐπί. (πλαγιάζειν πρὸς γενικήν, πλ. πρὸς δοτικήν hat er Aiax 173. El. 317. Ausserhalb der Trikliniusscholien ist πλαγιάζειν und πλαγιασμός zu Electra 359 in der Regel über ἐξόν, παρόν.)

Bei dem τὸ οὐδὲ τὴν Διὸς ἔριν διπλῶς νόει, ἢ — ἢ ἀντὶ τοῦ — steht nichts entgegen die ganze Anmerkung dem Triklinius wörtlich beizulegen. Auch wol kaum Sept. 928 διπλῶς νοητέον, ἢ ὅτι — ἢ —. Und Pers. 526 Νοεῖται δὲ διπλῶς, ἢ — ἢ —.

Und doch gehören die Scholien B zum Aeschylus ihrem Hauptbestande nach nicht dem Triklinius. Wer von der Lektüre des Triklinius kommt, wie wir ihn in den Scholien zum Pindar und zum Sophokles haben, der empfindet in diesen Aeschylusscholien, dass er einen andern Autor liest. Aber das ist sehr möglich — ich sehe wenigstens nicht, dass das Alter der Ueberlieferung der Scholien B als über Triklinius' Zeit hinausgehend angenommen oder nachgewiesen ist — dass dieser Autor den Triklinius bereits vor sich hatte und aus ihm einiges ganz aufnahm, anderes so, dass er, auch aus seiner Ausdrucksweise etwas annehmend, sie dennoch affizirte. Wie ich denn z. B. glauben möchte, dass in der Bemerkung zu Prom. 940 von Triklinius' selbst nicht das ἔστι δὲ πλαγιασμός nachgesetzt stand, sondern vielmehr so: δέον θεῶν εἰπεῖν πλαγιάσας θεοῖς εἶπεν u. s. w.

4. Zu dem, was wir über das ποταπός zu sagen hatten, gaben uns Triklinius' Worte zu Ol. III, 33 bei διχόμηνις ὅλον χρυσάρματος ἑσπέρας ὀφθαλμὸν ἀντέφλεξε Μήνα Veranlassung. Hinter den dort angeführten Worten wird bald darauf fortgefahren: ὥσπερ φαμὲν ἡ λαμπὰς ἐν νυκτὶ φῶς ἀστράπτει, οὕτω καὶ τὸ ἀντέφλεξεν ὅλον τὸν ὀφθαλμὸν τῆς ἑσπέρας, τουτέστι διαφανῆ ἐποίησε. τὸ δὲ ὀφθαλμὸν λέγει ἐπειδὴ τὸ τῆς νυκτὸς φῶς τοὺς ἐν νυκτὶ πορευομένους βλέπειν ποιεῖ καὶ ἀπροσκόπτως τὴν πορείαν ἐργάζεσθαι. μὴ λάβῃς πρὸς τὸ διχόμηνις τὸ οὖσα ἔξωθεν. δέον γὰρ διχόμηνος εἰπεῖν διχόμηνις εἶπε πρὸς τὸ μήνη. λέγεται δὲ μήνη διότι τοὺς μῆνας αὐτὴ ἐργάζεται μειουμένη καὶ πάλιν νεουμένη.

Hier hat man mehreres in seiner Häufigkeit und Gesammtheit den Triklinius kennbar machende. Zuerst das μὴ ἔξωθεν λάβῃς. Die gesunde Doktrin, dass er es zurückweist, durch elliptische Wörter von aussen die Konstruktionen zu erklären, finden wir von ihm in ausserordentlich vielen Stellen im Pindar wie im Sophokles befolgt, und eben mit dem Ausdruck ἔξωθεν λαμβάνειν und insbesondere μὴ ἔξωθεν λάβῃς. Ich halte es nicht für nöthig einzelne Stellen auszuschreiben: im Blättern werden sie sich jedem von selbst darbieten. Eben so wie das δέον εἰπεῖν — εἶπε, oder was auch bisweilen δέον εἰπεῖν — ὁ δὲ εἶπε, wie Oed. R. 35. Antig. 110. Ai. 207. Pind. Ol. XI (X), 102 δέον γὰρ οὕτως εἰπεῖν „ὥσπερ ὀψίγονος παῖς ποθεινὸς τῷ πατρὶ οὕτω καὶ τὸ ὕστερον δοθέν τινι ἐγκώμιον πρέπον ποιῆσαι" ὁ δὲ ἄλλως ἐξήνεγκε. Ol. II, 137 δέον ἀκράντων εἰπεῖν ὁ δὲ πλαγιάσας ἀκράντοις ἔπεσεν εἶπε πρὸς τὸ τελεσθῆναι. Ol. I, 23 steht καὶ δέον οὕτως εἰπεῖν „ὥσπερ τὸ ὕδωρ κρεῖττον τῶν ἄλλων στοιχείων" ἐπὶ δὲ τῇ συγκρίσει ταύτῃ ἑτέραν ποιεῖ λέγων. Bei Böckh lesen wir dazu: „Heynius δέ uncis inclusit, sed δέ inservit apodosi indicandae." Es muss aber geschrieben werden: ὁ δὲ ἐπὶ τῇ συγκρίσει.

Ich sage nicht etwa ἔξωθεν λαμβάνειν und das μὴ ἔξωθεν λάβῃς käme nicht auch in andern Byzantinischen Kommentaren häufig genug vor, oder gar das ihnen sehr gebräuchliche δέον εἰπεῖν. Dennoch aber muss beides in der Häufigkeit der Anwendung und in Verbindung mit seinen übrigen Gewohnheiten zu den hervorstechenden Zeichen seiner Kenntlichkeit gerechnet werden. (Uebrigens das δέον εἰπεῖν schon dadurch häufig, dass er liebt zwei Fälle wieder und wieder zu bezeichnen, wenn nach seiner Meinung eigentlich das Adverbium hätte stehen sollen statt des Adjektivs, und wenn das Adjektiv eigentlich zu einem andern Substantiv hätte gefügt sein sollen.) Und insbesondere noch seiner Kenntlichkeit dem Moschopulos gegenüber. Was hier unser nächstes Interesse ist. Gegen die bei Triklinius ungemein häufige Anwendung dieses δέον εἰπεῖν muss ein hin und wieder angewendetes ὀφείλων εἰπεῖν bei ihm als seltene Ausnahme erscheinen. Es liegt mir aus seinen Pindarerklärungen kein Beispiel vor, vielleicht ist es mir doch entgangen, jedoch einige aus dem Sophokles. Antig. 879 ὀφείλων εἰπεῖν — ὁ δὲ πρὸς εὐθεῖαν ἔτρεψε. Electra 317 οὕτω δὲ ὀφείλων εἰπεῖν — ὁ δὲ ἐπλαγίασε πρὸς γενικήν. Dagegen gebraucht Moschopulos vielmehr ὀφείλων. Ol. XIV, 28 ἐπὶ τοῦ πράγματος δὲ ὀφείλων θεῖναι τὸ εἴπῃς, ἵν᾽ ᾖ ὁ λόγος οὕτως· . . . . ὁ δὲ ἐπὶ τοῦ ὀνόματος αὐτὸ τίθησιν. VIII, 77 τῷ εἰδότι εἰπὼν εὔκολον εἶναι τὸ διδάξαι ὤφειλεν ἐπαγαγεῖν . . . . ὁ δὲ ἐπὶ τὸ πρᾶγμα μετατίθησι τὸν λόγον καί φησι — Erga 266 ὀφείλων οὖν εἰπεῖν — ὁ δὲ συνυπάγει καὶ λέγει — 538 ὀφείλων γὰρ εἰπεῖν — ὁ δέ φησι —.

In jener obigen Stelle aus Ol. III, 33 ist noch etwas, was als charakterisirend für Triklinius bemerkt zu werden verdient, das διότι in der Bedeutung ὅτι. Natürlich gebrauchen auch Andere διότι und eben so er selbst auch ὅτι, dennoch aber ist ein überwiegend häufiges Vorkommen von διότι bei ihm in allen Verbindungen, oft in ἢ διότι — ἢ oder ἢ ὅτι — ἢ διότι, διότι — διὰ τοῦτο.

Nun bemerke ich noch einiges ihn kennzeichnendes. Das sehr häufige εἰκότως. Ferner dass er für „entweder — oder" niemals oder fast niemals ἤτοι — ἤ, sondern ἢ — ἢ gebraucht. Jedenfalls ist nicht so zu verstehen Ol. II, 81 und ist Ol. II, 29 τῷ λοιπῷ δὲ γένει νέει ἤτοι ἀπὸ γένους τοῦ Θήρωνος ἢ τῷ Θήρωνι καὶ τοῖς περὶ αὐτόν von ihm geschrieben worden ἢ τοῖς. Uebrigens ist das die Wahl lassen zwischen zwei Erklärungen, entweder so — oder so —, bei ihm sehr häufig. — Auf τοῦτο λέγει (ὅτι) wie z. B. II, 83. V, 54. VI, 140 möge man auch merken.

5. Man darf versichern, dass in den neuern Scholien sehr selten ein Zweifel bleibt was dem Moschopulos, was dem Triklinius gehöre. Auch man sich zutrauen darf, wo einmal etwas hinzugekommen ist, was keinem von beiden ähnlich sieht, dies angeben zu können. Solche Zusätze sind ungemein selten. Zwei grössere sind die auffallendsten.

Bei Ol. VI, 27 zu ἀμφότερον μάντιν τ᾽ ἀγαθὸν καὶ δουρὶ μάρνασθαι lesen wir: Ὥσπερ ἐν τῷ Ἱέρωνος ὀλυμπιονίκῃ ἔφαμεν τὸ ἀμφότερα ἐν τῷ πέποιθα δὲ μή τινα ξένον (I, 165) οὕτω καὶ τοῦτο. Ἀμφότερον. εἰ μὲν οὐδετέρως τοῦτο δέχοιτό τις, παρακινδυνεύει. οὐ γὰρ ἑνικῶς δύναται λέγεσθαι τὰ ἀμφότερα· εἰ δ' ἀρσενικῶς κατ' αἰτιατικὴν ἀντὶ τοῦ ἀμφοτεροδέξιον, ἔξω τῆς γνώμης τοξεύει τῶν χρησαμένων αὐτῷ. ἐπὶ γὰρ τούτου τοῦ σημαινομένου καὶ μετὰ εὐθείας ἔστιν ὅτε λέγουσιν αὐτό, ὡς ἐν τούτοις· ἀμφότερον, πολιός τε νόον πόλιός τε κάρηνον („Similes versus sunt Iliad. X, 74. Ω, 516"). δοκεῖ δὴ ἐπιῤῥηματικῶς μᾶλλον λέγεσθαι ἀντὶ τοῦ κατ' ἀμφότερα. οὕτω γὰρ καὶ τὴν ἔννοιαν σώζει καὶ τὸ παρακινδύνευμα λύει καὶ τῇ χρήσει οἰκείως ἔχει.

Das erste Scholion bis τοῦτο gehört dem Triklinius. Es bezieht sich auf jene ausführlichere Auslassung zu Ol. I, 165, welche schliesst: διὸ καὶ μετ' ἐκεῖνα τοῦτο λέγω κατὰ τὴν σύνταξιν, εἰ καὶ προηγεῖται κατὰ τὴν φράσιν. ἀγνοοῦντες δέ τινες ὄντα ἔξωθεν λαμβάνουσιν. Das ὁ ὀλυμπιονίκης „der Olympische Siegeshymnus" gebraucht er auch VI, 116 ἐν τῷ Ψαύμιδος ὀλυμπιονίκῃ. Das folgende Scholion (bei Böckh mit dem Kreuz bezeichnet), obgleich das Resultat δοκεῖ δὴ ἐπιῤῥηματικῶς μᾶλλον λέγεσθαι ἀντὶ τοῦ ἀμφότερα mit Moschopulos' Meinung übereinstimmt, der nach seiner Art in der Paraphrase gleich kurz hinzugesetzt hatte ἀμφότερα, ἐπιῤῥηματικῶς ἀντὶ τοῦ κατ' ἀμφότερα, muss ich dem Moschopulos doch absprechen. Die gesuchte und metaphorische Art zu sprechen klingt gegen seine Gewohnheit ganz fremd. Der Einfall, ob wir vielleicht ein Stückchen aus Eustathius' Kommentar haben, wäre wenigstens nicht sogleich ohne einige Ueberlegung zurückzuweisen.

Das andere grössere und ausgeführte Scholion, das auch in der Art weder des Moschopulos noch des Triklinius ist, ist V, 14 über die Bildung des Wortes πεμπτάμερος (bis zu δείκνυται). Auch haben sich über das, womit diese Auseinandersetzung eingeleitet wird, Ἐπειδὴ ἐπὶ πέντε ἡμέρας ἐγένετο τὰ Ὀλύμπια, ἀπὸ ιά μέχρι ις', u. s. w. beide schon in ihren vorhandenen Paraphrasen und Bemerkungen ausgesprochen. Auch zeigt die Fassung Ἐπειδή —, dass sich dies wieder unabhängig an das Lemma πεμπταμέροις ἀμίλλαις anschliesst. Sehr richtig steht in der Romana hinter dem vorangehenden Moschopulosstücke, das mit λεγομένου κέλητος endigt, und diesem Ἐπειδή — ein bei Böckh verschwundenes Ἄλλως.

Ἱστορία.

6. Es giebt in den neuern Scholien eine ganze Anzahl Stücke, denen wir vorgeschrieben finden Ἱστορία. Das sind mythologische meistens, bisweilen historische oder antiquarische (wie z. B. ἱστορία ὅπως ἡ σκυτάλη ἐγένετο VI, 154) mehr oder weniger ausführliche Darlegungen. Z. B. I, 38 Ἱστορία. Τάνταλος τιμώμενος πάνυ παρὰ θεοῖς — 90

Ἱστορία. Ἄλλοι ἄλλως περὶ τῆς τοῦ Ταντάλου κολάσεως φασίν. οἱ μὲν γὰρ — 114 Ἱστορία. Οἰνόμαος ὁ πατὴρ Ἱπποδαμείας — II, 15 Ὀλυμπιάδα δ' ἔστασεν Ἡρακλέης) Ἱστορία ὅπως Ἡρακλῆς τὰ Ὀλύμπια ἔστησεν. Ἡρακλῆς στερηθεὶς τῶν μισθῶν — 29 Ἱστορία περὶ τῶν πεπραγμένων Θήρωνος καὶ Ἱέρωνος. Θήρων οὗτος. — Hier steht in der Romana nur: Ἱστορία. Ὁ Θήρων οὗτος —. 44 Ζώει μὲν ἐν Ὀλυμπίοις) Ἱστορία περὶ τῆς Σεμέλης. ἡ τῆς Σεμέλης ἱστορία δήλη, ὅτι ἐγκυμονοῦσα Διόνυσον — 147 bei Κύκνον τε θανάτῳ πόρε· Ἱστορία περὶ τοῦ Κύκνου. δύο Κύκνοι ἐγένοντο. In der Romana steht gleich hinter ἐπὶ σαθροῦ τὸ Ἴλιον εἰστήκει, dem deutlichen Trikliniusscholion zu 142, so: Ἱστορία· Κύκνον τε θανάτῳ πόρεν. δύο Κύκνοι ἐγένοντο — 148 Ἱστορία περὶ τοῦ Μέμνονος. Τιθωνοῦ καὶ Ἡμέρας δύο παῖδες γίνονται. In der Romana steht dieses Ἱστορία περὶ τοῦ Μέμνονος nicht, sondern hinter der Erzählung über Kyknos (schliessend mit ἀπέκτεινεν) geht es gleich mit neuem Lemma so fort: Ἀοῦς τε παῖδα) Τιθωνοῦ καὶ Ἡμέρας δύο παῖδες γίνονται — III, 22 bei Αἰτωλὸς ἀνήρ· Ἱστορία ὅθεν Αἰτωλοὶ οἱ Ἠλεῖοι. Ὀξύλος τις ἀνήρ — Romana blos Ἱστορία. Ὀξύλος τις ἀνήρ — III, 51 Ἀνάγκα πατρόθεν) Ἱστορία τῆς γεννήσεως Ἡρακλέους καὶ Εὐρυσθέως. ὅτε — in der Romana Ἱστορία. Ἀνάγκα πατρόθεν. ὅτε — (also wie bei II, 147). 53 Ἱστορία ὅπως ἐτέθη ἡ χρυσόκερως ἔλαφος τῇ Ἀρτέμιδι. Ταϋγέτη . . . . In der Romana wieder so: Ἱστορία. ἔν ποτε Ταϋγέτα. Ταϋγέτη — V, 27 Ἱστορία περὶ τοῦ ποταμοῦ Ἱππάρεως. Ἵππαρις ποταμὸς ἐν Σικελίᾳ — In der Romana folgt dies unmittelbar hinter dem was hier zu 18 steht (ἀντὶ τοῦ εἰς μηχανήν), das ist unmittelbar nach der Paraphrase des Moschopulos, so: Ἱστορία. Ἵππαρις ποταμὸς ἐν Σικελίᾳ.

Kurz was wir bis hieher vorgeführt, wiederholt sich, wenn man Böckh mit der Romana (mit welcher Heyne übereinstimmt) zusammenhält. Die Romana hat oft blos Ἱστορία, wo bei Böckh, ich weiss nicht aus welcher Handschrift, es ist auch gleichgültig, es scheint aus Mosqu. B, gleich noch kurz der Inhalt der Ἱστορία übersichtlich hinzugefügt wird. Z. B. auch Ἱστορία περὶ Ἐργίνου in einem blos aus Mosqu. B und Ciz. erst hinzugekommenem Stück IV, 26. Oder es kommt auch vor, dass ein Ἱστορία, welches bei Böckh steht, in der Romana überhaupt fehlt. Wie Ol. IV, 10 Ἱστορία περὶ τοῦ Τυφῶνος, wo in der Romana nicht einmal Ἱστορία allein. Aber auch wol einmal umgekehrt wie Ol. XIII, 74, worauf wir bald noch zurückkommen. Endlich es steht in der Romana bisweilen erst nach dem Ἱστορία noch das Lemma, ehe die Worte der Ἱστορία angehen.

Es ist Grund dies alles anzumerken. Zunächst aber wem gehören diese ἱστορίαι? Kommt man z. B. an die erste in der ersten Olympischen Ode oben bemerkte Ἱστορία, welche unmittelbar hinter der Moschopuleischen

Paraphrase folgt, wie auch sonst vorkommt, z. B. unter den obigen zu
Ol. V, 27 (18), so fragt man, ob sie etwa dem Moschopulos gehören.
Aber man wird sich bald überzeugen, dass Moschopulos dabei stehen
geblieben, die nothwendigen Angaben dieser Art in die Paraphrase
kurz einzuschieben und nicht noch extra sie weitläufiger vorzutragen.
Und wird sich auch andrerseits überzeugen, dass sie dem Triklinius
gehören, dadurch dass sie mehrere Male sich unverkennbar mit deut-
lichem Zusammenhange den entschieden Triklinianischen Scholien und
Paraphrasen vorausgehend oder nachfolgend anschliessen, wie gleich
I, 38 die Ἱστορία mit den Worten τὴν Κλωθὼ δὲ λέγει ἐξελεῖν u. s. w.
deutlich in Triklinianisches übergeht. Eben so zu I, 90. Mitten in
Triklinianisches eingeschlossen II, 29.

Uebrigens rührt jenes Ἱστορία mit oder ohne kurze Inhaltsangabe
vom Rande her und ist allmählich mitten in den Text gekommen, wo
es sich ohne alle Schriftauszeichnung wenigstens verkehrt oder lächer-
lich ausnimmt. Wir lesen bei Ol. III, 79 folgendes: Ἡρακλέος στηλῶν,
ἃς ἐν Γαδείροις ἔστησεν, ὅτε πρὸς ζήτησιν τῶν Γηρυόνου βοῶν ἀφῖκτο.
ὅτι δὲ οὐκ ἔστιν ἐπέκεινα τούτων ἐλθεῖν ἡ παροιμία δηλοῖ. παροιμία
(Rom. Παροιμία)· τὰ πέρα Γαδείρων οὐ περατά. ὃ δὲ λέγει τοιοῦτόν
ἐστιν, ὅτι —. Dieses dazwischen tretende παροιμία ist offenbar eine
Randnotiz, mit der sich jemand am Rande bemerklich gemacht, dass
hier im Kommentar ein Sprichwort gelehrt werde. Und dieselbe Bewandniss hat es mit dem ἱστορία. Dies zeigen die Beispiele, wo hinter dem ἱστορία erst das Lemma eintritt. Und zeigen Stellen wie folgende: Ol. II, 44 Ἱστορία περὶ τῆς Σεμέλης. ἡ τῆς Σεμέλης ἱστορία
δήλη, ὅτι ἐγκυμονοῦσα Διόνυσον. So Böckh, so Romana. Ol. VII, 43
Ἱστορία (so Romana, bei Böckh gar Ἱστορία ὅπως ἐν Ῥόδῳ ὁ Τληπό-
λεμος ᾤκησεν). ἡ δὲ ἱστορία ἔχει οὕτω· Λικύμνιον νόθον κασίγνητον.
Ol. XIII, 74 Διὰ τί ἐμνημόνευσε τῆς Μηδείας Κολχίδος οὔσης. καὶ
φαμὲν ὅτι ἡ Κόρινθος πρῶτον αὐτῆς ἦν κτῆμα οὕτως. Ἱστορία.
Ἀλωεὺς καὶ Αἰήτης ὁ Μηδείας πατὴρ ἐγένοντο —. So Romana. Heyne
schloss dies Ἱστορία in Parenthese ein. Böckh hat es nicht*). — Triklinius selbst hat hin und wieder den Uebergang gemacht mit ἡ δὲ
ἱστορία, ἡ δὲ ἱστορία ἔχει οὕτως.

Dass man an den Rand der Handschriften schrieb wie anderes zur
Orientirung, zum Auffinden in den Kommentaren, so namentlich die

---

*) Alles dieses, denk' ich, weist wol auf ursprüngliche Stellung am Rande. Sonst
konnte dergleichen allerdings auch wol mitten inne geschrieben werden, aber mit her-
vorragender Schrift: s. z. B. was Valck. aus cod. Leidensis mittheilt, de scholiis in Homer. S. 121. Wie ein Asteriskus zum Aviso auch mitten in der Zeile gesetzt ward, wovon wir unten zu reden haben.

beiden Hauptstücke Σύνταξις und Ἱστορία, ist natürlich und die Ueberlieferung unserer neuern Pindarscholien belegt es.

Wenn nun Tzetzes zu Lykrophron 911 (p. 871) bei der Geschichte des Tlepolemos sich auch auf die Πινδάρου ἱστορίαι beruft: ἐν δὲ ταῖς Πινδάρου ἱστορίαις εὗρον ὅτι οἱ τοῦ Τληπολέμου ἀπεσώθησαν εἰς Ῥόδον u. s. w., welche Schwierigkeit bietet das und welchen Grund sich damit zu quälen, wie doch Böckh gethan zu Ol. VII, 77 (Explic. p. 174)? Das heisst: „in den Kommentaren zum Pindar", speziell „in den mythologisch-antiquarischen Aus- und Darlegungen in ihnen." Dass in unsern jetzigen Kommentaren jenes, was Tzetzes vor sich hatte, nicht steht, darüber wird doch noch weniger ein Wort zu verlieren nöthig sein.

Uebrigens hat es mit den ἱστορίαι Triklinius, der sonst wol seinen eignen Kopf haben kann, sich bequem gemacht. Sie sind meist aus den ältern Scholien mit geringer Aenderung selbst in den Worten entnommen. Und wenn er dabei auch bereits Schreibfehler in seiner Vorlage vorfindet und mitnimmt, wird auch nicht auffallen, wie z. B. II, 86 mit dem χώρα in ὁ δὲ Τηλέμαχος κατῴκει ἐν χώρᾳ der Fall zu sein scheint. Solche Art Benutzung zeigt sich auch sonst. Z. B. zu Ol. I, 1 warum das Wasser das ἄριστον τῶν στοιχείων sei, φασὶ γὰρ οἱ φυσικοί u. s. w. zeigt sich auch in den Worten entnommen aus den ältern Scholien, welche bei Böckh S. 22 ganz oben stehen.

Auch Moschopulos benutzt so seine ihm vorliegenden Scholien. Es ist auch natürlich, z. B. also bei der Angabe der vielen Feste und ihrer Preise in Ol. VII.

Zu Hes. Erga 463 liest man bei Moschopulos: Εὔχεσθαι δὲ Διὶ χθονίῳ) εὔχου δὲ τῷ Διὶ τῷ χθονίῳ (ζήτει δὲ τὴν αἰτίαν ἐν τῷ Πρόκλῳ δι' ἣν χθόνιον αὐτὸν λέγει) καὶ τῇ Δήμητρι τῇ ἁγνῇ. Hier macht Heinsius die sonderbare Bemerkung: „Nota scholastici, qui e Proclo petendum notarat quod a Moschopulo praetermittitur, cur nimirum Ζεὺς χθόνιος dicatur: quamvis et aliquoties Procli Moschopulos meminerit: itaque qui volet continuate haec legat cum reliquis." Aber ganz derselbe Fall ist auch zu V. 763 (S. 417 Gaisf.) . . . ἐντέλλου τοῖς δούλοις σου· τοῦτο γὰρ τὸ πεφραδέμεν· κατὰ τὴν τριακοστὴν τοῦ μηνός, τοῦ τῆς σελήνης δηλονότι, τὴν ἀρίστην (τὴν δὲ αἰτίαν, δι' ἣν αὐτὴν ἐξαιρέτως ἀρίστην λέγει, ὁ Πρόκλος διέξεισιν) οὐκ ἐργάζεσθαι, ἀλλ' ἡσυχίαν ἄγειν . . . . Auch ist derselbe Fall V. 778 (S. 429) Τὴν δὲ αἰτίαν τούτων ὁ Πλούταρχος λέγει: ohne dass diese Ursache weiter von ihm angegeben wird. Uebrigens hat er auch den Plutarch hier aus Proklus, welcher das seinige aus Plutarch nimmt, beginnend: καλῶς ἐπέστησεν ὁ Πλούταρχος ὅτι u. s. w. Auf Prokulus also verweist

Moschopulos an den obigen Stellen, ohne auch nur den Inhalt anzugeben. Anderwärts, und öfter, wo er den Prokulus nennt, giebt er auch den Inhalt an. Z. B. V. 675 (S. 372) *τὴν δὲ αἰτίαν τοῦ ἐμπίπτειν τότε τοὺς νότους σὺν πολλῷ ὄμβρῳ ὁ Πρόκλος λέγει. φησὶ γὰρ· „τῶν ἐτησίων παυομένων . . .‟* wörtlich aus Proklus. Eben so 752 *τὴν δὲ αἰτίαν ὁ Πρόκλος λέγει· „πρὸς γὰρ τῷ ἀσχήμονι, φησί, . . .‟* Endlich, was uns auf alle diese Bemerkungen über seine Abhängigkeit von Proklus geführt hat, schöpft er auch, und theils wörtlich, theils fast wörtlich, und gerade auch mit Worten, die nicht zwei verschiedene zufällig gebrauchen, aus Proklus ohne ihn zu nennen. Es gehört dahin auch schon die obige Stelle, in der Plutarch zitirt wurde. So V. 706 *ὁ γὰρ ψευδόμενος, καθὰ Πλάτων εἴρηκεν, ἄπιστος εἰκότως ἐστίν, ὁ δὲ ἄπιστος ἄφιλος.* V. 822 *καὶ γὰρ Ὀρφεὺς* u. s. w., alles wörtlich aus dem nicht genannten Proklus. In dieser letzten Partie von den guten und bösen Tagen hat er allerdings gleich anfangs darauf hingewiesen, dass er sich Proklus anschliessen werde, 768 bei *πρῶτον ἔνη τετράς τε. καὶ τὴν μὲν ἔνην φησὶ Πρόκλος εἰπεῖν αὐτὸν ἀγαθὴν ὡς ἀρχὴν* u. s. w. Und nachher: *τὴν δὲ ἑβδόμην διότι ἱερὰν εἶπεν αὐτὸς ἡρμήνευσεν ὁ Ἡσίοδος. κατὰ τίνα δὲ λόγον ἥρμοσεν αὐτὴν τῇ γενέσει τοῦ Ἀπόλλωνος ὁ Πρόκλος λέγει καὶ ἁπλῶς πάσας αἰτίας, δἰ ἃς τὴν μὲν τῶν ἡμερῶν ἐπιτηδείαν ἐπὶ ταύτην τὴν ἐργασίαν Ἡσίοδος τίθησι, τὴν δὲ ἐπὶ ταύτην οὗτος λέγει, καὶ δεῖ προσέχειν αὐτῷ.* Sonstige Stellen, wo er ungenannt ihm deutlich die Sachen entlehnt, und gänzlich oder doch unverkennbar auch den Ausdruck: 715. 725. 735. 740. 742. 744.

7. Kehren wir noch zu den Entlehnungen des Triklinius zurück, die wir besprachen. Es kann vorkommen, dass auch kleine Aenderungen oder Zusätze, die er macht, etwas charakteristisches zeigen. Z. B. Ol. II, 148 heisst es in den ältern Scholien so:

Ἀοῦς τε παῖδ᾽ Αἰθίοπα) τὸν Μέμνονα τὸν Τιθωνοῦ τοῦ Λαομέδοντος καὶ Ἡμέρας. ταῦτα δὲ λέγουσιν οἱ τὰ μεθ᾽ Ὅμηρον γράψαντες οὕτω· Τιθωνῷ γίνονται ἐξ Ἡμέρας παῖδες δύο, Μέμνων καὶ Ἡμαθίων· καὶ Μέμνων μὲν ἀνῃρέθη ὑπ᾽ Ἀχιλλέως, Ἡμαθίων δὲ ὑπὸ Ἡρακλέους κατὰ τὴν ἀπέλασιν τῶν Γηρυόνου βοῶν.

Triklinius schreibt nun so: *Τιθωνοῦ καὶ Ἡμέρας δύο παῖδες γίνονται, Μέμνων καὶ Ἡμαθίων, ὧν ὁ μὲν ἀνῃρέθη ὑπ᾽ Ἀχιλλέως, Ἡμαθίων δὲ ὑφ᾽ Ἡρακλέους κατὰ τὴν ἀπέλασιαν τῶν Γηρυόνου βοῶν. ἐμυθεύσαντο δὲ αὐτοὺς Ἡμέρας εἶναι παῖδας διὰ τὸ Αἰθίοπας ὄντας λευκοὺς καὶ ὡραίους εἶναι.*

Solche die Mythen ausbessernden Bemerkungen, euemerisirend oder allegorisirend, hat er hin und wieder, wiewol er sie sehr selten vorbringt. Es gehört dahin auch, wenn er sich Ol. VI, 46 dahin entscheidet, dass Pitane keinesweges ihr heimlich geborenes Kind durch ihre Dienerinnen dem Könige Aipytos zur Pflege zugeschickt, wie es Pindar sagt, wodurch sie ja, dachte er ohne Zweifel, ihre heimliche Geburt einem fremden Manne unklug würde verrathen haben, sondern sie habe es ihren Dienerinnen zum Aussetzen übergeben, wo es dann Aipytos aufgefunden .... *ἄλλοι δέ φασι, καὶ ἀληϑῆ λέγοντες, ὡς, ἡνίκα τοῦτο ἐγέννησε, διὰ τῶν ϑεραπαινίδων εἰς ἐρημίαν ἐξέϑηκεν, ὅϑεν ἀνελόμενος Αἴπυτος ἔϑρεψεν*. Allegorisch erklärt er Electra 6 *λυκοκτόνος ὁ Ἀπόλλων καλεῖται ὡς ποτε λύκον κτείνας, τὸ δὲ ἀληϑὲς οὕτως ἔχει· Ἀπόλλων ἀλληγορεῖται εἰς ἥλιον, οὗ τῇ παρουσίᾳ τὸ λυκόφως ἀφανίζεται* u. s. w. (vgl. die Scholien A und B zu Aesch. Sept. 132). Zu Oed. R. 208 *εἰκότως δὲ καὶ τὰ τῆς Ἀρτέμιδος τόξα αἴγλας καλεῖ, ἀλληγορεῖται γὰρ αὕτη πρὸς τὴν σελήνην.* — Auffallend ist es, woran dieser Punkt mich erinnert, wie selten diese Byzantiner in ihren Kommentaren ihr Christenthum verrathen. Zu Ol. VI, 70 die *Ἱστορία περὶ τοῦ Δευκαλίωνος κατακλυσμοῦ* beginnt allerdings: *Τὸν ἐπὶ τῷ Νῶε κατακλυσμὸν Ἕλληνες ἐξ ἡμῶν κεκλοφότες οὕτω φασί· Διὸς τὴν γῆν κατακλύσαντος Δευκαλίων καὶ Πύῤῥα ἔν τινι κιβωτίῳ* u. s. w. (Schol. Aristid. 361, 10 *Δευκαλίωνά φασιν οἱ Ἕλληνες τὸν Νῶε*). Nur ein Paar Mal im Tzetzeskommentar zum Lykophron. Zu 650: *Σκύλλα ϑυγάτηρ ἦν Νίσου τοῦ Μεγαρέως, τεμοῦσα δὲ τὴν χρυσῆν αὐτοῦ τρίχα καὶ ἄνανδρον αὐτὸν ἐργασαμένη (ἐν ἐκείνῃ γὰρ τῇ τριχὶ ἦν αὐτῷ τὸ πᾶν τῆς δυνάμεως καϑάπερ καὶ τῷ Σαμψῶν*). 939 *οὗτοι γὰρ Φώκου καὶ Ἀστεροδίας ὄντες υἱοὶ ἐν τῇ μητρικῇ γαστρὶ διεμαχέσαντο ὡς καὶ ὁ Φαρὲς καὶ ὁ Ζαρὰ* (Genes. 38, 29) *καὶ Προῖτος καὶ Ἀκρίσιος οἱ Ἄβαντος*.

Zu Ol. VIII, 1 haben wir folgendes Zeugniss von einem der Autoren der neuern Scholien über sich selbst:

Οὐ χρὴ ἄνεται γράφειν οὐδὲ εὐσεβείας, ἀλλὰ πληρέονται καὶ εὐσεβέων καὶ λιταί. οὕτω γὰρ ἔχει πρός τε τὴν σύνταξιν καὶ τὸ μέτρον ὀρϑῶς. οὐ μόνον δὲ ταῦτα, ἀλλὰ καὶ πολλὰ ἕτερα ἐκαινοτομήϑη τῷ σοφωτάτῳ Μοσχοπούλῳ κἀμοί, ὡς ἐξετάζων εὑρήσεις, ἀνοικείως ἔχοντα πρὸς τὸ μέτρον. Gewiss ist Böckh's Bemerkung „Nota est Triclinii" unzweifelhaft. Zu den merkwürdigen, schon zu Aristophanes Byzantius' Zeit in den Pindarischen Handschriften stehenden, durch Ueberschuss gegen das Versmass sicher als Einsatz gekennzeichneten Worten *φιλέοντι δὲ Μοῖσαι* Ol. II, 48 geben unsere Scholien ausdrücklich den Namen des Triklinius an: *Δημητρίου τοῦ Τρικλινίου. Περισσὸν ἦν ἐνταῦϑα τὸ κῶλον τὸ „φιλέοντι δὲ Μοῦσαι". τῶν γὰρ ἄλλων στροφῶν καὶ ἀντιστροφῶν ἀνὰ ιδ´ ἐχουσῶν κῶλα αὕτη μόνη πεντεκαίδεκα εἶχεν,* ὅπερ ἦν ἄτοπον. οὐ γὰρ ἐν ἑτέροις τοιοῦτόν τι εὔρηται. διὸ ἐξεβλήθη παρ' ἐμοῦ, ὡς καὶ ἐν τοῖς βιβλίοις τῶν ἄλλων ποιητῶν πολλὰ περιττὰ ὄντα. οἶμαι δὲ ὡς οὐδεὶς ἡμᾶς μέμψαιτο τοιαῦτα πεποιηκότας, ἀλλ' ἐννοήσας, ὡς οὕτω ταῦτα βέλτιόν ἐστιν ἔχειν, θαυμάσειεν ἂν μάλιστα τῆς σπουδῆς. Wozu es wol der Mühe werth ist eine Parallele herzuschreiben aus den Trikliniusscholien zu Sophokles Antig. 366 Οὕτω χρὴ γράφειν τὰ παρόντα κῶλα· καὶ γὰρ ποτὲ μὲν καλόν, ἄλλοι' αὖθις δ' ἐπ' ἐσθλὸν ἕρπει, ἵν' εἶεν ὅμοια τοῖς τῆς στροφῆς κώλοις. ἐνταῦθα δὲ καὶ κῶλον ἦν περισσὸν τὸ ς', διὸ καὶ ἐξεβλήθη παρ' ἐμοῦ. οὐ γὰρ χρὴ πλείονα κῶλα τὴν ἀντιστροφὴν ἔχειν τῆς στροφῆς. Und wiederum auch derselbe Ausdruck ἐξεβλήθη παρ' ἐμοῦ bei ihm zu Aiax 160, gleichfalls in metrischen Sachen: .... ἀλλὰ καὶ τὸ ἀπαλέξασθαι σοῦ χωρὶς τοιοῦτον ὀφείλει εἶναι ἐφθημιμερὲς ὡς ἀποθετικόν. διὸ τὸ ἄναξ ἐξεβλήθη παρ' ἐμοῦ. Aber eben so sicher haben wir ihn, wenn Ol. XIII, 74 bei Erwähnungen aus der Medeafabel hinzugefügt ist: εἰρήκαμεν δὲ τὴν ἱστορίαν πλατύτερον ἐν τῇ τοῦ Λυκόφρονος παραφράσει (wol zu V. 174). Wozu jetzt aus Vratisl. E bei Schneider das parallele Zeugniss gekommen ist zu Pyth. III, 178 Ὅσους παῖδας ἡ Θέτις ἐγέννα ἐν ὕδατι ζέοντι λέβητος ἐμβάλλουσα διώλει (so) οὐκ ἐθέλουσα φανῆναι παῖδας θνητοὺς τρέφουσα u. s. w. .... εἰρήκαμεν οὖν τὴν ἱστορίαν ἐν τῇ Λυκόφρονος παραφράσει (gehörte zu Lyc. v. 178). Wobei bemerkt zu werden verdient, dass er ἐν παραφράσει, nicht ἐν ἐξηγήσει zur Bezeichnung wählt.

Schneider's Scholien.

8. Diese letzte Notiz ist also aus den von Karl Ernst Christoph Schneider aus Cod. Vrat. E herausgegebenen „Thomae Magistri et Demetrii Triclinii Scholia in Pythia quattuor prima" (1844). Es ist aber von diesen Scholien zu sagen, dass Thomas Magister fälschlich genannt ist. Diese Scholien sind Trikliniusscholien. Alle die oben angeführten Kennzeichen für Triklinius kommen durchweg vor. Für Thomas Magister bleibt gar kein Raum. Das ποταπός; an verschiedenen Stellen haben wir schon oben genannt. Der ζῆλος Ὁμηρικός IV, 124 ad musam ποιεῖται τὸν λόγον καὶ οὗτος ζήλῳ Ὁμηρικῷ. 318 .... μεταξὺ τὸ κεχλαδότας ἔθηκε κατὰ ζῆλον Ὁμηρικόν. φησὶ γὰρ ἐκεῖνος .... πρώην: III, 178 ὥσπερ καὶ πρώην (nämlich II, 165) ἐποίησε τὸ στάθμας ἑλκόμενοι περισσάς, ὥσπερ εἴπομεν. Auf 89 ἔστι δὲ τὸ μνήσειε διπλοῦν ἢ ὁ Ἱέρων ἢ ὁ χρόνος mag auch aufmerksam gemacht sein. Eben so wird man das δέον εἰπεῖν, ἔξωθεν λαμβάνειν, οὕτω λέγε, εἰκότως, διότι einzeln, auch mehreres davon vereinigt finden.

Von der Paraphrase mit καί ganz in seiner Art sind Spuren überall,

aber auch mehreremale lange zusammenhängende Stellen. Wiewol ich
der Meinung bin, dass derjenige Gelehrte, aus dessen Auszug Triklinianischer Scholien jener Cod. Vrat. E geflossen, Paraphrase absichtlich ausgelassen hat, mitunter, wo die dichterischen Worte und Wörter inmitten der Erklärung eintreten, um welche es diesem Gelehrten
vorzugsweise zu thun war, blos die dichterischen Wörter beibehalten
und die paraphrasirenden mit καί angefügten Wörter nicht mit abgeschrieben. Ebenso wie er, trotz dem dass Triklinius unverkennbar geblieben, auch sonst in der Form hin und wieder Verkürzungen, die
den Fluss der Rede alteriren, nach Art eines rasch für sich excerpi-
renden gemacht. Auch wol sonst noch einmal etwas eignes in Wort
oder Sache hat einfliessen lassen. Wenn ich Sache sage, so meine ich
damit etwas nicht wesentlicheres als etwa folgendes. Zu I, 34 haben
wir: Τὴν Κύμην quidem aiunt insulam παρακειμένην, λέγοντες . . . .
οὓς αὐτὸς μὴ μεμφόμενος τὴν Κύμην νόει πόλιν ἐν Σικελίᾳ. Da scheint
mir das οὓς αὐτὸς μὴ μεμφόμενος nicht in Triklinius' Art, und meine
ich jener Gelehrte fand bei ihm ein οὓς αὐτὸς ἐάσας oder gar ein οὓς
αὐτὸς ὡς ἀμαθεῖς ἐάσας, und er veränderte das ins Humanere. Aber
er setzte solche Humanitätsrücksicht nicht weiter durch. Denn nachher treffen wir das dem Triklinius gewöhnliche ἀμαθεῖς gleich I, 98.
II, 89. ἀγνοοῦντες I, 191, und das οὓς αὐτὸς ἐάσας I, 132 οὓς αὐτὸς
ἐάσας μὴ λάμβανε ἔξωθεν . . . . Also wir haben Triklinius mit mancherlei Alteration: aber wir haben dennoch Triklinius, und nur Triklinius. Mit Ausnahme einer kleinen Anzahl Stellen, in welchen gesagt wird: hier wird das σημεῖον χ gesetzt deshalb —. Denn dies
σημεῖον χ kommt in den neuern Scholien überhaupt nicht vor, sondern in den ältern. Und so steht nun auch bei den hier vorkommenden Stellen am Rande dabei „παλαιόν". Und findet man die Quelle,
wenn man unsere schon bisher bekannten Scholien, die ja zu den Pythien nur die ältern Scholien sind, nachschlägt. Ich werde mich hier
für diese unsre bisher schon bekannten und gedruckten Scholien des
Ausdrucks der Böckhischen Scholien oder der Bezeichnung „bei Böckh"
bedienen, der Deutlichkeit wegen, und weil auch an einigen Stellen erst
Böckh aus seinen Codices gerade die Bemerkung von dem σημεῖον χ
hinzugefügt, wo diese in der Romana, auch bei Heyne noch nicht standen.
Wenn bei Schneider jener Zusatz am Rande „παλαιόν" an sieben Stellen
des σημεῖον χ angemerkt ist (III, 18. IV, 16. 144. 149. 215. 305. 381), so
hat er ursprünglich auch an den übrigen vier gestanden (IV, 194. 318.
365. 427) und ist in diesen nur allmählich fortgeblieben, bei dem Weiterabschreiben. Es haben ursprünglich übrigens die ganzen Bemerkungen über das σημεῖον χ am Rande gestanden: zu IV, 215 ἐκ δ᾽
ἄρ᾽ αὐτοῦ πομφόλυξαν δάκρυα γηραλέων γλεφάρων haben wir bei Schnei-

der: *Τὸ αὐτοῦ ἢ πρὸς τὸ βλεφάρων συναπτέον. ἵν' ἢ ἐκ τῶν βλεφάρων αὐτοῦ ἢ καθ' ὅλον καὶ μέρος: πομφόλυξαν. δίκην πομφόλυγος ἐξέθορεν. σημειοῦται τὸ κῶλον τῷ χ. ὅτι ἐκ τοῦ παρεπομένου αὐτὸν λέγει τοῦ ἐδάκρυσεν: ὅτι ἐκ τῆς χαρᾶς δάκρυα ῥέουσι μαρτυρεῖ Σοφοκλῆς· κἀπὶ συμφορᾶς γεγηθὸς ἕρπει δάκρυον ὀμμάτων ἄπο.* Hiebei sagt uns Schneider bei *πομφόλυξαν*, dass hier *παλαιόν* am Rande stehe. Und bei *ὅτι — ἐδάκρυσεν* „Haec quid sibi velint equidem non intelligo."

Nun es steht ja wol in den *παλαιοῖς*, wie wir sie ja zu nennen pflegen, deutlich genug, bei Böckh zu V. 213: *τὸ δὲ σημεῖον χ´ ὅτι ἐκ τοῦ παρεπομένου ἀντὶ τοῦ ἐδάκρυσεν*. Also eben so dort, oder *αὐτὸ λέγει τὸ ἐδάκρυσεν*. Das folgende *Ὅτι ἐκ τῆς χαρᾶς* schliesst sich nicht etwa noch an diese Notiz an, sondern an das *δίκην πομφόλυγος ἐξέθορεν*.

Aber *σημειοῦται τὸ κῶλον τῷ χ*. Wer denn? Der Ausdruck kommt wieder zu IV, 16. 149. 381. Bei dem sehr verwahrlosten Gebrauch von Medialverbis bei den Byzantinern könnte jenes auch bedeuten: es wird mit dem *χ* notirt. Aber dagegen spricht das dreimal, V. 194, 305 und 318, gelesene *σημειοῦται τὴν λέξιν τῷ χ*. Auch sagt er *διὸ καὶ τὸ σημεῖον συνήθως τέθεικε τῷ χ* 427 (was merkwürdig genug ebenso in den aus den *παλαιοῖς* abgekürzten Mommsen'schen Scholien zu Nem. I, 64 — der einzigen Stelle, wo in den Mommsen'schen Scholien *χ* erwähnt wird — vorkommt, so: *τὸ χ τέθεικεν ὅτι τὸ μασᾶσθαι* u. s. w.). Schneider sagt zu Pyth. IV, 194 „sc. is, quo dictante haec scripta videntur, Triclinius." Man wird erlauben, in diese Worte nicht weiter eindringen zu wollen. Ich kann mir nur denken, dass jemand den Einfall bekam, an diese Trikliniusscholien aus einem andern Kodex mit *σχολίοις παλαιοῖς* oder *σχόλια παλαῶν*, auf welchen er stiess und in welchem ihn die wahrscheinlich noch am Rande befindlichen Zeichen *χ* reizten, sich jene Notizen an den Rand hinzu zu schreiben mit der Notiz *παλαιόν*, und dass er neben *σημειοῦνται* (III, 18), neben *τέθειται τὸ χ* (IV, 144), *διὸ καὶ τὸ σημεῖον τῷ* (so) *χ* (361), auch jene obige Form *σημειοῦται, τέθεικε τὸ σημεῖον* gebrauchte, „er notirt das Wort mit dem *χ*", indem er für sich verstand: mein Autor hier dieser alten Scholien.

Latein unter dem Griechischen.

9. Ich sprach oben von dem Gelehrten, der sich diese Trikliniusscholien abschrieb, excerpirte. Dass wir an einen solchen, nicht an einen Lohnabschreiber zu denken haben, zeigt die häufige Erscheinung Lateinischer eintretender Wörter statt der Griechischen, die er vor sich

hatte, mitunter Lateinisch geschriebener Sylben. Z. B. Pyth. I δακτυλικὸν πενθημιμερὲς simile secundo. τὸ ι' ὅμοιον τῷ ζ'. τὸ ια' προσοδιακὸν dimetron acatalecton ex ionico et iambo, und in dieser Art wiederholt in der metrischen Partie. Ebenso sonst. So z. B. Pyth. I Anfang .... ἢ διότι οἱ δεόμενοι περί τινων εἰπεῖν ἐκεῖσε ἀφικνούμενοι ἐμάνθανον: facit autem λόγον ad Apollinis citharam, ὅτι δὲ αὐτὸς ἐν μουσικῇ ᾖδε τὰ ποιήματα u. s. w. 31 ὁ τυφὼς χεῖρας ἀντάρας Iovi ἐκεραυνώθη ab eo in Sicilia, ἔχων ἐπικείμενον τὴν αἴτνην τὸ ὄρος. 34 καὶ πλησιάζουσαν mari. 114 οὐ γὰρ αὐτός, sed pater eius vicit. 126 Πίνδος ὄρος Περραιβίας, in qua IIII civitates sunt, ὧν μία ἐπώνυμος. Ja ἐπεὶ τὸ ἐπαγομενον μαρτυρεῖ I, 120.

Diese Art Mischung mit Latein ist hier sehr häufig, und ist dadurch wol eines der interessantesten Beispiele davon. In der „Vita Pindari et vetera in Ol. I et II scholia ex cod. Vrat. A", die Schneider herausgegeben, scheint davon nichts vorzukommen, als dass immer im Lemma steht: etc. usque ad, z. B. Ἄριστον etc. usque ad σκᾶπτρον ἐν πολυμάλῳ (V. 19). Dann σικελίᾳ usque ad κεκαθμένον (V. 42). Und so fort. — Zur Vergleichung solches eingestreuten Latein etwa Cod. B der Ecloga des Thomas Magister, von dem Ritschl praef. XXVIII sagt: „Praeterea cum ultra quam credas mendose scriptus sit, quibusdam etiam Latinis immixtis, ut p. 39, 12. 41, 8." An der ersten dieser Stellen hat er statt des Griechischen ὡς παρὰ τῷ θεολόγῳ Γρηγορίῳ ἐν τῷ εἰς τὸν μέγαν Βασίλειον ἐπιταφίῳ so: ut in epitaph. Greg. Nazianz. Magni Basilii. Und an der zweiten für Λιβάνιος ἐν ἐπιστολῇ so: Λιβαν. in epist.

Thomas Magister.

10. Wir erkennen also in Schneider's Pythischen Scholien den Triklinius an, der also nicht blos die Olympien kommentirt hat, aber nur den Triklinius. Warum hat Schneider auch den Thomas Magister genannt? Nun freilich, es steht in dem Codex hinter der einleitenden metrischen Partie, welche schliesst mit ἐν δὲ τῷ τέλει τοῦ ᾄσματος ἀστερίσκος, geschrieben: Τοῦ αὐτοῦ σοφωτάτου τοῦ μαγίστρου κυρίου Θωμᾶ σχόλια εἴς τινα τῶν Πυθίων. Aber am Schluss nach Pyth. I oder vielmehr als Anfang zu Pyth. II steht: Ἐντεῦθεν ἐμετρήθη τὰ Πύθια παρὰ τοῦ λογιωτάτου τοῦ κυρίου Δημητρίου τοῦ τρικλ. Dann die Partie περὶ τῶν κώλων τῶν στροφῶν καὶ ἀντιστροφῶν τοῦ δευτέρου εἴδους τῶν πυθίων und danach τοῦ αὐτοῦ σχόλια. Und eben so zu Pyth. III und IV wird bei dem Abschnitt περὶ τῶν κώλων καὶ στροφῶν u. s. w. am Rande bemerkt τοῦ τρικλ. und danach τοῦ αὐτοῦ σχόλια. Es kann aber kein Gedanke daran sein, dass es

sich mit den Scholien von Pyth. I anders verhielte, dass was wir hier lesen einem andern Autor gehörte, als was wir zu den drei andern lesen. Alles gehört dem Triklinius: auch, um dies ausdrücklich zu bemerken, nichts Moschopuleisches zeigt sich. Wobei wir uns freilich auf die innere Erkennbarkeit des uns hinlänglich bekannten Triklinius verlassen: nicht auf jene äusseren Angaben, die allerdings überwiegend auch den Triklinius nennen. Wir werden wahrlich nicht untersuchen, ob derjenige, der an die Schlussworte zu Pyth. II (V. 175) οὐ χρὴ γράφειν ᾄδοντα ἀλλ᾽ ἀδόντα. τοῦτο γὰρ ἁρμόζει τῷ μέτρῳ, ob also derjenige, der an diese Worte an den Rand schrieb τοῦ τρικλ., der Meinung war, diese metrische Bemerkung gehöre dem Triklinius, das vorangehende alles einem andern, oder ganz im Gegentheil nur am Schluss auch für das Ganze wieder den Triklinius als Verfasser anzeigen wollte. Steht doch plötzlich wieder einmal am Rande τοῦ τρικλ. zu IV, 365, und zwar fälschlich, bei einer der Bemerkungen mit dem σημεῖον χ, die, wie wir wissen, dem Triklinius nicht gehören und bei welchen sonst dabei steht παλαιόν. Grosse Konjekturen anzustellen, wie an Scholien, die dem Triklinius oder Moschopulos angehören, sich der Name Thomas Magister eingeschlichen, wird wol wie in ähnlichen Fällen, warum z. B. an diese oder jene grammatische Schrift sich der Name Herodians fälschlich angesetzt, sehr unnöthig sein. Steht ja auch umgekehrt bei des Thomas Magister ἐκλογή im cod. Leid. B am Schluss: τέλος, τῷ θεῷ χάρις, τῶν Ἀττικισμῶν τοῦ Μοσχοπούλου (Ritschl S. 411). Eine Schlussunterschrift, über deren Entstehung jemand vielleicht Vermuthungen versuchen könnte aus Notizen, die man bei Ritschl S. 406 (cod. Bas.), S. 410, S. 402 findet, aus einem Zusammenschreiben der Attischen Eklogen des Thomas und des Moschopulos: aber lohnen wird es nicht. Und jedenfalls ist doch die Unterschrift dort Μοσχοπούλου Ἀττικισμοί falsch.

Thomas Magister ist aber auch in andern Kodices Pindarischer Scholien fälschlich genannt. Man sehe die Angaben bei Boeckh praef. T. I S. XI. XII. Am auffallendsten ist, dass auch vor Mosqu. B (und Vrat. C) vor den Scholien steht (s. Böckh vor den Scholien S. 3) Τοῦ σοφωτάτου κυρίου Θωμᾶ τοῦ Μαγίστρου καὶ τοῦ Μοσχοπούλου Κρητὸς Μανουὴλ σχόλια ὅτι ἐνθάδε ἔχει ἀρχήν. Aber dieser Kodex enthält die Scholien des Moschopulos und des Triklinius, und vollständiger im Ganzen als irgend ein andrer: es sind gerade aus ihm einige ganz unverkennbare Trikliniusscholien von besonderer Wichtigkeit und Länge hinzugekommen, zu Ol. IV, 26, zu VIII, 1 (in welchem steht jenes ἀλλὰ καὶ πολλὰ ἕτερα ἐκαινοτομήθη τῷ σοφωτάτῳ Μοσχοπούλῳ κἀμοί) und anderes in Ol. VIII. Ol. IX, 1. Ol. IX, 72 („ex Mosc. B ab alia manu scriptum" Boeckh). In jener Aufschrift des Mosqu. B ist also fälschlich Thomas Magister an die Stelle des Triklinius gekommen. In andern Kodices hatte sich die Autorschaft des Triklinius erhalten, auch mit Beischreibung seines Namens oder sonstiger Bezeichnung der ihm angehörigen Scholien. Man sehe die Notiz vor den Scholien τῶν νεωτέρων in der Romana, welche wir bereits oben, als wir über die alten und neuen Pindarischen Scholien sprachen, S. 34 mitgetheilt haben. Es scheint so viel überhaupt hervorzugehen: es gab Handschriften, wenigstens der Olympischen Oden, in denen von zwei Autoren die Erklärungen, eingeschlossen Paraphrasen, enthalten waren. Und die beiderseitigen Scholien waren auch durch Zeichen kenntlich gemacht und unterschieden: theils sogar durch Vorschreiben am Rande des Namens, theils durch andere Zeichen. Ja solche Kodices bestehen noch jetzt, denn in dem Mosqu. B (und Vrat. C) wird hinter den oben bereits angeführten Worten Τοῦ σοφωτάτου κυρίου Θωμᾶ τοῦ μαγίστρου καὶ τοῦ Μοσχοπούλου Κρητὸς Μανουὴλ σχόλια hinzugefügt ὅτι ἔνθα ἐστὶ κατ' ἀρχὰς σταυρός, εἰσὶ τοῦ Μοσχοπούλου. Und sind ja daher wol die Kreuze bei Böckh gekommen, welche, wie wir gesehen haben, aber auch unrichtig stehen, und können wir uns auch so weit sie noch wirklich in der Handschrift stehen doch nur auf die inneren Anzeichen verlassen. Die von Konstantinus Laskaris geschriebene Handschrift, die Iriarte S. 445 ff. beschreibt, unterscheidet durch schwarze und rothe Anfangsbuchstaben (Iriarte S. 447), so wie es auch die Ueberschrift besagt: Ἐξηγήσεις εἰς τὰ Ὀλύμπια τοῦ Πινδάρου· ὅν αἱ μὲν ἔχουσαι τὸ ἐρυθρὸν κεφάλαιόν εἰσι Θωμᾶ τοῦ μαγίστρου, αἱ δὲ τὸ μέλαν μανουήλου τοῦ μοσχοπούλου. Wenn Iriarte dabei sagt: „Quod ad Thomae Magistri et Moschopuli Scholiorum Editionem attinet, ex typis adhuc incognita videntur", so waren sie unter diesem Namen zwar nicht edirt: sonst sind es gewiss die σχόλια νεώτερα des Kalliergus, des Moschopulos und gewiss die zweite Partie auch nicht etwas anderes als die des Triklinius. Was jene Unterscheidung durch die Anfangsbuchstaben betrifft, so wird sie wol auch nicht zuverlässig sein und kann nur durch unsere schon vorangehende Einsicht erst geprüft werden. Uebrigens geht dieser Kodex nur bis Ende von Ol. X.

Mommsens Scholien.

11. Nun haben wir noch über die von Tycho Mommsen herausgegebenen Scholien zu sprechen, herausgegeben unter dem Titel: Scholia recentiora Thomasio-Tricliniana in Pindari Nemea et Isthmia e codicibus antiquis hoc libro primum eduntur in honorem scholae Hanoviensis etc. Francof. 1865. Wozu die nähere Nachricht über die betreffenden Kodices im Programm des Frankfurter Gymnasii 1865.

Sonderbar! Wir sollen nach dem Titel scholia recentiora haben, und wie wir umschlagen ist das erste, was wir gleich über den Scholien zur ersten Nemeischen Ode lesen: ἐκ τῶν παλαιῶν σχολίων. Und dass der Herausgeber, zumal bei Pindar, wo die παλαιὰ σχόλια und die σχόλια νεωτέρων eine herkömmliche Unterscheidung gewonnen, keine Sylbe darüber verliert, ist wol auch eigen. Uebrigens hat die Ueberschrift ἐκ τῶν παλαιῶν σχολίων über der ersten Nemeischen Ode recht, auch nach der herkömmlichen Unterscheidung verstanden. Denn wir haben hier einen Auszug aus den edirten Scholien, welche ja die παλαιά sind. Es ist hin und wieder ein Stück ganz übergangen, wie zwischen 23 und 29, zwischen 29 und 34, auch gleich die Einleitung γέγραπται ὁ ἐπίνικος u. s. w. In den ausgezogenen Partien sind die Namen der alten Autoritäten, wie Aristarchs gleich zu V. 3, und zu V. 34 ebenso, weggelassen, und sonst alles mehr oder weniger, mitunter sehr stark, ins kurze gezogen, hin und wieder einmal etwas in der Textfolge umgesetzt. Aber als blosser Auszug aus unseren bisher bekannten und gedruckten Scholien zeigen sie sich vollkommen deutlich, auch in der beibehaltenen Sprache und Ausdrucksweise. Wie in der ersten, so in der zweiten, wo nur Auslassung, z. B. nach V. 20, 31, und Abkürzung noch grösser ist. Auch hat die zweite eben so die Aufschrift ἐκ τῶν παλαιῶν σχολίων. Zu Nem. III fehlt diese. Und siehe da! was wir an Scholien zu Nem. III zu lesen bekommen, sieht ganz anders aus und zeigt denjenigen Charakter, der nun durch alle folgenden Mommsenschen Scholien durchgeht, Nemeische und Isthmische: und wenn nun das ἐκ τῶν παλαιῶν σχολίων wie bei Nem. III so noch einigemal fehlt, nämlich noch Nem. VII und Isthm. III, während es bei allen übrigen wiederkehrt, so sehen wir, dass hier Zufall ist und dass die Ueberschrift ἐκ τῶν παλαιῶν σχολίων überhaupt keine Bedeutung in Anspruch nimmt. Von Nem. III an also finden wir in diesen Auszügen nur vereinzelte erkennbare Uebereinstimmung mit den edirten Scholien; wenn allerdings auch anzunehmen scheint, denn es kommen bisweilen einzelne Worte oder auch wol Zeilen vor, die nicht zufällig beiderseits übereinstimmen würden, dass der Autor die edirten Scholien auch vor sich hatte. Aber überwiegend weichen sie in Paraphrase und Erklärung von denselben ab, theils in Sache und besonders auch im Ausdruck. Was wir darin vor uns haben, trägt ein sehr neues Gepräge: an Moschopulos oder Triklinius erinnern sie kaum einmal. Hätten wir hier vielleicht den Thomas ertappt? Gewiss auch nicht. Es ist für Thomas zu geringfügig. Nem. V, 54 steht eine Notiz über Gebrauch und Konstruktion von πειρᾶν und πειρᾶσθαι. Diese stimmt mit dem was Thomas Magister darüber sagt Eclog. p. 276, wo er auch den Pindar zitirt, doch wol nicht überein.

Excurs zu S. 81. ὄπισθεν, ἔμπροσθεν, πρώην bei den Byzantinern.

12. Auch von Triklinius haben wir einige sichere Stellen angegeben, wo er ὄπισθεν für „vorher", ἔμπροσθεν für „nachher" gebraucht. Sonst sagt er auch ἔφη γὰρ πρόσθεν, Pindar hat „vorher" gesagt (Ol. III) Ol. VII, 1. Ebenso ἃ ἔμπροσθεν ἔλεγεν II, 93 und paraphrasirt daselbst ἡ γὰρ τῆς νίκης λαμπρότης λήθην τῶν ἔμπροσθεν τίθησιν. (Dass er Antig. 1263 paraphrasirt πρὸ χειρῶν καὶ ἔμπροσθεν χειρῶν möchte weniger hieher gehören.) Und sagt Antig. 323 καὶ εὕροις ἂν πολλὰ τοιαῦτα ἑτέρως σχηματιζόμενα καὶ οὐ πρὸς τὴν ἔμπροσθεν σύνταξιν „die vorangehende". — Moschopulos paraphrasirt z. B. ἀμέραι ἐπίλοιποι μάρτυρες σοφώτατοι Ol. I, 52 mit αἱ ἡμέραι αἱ ἔμπροσθεν und θεὸς εὔφρων εἴη λοιπαῖς εὐχαῖς IV, 21 durch ὁ θεὸς εἴτε εὐμενὴς εἴη ταῖς εὐχαῖς αὐτοῦ ταῖς ἐπὶ τοῦ ἔμπροσθεν. Und ἔστι τρίτον τὸ ἔχον ὄπισθεν πρῶτον καὶ δεύτερον sagt er uns Syllog. unter τὰ τρία καὶ τέσσαρα. Seine Regel über στρωφᾶσθαι zu Hes. Erg. 526 ἀπὸ τοῦ στρέφω στρωφάομαι στρωφῶμαι· τὸ δὲ στρω ὤφειλε μὲν μικρὸν γράφεσθαι ὡς τὸ φο ἐν τῷ φορέω φορῶ ἀπὸ τοῦ φέρω. ἐπεὶ δὲ ἔχει τὸ σ, τὸ τ καὶ τὸ ρ, ὧν ὄπισθεν („vor" welchen) εἰ πεσεῖται τὸ βραχὺ ὑπ' αὐτῶν πάντως ἐκσταθήσεται, ἔχει δὲ καὶ ἔμπροσθεν („dahinter") μακρὸν ὅποι ἂν κινηθείη, εἶτα εἰ μικρὸν τοῦτο ἦν, ἦν ἂν βραχὺ μεταξὺ δύο μακρῶν δυνάμει, τὸ τοιοῦτο δὲ τῷ ἡρωικῷ οὐ συνᾴδει μέτρῳ, ἐξ ἀνάγκης μέγα ἐγένετο, ἵν' αὐτῷ τούτῳ ἡρωικῷ μέτρῳ ἁρμόσῃ. Ebenso ist seine Regel abgefasst Schedogr. p. 41 πᾶσα λέξις ἀπὸ τοῦ ρ ἀρχομένη εἰ προσλάβοι ὄπισθεν αὐτῆς (vor sich) ἢ συλλαβὴν ἢ λέξιν εἰς φωνῆεν λήγουσαν, διπλασιάζει τὸ ρ, οἷον ῥηγνύω ἐρρήγνυον, ῥοῦς κατάρρους u. s. w. Und ausdrücklich belehrt er uns zu εἰ τέλος αὐτὸς ὄπισθεν — Hes. Erg. 472 κατὰ μὲν τὴν κίνησιν ἡμῶν τὸ μὲν παρεληλυθὸς καὶ ἔστι καὶ λέγεται ὄπισθεν. κατὰ δὲ τὴν τοῦ χρόνου κίνησιν τὸ ἀνάπαλιν τὸ μὲν παρεληλυθὸς καὶ ἔστι καὶ λέγεται ἔμπροσθεν, τὸ δὲ μέλλον ὄπισθεν, καθ' ὃ σημαινόμενον ἐνταῦθα τὸ ὄπισθεν λέγεται. In seiner Weise gebraucht er nun beim Zurückweisen auf vorangehende Stellen seines Autors, sei es in weiterer Entfernung, sei es auf nächst vorangehendes, das ὄπισθεν. Erg. 403 συνήθως δ' ὡς ἔοικε ποιεῖ τὸ τοιοῦτον· καὶ ἐν τοῖς ὄπισθε (so) γάρ, ἐν οἷς διέξεισι συλλογιζόμενος ὁποῖοι ἔσονται οἱ μετὰ τὸ πέμπτον γένος ἄνθρωποι μετὰ πολλὰ ἐπάγει (V. 189) „μᾶλλον δὲ κακῶν ῥεκτῆρα" — 534 καὶ τότε ἔσσασθαι) εἰπὼν ὄπισθεν (V. 527) „καὶ τότε δὴ κεραοὶ καὶ νήκεροι ὑληκοῖται" πρὸς αὐτὸ ἐπάγει „καὶ τότε ἔσσασθαι". μετὰ τοῦ καὶ. Und das entgegengesetzte ἔμπροσθεν, ἐν τοῖς ἔμπροσθεν „im folgenden". Erga 42 p. 71 κρύψαντες γὰρ ἔχουσι θεοί) ὁ Ζεὺς ἔκρυψεν, οὐχὶ πάντες οἱ θεοί, ὡς ἐν τοῖς ἔμπροσθεν φαίνεται, nämlich V. 47 ἀλλὰ Ζεὺς ἔκρυψε.

In den Aeschyleischen Scholien B Pers. 28 *Αἰσχύλος ἐν τῷ πα-
ρόντι καὶ εἰς τὸ ὄπισθεν δρᾶμα* ohne Zweifel „dem vorhergehenden".
(Diese durch Umstellung verdorbene Stelle steht etwas besser im Guelferbytanus, s. Heimsoeth indirekte Ueberlieferung S. 93.) B Sept. 717 ἡ *ὄπισθεν αἰτιατική* „der vorhergehende Akkusativ". B Prom. 801 *τοιοῦτο μέν σοι τοῦτο φρούριον λέγω) ἐνταῦθα τὸ ὅταν ἀποδίδοται* (hier erhält das *ὅταν*, oben 790 *ὅταν περάσῃς ῥεῖθρον ἠπείρων ὅρον*, seinen Ergänzungssatz), *οὐχ, ὡς φασί τινες, ὄπισθε, λέγοντες οὕτω· ἣν ἐγγράφου σὺ μνήμοσιν δέλτοις φρενῶν* (789), *ὅταν περάσῃς τὸν τῆς Ἀσίας καὶ Εὐρώπης διορισμὸν Τάναϊν*. (Ein zwischen *φρενῶν* und *ὅταν* in den Texten stehendes *τοῦτο*, welches alles Verständniss zerstört, habe ich weggelassen. Es ist dieses vielleicht das hierher verschlagene *τοῦτο* aus den in der Fortsetzung drei Zeilen weiter kommenden Worten *τοιοῦτον μέν σοι φρούριον λέγω, τουτέστιν ἃς ἄνωθεν εἶπον Γοργόνας καὶ Φορκίδας δεῖ σε φυλάττεσθαι*, wo das *τοῦτο* vor *φρούριον* nicht entbehrt werden kann.)

Ich will hier beiläufig doch auf das *ἄνωθεν* in dieser Form in *θεν* aufmerksam machen. Was einigemal in den Scholien A vorkommt. Prom. 853 *Αἴγυπτος, ὅς, ὡς εἴπομεν ἄνωθεν, εἶχεν υἱοὺς πεντήκοντα*. Pers. 353 *τὸν δόλον τοῦ ἀνδρός, ὃν ἄνωθεν εἴπομεν*. Sept. 521 *εἴπομεν ἄνωθεν ὅτι —*. Dem entsprechend lesen wir diese Form auch in der Paraphrase Schol. A Pers. 689: für *οἱ κατὰ χθονὸς θεοί* sagt er *οἱ κάτωθεν τῆς γῆς θεοί, οἷον ὁ Πλούτων καὶ ἡ Περσεφόνη*: und alsbald darauf für *λαβεῖν ἀμείνους εἰσὶν ἢ μεθιέναι* sagt er mit *ἄνωθεν* für „hinauf": *ἑτοιμότεροί εἰσιν εἰς τὸ λαβεῖν παρ' ἑαυτοῖς τοὺς ἀνθρώπους καὶ κατέχειν ἐν τῷ ᾅδῃ παρὸ μεθιέναι καὶ καταλεῖψαι* (etwa *ἀποπέμψαι) καὶ ἐᾶσαι αὐτοὺς ἀνελθεῖν εἰς τὴν γῆν ἄνωθεν*. [*παρόπερ* nach Comparativ par. Bekk. Il. *Γ*, 41 *οὕτω πολὺ βέλτιον ἦν ἡμῖν παρόπερ οὕτως ὕβριν εἶναι*. Bei *τίς ἄλλος ἦ 'γὼ* Prom. 440 steht in schol. B. *ἢ) παρό*.] Unten in A zu Pers. 1017 *τὰ ἔσωθεν ἐγκεκρυμμένα*.

Doch zurück zum obigen *ὄπισθεν* und *ἔμπροσθεν*. Massenhaft haben wir die Anwendung bei Tzetzes zum Lykophron. 958 *ὁ Ἔρυξ, ὡς εἴπομεν, υἱὸς ἦν* u. s. w., *καὶ στρέψας ὄπισθεν* (rückwärts schlagend das Buch) *μάνθανε*. — *ὡς ὄπισθεν ἔφην, εἶπον*, oder *εἶπε (ὁ Λυκόφρων), ἔγραψα, ὡς ὄπισθεν ἐρρέθη* und ähnliches überall bei ihm. 159. 229. 513. 517. 540. 546. 560. 650 (*ὄπισθεν ἠλληγόρησα*). 980 (S. 898 und 899). 1047. 1093. 1247. 1250. 1255. 1309 (*ὄπισθεν ζήτει ὅπου περὶ τῶν Ἀργοναυτῶν πάντα κατὰ λεπτὸν ἔγραψα*). 1312. 1322. 1329.

630 *ὃ δέ φησιν οὗτος ὁ Λυκόφρων ἔμπροσθεν* (nämlich 623). ἡ *ἔμπροσθεν συλλαβὴ* die folgende Sylbe 801: *Ἡρακλῇ δίχα τοῦ ν γρα-*

πτέον, ὅτι ἡ ἔμπροσθεν συλλαβὴ ἀπὸ συμφώνου ἄρχεται τοῦ φ (Ἡρακλῆ φθίσει δράκων). Und seine öfter wiederholte verkehrte Lehre, dass die Aspiraten hinter einer kurzen Sylbe dieselbe verlängern, V. 727 καὶ τὰ δασέα ὁμοίως ἐκτείνουσι τὰ βραχέα εἰ ἔμπροσθεν αὐτῶν εὑρεθείη.

Auch für das *πρώην* ist Tzetzes reich an Beispielen. ὡς πρώην ἐδίδαξα zu Lykophron 123 (nämlich zu V. 32). ὡς ἔφην καὶ πρώην 337. ὡς πρώην ἔφην 694. ὡς πρώην ἔφημεν 156 (S. 420), nämlich zu 152 (S. 412). ὡς καὶ πρώην ἔφην σοι 421 (S. 596), nämlich zu V. 234. ἔφην πρώην τὴν ἱστορίαν 511. ὡς πρώην εἶπον (nämlich zum Verse vorher) 1038. ἦν ὁ φλύαρος οὗτος Λυκόφρων πρώην εἶπε, nämlich V. 314, πορθουμένης τῆς Τροίας χάσματι γῆς ὑποδεχθῆναι 447.

Uebrigens sagt Tzetzes auch ὡς πρὶν ἔφην, ὡς καὶ πρὶν ἔφην, wie zu Lykophron 727 und sonst.

Jener Gebrauch von *πρώην ἔφην* ist übrigens im Anschluss daran, dass überhaupt *πρώην* bei den Byzantinern sehr gangbar war in der Bedeutung „vorher" und „bisher". Denn an manchen Stellen ist diese letztere Bedeutung so gewiss als an vielen andern nur die allgemeine „vorher" anwendbar. *πρώην* vielleicht gleich *πρῶτον*, wie auch cod. Ciz. und Vit. 1 haben, V. 110 τὴν γὰρ Σαλαμῖνα πρώην Δράκων κατεῖχεν. — Also τὸν ὕστερον Ἀλέξανδρον συγγενῆ τοῦ πρώην 1446. πρώην μὲν γὰρ ἐφ' Ἡρακλέους πορθηθεῖσα πυρὶ παρεδόθης, νῦν δὲ μέλλεις καυθῆναι ὑπὸ Νεοπτολέμου 52. Lykophron hat hier vieles sich selbst widersprechende ἓν μὲν ὅτι θανὼν πρώην ὑπὸ Τηλεγόνου νῦν πάλιν ὡς ζῶν ἀποθνήσκει 801. Proteus bat den Zeus, ihn wiederum nach Aegypten zurückkehren zu lassen, ὅθεν πρώην πλανώμενος ἐπῆλθεν εἰς τὴν Παλληνίαν 124. τὰ δὲ Ὀλύμπια πέντε ἡμέρας ἐτελεῖτο ἀπὸ ιαʹ τῆς σελήνης μέχρι τῆς ὅλης ιεʹ, προεγυμνάζοντο δὲ πρώην λʹ ἡμέρας 41. πρώην γὰρ (denn bis dahin) ἡ Τροία μακρόν τι πολίχνιον ἦν 1341. Philoktet ward geheilt, ἔπειτα δὲ ἐν Λίμνῳ πρώην, δηχθεὶς ὑπὸ ὕδρου 911.

In den Scholien A und B des Aeschylus trifft man es oft: Cho. 182. Eum. 27. 737 (τὰς πρώην ἔχειν τιμάς die bisherigen). Suppl. 358. 828. Prom. 39. 397. 438. Pers. 196. 211. 552. 940. Sept. 642. νῦν μὲν τούτους, νῦν δὲ ἐκείνους κολάζουσα. τοιοῦτος γάρ ἐστιν ὁ δῆμος, ὃ πρώην δίκαιον νομίζει τοῦτο ὕστερον ἄδικον οἰόμενος Sept. 1050 (B). τοῖς πρώην θεοῖς steht als Paraphrase von θεοῖσι τοῖσι πάρος Schol. A Prom. 405. Und Choeph. 984 das βάρος φίλον τέως gegeben durch φίλον πρώην.

„Das jetzt ist gegen das vorher ein darauf" sagt Triklinius zu Antig. 605 bei dem τό τ' ἔπειτα καὶ τὸ μέλλον καὶ πρὶν ἐπαρκέσει so: τὸ δὲ νῦν πρὸς τὸ πρώην ἔπειτα ἐστίν. Zu Ai. 266 νῦν δὲ —

κεῖνός τε λύπῃ πᾶς ἐλήλαται κακῇ ἡμεῖς θ' ὁμοίως οὐδὲν ἧσσον ἢ πάρος (bisher) sagt er: *πρώην γὰρ ἐλυπούμεθα ἡμεῖς μόνον, νῦν δὲ καὶ ὁ Αἴας μεθ' ἡμῶν.* Auch *πρώην* (bisher) — *νῦν δέ* zu Ai. 222 in einem nicht Triklinischen Scholion.

Aber auch in der älteren Pindarischen Paraphrase ist Ol. X (XI), 36 in dem *καὶ κείνους δάμασεν Ἡρακλέης ὅτι πρόσθε ποτὲ — ἔπερσαν αὐτῷ σφάτον* das *πρόσθε ποτέ* wiedergegeben durch *πρώην ποτέ.*

VII.

<small>Zur Charakterisirung der ältern Scholien: τὸ σημεῖον χ'. Ζητεῖται. Paraphrase der vierten Pythischen Ode.</small>

Τὸ σημεῖον χ'.

1. Die Alexandrinischen Ausgaben des Pindar, die Aristophanische, die Aristarchische waren eben sowohl mit Randzeichen versehen wie es die Homerischen waren. Eine Art von Zeichen hatten diese, deren die Homerischen Ausgaben entbehrten, nämlich die metrischen, welche — bei dem gleichmässigen Bau der Pindarischen Epinikien waren wol mehrere nicht nöthig — Strophe, Antistrophe, Epode, Schluss des Gesanges kenntlich machten. Für die Pindarischen Epinikien waren dies vielleicht dieselben — s. Hephaestio c. 15 —, deren auch die Byzantiner sich noch bedienten — s. die Pindarischen metrischen Einleitungen und des Tzetzes Kapitel *περὶ σημείων* in der Schrift *περὶ Πινδαρικῶν μέτρων* bei Cramer Anecd. Par. T. I p. 72 — nämlich Paragraphos am Schluss jeder Strophe und Antistrophe, Koronis am Schluss jeder Epode und Asteriskos ※ am Schluss des ganzen Gedichts: wie diese Zeichen auch sich bis in die Römische Ausgabe hinein fortgepflanzt haben, wo sie regelmässig und richtig stehen je die betreffende letzte Zeile rechts abschliessend. Tzetzes an genannter Stelle will wissen, dass die ältere Gewohnheit gewesen die Ueberschriften *στροφή, ἀντίστροφος, ἐπῳδός* überhaupt gar nicht zu schreiben, sondern dass eben durch jene Zeichen diese Benennungen ersetzt waren. (In der Romana steht immer auch darüber wie viele κῶλα: z. B. *στροφή α' κώλων ιγ', ἀντιστροφή α' κώλων ιγ', ἐπῳδός κώλων ιε':* und eben so wiederholend immer wieder durch sämtliche Strophen, Antistrophen und Epoden des Gedichts.) Die Stelle des Tzetzes heisst:

> δεῖ τοίνυν καὶ γινώσκειν σε τῶν παλαιῶν τὸ ἔθος
> ὡς οὔποτε προσέγραφον εἰς ᾆσμα ἐξωτέρω
> στροφήν τε καὶ ἀντίστροφον καὶ ἐπῳδὸν σὺν τούτοις,
> ἀλλὰ σημείοις τοιοισδὶ ἐσήμαινον τὴν κλῆσιν.

Unter den nicht metrischen Zeichen konnte das eine Zeichen, welches bei Homer eine sehr grosse Rolle spielte, hier kaum eine Anwendung finden, der Obelos. Und dennoch. Schon Aristophanes fand — es ist ein merkwürdiges Beispiel über die Gewähr selbst alter Ueberlieferung — in der zweiten Olympischen Ode in einer Strophe ein Kolon zu viel. Nämlich das φιλέοντι δὲ Μοῖσαι V. 48 (26) φιλεῖ δέ νιν Παλλὰς αἰεί, φιλέοντι δὲ Μοῖσαι, καὶ Ζεὺς πατὴρ μάλα. Hierzu lesen wir in Cod. Vrat. D und Gott. folgendes auch schon etwas konfus in den Worten gewordene, aber für die Sache verständliche Scholion: ἔστι περισσὸν τὸ κῶλον ὡς πρὸς τὴν ἀντίστροφον· ὅθεν καὶ ὀβελὸς αὐτῷ παράκειται· πᾶσαι γάρ εἰσιν ιδ΄ ὁμοῦ κώλων, αὕτη δὲ μόνη πεντεκαίδεκα εὑρίσκεται ἔχουσα. Und in Vrat. A folgendes uns angehende: τὸ κῶλον τοῦτο ἀθετεῖ Ἀριστοφάνης· περιττεύειν γὰρ αὐτό φησι πρὸς ἀντιστρόφους. Später wurde in manchen Texten — wie auch in einem Theil unserer Handschriften sich zeigt — dies überschüssige Glied geradezu aus dem Texte weggelassen. Und einer solchen Handschrift folgte die Römische Ausgabe, in welcher also jenes Kolon nicht steht und in dem Scholion, das übrigens mit dem aus Vrat. D und Gott. eben hergeschriebenen übereinstimmt, nicht steht ὅθεν καὶ ὀβελὸς παράκειται, sondern statt dessen ὅθεν καὶ ἡμεῖς οὐ γεγράφαμεν ἐν τῷ κειμένῳ. In den neueren Scholien erklärt Demetrius Triclinius und rühmt sich, dass er es hinausgeworfen, παρ᾽ ἐμοῦ ἐξεβλήθη, wie er auch in den Texten anderer Dichter vieles überflüssige, πολλὰ περιττὰ ὄντα, herausgeworfen. Dass sich jene Notiz aus frühester Alexandrinischer Zeit zu uns herübergerettet, ist ein höchst angenehmer Zufall. Wie dergleichen hin und wieder sonderbar vorkommt. Z. B. wir erfahren aus den bekannten Verzeichnissen über die Randzeichen (zusammengestellt bekanntlich bei Reifferscheid in den Suetonianis S. 137 ff.), Aristophanes habe im Homer da, wo er mehrere Zeilen hinter einander für unecht hielt, nicht wie Aristarch vor jeder einzeln den Obelos gesetzt, sondern sie gemeinsam mit einem einzelnen Zeichen κεραύνιον notirt. Und wenn ich nicht irre, ist in unsern Homerscholien eine einzige Stelle, wo dieses noch erwähnt wird, im Harl. zu Od. σ, 282. 3 εὐτελὲς τοῦτο. διὸ καὶ κεραύνιον παρέθηκεν Ἀριστοφάνης. Wodurch denn jene Nachricht auch bestätigt wird: sehr erwünscht, da die Nachrichten in jenen Registern mit der grössesten Vorsicht zu benutzen sind. Ich hätte im Aristarch S. 337 nicht unterlassen sollen zu bemerken, dass das Scholion zur Odyssee γ, 71 mit der Notiz des Anecd. Paris.: Aristophanes habe sich des Asteriskus bedient „ad notandos locos quibus sensus deesset", wenigstens auf den Homer angewendet, im Widerspruch zu stehen scheine. Denn nach jenem sonst guten Scholion hätte Aristophanes bei sich wiederholenden Homerischen Stellen

den Obelos und dagegen den Obelos mit Asteriskos bereits ebenso wie
Aristarch angewendet, während hievon in jenem Parisinum ausdrücklich das Gegentheil berichtet wird. Aber es ist hinreichend Grund zu
glauben, jene Fassung des Scholions zur Odyssee rühre von einem hierin
unkundigen Redaktor her.

Wie viele und welche Zeichen die Alexandriner anwendeten, um
ihre Bemerkungen über Pindarische Mythen — namentlich auch in Abweichung von den Homerischen — und sonstige seiner bemerkenswerthen Gewohnheiten oder Einzelheiten, seiner *συνήθεια* und seiner *ἰδιότης*, in Sache und Sprache auzuzeichnen, wissen wir nicht*). So auch
nicht welche Rolle der Asteriskus dabei spielte. Aristophanes soll, wie
ich eben schon erwähnte, nach Anecd. Paris. (Reifferscheid p. 139) den
Asteriskus angewendet haben ad notandos locos quibus sensus deesset.
Und solche Stellen fanden sich im Pindar gewiss: denen man durch
Konjektur aufhelfen musste: — mehrere Nachrichten über Konjekturen
überliefern die Scholien noch: — oder — man wird ja jenes quibus
sensus deesset nicht zu urgiren brauchen, es werden leicht auch Stellen gemeint sein können quibus sensus deesse videretur — die etwas
widersprechendes zu enthalten schienen und erst durch Erklärung zu
rechtfertigen waren. Die Handschrift, aus welcher die Römische Ausgabe geflossen, hatte den Asteriskus noch einigemal. Denn die Römische Ausgabe hat ihn auch. Pyth. III, 18 finden wir daselbst

δαμεῖσα χρυσέοις
τόξοισιν ὑπ' ἀρτέμιδος
εἰς ἀΐδαο δόμον ἐν ※
θαλάμῳ κατέβα ※
τέχναις ἀπόλλωνος.

Und dazu in den Scholien: *Σημειοῦνται δὲ οἱ ὑπομνηματισάμενοι τὰ
δύο κῶλα, τόδε τὸ σημεῖον* ※ *παρεντιθέντες* (d. h. in den Text neben
die Zeile setzend, Böckh giebt *παρατιθέντες*), *ὅτι ἀσυνάρτητά εἰσι*.

---

*) Dass es geschah ist uns jetzt hinreichend bekannt. Uebrigens ist allerdings in
dem Scholion Isthm. V (VI), 47 ταῦτα ἀπήρτισται (es muss ja doch aber wol οὐκ ἀπήρτισται sein) τὸ κατάλληλον οὐκ ἔχοντα, ἃ δὴ ὁ 'Αρίσταρχος σημειοῦται bei dem σημειοῦται wol die Meinung: er setzte bei solchen Stellen ein Zeichen an den Rand des Textes.
Es folgen hinter σημειοῦται die Worte: καὶ εἰσὶν δὲ κεχιάσθαι φασίν, ὅτι ἰδίως ἐπιβέβληκεν u. s. w. Ich will gleich bei dieser Gelegenheit die Bemerkung machen, dass Böckh
gewiss geirrt (praef. Schol. XXXIV), wenn er hier verstand: mit dem Zeichen χ versehen.
Das χιάζειν ist hier gewiss in einem rhetorischen Sinne gesagt: wie aus dem nicht leichten
Scholion dennoch klar ist. — Zu dem was recht alten Anklang behalten hat gehört Ol. IX, 46
ἀνίκ' ἀμφὶ Πύλον) ὅτι παρακηχέει (oder wie die Romana hat παρακήκοεν) 'Ομήρου λέγοντος ἐν πύλῳ ἐν νεκύεσσι (E, 397) . . . . . "Ομηρος δὲ οὐκ ἐν Πύλῳ λέγει τῇ πόλει,
ἀλλ' ἐν πύλῃ τῇ τοῦ ᾅδου φησὶν αὐτὸν μάχεσθαι. Ganz Aristarchisch und ganz an die
Manier des Aristonikus zu Homer erinnernd.

πῶς γάρ φησιν εἰς ἀίδαο δόμον καὶ πάλιν ἐν θαλάμῳ κατέβα· καὶ ἐξηγούμενοι περιττεῖον λαμβάνουσι. Das letzte ist jetzt oberflächlich ausgedrückt. Dass jene alten Alexandrinischen Erklärer — wie leicht z. B. Böckh darüber weggeht ist doch auffallend — von dem wenigstens scheinbaren Unsinne „sie ging im Gemach in die Wohnung des Hades herab" betroffen wurden und sich daran versuchten ist gewiss. Und man könnte wol, wenn obiges über den Aristophanischen Asteriskos begründet scheint, auf den Gedanken kommen, es habe sich der Asteriskos hier aus ursprünglicher Erwähnung des Aristophanischen dabei gesetzten Asteriskos erhalten. Es wird aber doch wol anders sein. Nämlich dieser selbe Asteriskos steht eben so rechts Pyth. IV, 15 neben dem ἑβδομάτᾳ καὶ σὺν δεκάτᾳ γενεᾷ. Und in den Scholien τὸ δὲ σημεῖον ὅτι ἑπτακαιδεκάτῃ γενεᾷ ἀπὸ τῶν Ἀργοναυτῶν φησι γενομένην ἐκ τῶν Λημνιάδων οἰκίσαι τὴν πρότερον Καλλίστην, ὕστερον δὲ Θήραν. Hier ist der Asteriskos also nur gebraucht, um anzuzeigen, dass etwas zu bemerken ist. Und in dieser Art steht er nicht am Text, sondern mitten in dem Scholion zu Nem. II V. 1 τοὺς ῥαψῳδοὺς οἱ μὲν ῥαβδῳδοὺς ἐτυμολογοῦσι διὰ τὸ μετὰ ῥάβδου δηλονότι τὰ Ὁμήρου ἔπη διεξιέναι. Καλλίμαχος ✳ Καὶ τὸν ἐπὶ ῥάβδῳ ὑφαινόμενον ἠνεκὲς ἀείδω δεδεγμένος. Ebenso zu Nem. X gleich zu V. 2 zur Erklärung des Ἄργος Ἥρας δῶμα. Da heisst es (ich will einmal alles genau aus der Romana mit den Fehlern schreiben) εὖ δὲ παρὰ τὸ ὁμηρικόν· Ἤτοι ἐμοὶ τρεῖς μὲν πολὺ φίλταταί εἰσι πόληες. Ἄργος τε Σπάρτη τε καὶ εὐρυάγυια Μυκήνη. καὶ καλίμαχος ✳ Ταὶ μέν, ἀρισκύδης εὖνις ἀνῆκε διὸς ἄργος ἔθειν, ἰδιόντπερ ἐὸν λάχος. ἀλλὰ γενέθλη ζηνός, ὅπως σκοτίῃ τριχὺς ἄεθλος ἔοι. Hier kann beidemal der Asteriskus doch keinen andern Zweck haben als die zitirte Stelle aus Kallimachus hervorzuheben. Und ebenso hinter den Homerversen Ol. III, 50.

So sind also diese Asteriski in der Romana wol Fetzen aus einer Handschrift, in welcher der Asteriskos in weiterer Ausdehnung als Zeichen für alles Bemerkenswerthe angewendet war.

Etwas häufiger noch fanden die Römischen Herausgeber in ihrer Handschrift τὸ σημεῖον χ′ oder χ oder χ.′ oder χ. (denn diese Formen kommen in der Romana dafür vor). Es steht rechts neben dem Kolon zu Ol. VI, 23 ἑπτὰ δ' ἔπειτα πυρᾶν νεκρῶν τε-λεσθέντων. Dazu in den Scholien: τὸ σημεῖον χ′ ὅτι ἑπτὰ πυράς φησι τῶν ἑπτὰ μὴ ἀποθανόντων. Ἀμφιάραος γὰρ κατεπόθη σὺν ταῖς ἵπποις ἐν Ὠρωπῷ πόλει τῆς Βοιωτίας.

Zu Ol. VI, 78 ἰῷ μελισσᾶν κηδόμενος βασιλεύς. Dazu: ἠστειεύσατο εἰπὼν ἀντὶ τοῦ ἰοῦ μέλι προϊέναι· τὸ δὲ σημεῖον χ ὅτι ἰὸν μελισσᾶν εἶπεν διὰ τὸ ἀφίεσθαι ὑπ' αὐτῶν.

Zu Ol. VII, 159 σέ τ' οὐχ ἕτερον λαθίνα. Dazu in den Scholien τὸ σημεῖον χ´ ὅτι λιθίνην ψῆφον λέγει τὴν στήλην διὰ τὸ περίεχειν τὰ ψηφίσματα.

Ol. VIII, 33 bei *δυςπαλές· τεθμὸς δέ τις ἀθανάτων*. Dazu in den Scholien *τὸ σημεῖον χ´ ὅτι τεθμὸν νῦν τὸ δόγμα καὶ τὴν κρίσιν εἴρηκε*. Weiter kommt es in der Romana weder in den Olympischen noch in den übrigen Oden vor. Aber es kommen im Kommentar auch in der Romana noch einige Stellen vor, welche zeigen, dass es in diesem für den Text vorausgesetzt wird. Ol. VII, 152 *τὸ δὲ σημεῖον ὅτι Ἑκατόμβαια λέγεται τὰ ἐν Ἄργει νενικηκέναι μάλιστα τὸν Διαγόραν*. Und Ol. VIII, 10 *πρόκειται δὲ τὸ σημεῖον ὅτι τὸ σημαινόμενόν ἐστι τοιοῦτον· ἐπιτελεῖται δὲ χάριν τῆς εὐσεβείας ἢ διὰ τὴν εὐσέβειαν*. Pyth. III, 160 *ὁ δὲ τρόπος συλληπτικός, πρὸς ὃν καὶ τὸ σημεῖον*. Auch Ol. VI, 48 *πρὸς τὴν ἱστορίαν, ὅτι φησί* — soll doch wol bedeuten *τὸ μεῖον ὅτι* —. Dass es viel öfter gestanden hat als es in derjenigen Handschrift noch gefunden ward, aus welcher die Römische Ausgabe geflossen, wird nun dadurch bestätigt, dass der Gottingensis, aus welchem sie bei Böckh hinzugekommen, noch eine Anzahl Stellen mit den Worten hat *τὸ δὲ σημεῖον ὅτι* oder *τὸ σημεῖον χ ὅτι* oder *διὸ καὶ τὸ σημεῖον*, wo in der Romana zwar meist dieselbe Notiz steht, aber mit anderer Wendung ohne die Erwähnung des *σημεῖον*.

Z. B. Pyth. III, 18, wo die Asterisken in der Romana standen mit dem *σημειοῦνται οἱ ὑπομνηματισάμενοι ὅτι* (in den Schneiderschen Scholien *σημειοῦνται ὅτι*) finden wir bei Böckh noch ausserdem ein zweites Scholion desselben Inhalts so: *τὸ σημεῖον ὅτι τὸ ἐν θαλάμῳ πλεονάζει· ἱκανὸν γὰρ ἦν εἰπεῖν* u. s. w. Dies steht Rom. gleichfalls, aber so: *ὅτι δὲ τὸ ἐν θαλάμῳ πλεονάζει δῆλον· ἱκανὸν γὰρ* u. s. w. Pyth. IV, 144 *ὄμβρους οὐκ αὐτοὺς φρίσσοντας ἀλλὰ φρίσσειν ποιοῦντας, ὡς καὶ Ὅμηρος Ὅς ποτε μαινομένοιο Διωνύσοιο τιθήνας, οὐκ αὐτοῦ μαινομένου, ἀλλὰ μανοποιοῦ. διὸ καὶ τὸ σημεῖον*. Die letzten Worte bei Böckh erst hinzugekommen. IV, 149 *τὸ σημεῖον χ ὅτι ἀταρβήκτοιο εἶπεν ἀντὶ τοῦ ἀκαταπλήκτου καὶ ὅτι γνώμας ἀντὶ τοῦ διανοίας*. Dies ganz bei Böckh hinzugekommen. 215 *τὸ σημεῖον χ ὅτι ἐκ τοῦ παρεπομένου ἀντὶ τοῦ ἐδάκρυσεν*. In der Romana nur: *τοῦτο γάρ φησιν ἐκ τοῦ παρεπομένου ἀντὶ τοῦ ἐδάκρυσεν*. 305 bei Böckh *τὸ χ ὅτι τὸ χωρὶς συμβεβηκός* — In der Romana *τὸ χωρὶς οὖν συμβεβηκός*. — 318 bei Böckh *κεχλάδοντας ἥβᾳ) πληθύοντας τῇ ἥβῃ· πρὸς ὃ καὶ τὸ χ*. In der Romana blos: *κεχλάδοντας ἥβᾳ ἀντὶ τοῦ πληθύοντας*. 361 *φοίνισσα πυρρὰ ἀπὸ τοῦ χρώματος. τὸ δὲ σημεῖον ὅτι φοίνισσαν εἶπεν ἀπὸ τοῦ φοινικέου σχηματίσας*. Das ganze Stück von *φοίνισσα* an erst bei Böckh hinzugekommen. 507 *οὐκ ἐρίζων ἀντία) τὸ χ ὅτι ἐκ τῶν Ἡσιόδου ἔργων εἴληπται. ἐκεῖνος γὰρ* — In der Romana nur *ταῦτα δὲ ἐκ τῶν* u. s. w. Die Vervollständigung dieser Notizen mag aber für den, der sie einmal benutzen will, zumal die Romana und Schneiders Scholien nicht jedem zu Gebote stehen, auch gegeben sein: aber hier unter dem Text*).

Aus solcher noch reichlicher mit Erwähnung des σημεῖον versehenen Handschrift schöpfte jener Unbekannte, der, wie wir oben bei Betrachtung der Schneiderschen Scholien sahen, an die Trikliniusscholien vielfach aus den alten Scholien hinzuschrieb sein σημεῖον χ oder σημειοῦται τῷ χ ὅτι und dergl. Ja seine Handschrift hatte es noch öfter als der Gottingensis. Denn während er sonst an allen entsprechenden Stellen es hat, wo wir es bei Böckh finden, hat er es noch an einigen mehr.

Böckh	Schneider
Pyth. IV, 194 σημειωτέον ὅτι τὰς κενὰς οὕτως εἶπεν.	σημειωτέον ὅτι λευκὰς φρένας οὗτος εἶπε. διὸ καὶ σημειοῦται τὴν λέξιν τῷ χ.
— 381 die Worte ἔστι δὲ καὶ μεταφορικῶς ἀκοῦσαι kommen zwar vor, aber nicht σημεῖον.	σημειοῦται τὸ τετράκναμον τῷ χ ὅτι μεταφορικῶς ἀπὸ τοῦ τροχοῦ καὶ ἐπὶ τὸ ζῶον (so) εἴρηκε.

*) Ich schreibe zuerst aus Pyth. IV die Gestalt her, welche die Notizen in Vrat. E (bei Schneider) haben. IV, 16 σημειοῦται τὸ κῶλον τῷ χ ὅτι —. 144 οὐκ αὐτοὺς φρίσσοντας· ἀλλὰ φρίσσειν ποιοῦντας· διὸ καὶ τὸ σημεῖον συνήθως (wie 427) τέθειται τὸ χ. 149 σημειοῦται τὸ κῶλον τῷ χ ὅτι ἀταρβάκτοιο εἶπεν ἀντὶ τοῦ ἀκαταπλήκτου. 215 σημειοῦται τὸ κῶλον τῷ χ ὅτι ἐκ τοῦ παρεπομένου αὐτὸν λέγει τοῦ ἐδάκρυσεν. 305 Ἀλκμήνας. σημειοῦται τὴν λέξιν τῷ χ ὅτι τὸ χωρὶς συμβεβηκός —. 318 κοχλαδότας ἥβᾳ ἀντὶ τοῦ πληθύνοντας τῇ ἥβῃ, διὸ καὶ σημειοῦται τὴν λέξιν τῷ χ. 361 φοίνισσα ἤγουν πυρρὰ ἀπὸ τοῦ χρώματος. διὸ καὶ τὸ σημεῖον τῷ χ ὅτι φοίνισσα εἶπεν ἀπὸ τοῦ φοινικοῦ σχηματίσας.

Nun lasse ich die Stellen aus den übrigen Oden folgen, wo bei Böckh aus dem Gottingensis das χ noch erwähnt wird, während es in der Romana nicht der Fall ist. Pyth. V, 16 τὸ δὲ σημεῖον χ ὅτι Θεόδοτον τὸν πλοῦτον εἶπεν ἀντὶ τοῦ Θεόδοτον. In der Romana blos τὸ δὲ Θεόδοτον ἀντὶ τοῦ Θεόδοτον εἶπεν. 124 τὸ δὲ σημεῖον ὅτι πρυμνοῖς ἀγορᾶς εἶπεν ἀντὶ τοῦ ἐσχάτοις ἄκροις. Romana blos πρυμνοῖς δὲ ἀγορᾶς εἶπεν ἀντὶ τοῦ ἐσχάτοις ἄκροις. Pyth. VIII, 25 ἔστι γὰρ Ξενάρκους υἱός. πρὸς ὃ τὸ χ', καὶ ὅτι Κίρραθεν εἴρηται οὐ συντελεῖται —. In der Romana fehlen die Worte πρὸς ὃ τὸ χ'. 142 τὸ χ' ὅτι ὑπερβάτως εἴρηκε Διὶ καὶ Κρέοντι σὺν Αἰακῷ. Fehlt alles in der Romana. Pyth. IX, 11 τὸ χ' ὅτι τὴν Λιβύην τρίτην εἶπε ῥίζαν γῆς —. In der Romana τρίτην δὲ εἶπε ῥίζαν γῆς —. 61 τὸ σημεῖον ὅτι μεταφορικῶς εἴρηκε τὴν ἀκμὴν ἢ τὴν παρθενίαν μελιηδέα ποίην. Ist in der Romana anders mit dem vorhergehenden verbunden: ἤτοι . . . . . ἢ μεταφορικῶς εἴρηκε τὴν ἀκμὴν ἢ τὴν παρθενίαν μελιηδέα ποίην. 183 gehört vielleicht nicht dazu: σημειωτέον ὅτι ὁ ὑπὸ Ἡρακλέους καταγωνισθεὶς Ἀνταῖος —. In der Romana ἔνιοι γάρ φασιν ὅτι ὁ —. Pyth. X, 49 τὸ σημεῖον ὅτι οἱ Ὑπερβόρειοι ὄνους θύουσι τῷ Ἀπόλλωνι. Bei Böckh hinzugekommene Worte. Die Sache vorher in den Scholien ausführlich besprochen. Pyth. XI, 21 τὸ σημεῖον ὅτι τὴν Φωκίδα χώραν ἀφνεὰν ἄρουραν Πυλάδου εἴρηκεν. τῆς γὰρ Φωκίδος — In der Romana ἰστέον ὅτι τὴν Φωκίδα χώραν. — 46 die Worte τὸ δὲ σημεῖον ὅτι χαμηλὰ τὰ ταπεινὰ εἶπεν fehlen in der Romana. Böckh hat hier vergessen zu bemerken, dass sie erst, natürlich aus Gott., hinzugekommen.

Böckh	Schneider
Pyth. IV, 427 κυρίως τὸ ἐρέπτειν ἐπὶ τῶν ἀλόγων ζώων τάττεται ὅτι ἐπὶ τῇ ἔρᾳ, τουτέστι τῇ γῇ, ἐσθίουσιν, ὡς Ὅμηρος Ἵπποι δὲ κρῖ λευκὸν ἐρεπτόμενοι καὶ ὀλύρας. νῦν δὲ καὶ ἀντὶ τοῦ ἔρεφον ἔλαβε, τουτέστιν ἐστέγουν (so auch Rom.), ἐστεφάνουν.	κυρίως τὸ ἐρέπτειν ἐπὶ τῶν ἀλόγων ζώων τάττεται ὅτι ἐπὶ τῇ ἔρᾳ, τουτέστι τῇ γῇ, ἐσθίουσιν, ὡς Ὅμηρος Ἵπποι δὲ κρῖ λευκὸν ἐρεπτόμενοι καὶ ὀλύρας. νῦν δὲ ἐπὶ τοῦ ἔρεφον ἔλαβε. διὸ καὶ τὸ σημεῖον τέθηκε (so) συνήθως τῇ χ.

Hieher gehört denn auch noch das eine Beispiel vom σημεῖον in Mommsen's sogenannten Scholiis Thomano-Triclinianis: Nem. I, 64:

Böckh wie Romana	Mommsen
τὸ δὲ ἀμφιελίξασθαι ἀντὶ τοῦ μασᾶσθαι ἀπὸ τοῦ παρεπομένου δεδήλωκε, τουτέστι καταφαγεῖν, διὰ τὸ συστρέφειν τὰς γνάθους τοὺς μασωμένους· ἢ ἐπεὶ μεγαλοστομώτατόν ἐστι τὸ ζῶον, καὶ ὅμοιον τῇ εἰλήσει τὴν κατάποσιν ποιεῖ.	ἀμφιελξίασθαι. τὸ χ τέθεικεν ὅτι τὸ μασᾶσθαι ἀπὸ τοῦ παρεπομένου δεδήλωκε διὰ τὸ συστρέφειν τὰς γνάθους τοὺς μασωμένους.

Die Anwendung eines Chi als Randzeichen ist ziemlich alt. Diogenes Laertius erwähnt seiner Anwendung in den Platonischen Texten: III, 65 τὸ χ´ (wol vielmehr Χ) λαμβάνεται πρὸς τὰς λέξεις καὶ τὰ σχήματα καὶ ὅλως τὴν Πλατωνικὴν συνήθειαν. Er meint offenbar Plato's συνήθεια in sprachlicher Beziehung. Für anderes führt er die andern Zeichen auf: darunter ein ·Χ· περιεστιγμένον πρὸς τὰς ἐκλογὰς καὶ καλλιγραφίας (schön ausgedrückte Sentenzen). Aber die Anwendung des χ´, des σημεῖον χ´ als einziges Zeichen für alles, welches alle andern Zeichen verdrängt (die Sache ist bekannt, und genügt es auf den Thesaurus zu verweisen), dürfen wir wol ziemlich neu setzen. Und wo es einmal am Rande älterer Handschriften erscheinen sollte, ist es wol von späterer Hand hinzugesetzt. Es soll in dem Pariser Papyrus des Alkmanfragments stehen (Wattenbach Griech. Paläogr. S. 7, verweisend auf Egger Mémoire d'histoire ancienne p. 159. Facsim. pl. 50).

— Dass ein solches Zeichen bei Isidor und in den übrigen Verzeichnissen nicht erwähnt wird könnte Zufall sein: denn vollständig sind sie weder angelegt noch erhalten: möchte aber nach Lage der Sache es dennoch wol nicht sein. Und müssen wir uns in Betreff seiner Erwähnung gerade in den älteren Pindarscholien unter Voraussetzung seines Erscheinens am Texte und wieder seines Schwindens die Sache so vorstellen. An eine Handschrift mit den alten Scholien schrieb sich ein ziemlich neuer Gelehrter oder Redaktor bei Notizen, die ihm be-

sonders bemerkenswerth schienen, ziemlich häufig ein σημεῖον χ´ an
den Rand des Textes und schrieb auch in den Scholien dazu διὸ καὶ
τὸ σημεῖον oder auch τὸ δὲ σημεῖον ὅτι mit kurzer Angabe des „warum",
meist mit den Worten die er aus den Scholien selbst zog. Bei weiterem
Abschreiben blieben diese χ´ wieder mehr und mehr fort, wol nur aus
Nachlässigkeit. Und in manchen Handschriften hatte das auch die
Folge, so in derjenigen, aus welcher die Römische Ausgabe geflossen,
dass abschreibende Gelehrte und Redaktoren auch in den Scholien die
Erwähnung des σημεῖον wieder eingehen liessen.

Unsere Wörterbücher kennen das zu jenem σημεῖον χ´ gehörige
χιάζειν, aber nicht χιόω und καταχιόω. Tzetz. Chil. X, 841

Οὗτος ὁ Διονύσιος δοὺς τραγῳδίαν τούτῳ
οἰκείαν, πόνημα αὐτοῦ οὖσαν Διονυσίου,
ἀναγνωσθῆναι μέλλουσαν λαμπρῶς ἐν ταῖς Ἀθήναις,
εἶπεν αὐτῷ· Φιλόξενε, ἴδε τὴν τραγῳδίαν,
καὶ εἴ τι φαῦλον χίωσον. ὁ δ᾽ ἀπ᾽ ἀρχῆς εἰς τέλος
τὴν πᾶσαν κατεχίωσεν ἐκείνην τραγῳδίαν.

In derselben Geschichte hatte er V, 164 εἴ τι δὲ φαῦλον χίωσον σκοπῶν ἠκριβωμένως. ὁ δ᾽ ἀπ᾽ ἀρχῆς εἰς τελευτὴν χιοῖ τὴν τραγῳδίαν.

Tzetzes erinnert mich auch an ein Beispiel, dass Zeichen leicht
wegfallen: die eben nicht Text und Buchstaben sind. In der Abhandlung desselben περὶ μέτρων Πινδαρικῶν bei Cramer Anecd. Par. I
spricht er von längern Versen, die man als je einen στίχος ansehen
könne, aber auch, wenn man sie anders theilen wolle, als zwei verschiedene. Auch

„Ἄνδρα μοι ἔννεπε μοῦσα πολύτροπον, ὃς μάλα πολλά"
„Οὐκ ἄρα μοῦνον ἔην ἐρίδων γένος, ἀλλ᾽ ἐπὶ γαῖαν."

Τούτους ἐάν τις διαιρῇ καθὸ σταυρογραφοῦμεν, μετρήσει τὰ δακτυλικὰ
τετράμετρα εὑρήσει,

u. s. w.

Das kann ich nur verstehen: wenn jemand sie so theilt wie ich durch
Schreiben eines Kreuzes zu erkennen gebe. Er hatte nach πολύτροπον und nach γένος ein Kreuz gesetzt. Das also dieser Codex nicht
mehr aufweist.

Ζητεῖται.

2. In den älteren Scholien zieht es unsere Aufmerksamkeit auf
sich, dass eine Zahl, wenn auch für den ganzen Umfang nicht bedeu-
tende Zahl, auftritt unter der Form ζητεῖται oder ζητεῖται δέ, auch
wol ζητητέον, auch wol einmal ζητοῦσί τινες, auch wol διαπορεῖται,
διαπορoῦσι — διὰ τί, oder πῶς, auch δι᾽ ἣν αἰτίαν Ol. II, 29. Pyth.

IV, 35. 119. Und σφόδρα ἐζητήθη, τίνας νῦν τοὺς Ἐυφραίους φησί heisst es Pyth. X, 85. (Vgl. διεστασίασται οὐ μετρίως τοῖς πρὸ ἡμῶν Pyth. II Anf.) Die Antworten treten dann ein mit καί φαμεν, ῥητέον οὖν, ῥητέον δέ, auch ἐπιλυτέον οὕτως Ol. VI, 123, oder auch die Beantwortungen verschiedener werden angegeben ἔνιοι μέν — οἱ δέ, und mehrmals auch mit Angabe einzelner genannten Gelehrten: beispielsweise ἐπιλύεται ὁ Δίδυμος φάσκων, oder, wie in der Romana steht, ἐπιλύεται δὲ ὁ Δίδυμος ταύτην τὴν ἀπορίαν φάσκων — Pyth. IV, 455, oder: Ἀρίσταρχος οὖν τὴν ἀπορίαν διαλύων φησί — Ol. III, 1. Eine ist darunter, welche allerdings eine gar schwierige Stelle treffend, auf den ersten Blick und in ihrer Fassung recht an jene absichtlichen ἐνστάσεις erinnern kann, zu Pyth. II, 101 τὸ πλουτεῖν δὲ σὺν τύχᾳ πότμου σοφίας ἄριστον. Wozu es nämlich heisst: ζητεῖται δὲ πῶς τὸ πλουτεῖν σοφίας λέγει ἄριστον. Man darf übrigens bei einer und der andern Stelle, die in der Art dieser Gattung ist, fragen ob sie nicht ursprünglich in der Form mit ζητεῖται abgefasst war. Z. B. zu Ol. VI, 55 ὃς ἀνδρῶν Ἀρκάδων ἄνασσε Φαισάνᾳ λάχε τ' Ἀλφειὸν οἰκεῖν, ob Phaisana in Arkadien, wie meist geglaubt wird, oder in Elis liege: wenn in Arkadien, wie dann der Alpheios passe. Worin es heisst: οἱ δὲ βουλόμενοι τὴν Φαισάναν Ἀρκαδικὴν εἶναι τὸ περὶ Ἀλφειοῦ οὕτως ἐπιλύονται. Vielleicht das jetzt ganz kurze Pyth. IV, 28 ἐνταῦθα δὲ πῶς τὴν Κυρήνην τοῦ μαντείου πλησίον εἶναί φησιν; ἀπέχει γὰρ ἱκανοῖς σταδίοις· ἀλλὰ ῥητέον ὅτι πᾶσα ἡ χώρα ἀφιέρωται τῷ θεῷ. Oder Pyth. V, 6: Du, Arkesilaos, gehst von früh an ruhmvollem Reichthum nach, ἕκατι χρυσαρμάτου Κάστορος. „διὰ τί δὲ σὺν Κάστορι;" mit den sehr aus einander gehenden verschiedenen Beantwortungen.

Es sind jene Stellen mit dem ζητεῖται dem grösseren Theile nach sehr ausführlich und gelehrt und treffen auch wenigstens fast sämtlich wirkliche Schwierigkeiten und Probleme. Und werden wir dabei recht lebhaft erinnert, welche ausserordentliche Schwierigkeiten den ersten Erklärern entgegentraten und wie ausserordentliche Verdienste sie sich zu erwerben hatten und fürwahr erwarben. Ol. II, 29 Warum Pindar zu Zeus für Theron um Gewährung des schönsten Glückes flehend zugleich hinzufügt die Bitte um Beschwichtigung früher vorgefallener schlimmer und trauriger Ereignisse oder Thaten: woran Pindar dabei denke. Ol. III, 1 Warum er bei der Feier des Olympischen Sieges nicht vielmehr an Zeus oder den Gründer Herkules sich mit seinem Gebete wendet, sondern an die Dioskuren. Ol. VI, 23 Warum Pindar von sieben Scheiterhaufen derer vor Theben spricht, da doch nur vier von den sieben Anführern verbrannt wurden, nicht aber Polynikes, Amphiaraos und Adrastos. Ol. VIII Einleitung: ζητοῦσί τινες warum er hier in einem Hymnus drei Personen preist, neben dem Alkimedon auch

Timosthenes und Melesias. Ol. XIII, 74 Warum er bei dem Lobe Korinths die Kolcherin Medea als in Korinth heimisch einführt. (Es muss auch hier gelesen werden nicht φασὶ δὲ τὴν Κόρινθον πρῶτον κτῆμα εἶναι Μηδείας, sondern πατρῷον κτῆμα, wie es richtig steht in dem andern Scholion, das dieselbe Sache in ein klein wenig anderer Fassung hat, welches statt ζητεῖται beginnt mit διὰ τί Μηδείας ἐμνημόνευσεν;) Pyth. I, 52 Wie Typhoeus unter dem Aetna liegt [V. 30 hiess es im Tartaros] und ἐν κορυφαῖς Αἴτνης δέδεται. Pyth. II, 27 διαπορεῖται δέ, τί δή ποτε εἰς τοὺς τοῦ Ἱέρωνος ἀγῶνας τὸν Κινύραν προςῆκται, εἰ μὴ ὅτι ταῖν θεοῖν ἱεροφάντης ἀποδέδεικτο u. s. w. Pyth. II, 85 Wenn, wie Pindar hier sagt, die Kentauren in Thessalien erwuchsen, wie kommen sie nach dem Arkadischen Pholoe, wo sie mit Herkules in Konflikt kommen. Pyth. II, 101 ζητεῖται πῶς τὸ πλουτεῖν σοφίας εἶπεν ἄριστον. Pyth. IV, 35 ζητεῖται Böckh, ζητητέον Romana, warum von allen Argonauten gerade Euphemos die dargebotene Scholle in Empfang nimmt. Dieselbe Sache kommt noch einmal V. 61 διὰ τί δὲ Εὔφημος ἐδέξατο πολλῶν ὄντων ζητεῖται, und hier etwas voller als dort. Man merke wol auf dieses Beispiel von Versetzung und Wanderung. Die sich bei V. 35 anschliessende Notiz „ὁ δὲ Ἀσκληπιάδης τὰ ἐν ταῖς μεγάλαις Ἡοίαις παρατίθεται Ἢ οἵη Ὑρίη u. s. w." gehört auch nicht hieher, sondern zu V. 81. Pyth. IV, 88 Welches die ἀλλοδαπαὶ γυναῖκες sind, von deren Nachkommen einst Kyrene wird gegründet werden. 119 Warum er in dieser Arkesilausode den Iason und die Argonautenfahrt behandelt. 213 „εἰςελθόντα δὲ αὐτὸν ἔγνω ὁ πατήρ". Wie kann (πῶς δυνατόν bei Böckh, in der Romana ζητεῖται δὲ πῶς δυνατόν —) der Vater den Iason gleich beim Eintreten erkennen, der gleich nach der Geburt ausgesetzt worden und nun im vollendeten Jünglingsalter steht. (Ward von Aristarch gewiss poetischer beantwortet als es jetzt geschieht, vielleicht sogar mit einem — wie sonst bisweilen: „so etwas muss man bei dem Dichter nicht einmal fragen": was ich allerdings hier nicht für das treffende halten würde.) 344 darf wol mit aufgeführt werden, obgleich es bei Böckh wie in der Romana ohne ζητεῖται blos eintritt mit διὰ τί δέ —; dann aber καὶ φαμεν· εἰκότως παρὰ τὸ Ἀράτειον· Μεσταὶ δὲ Διὸς πᾶσαι μὲν ἀγυιαί u. s. w. In dieser Form wol keine besonders frühe Beantwortung. Nämlich warum Iason vor der Abfahrt hier bei der Spende ins Meer (und neben den κυμάτων ῥιπαῖς ἀνέμων τε) nicht den Poseidon anruft, sondern den Zeus. 380 Was ist τετράκνημος ἴυγξ? 455 Warum er von allen Argonauten, die sich mit den Lemnischen Weibern vereinigten, nur des Euphemos erwähnt und seiner daher entsprossenen Nachkommenschaft. Pyth. IX, 16 Warum Pindar den mit der Cyrene in Libyen ankommenden Apollo von Aphrodite empfangen lässt. 200 Warum es acht und vierzig Töchter sind, nicht funfzig, die Danaos den Freiern aufstellt. Pyth. X, 85 (σφόδρα ἐζητήθη) welche Ἐφυραῖοι hier zu verstehen sind. Nem. I, 1 ἄμπνευμα σεμνὸν Ἀλφεοῦ u. s. w. Warum er bei diesem Siege, der nicht ein Olympischer, sondern Nemeischer ist, den Alpheios und die Ortygia anredet. II, 16 ἔστι δ' ἐοικὸς ὀρειᾶν γε Πελειάδων μὴ τηλόθεν Ὠρίωνα νεῖσθαι. Warum die Pleiaden ὄρειαι heissen. (Hier können wir den grossen Schwierigkeiten, die gemacht werden, nicht folgen, noch einigen übermässig sonderbaren sprachlichen Annahmen, die gewiss nicht aus der alten Alexandrinerschule stammen.) II, 19 Warum er hier Lob von Salamis und Aias bringt, während er selbst zu erkennen giebt (V. 25), dass Timodemus ein Acharnenser war. III, 1 Warum er die Muse ruft zum Gesange nach Aegina zu kommen und zugleich die Sänger, um derentwillen sie kommen soll, nicht in Aegina, sondern am Asopos, d. h. in Nemea weilen lässt. VII, 1 Warum er mit Anrufung der Ilithuia beginnt. Isthm. I, 11 ἐπεὶ στεφάνους ἐξ ὤπασε Κάδμου στρατῷ) διαπορεῖται τίς ἐνεχείρισε τῷ Κάδμου στρατῷ, τουτέστι ταῖς Θήβαις, τοὺς στεφάνους. Die sich hier ergebenden Schwierigkeiten glaubten die Aristarcheer nur durch Veränderung des ἐξ ὤπασεν in ἐξώπασεν lösen zu können.

3. Nun wird man sich die Frage vorlegen: sind diese Stellen auch dem Paraphrasten angehörig, bilden sie von ihm herrührende Stücke seines übrigen Kommentars, oder sind sie anderswoher rührende hineingesetzte Stücke? Sie schliessen sich aber so wesentlich an die Paraphrase an oder die Paraphrase an sie mit dem ὁ δὲ νοῦς, ἡ δὲ διάνοια —, dass sie für Partien des Kommentators selbst gelten dürfen, dessen Ausdrucksweise auch mehrmals erkennbar ist. Es sind jedoch zwei Stellen, welche daran irre machen können. Pyth. IV, 380 πότνια δ' ὠκυτάτων βελέων ποικίλαν ἴυγγα τετράκναμον Οὐλυμπόθεν ἐν ἀλύτῳ ζεύξαισα κύκλῳ μαινάδ' ὄρνιν Κυπρογένεια φέρεν πρῶτον ἀνθρώποισι. Die vierspeichige ἴυγξ war mit Recht Gegenstand einer ζήτησις. Hier ist nun ein langes gutes Scholion, welches berichtet, was ἴυγξ für eine Art Vogel sei, dass die Zauberinnen sich seiner indem sie ihn auf ein Rad binden bedienen und in welcher Art sie dabei zu Werke gehen. Als es dann auf die Erwähnung des τετράκνημος kommt, heisst es bei Böckh: κνῆμαι δὲ τὰ μέσα τῶν τροχῶν ξύλα· ἔστι δὲ καὶ μεταφορικῶς ἀκοῦσαι τὰς πτέρυγας καὶ τοὺς πόδας κνήμας εἰρημένας κατὰ τὸ ἀνάλογον δηλονότι. οὐ γὰρ ἁπλῶς ἐκδεσμεύεται ἐκ τοῦ τροχοῦ τετρακνήμου ὄντος, ἀλλ' ἄνωθεν μὲν ἐκ τῶν δύο πτερύγων, κάτωθεν δὲ ἐκ τῶν δυοῖν ποδῶν. τινὲς δὲ τετρανήμον᾽ ἀνέγνωσαν, ἵν᾽ ᾖ ἐν τῷ τετρακνήμον κύκλῳ. Hierauf folgt, in der Romana

auch eingeleitet, was bei Böckh fehlt, mit ὁ δὲ νοῦς οὕτως, die Paraphrase der obigen Pindarischen Worte: ἡ δέσποινα δὲ u. s. w. Und dann bei Böckh: Ἄλλως. ζητεῖται πῶς τετράκνημον τὴν ἴυγγά φησιν. οὐδὲ γὰρ λόγου ἔχεται κατὰ τοῦ τροχοῦ ἀκούειν. οὐδὲ γὰρ τετρακνήμῳ κύκλῳ φησι (sondern, meint er, τετράκνημον ἴυγγα). ῥητέον οὖν ὅτι κατά τινας ὁμωνύμως ὁ τροχὸς (nämlich das Zauberrad) τῷ ζῴῳ ἴυγξ λέγεται, ὅν φασιν (so auch Romana, wahrscheinlicher doch φησιν) ἔχειν τέσσαρας κνήμας (dann also wäre zu konstruiren: sie brachte das Zauberrad vom Olymp nachdem sie den Vogel auf den Radkreis gebunden). ἔστι δὲ καὶ μεταφορικῶς ἀκοῦσαι ὡς εἴπομεν (Rom. προείπομεν). Sieht man nun rückwärts, so wird man sich gewiss sagen, was man sich freilich auch ohnedies schon sagen konnte, dass das obige ἔστι δὲ καὶ μεταφορικῶς ἀκοῦσαι τὰς πτέρυγας nicht in Ordnung ist. „Man kann es aber auch metaphorisch verstehen, die ausgespannten Beine und Flügel metaphorisch als Speichen benannt." Es ist ja aber dort von gar keiner andern Erklärung die Rede gewesen. Es wird hinter κνῆμαι δὲ τὰ μέσα τῶν τροχῶν ein Ausfall bemerklich. In der Romana steht dort nicht ἔστι δὲ καὶ μεταφορικῶς u. s. w., sondern οὕτω δὲ καὶ μεταφορικῶς u. s. w. Und, was wichtiger, in der Romana steht nachher nicht Ἄλλως. ζητεῖται πῶς —, sondern ohne ἄλλως steht blos ζητεῖται δὲ πῶς —. Und so ist wol die Vermuthung begründet, dass dieses Stück ζητεῖται δέ bis τέσσαρας κνήμας eigentlich hinter κνῆμαι δὲ τὰ μέσα τῶν τροχῶν ξέλα gehörte und dort einzusetzen ist. Gleichgültig ist dann ob in dem οὕτω der Romana für ἔστι wirklich blos ein verdorbenes ἔστι steckt, oder etwa hinweist auf ein ehemaliges ἔστι δὲ καὶ οὕτω μεταφορικῶς ἀκοῦσαι.

Es ist wol wirklich nur eine Auslassung gewesen, die der Redaktor, als er sie inne ward, auf die obige Art gut machte, indem er das ausgelassene ζητεῖται δέ u. s. w. nachtrug und durch das hinzugesetzte ἔστι δὲ καὶ μεταφορικῶς νοῆσαι ὡς προείπομεν scheinbar gut machte. Denn dass oben nun doch eine logische Lücke blieb übersah er.

Ganz ähnlich muss ich die andere Stelle beurtheilen. Pyth. IV, 88 τῶν γε μὰν ἀλλοδαπᾶν κριτὸν εὑρήσει γυναικῶν ἐν λέχεσιν γένος, οἵ κεν τάνδε σὺν τιμᾷ θεῶν νᾶσον ἐλθόντες τέκωνται φῶτα κελαινεφέων πεδίων δεσπόταν. Hierzu lesen wir: ἐπὶ δὲ τοῦ παρόντος τῶν ξένων γυναικῶν τὸ ἔκκριτον γένος εὑρήσει τὴν ἀποικίαν. ἡ ἱστορία τοιαύτη· ταῖς Λημνίαις γυναιξὶν ἀσεβῶς διακειμέναις περὶ τὰς τῆς Ἀφροδίτης τιμὰς u. s. w. sehr ausführlich alles Hierhergehörige erzählt, worin auch Ausdrücke, die sehr hervorstechend dem Paraphrasten entsprechen (τῷ μηχανήματι λαθραίως ἀπέφυγον: vgl. Pyth. II, 39. hier IV, 197. 422. Ol. VI, 46) bis οὗ ἀπόγονος Βάττος, ὃς πρῶτος ἀποικίαν εἰς Κυρήτην ἔστειλεν. Hierauf Ἄλλως. ζητεῖται τίνες εἰσὶν αἱ ἀλλοδαπαὶ γυναῖκες ἐξ ὧν φησι τοὺς φύντας καθέξειν τὴν Κυρήνην, πότερον αὖ ἐν Θήρᾳ ᾤκησαν συνεξορμήσασαι μετὰ Κάδμου ὅτε ἐπὶ τὴν τῆς Εὐρώπης ζήτησιν ἀπῆρεν ἐκ Φοινίκης, — ὑπέμειναν γὰρ ἐν Θήρᾳ μετὰ Μεμβλιάρεω τοῦ Κάδμῳ συνεξορμήσαντος Φοίνισσαί τινες γυναῖκες, — ἢ ἀλλοδαπὰς γυναῖκας τὰς Λημνίας λέγει, περὶ ὧν ἡ ἱστορία προείρηται. Dann nach einer Zwischenzeile, die fremdartig ist und nicht dazu gehört*) — die genaue Paraphrase, — während oben nur vorläufiger Inhalt des Anfangs angegeben war, um erst die lange Erklärung dazu abzufertigen: anfangend mit ἐπὶ δὲ τοῦ παρόντος τῶν ἀλλοδαπῶν καὶ ξένων γυναικῶν τὸ ἐν ταῖς κοίταις ἔκκριτον καὶ διαπρεπὲς γένος u. s. w. bis δεσπότην.

Hier steht das Ἄλλως vor dem ζητεῖται allerdings so wie bei Böckh auch in der Romana. Das kann aber auf die Beurtheilung nicht den geringsten Einfluss haben. Der Vorgang muss hier ein ähnlicher gewesen sein wie in dem vorigen Fall zu V. 380.

Ob das Stück ζητεῖται durch Zufall allmählich erst nach der langen Lemnischen Geschichte zu stehen gekommen, oder vielleicht durch Absicht eines Schreibenden, der die Beziehung auf die Lemnischen Weiber für die richtigere hielt und sie deshalb voranstellte, vielleicht auch deshalb die zweite Ansicht kürzer behandelte: denn in ursprünglichsten Quellen war ohne Zweifel das Zurückbleiben jener Phönizischen Weiber seit der Wanderung des Kadmus ausführlicher belegt: kann man nicht wissen. Nur ist dann der Ausfall von irgend ein Paar Worten, welche jene Bevorzugung von Seiten des Autors andeuteten, anzunehmen. Man denke sich beispielsweise nur am Schluss jetzt weggefallen ein sonst einigemal vorkommendes: ὃ καὶ μᾶλλον. Aber man kann sich's auch anders denken mit ein Paar ausgefallenen Worten vor ἡ ἱστορία τοιαύτη, ja sogar man braucht statt ἡ ἱστορία τοιαύτη nur zu schreiben: ἔστιν ἱστορία τοιαύτη.

Ich weiss, dass ich im Laufe meiner Beschäftigung mit diesen Dingen einige Zeit dem Glauben zugeneigt war, die Stellen mit ζητεῖται gehörten nicht in den Tenor des Paraphrasten: sie seien von einem andern hinzugefügt aus den alten Kommentaren oder vielleicht aus einem besondern Buche, welches ζητήσεις oder ἀπορίαι Πινδαρικαί behandelte und hiess.

Dass es ein solches Buch oder solche Bücher nicht gegeben (ich setze natürlich hier überall voraus die Bekanntschaft mit dem, was wir sonst über die ἐνστάσεις und λύσεις wissen, Aristarch 199 ff.)

---

*) Sie heisst τίς εὑρήσει; ἡ προκειμένη ἤπειρος ἡ Λιβύη. Man sieht dieser konstruirt ganz anders.

möchte man kaum glauben. Auf eine vielfache Behandlung mancher Pindarischen Probleme führt auch Ol. VI, 23 bei ἑπτὰ δ' ἔπειτα πυρᾶν τελεσθέντων — wo statt des Anfanges ζητεῖται πῶς ἑπτά φησι τὰς πυράς —, wie z. B. auch in der Romana steht, es im Cod. Vratisl. A vorkommt mit diesem Ausdrucke des Anfangs: τῶν διαβεβοημένων ἐστὶ καὶ τοῦτο πῶς ἑπτά φησι γενέσθαι πυρὰς τῶν ἑπτὰ ἐπιστρατευσάντων καὶ οὐ πάντων καέντων. Welches erinnert an Aristonikus zu K, 252 ἡ διπλῆ διὰ τὸ πολυθρύλητον ζήτημα καὶ τὰς γεγονυίας ἀποδόσεις. Apollon. lex. Hom. unter ἀθεμίστων: καὶ ἔστιν ὅλος ὁ τόπος οὗτος τῶν προβλημάτων. Vielbesprochen und vielberufen waren dergleichen wol auch in den Schulen. Indessen in den Kommentaren wurden diese Probleme natürlich doch auch behandelt, pflanzten sich daselbst auch speziell als ζητήσεις fort, wie wir das auch bei Aristonikus zum Homer sehen (s. die im Aristarch S. 209 angeführten Stellen).

Zu jenem oben genannten Glauben, den ich aufgegeben, trugen besonders die zwei ausführlich, leider sogar weitläufig, aber dies war für jetzt nothwendig, besprochenen Stellen bei, die bei längerer Bekanntschaft mit dem Zustande der Ueberlieferung unserer Pindarischen Scholien ihr Gewicht ganz verloren: und niemand soll jenen Stellen ein solches beilegen.

Wie so viele andere Scholien so sind auch mehrere mit ζητεῖται in zwei meistens wenig verschiedenen Fassungen vorhanden: wo dann manchmal aber auch etwas wichtiges in der einen Fassung geblieben, das in der andern verschwunden ist. Oft zufällig. Was man wol von allen hieher gehörigen doppelten Fassungen sagen kann: Ol. III, 1. VI, 23. XIII, 74. IV, 29. 61, und wenn wir noch das Φασάνα dazu rechnen Ol. III, 138: mit einer Ausnahme. Denn allerdings konnte auch wol ein absichtlicher Zusatz angebracht werden. Zu Nem. II, 16 ὀρειᾶν Πελειάδων ist das Stück mit ζητεῖται beginnend dem von uns vorzugsweise so genannten Paraphrasten gehörig. Es werden aber sich anschliessend an eine andere Paraphrase (S. 437 oben Böckh) auch mehrere Lösungen des Problems angegeben, und zwar ohne die Form ζητεῖται. Es heisst nur τὸ δὲ ὀρειᾶν Πελειάδων ἤτοι — ἢ u. s. w. Die hier angeführten Lösungen sind in dem Stück mit ζητεῖται, das aber noch andere hier nicht aufgenommene Lösungen enthält, auch vorkommend, bis auf eine, gerade diejenige, welcher dieser Paraphrast, dieser andere Paraphrast auch in seiner Paraphrase ausgedrückt hat „τῶν ὄρων καὶ τῶν τόπων ὧν ἔχουσιν αἱ Πλειάδες", eine höchst sonderbare Lösung. Dieses ist nun in dem Stück mit ζητεῖται, das wir, wie gesagt, dem Kommentar des von uns κατ' ἐξοχήν so genannten Paraphrasten beilegen, nicht vorkommend, der ja auch recht ausführlich erhalten aussieht. Dies ist nun wol kein Zufall: es ist keine zufällige

Auslassung: sondern jene Erklärung „ἢ λιτότερον, heisst es, τῶν ὅρων καὶ τῶν τόπων ἐν οἷς εἰσὶν οἱ ἀστέρες" ist eben eine neue Lösung eines selbständig verfahrenden Autors.

4. Indem ich mich nun dazu wende, von einer Ode, der vierten Pythischen, die ausgezogene Paraphrase vorzulegen, von einer zweiten, wozu ich die neunte Pythische gewählt, den ganzen Kommentar des ältern Paraphrasten nebst seiner Paraphrase zusammenhängend vorzulegen und die jetzo daran gefügten Auswüchse und Ansätze andern Ursprungs davon geschieden zu geben — erlaube man mir noch wieder einmal an den prekären und konfusen Zustand der Ueberlieferung durch ein Beispiel zu erinnern. Es ist der Anfang von Ol. XII.

Es sind bei Böckh zwei Proömien, eines hinzugekommen aus Vrat. A. Beide enthalten die nothwendigsten Angaben über den Sieger, die Zeit seiner Siege, über sein wunderbares Schicksal, auf das die Ode zielt, dass er als ein Verbannter aus Kreta nach Himera gekommen, eben dadurch die Veranlassung fand in den grossen Spielen Siege zu erwerben. Beide Proömien könnten so wie wir sie jetzo lesen aus den Händen ihrer Verfasser gekommen sein: bis auf eine Lücke im ersten Proömium, wo die Angabe zwar, dass er nicht nur einen Olympischen Sieg gewonnen habe, sondern auch einen Pythischen, ebenso steht wie im zweiten —: allein die im zweiten ausserdem stehende Angabe, dass er auch in den Isthmien gesiegt, was in der Ode selbst erwähnt ist V. 18, hat sicher auch dort gestanden und ist nun ausgefallen. Und doch in einem Punkte unterscheiden sie sich wesentlich. Sie nehmen beide die Gelegenheit wahr, aus den allgemeinen Angaben, die sie machen, zugleich den ersten Vers mit seinem παῖ Ζηνὸς Ἐλευθερίου zu erklären. Das erste Proömium hat die Angabe, dass er durch Parteiungen aus Kreta vertrieben nach Sizilien gekommen (στασιαζομένης τῆς πόλεως, Knosos nämlich, εἰς Ἱμέραν ἀπῆλθε) begleitet mit folgendem Zusatz: καὶ καταλαβὼν πάλιν τὰ ἐν Σικελίᾳ πράγματα στασιαζόμενα πρὸς Γέλωνος καὶ Ἱέρωνος ἐκδεξάμενος εἰρήνην ἐνίκησε. διὸ πρὸς τὴν εἰρήνην ἀποτείνεται ἐν τῷ προοιμίῳ ὡς αἰτίαν γενομένην τῷ νικηφόρῳ νίκης. Das andere Proömium sagt davon nichts, dass er auch in Sizilien τὰ πράγματα στασιαζόμενα gefunden und erst nach dem Frieden in die Lage kam, sich als Himeräischer Bürger an den Spielen zu betheiligen, und erklärt den ersten Vers so: διὰ δὲ τοῦ προοιμίου εὔχεται ἀεὶ τὴν Ἱμέραν ἐλευθέραν εἶναι καὶ ἀνυπότακτον ἄλλοις. φανερὸν δὲ καὶ ὅτι διὰ τοῦτο τὴν Τύχην προσαγορεύει Διὸς Ἐλευθερίου παῖδα, ἣν καὶ παρακαλεῖ ἀμφιπολεῖν τὴν Ἱμέραν. Dieser Verfasser versteht also unter παῖ Διὸς Ἐλευθερίου die Τύχη, jener — wie er sich auch mit der Konstruktion abgefunden, wovon nachher — die

Εἰρήνη. Und finden wir nun auch diese Auffassung sogleich weiter vor in den Scholien zu den ersten Versen. Diese heissen bei Böckh so: Λίσσομαι παῖ Ζηνὸς ἐλευθερίου) τὴν Εἰρήνην Ἐλευθερίου Διὸς ὑποτίθεται θυγατέρα διὰ τὴν ἐνοῦσαν τοῖς εἰρηνεύουσιν ἐλευθερίαν. ἔστι δὲ ὡς τὸ Χρύσην ἀμφιβέβηκας. § ἱκετεύω οὖν σε, ὦ τοῦ Ἐλευθερίου Διὸς παῖ Τύχη (Τύχα Rom.) Σώτειρα, σώζουσα, περὶ τῆς μεγαλοσθενοῦς πόλεως τῆς Ἱμέρας καλουμένης. ἔστι δὲ Ἱμέρα πόλις Σικελίας. Ἀμφιπόλει δὲ περιπόλει, σῶζε. εὔχεται δὲ μὴ ὑποταγῆναι τὴν Ἱμέραν μηδενί. § καταλυθέντων τῶν περὶ Ἱέρωνα ἀθλήσας ἤδη ἐνίκησεν. ὅθεν τὸν Ἐλευθέριον Δία ἐπὶ τῶν Σικελιωτῶν κατελευθερωθέντων τῆς τυραννίδος. Das letzte Stück hinter dem zweiten Paragraphenzeichen ist bei Böckh aus Vrat. A hinzugekommen, das übrige (nur natürlich gehört das Paragraphenzeichen hinter μηδενί Böckh an) steht auch in der Romana ebenso.

Nun sehe man diese gründliche Verwirrung gründlich an. Das sieht man gleich, dass das ἔστι δὲ ὡς Χρύσην ἀμφιβέβηκας so nicht stehen kann. Es wird also der nächste Gedanke sein, zu schreiben: ἔστι δὲ τὸ ἀμφιπόλει ὡς τὸ Χρύσην ἀμφιβέβηκας, um nach diesen Vorbemerkungen des Scholions in die sich dann anschliessende Paraphrase hinüberzugehen: ἱκετεύω οὖν σε u. s. w., wie es eben schon ausgeschrieben und vorgelegt ist. Und so sind wir in Unsinn gerathen. Denn die Worte περὶ τῆς μεγαλοσθενοῦς πόλεως — paraphrasiren kein ἀμφιπόλει, sondern die andere (in den neuen Scholien werden beide berücksichtigt) Auffassung ἀμφὶ πόλει — und die Lesart nicht Ἱμέραν, sondern Ἱμέρᾳ oder Ἱμέρας, und die so eben als Eirene erklärte παῖς Διός wird in der Paraphrase die Tyche. Also wird Böckh wol darin recht gethan haben, die Paraphrase ἱκετεύω οὖν σε u. s. w. vom vorangehenden zu trennen. Und es wird dies also eine Paraphrase sein, welche dem Verfasser des zweiten Proömiums, in welcher ja gesagt war, dass er die Tyche als Zeus' Tochter anrufe, angehört. Allein das geht ja auch nicht an: denn dieser hatte uns schon gesagt, dass er ἀμφιπόλει als Verbum verstehe: „ἣν καὶ παρακαλεῖ ἀμφιπολεῖν τὴν Ἱμέραν". Und wenn Böckh sich aufs Trennen einliess, so musste er ja auch nicht ἔστι δὲ Ἱμέρα bis μηδενί vom vorigen ungetrennt lassen, wo ja gleich wieder ἀμφιπόλει δὲ περιπόλει erklärt wird und im Widerspruch steht mit dem ἀμφὶ πόλει voraussetzenden περὶ τῆς μεγαλοσθενοῦς πόλεως: abgerechnet dass wir das ἔστι δὲ Ἱμέρα πόλις Σικελίας wieder zu hören bekommen, was im Proömium, dem ersten wie dem zweiten, hinreichend, sogar mit Erwähnung des Bürgers Stesichorus, eingeprägt war. Und das εὔχεται δὲ μὴ ὑποταγῆναι τὴν Ἱμέραν μηδενί, dem zweiten Proömium entsprechend, war jedenfalls auch augenblicklich vorher schon in demselben gesagt mit denselben Worten εὔχεται ἀεὶ τὴν Ἱμέραν ἐλευθέραν εἶναι καὶ ἀνυπότακτον ἄλλοις. Wir werden das ἔστι δὲ Ἱμέρα bis μηδενί als einen für sich bestehenden Fetzen ansehen, und nach Böckhischer Art zu trennen ganz gewiss das Trennungszeichen vor ἔστι δὲ Ἱμέρα setzen. Ebenso aber sehen wir als eingeschneite Fetzen oder Glossen an das ἔστι δὲ ὡς τὸ Χρύσην ἀμφιβέβηκας, wie es sich giebt, und aber auch das Τύχη σώτειρα, σώζουσα, was übrigens auch danach aussieht und innerhalb regelrechter Paraphrase wenigstens vielmehr als Τύχη σώτειρα καὶ σώζουσα, wahrscheinlicher noch mit einem definirenden Zusatz zu σώζουσα zu erwarten wäre. Diese letzten Bemerkungen würden für sich weniger Gewicht haben, wenn nicht eben das ganze Τύχη σώτειρα uns hier ganz störend ins Gehege käme. Also haben wir im Anschluss an das erste Proömium anhebende Erklärung nebst Paraphrase:

Λίσσομαι παῖ Ζηνὸς Ἐλευθερίου) τὴν Εἰρήνην Ἐλευθερίου Διὸς ὑποτίθεται θυγατέρα διὰ τὴν ἐνοῦσαν τοῖς εἰρηνεύουσιν ἐλευθερίαν· „ἱκετεύω οὖν σε, ὦ τοῦ Ἐλευθερίου Διὸς παῖ, περὶ τῆς μεγαλοσθενοῦς πόλεως τῆς Ἱμέρας καλουμένης". Und weiter ist davon nichts übrig. Das Σώτειρα Τύχα· τὶν γὰρ — muss er als neuen Anfang genommen und für hängenden Vokativ angesehen haben, wie ὦ δώματ' Ἀδμήτει '—.

Das letzte elende aus Vrat. A hinzugekommene Stück ist vom übrigen unabhängig und ein ganz verkehrter, mit Unkenntniss der historischen Verhältnisse (s. Böckh) ausgesonnener Versuch das ἐλευθερίου zu erklären. Und auch mit jenem aus Vrat. A gekommenen Proömium, in welchem die Ursache, warum hier der Ἐλευθέριος genannt ist, so eben anders erklärt war, nicht übereinstimmend.

---

5. Aeltere Paraphrase von Pyth. IV, zusammenhängend aus dem damit verbundenen Kommentar des Paraphrasten ausgezogen.

V. 1—7.

Σήμερον μὲν προςήκει σε παραστῆναι καὶ τῷ προςφιλεστάτῳ ἀνδρὶ καὶ βασιλεῖ τῆς εὐίππου Κυρήνης, ὅπως ἄν, ὦ Μοῦσα, σὺν τῷ Ἀρκεσιλάῳ κώμους ἄγοντι καὶ χορεύοντι ἐπὶ τῇ νίκῃ τοῖς τε Λητοῦς παισὶ καὶ τῇ Πυθῶνι τὸν ὀφειλόμενον αὐξήσῃς καὶ ἀποδῷς τῶν ὕμνων οὖρον (so ist zu lesen für das *τὸν ὀφειλόμενον ὕμνον αὐξήσῃς καὶ ἀποδῷς τὸν τῶν ὕμνων οὖρον*). *ὅπου ποτὲ ἡ τῶν χρυσῶν τοῦ*

πάρεδρος ἱέρεα   *Διὸς ἀετῶν πάρεδρος καὶ ἱέρεια τοῦ Ἀπόλ-*

V. 8—42.

λωνος Πυθία οὐκ ἀποδημοῦντος τοῦ θεοῦ ἀλλὰ παρόντος ἐχρησμῴδησε συνοικιστὴν γενέσθαι τῆς Λιβύης τὸν Βάττον, ὅπως ἂν τὴν ἱερὰν νῆσον Θήραν καταλιπὼν ὁ Βάττος κτίσῃ τὴν εὐάρματον καὶ ἱππικωτάτην πόλιν ἐν τῷ τροφιμωτάτῳ καὶ ἄκρῳ μέρει τῆς Λιβύης καὶ τὸ τῆς Μηδείας ἔπος ἀνασώσῃ τὸ περὶ τῆς Θήρας, ὅτι δὴ ἑπτακαιδεκάτῃ γενεᾷ ἀποικία ἔσται ἐκ Θήρας εἰς Λιβύην, ὅπερ δὴ ἔπος ἡ τοῦ Αἰήτου παῖς ἡ ἄγαν ὀργίλος Μήδεια (das ἄγαν habe ich hinzugesetzt, s. Schol. 17) ἐκ τοῦ ἀθανάτου ἀπεφθέγξατο στόματος ἡ τῶν Κόλχων βασιλίς.
 Es fehlen die Worte εἶπε δ᾽ οὕτως ἡμιθέοισιν Ἰάσονος αἰχματᾶο ναύταις.
 Ἐπακούσατε, ὦ μεγαλοψύχων τε ἀνδρῶν καὶ θεῶν παῖδες. φημὶ γὰρ ἐκ ταύτης τῆς ἁλιπλάγκτου γῆς τὴν Ἐπάφου κόρην Λιβύην τῶν πόλεων (so ist zu schreiben statt πολιτῶν) τὴν ῥίζαν καὶ καταβολὴν φυτεῦσαι καὶ σπεῖραι (er versteht φυτεύσεσθαι medial) τὴν τοῖς ἀνθρώποις ἐν ἐπιμελείᾳ οὖσαν ἐν τοῖς τοῦ Διὸς Ἄμμωνος θεμελίοις, τουτέστιν ἐν τῇ Λιβύῃ, τὴν Κυρήνην. ἀντὶ δὲ τῶν μικροπτερύγων δελφίνων ἵππους μεταλήψονται καὶ ἡνία ἀντὶ κωπῶν καὶ δίφρους κινήσουσι κατὰ τὸν δρόμον ταχίστους (dies Wort habe ich hinzugefügt). ἐκεῖνο τὸ σύμβολον (so Rom. Böckh ἐκεῖνος ὁ σύμβολος), ἐκεῖνος ὁ οἰωνός, τουτέστιν ἡ βῶλος, παρασκευάσει τῶν μεγίστων πόλεων μητρόπολιν γενέσθαι τὴν Θήραν. ὅνπερ ὄρνιν, λέγει δὲ τὴν βῶλον, ἐν ταῖς προχοαῖς τῆς Τριτωνίδος λίμνης θεῷ ἀνδρὶ ὁμοιωθέντι καὶ ξένα παρεχομένῳ ἐκ τῆς πρώρας καταβὰς ὁ Εὔφημος ἐδέξατο. αἴσιον δὲ ἐπὶ τῇ δόσει βροντήσας ἐπεκτύπησεν ὁ Ζεύς· ὅτε τὴν ἄγκυραν τὴν χαλκᾶς ἔχουσαν γένυς πρὸς τῇ νηὶ ἀνελκυσάντων τῶν Ἀργοναυτῶν καὶ ἀποκρημνάντων ἐπέτυχεν ὁ Εὐρύπυλος. [Fehlt

ἀποδάμου
χρῆσεν

εὐάρματον
ἐν ἀργινόεντι μαστῷ
ἔπος ἀγχομίσαιθ᾽
ἑβδόμᾳ καὶ σὺν δεκάτᾳ γενεᾷ
ζαμενής

ἀνέπνευσε
δέσποινα

κέκλυτε ὑπερθύμων φωτῶν

ἀστέων ῥίζαν
φυτεύσεσθαι

μελησίμβροτον
θεμέθλοις
ἐλαχυπτερύγων
ἀμείψαντες
ἐρετμῶν   νωμάσοισιν
ἀελλόποδας

κεῖνος ὄρνις
ἐκτελευτάσει   μεγαλᾶν

εἰδομένῳ
πρώραθεν

ἐπί οἱ ἔκλαγξε βροντάν
χαλκόγενυν

κρημνάντων ἐπέτοσσε

V. 43—70.

θοᾶς Ἀργοῦς χαλινόν]. ἐν δώδεκα ἡμέραις τὸ πρότερον ἔξω τοῦ Ὠκεανοῦ ἐφέρομεν κατὰ τὸν νῶτον τῆς ἐρήμου καὶ ὁμαλῆς γῆς τὸ θαλάττιον δόρυ, τουτέστι τὴν ναῦν, τοῖς ἡμετέροις βουλεύμασιν ἀνασπάσαντες. τὸ τηνικαῦτα δὲ ὁ μόνος ἀναστρεφόμενος θεὸς παρεγένετο ἀνδρὸς αἰδεσίμου καὶ ἀξιοπρεποῦς φαιδρὰν καὶ εὐπρεπῆ ὄψιν ἑαυτῷ περιθείς, ὅ ἐστιν ὁ Τρίτων Εὐρυπύλῳ ὁμοιούμενος, Κυρήνης βασιλεῖ (so heisst er auch Schol. Apollon. Rhod. IV, 1561.) — λόγων δὲ προσφιλῶν καὶ φιλοφρονητικῶν κατήρχετο, ὥσπερ τοῖς ξένοις παραγεγονόσιν οἱ ξενισταὶ τὰ δεῖπνα καὶ τὴν φιλοφροσύνην πρῶτον ἀπαγγέλλονται. — οὕτω καὶ αὐτὸς ταῦτα ἐπηγγείλατο. τοῦτο γὰρ δεῖ συνυπακοῦσαι. — ἀλλὰ γὰρ ἡ τῆς γλυκείας ἀνακομιδῆς πρόφασις ἐκώλυεν αὐτοὺς παραμένειν καὶ τῆς θεοῦ δεξιώσεως ἀπολαύειν. ἔλεγε δὲ ὁ Εὐρύπυλος τοῦ ἀφθάρτου Ποσειδῶνος εἶναι παῖς. συνεώρα δὲ καὶ αὐτὸς ἡμᾶς ἐπειγομένους. ἀναρπάσας δὲ εὐθὺς ἐκ τῆς γῆς τῇ δεξιᾷ χειρὶ τὸ παρατυχὸν ξένιον ἐζήτει παρασχεῖν, — ὅπερ ἦν ἡ βῶλος*). οὐδ' ἀπιθῆ αὐτὸν πεποίηκε πρὸς τὴν ὑποδοχήν**). ὁ δὲ ἥρως Εὔφημος ἐπιθορὼν ταῖς ἀκταῖς τῇ αὐτοῦ χειρὶ τὴν αὐτοῦ ἀντερείσας ἤγουν ἀνθαρμόσας, ἢ συνάψας καὶ ἐπεκτείνας χεῖρα [entweder er gab ihm die eine Hand als Begrüssungszeichen, oder er streckte sie nach und an die Scholle aus] ἐδέξατο τὴν θείαν βῶλον. κατακούω δὲ αὐτήν, τὴν βῶλον, κατακλυσθεῖσαν ἐκ τῆς νεὼς σὺν τῇ θαλάσσῃ τῆς δύσεως διενηνέχθαι καὶ διαλυθῆναι συμφερομένην τοῖς κύμασιν. — τὸ δὲ ἑσπέρας ἤτοι κατὰ τὸν καιρὸν τῆς ἑσπέρας ἢ τῷ πελάγει τῆς δυτικῆς

ἐρήμου εἰνάλιον
μήδεσιν ἀνσπάσσαντες
ἁμοῖς οἰοπόλος
αἰδοίου φαίδιμαν
πρόςοψιν θηκάμενος

φιλίων ἐπέων

εὐεργέται δεῖπνα

γλυκεροῦ νόστου

γαιαόχου ἀφθίτου Ἐννοσίδα γίγνωσκε

μάστευσε δοῦναι

βώλακα δαιμονίαν
πεύθομαι
κατακλυσθεῖσαν ἐκ δούρατος εἰναλίαν βᾶμεν
σὺν ἅλμᾳ
ἑσπέρας ὑγρῷ πελάγει
σπομέναν

---

*) Schol. 61 Χαῖρις φησι δεῖν γράφειν προτυχόν, ἵν' ᾖ· ἀναρπάσας δὲ u. s. w. wie oben. Böckh hat gegeben παρατυχόν. Unrichtig. Die Bemerkung des Scholiasten geht ohne Zweifel dahin, dass andere nicht προτυχόν, sondern προτυχών lasen.

**) Schol.: οὐδ' ἀπίθησέ νιν) παθητικῶς· οὐδ' ἀπιθῆ αὐτὸν u. s. w. Es wird erfordert μεταβατικῶς.

V. 71—94.

θαλάττης ἀκολουθήσασαν (was er also zunächst in der Uebersetzung gegeben hatte). — καὶ μὴν αὐτήν, τὴν βῶλον, συνεχῶς τοῖς λυσιπόνοις οἰκέταις φυλάξαι ὤτρυνον, τούτων δὲ εἰς λήθην ἦλθον αἱ φρένες. καὶ νῦν ἐν τῇδε τῇ ἀφθάρτῳ νήσῳ πρὸ τοῦ δέοντος καιροῦ διεχύθη τῆς εὐρυχώρου Λιβύης τὸ σπέρμα, τουτέστιν ἡ βῶλος. εἰ γὰρ δὴ αὐτήν, τὴν βῶλον, ἐν τοῖς ἑαυτοῦ οἴκοις ἔβαλε (so habe ich geschrieben für ἤγαγε) παρὰ τὸ χθόνιον τοῦ ᾅδου στόμα, εἰς τὴν ἱερὰν Ταίναρον παραγεγονώς, ἐκ δὲ τούτου εἰς Λακεδαίμονα ἐλθὼν ὁ τοῦ ἱππικοῦ Ποσειδῶνος υἱός, ὅντινά ποτε ἡ Εὐρώπη ἡ τοῦ Τιτυοῦ θυγάτηρ ἐγέννησε παρὰ ταῖς ὄχθαις τοῦ Κηφισοῦ τοῦ Βοιωτικοῦ ποταμοῦ, τετάρτων ἐξ Εὐφήμου παίδων γεγονότων γένος αὐτῷ ἐκείνην ἔλαβεν καὶ κατέσχε σὺν τοῖς Ἕλλησι τὴν μεγάλην καὶ πλατεῖαν ἤπειρον τῆς Λιβύης. τότε γὰρ οἱ Ἡρακλεῖδαι κατελθόντες μετὰ τέσσαρας γενεὰς ἐξανέστησαν (vielmehr ἐξαναστήσουσι) τοὺς προκατέχοντας ἀπὸ Εὐφήμου (diese beiden Worte ἀπὸ Εὐφήμου fehlen Rom.) Μυκηρῶν καὶ Ἄργους καὶ Λακεδαίμονος, ἐπὶ δὲ τοῦ παρόντος τῶν ἀλλοδαπῶν καὶ ξένων γυναικῶν τὸ ἐν ταῖς κοίταις (er schrieb etwa τὸ τῶν ἀλλοδαπῶν καὶ ξένων γυναικῶν ἐν ταῖς κοίταις τεχθέν) ἔκκριτον καὶ διαπρεπὲς γένος εὑρήσει τὴν ἀποικίαν, οἵτινες σὺν τιμῇ θεῶν εἰς ταύτην τὴν νῆσον παραγενόμενοι τέκωσι τὸν Βάττον τὸν τῶν τῆς Λιβύης πεδίων δεσπότην. [Denn, wird hinzugesetzt κελαινεφέων πεδίων bezeichnet die Libyschen, und bedeutet entweder — oder —] *). ὅντινά ποτε

θαμὰ θεραπόντεσσιν
ἐλάθοντο
ἀφθίτῳ
πρὶν ὥρας

οἴκοι

ἱππάρχου

αἷμα
Δαναοῖς εὐρεῖαν

λέχεσι

κριτὸν

---

*) Das Scholion ist zu lesen mit dem wieder entfernten Ἄλλως, das in der Romana nicht steht: und enthält eigene Worte des Ammonius: κελαινεφέων δὲ πεδίων τῶν τῆς Λιβύης. καὶ οἱ μὲν διὰ τὸν αὐτόθι συνεχῆ ὄμβρον καὶ τοὺς χειμῶνας, διὸ καὶ εὔκαρπος ἡ Κυρήνη, διὰ τὸ συνεχῶς δεύεσθαι. τινὲς δὲ διὰ τὸ τῶν πεδίων μέγεθος. Ἀμμώνιος δέ φησι (so Rom.). „διὰ τὸ περὶ τὴν Κυρήνην μόνην ἵστασθαι νέφος παρὰ τὴν ἄλλην Λιβύην. ἢ μᾶλλον μεγέθους τις ἔμφασις δηλοῦται διὰ τὸ ἀποσκοτοῦσθαι τὰς ὄψεις τοῦ πέρατος μὴ ὁρωμένου." Leider hier abgebrochen.

V. 95—123.

θέμισσιν
καταβάντα

πίον

ἦ ῥα Μηδείας ἐπέων στίχες
ἀντίθεοι   ἔπταξαν
πυκινὰν μῆτιν κλύοντες

ὤρθωσε
μελίσσας

δυσθρόου

πεπρωμένον

ὥστε φοινικανθέμου ἦρος
ἀκμᾷ

μέρος θάλλει

κῦδος
ἀμφικτιόνων

πάγχρυσον νάκος
Μινυᾶν
θεόπομποι

τὸν Βάττον ἐν τῷ πολυχρύσῳ οἴκῳ ὁ Ἀπόλλων ἀναμνήσει τοῖς ἑαυτοῦ χρησμοῖς εἰς τὸν Πυθικὸν ναὸν παραγενόμενον. τί δὲ ἀναμνήσει; οἰκιστὴν τῆς Κυρήνης γενέσθαι „χρόνῳ δ᾽ ὑστέρῳ" ὁ δὲ ἀντὶ τοῦ δή, ἵν᾽ ᾖ· χρόνῳ δὴ ὑστέρῳ διὰ νεὼς πολλοὺς ἄνδρας ἀγαγεῖν πρὸς τὸ τοῦ Κρονίδου Νείλου λιπαρὸν τέμενος, φησὶ δὲ τὴν Λιβύην. οὕτως εἰρήκασιν οἱ τῆς Μηδείας λόγοι, οἱ δὲ ἰσόθεοι ἄνδρες ἥρωες κατεπλάγησαν σιωπῇ τὴν πυκνὴν καὶ συνετὴν συμβουλὴν τῆς Μηδείας κατακούσαντες. Ὦ μακάριε υἱὲ τοῦ Πολυμνήστου Ἀριστότελες, σὲ δ᾽ ἐν τῷ Μηδείας λόγῳ ὁ χρησμὸς ὤρθωσε καὶ ἀπέδειξε τῆς Δελφικῆς ἱερείας αὐτομάτῳ φθόγγῳ, λέγει δὲ τῆς Πυθίας (so natürlich statt Πυθῶνος). ἥτις σε περὶ τῆς κακοφώνου καὶ τραχείας φωνῆς ἀνερωτῶντα, τίς παρὰ θεῶν λύσις γένοιτο, χαίρειν τρὶς προςειποῦσα εἱμαρμένον βασιλέα διὰ τῶν χρησμῶν ἀπέφηνε τῇ Κυρήνῃ. καὶ δὴ λίαν καὶ ἐπὶ τοῦ παρόντος ὥσπερ ἐν τῇ τοῦ φοινικοῦ καὶ ἀνθηροῦ ἔαρος ἀκμῇ καὶ ὥρᾳ — ἀπὸ κοινοῦ θάλλει τὸ μέρος καὶ τὸ ἄνθος, — οὕτω καὶ ἐν τούτοις τοῖς παισὶν ὄγδοον μέρος ὢν θάλλει καὶ βλαστᾷ ὁ Ἀρκεσίλαος. — τὸ μετὰ συντακτέον τῷ παισί. — Τούτῳ μὲν τῷ Ἀρκεσιλάῳ ὅ τε Ἀπόλλων καὶ ἡ Πυθὼ ἐκ τῆς ἱπποδρομίας δόξαν καὶ μνήμην (vielmehr wol φήμην) ἐκ πάντων τῶν περιοίκων δεδώκασιν. ἀποδώσω δὲ αὐτὸν ἐγὼ ταῖς μούσαις, ἀντὶ τοῦ ὑμνήσω (so wird man einfach schreiben dürfen statt des doch falschen ὑπομνήσω) καὶ νενικηκότα ἀνυμνήσω, καὶ τὸ χρυσοῦν δέρας τοῦ κριοῦ. ἐπὶ γὰρ τοῦτο τὸ δέρας τῶν Ἀργοναυτῶν πλευσάντων θεῖαι τιμαὶ τοῖς Ἀργοναύταις ἐφυτεύθησαν, — κατὰ κοινοῦ δὲ (so und ohne ἄλλως Rom.) τὸ μοίσαισι δώσω. — Τίς γὰρ ἀρχὰ — ὁ λόγος ἐρωτηματικὸς πρὸς τὴν

V. 124—137.

Μοῦσαν — τίς γὰρ ἀρχὴ τοῦ πλοῦ; ποῖος δὲ   ναυτιλίας
κίνδυνος ἐν τοῖς ἰσχυροτάτοις τοῦ ἀδάμαντος   καρτεροῖς
ἔδισεν ἥλοις; τουτέστι ποία ἰσχυρὰ καὶ κιν-
δυνώδης ἀνάγκη παρώρμησε τοὺς Ἀργοναύτας;
— εἶτα Ὁμηρικῷ ζήλῳ μετὰ τὴν ἐρώτησιν ἐπάγει τὸ αἴτιον [Offenbar wird an den Anfang
der Ilias gedacht: τίς γάρ σφωε θεῶν u. s. w.;]
μεμοιραμένον, χρησμῳδηθὲν ἦν*), τὸν Πελίαν   θέσφατον
ἐκ τῶν ἄγαν διαφανῶν Αἰολιδῶν τελευτῆσαι   ἀγαυῶν
τὸν βίον, ἢ καὶ γνώμαις ἢ καὶ πράξεσιν ἀκα-   θανέμεν   χείρεσσιν
ταμαχήτοις καὶ σκληραῖς. ἦλθε δὲ καὶ ἀνε-   βουλαῖς ἀκάμπτοις
δόθη τὸ φρικτὸν τοῦτο μάντευμα τῷ συνετῷ   ἦλθε κρυόεν
αὐτοῦ θυμῷ τὸ κατὰ τὸν μέσον ὀμφαλὸν ῥη-
θὲν τῆς εὐδένδρου γῆς, τουτέστι κατὰ τὸ Δελ- εὐδένδροιο ματέρος
φικὸν χρηστήριον τὸ ἐν μέσῳ τῆς οἰκουμένης.
(So etwa ist zu schreiben für das κατὰ τὸν
μέσον ὀμφαλὸν ῥηθέν, τουτέστι κατὰ τὸ Δελ-
φικὸν χρηστήριον τὸ ἐν μέσῳ τῆς οἰκουμένης
τῆς εὐδένδρου γῆς.) ἦν δὲ τὸ μάντευμα τοιοῦ-
τον· τὸν μονοκρήπιδα πάντως φυλάσσεσθαι,
ὅταν ἀπὸ τῶν ὑψηλοτάτων ἐπαύλεων — τοῦ   αἰπεινῶν
Χείρωνος, παρ' αὐτῷ γὰρ ἐπαιδεύθη — εἰς
εὐδείελον ἤγουν τὴν εὖ πρὸς ἑσπέραν κειμένην,
ἢ τὴν διαφανῆ καὶ ἐπίσημον γῆν τῆς εὐδόξου
Ἰωλκοῦ παραγένηται ξένος ὢν καὶ πολίτης. —
ὁ Ἰάσων δηλονότι· καὶ πολίτης μὲν ὅτι Ἰωλ-
κίους εἶχε τοὺς γονεῖς, ξένος δὲ ὅτι τεχθεὶς
ἐκεῖ παρὰ τῷ Χείρωνι ἀνετράφη. (Diese Worte
von ὅταν ἀπό an stehen so wie ich sie gegeben in der Romana. Nur hinter ἐπίσημον
habe ich die dort noch stehenden Worte τὴν
πρὸς τῇ ἑσπέρᾳ weglassen müssen und hinter
τεχθείς ein ἐκεῖ hinzufügen. Nach dem ἀνετράφη geht es dann in Rom. eben auch gleich
weiter wie hier: ὁ δ' ἄρα χρόνῳ) ὁ δὲ Ἰάσων

---

*) Rom. nur μεμοιραμένον ἦν. Doch könnte es mit dem χρησμῳδηθέν, wie Böckh gegeben, ursprünglich sein: das wäre die Art wie sonst mit dem umgekehrten καί (denn χρησμῳδηθέν paraphrasirt das θέσφατον genauer und genau) und auch wol einmal so mit weggelassenem καί. So hatten wir oben (V. 33) κεῖνος ὄρνις) ἐκεῖνο τὸ σύμβολον, ἐκεῖνος ὁ οἰωνός.

V. 138 — 161.

αἰχμαῖσι διδύμαισι
ἔκπαγλος

θαητοῖσι γυίοις

φρίσσοντας

γνώμας ἀταρμύκτοιο πει-
ρωμένος

χαλκάρματος

λιπαρᾷ
τολμάεις

Θήρευσε
φαρέτρας ὀρνύμενον

u. s. w.) Ὁ δὲ Ἰάσων χρόνῳ παραγέγονε (so Rom., Böckh παρεγένετο), δύο δόρασι θαυμαστὸς καὶ ἐκπληκτικός. ἐσθὴς δὲ διπλῆ συνεῖχεν αὐτόν, ἥ τε τῶν Μαγνήτων ἐπιχώριος, ἁρμοζομένη τοῖς θαυμαστοῖς μέλεσι, καὶ ἡ παρὰ Χείρωνι παρδαλέα, ἣ ἔσκεπε καὶ ἀπεῖργε (so etwa für ἀπήλυγε. Schol. Suppl. 134 ἅλα στέγων) τὴν θάλασσαν εἶργον. Unser Paraphrast also nahm in den Pindarischen Worten παρδαλέα ἐστέγετο jenes als Nominativ. Und ἐστέγετο hat er als Medium genommen) τοὺς φρίσσειν παρασκευάζοντας ὄμβρους. οὐδὲ τὴν πρώτην κόμην εἰς ἀπαρχὴν τοῖς θεοῖς ἐκείρατο, — ἀλλ᾽, ὡς Ἀχιλλεὺς νέος ἦν πρωτοκόμης. [Es fehlt ἀλλ᾽ ἅπαν νῶτον καταίθυσσον. Es fehlt vielleicht auch für die eben vorangehenden Worte οὐδὲ κομᾶν πλόκαμοι κερθέντες ᾤχοντ᾽ ἀγλαοί neben dem allerdings bezeichnend angegebenen Inhalt noch die wörtliche Paraphrase: ὁ δὲ νοῦς· οὐδέ bis καταίθυσσον.] Ταχέως δὲ εὐθὺ πορευόμενος τῆς ἑαυτοῦ γνώμης τῆς ἀφόβου καὶ ἀταράχου ἔστι διάπειραν λαμβάνων. [Es fehlt ἐν ἀγορᾷ πλήθοντος ὄχλου. Und dass die ἀγορά nicht ausgelassen war zeigt die Paraphrase 165.] Τοῦτον μὲν οὖν νεωστὶ τῇ Μαγνησίᾳ ἐπιδημήσαντα οἱ ἐνοικοῦντες οὐκ ἐγίνωσκον. ὀπιζομένων, ἐπιστρεφομένων πρὸς αὐτὸν καὶ τοὺς ὦπας ἐπιβαλλόντων, ἢ οὕτως, ἐπεὶ ὄπις ἐστὶν ἡ τοῦ μέλλοντος ἐπιστροφή, τὸ ἐσόμενον προλαβών τις εἶπεν, ἢ ὀπιζομένων τῶν τοὺς θεοὺς πρὸ ὀφθαλμῶν ἐχόντων καὶ εὐσεβῶν· οὐδαμῶς οὗτός ἐστιν ὁ Ἀπόλλων οὐδὲ μὴν ὁ ἱππικώτατος Ἄρης ὁ πόσις τῆς Ἀφροδίτης· ἐν δὲ τῇ εὐδαίμονι Νάξῳ φασὶ τεθνηκέναι τὸν τῆς Ἰφιμεδείας παῖδα Ὦτον καὶ σέ, ὦ τολμηρότατε Ἐφιάλτα. ἀλλὰ μὴν καὶ τὸν Τιτυὸν τὸ τῆς Ἀρτέμιδος βέλος ἐθήρευσε καὶ ἀνεῖλεν ἐκ τῆς ἀνικήτου βελοθήκης ὁρμώμενον, ὅπως ἄν τις

V. 162—192.

τῶν δυνατῶν ἐπιθυμιῶν ὀρέγηται· τοιαῦτα μὲν   τᾶν ἐν δυνατῷ φιλοτάτων
οἱ κατὰ τὴν ἀγορὰν Μάγνητες ὄντες ἀλλήλοις
διαλεγόμενοι ἔλεγον. ἐν δὲ τοῖς ἡμιόνοις καὶ   ἀμειβόμενοι γάρυον
τῇ εὐξέστῳ (so etwa für εὐδόξῳ) ἀπήγη ἐπτοη-   ξεστᾷ
μένως παρεγένετο σπεύδων ὁ Πελίας. εὐθέως   προτροπάδαν
δὲ κατεπλάγη θεασάμενος τὸ ἄγαν αὐτῷ διὰ   τάφε παπτάναις
τὸν χρησμὸν εὔγνωστον ὑπόδημα τοῦ Ἰάσονος   ἀρίγνωτον πέδιλον
τῷ δεξιῷ αὐτοῦ περικείμενον ποδί. ὑποκλέ-
πτων δὲ τῇ ψυχῇ τὸν φόβον τὸν περὶ τὸν   ἀμφὶ θυμῷ δεῖμα
χρησμὸν προςεῖπεν· ποίαν γῆν, ὦ ξένε, καυχᾷ   προςέννεπε
ἔχειν πατρίδα, καὶ τίς σε τῶν χαμαιγενέων
ἀνθρώπων ἐκ τιμίας ἀνῆκε γαστρός; εἰπέ, μὴ   πολιᾶς
τοῖς ἐχθίστοις ψεύδεσι τὴν γένναν (so richtig
Böckh für τιμίαν) καταμιάνῃς.
Fehlt τὸν δὲ θαρσήσαις ἀγανοῖσι λόγοις ᾧδ'
ἀμείφθη.
φημὶ καὶ διαβεβαιοῦμαι τὴν Χείρωνος διδα-   φαμὶ
σκαλίαν κομίζειν — ἀντὶ τοῦ γνώσῃ διὰ τῶν   οἴσειν
λόγων οὐ ψευδόμενόν με, ὡς τοῦ Χείρωνος
αὐτὸν ἐλευθερίως ἀναθρέψαντος καὶ διδάξαν-
τος μὴ ψεύδεσθαι. — ἐκ γὰρ τοῦ Χειρωνίου
σπηλαίου παραγίνομαι ἀπὸ τῆς Χαρικλοῦς καὶ
Φιλύρας, ἔνθα με αἱ τοῦ Κενταύρου ἁγναὶ κό-   ἄντροθε νέομαι
ραι ἀνέθρεψαν. εἴκοσι δὲ ἐκπληρώσας ἐνιαυ-   ἐκτελέσας
τοὺς παρὰ Χείρωνι, οὔτε ἔργον οὔτε λόγον   ἔπος ἐκτράπελον
ἐκείνοις ἀπαίδευτον εἰπὼν παρεγενόμην εἰς τὰ
οἰκεῖα τὴν ἀρχὴν καὶ βασιλείαν σπεύδων ἀνα-   οἴκαδ' ἀρχαίαν κομίζων
λαβεῖν τοῦ πατρὸς Αἴσονος ὑπ' ἄλλῳ νῦν οὐ
κατὰ τὸ δίκαιον οὖσαν — ἐκτράπελον δὲ ἀπαί-   βασιλευομέναν οὐ κατ' αἶ-
δευτον, αἰσχρόν, ὃ ἐκτρέψαιτο ἄν τις, ἢ͂ ἐν-   σαν
τράπελον (richtig von Schneider emendirt aus
ἐναντίον) καὶ αἰσχρόν, ὃ ἄν τις ἐντραπείη*). —
παραγώγως ἐξήγαγε τὴν ἀρχήν, ὡς καὶ Ὅμηρος τὴν ἀνάγκην (vgl. zu 497)· ἀναγκαίη γάρ
φησιν ἐπείγει. Χαῖρις γράφει (Es steht Böckh
wie Rom. Ἄλλως vor Χαῖρις) ἀρχὰν ἀγκομί-
ζων πατρὸς ἐμοῦ, ἵν' ᾖ τὴν ἀρχὴν ἀνακομιού-

---

*) Schol. Aesch. Eumen. 52 βδελύκτροποι) ἅς τις βδελύξαιτο ἂν καὶ ἐντραπείη μισήσας.

V. 193—207.

πεύθομαι γὰρ

μενος, ἥτις βασιλεύεται παρὰ πάντα τὰ δίκαια. — κατακούω δὲ τὸν ἄδικον Πελίαν ταῖς ἀνοήτοις πεισθέντα φρεσὶ τὴν ἡμετέραν τῶν γονέων ἀποσυλῆσαι βασιλείαν. (So habe geschrieben für τὴν τῶν ἡμετέρων γονέων ἀποσυλῆσαι βασιλείαν der Romana. Er las ἁμετέραν). — Χαῖρις γράφει ἁμετέρων καὶ περισπᾷ τὸ ἀρχεδικᾶν, ἵν᾽ ᾖ τῶν ἡμετέρων πατέρων τῶν ἀρχεδικῶν ἀποσυλῆσαι αὐτὸν πεύθομαι. ἐὰν δὲ ἀρχεδίκαν τὴν ἀρχήν, ἣν κατὰ δίκην, τουτέστι κατὰ τὸ δίκαιον εἶχον οἱ ἐμοὶ γονεῖς. βιάζεται δὲ μεταγράφων (Diese drei Worte sind bei Böckh hinzugekommen, fehlen Rom.). προτέταχε γὰρ „ἱκόμαν οἴκαδ᾽ ἀρχαίαν κομίζων." (Hinter γάρ habe die Worte τὴν ἀρχήν weggelassen). διόπερ ἀκολούθως ἐπήγαγεν· „ἁμετέραν" ἀποσυλῆσαι αὐτὴν πεύθομαι. εἰ δὲ καί (dies καί habe ich hinzugefügt) περισπωμένως ἀναγινώσκομεν ἀρχεδικᾶν οὐκ ἐκκόπτει ἡ γραφή. ἔσται γὰρ ὁ λόγος τοιοῦτος· τὴν ἡμετέραν ἀρχὴν τῶν ἀρχεδικῶν μου γονέων πεύθομαι τὸν Πελίαν ἀποσυλῆσαι. (Für intransitives ἐκκόπτειν giebt der Thesaurus nur eine Stelle. Tzetz. ex Il. p. 34, 26 ὅπως κἂν ἐπ᾽ ἔλαττον τῆς ἀδικίας ἐκκόπτοιεν. Aber da wird ἐκκύπτοιεν erfordert. Allein unser Paraphrast selbst hat ἐκκόπτειν auch Nem. IV, 158 in der Bedeutung „vom Thema abschweifen". Immer doch: „von der geraden oder richtigen Linie abkommen", Wie παρακόπτειν.)

φέγγος εἶδον
ὑπερφιάλου ἀγεμόνος
κᾶδος ὡσεί τε φθιμένου
δνοφερὸν ἐν δώμασι
θηκάμενοι κρύβδα
νυκτὶ κοινάσαντες ὁδὸν
δῶκαν

κεφάλαια
ἴστε

οἵτινές με οἱ γονεῖς, ἐπειδὴ τεχθεὶς τὸ πρῶτον φῶς ἐθεασάμην, τοῦ ἀδικωτάτου βασιλέως δεδοικότες τὴν ὕβριν, φροντίδα καὶ λύπην πένθιμον ὥσπερ τετελευτηκότος μου ἐν τοῖς οἴκοις θέμενος σὺν θρήνῳ γυναικείῳ λαθραίως ἔπεμπον ἐνδύσαντες σπαργάνοις πορφυροῖς, κοινωνὸν τὸ τῆς νυκτὸς σκότος τοῦ μηχανήματος ἐσχηκότες, καὶ δεδώκασί με ἀνατρέφειν τῷ Χείρωνι. ἀλλὰ τούτων μὲν τῶν λόγων τὰ κεφάλαια (Rom. τὴν κεφαλὴν) καὶ τὸ πέρας γινώσκετε, ἤτοι τὰ μείζονα καὶ

V. 208—240.

καίρια (Diese Worte von ἤτοι bis καίρια, welche die Romana hat, stehen bei Böckh nicht, sondern später als abgesonderte Glosse κεφάλαια λόγων τὰ μείζονα καὶ καίρια), τῶν δὲ ἱππι- λευκίππων
κῶν μοι πατέρων τοὺς οἴκους μηνύσατε, ὦ φράσσατε
ἔντιμοι πολῖται. Αἴσονος γὰρ παῖς ὑπάρχων κεδνοί
ἐπιχώριος οὐκ εἰς ξένην ἥκω γῆν. ὁ Κένταυ- φῇ κικλήσκων προςηύδα
ρος δέ με ὁ θεῖος Ἰάσονα ἐκάλει. Οὕτως εἶπε. ὣς φάτο
τοῦτον δὲ τὸν Ἰάσονα εἰςελθόντα ἐγνώρισαν οἱ
τοῦ πατρὸς ὀφθαλμοί, καὶ ἅμα τῇ γνώσει ἀπὸ
τῶν γεγηρακότων βλεφάρων ἀνεβράσθησαν δά- γηραλέων γλεφάρων
κρυα, ἐπειδὴ κατὰ τὴν ἑαυτοῦ ψυχὴν ἐξαιρέ- πομφόλυξαν
τως καὶ ὑπερβεβλημένως ἥσθη. γάθησεν ἐξαίρετον
    Es fehlt γόνον ἰδὼν κάλλιστον ἀνδρῶν. καὶ
      κασίγνητοί σφισιν ἀμφότεροι ἤλυθον κεί-
      νου γε κατὰ κλέος. ἐγγὺς μὲν Φέρης
      κράναν Ὑπερηίδα λιπών.
ἐκ δὲ τῆς Μεσσήνης τῆς Λακωνικῆς πόλεως
ὁ Ἀμυθὰν παραγίνεται
    Es fehlt ταχέως δ᾽ Ἄδματος ἷκεν καὶ Μέ-
      λαμπος εὐμενέοντες ἀνεψιόν.
ἐν δὲ τῷ συμποσιακῷ καιρῷ καὶ τῇ μερίδι τῆς ἐν δαιτὸς δὲ μοίρᾳ
εὐωχίας προςηνέσι λόγοις αὐτοὺς ὁ Ἰάσων δε- μειλιχίοισι
ξιούμενος ξένια ἁρμόζοντα κατασκευάζων πᾶ- δέγμενος   τεύχων
σαν εὐφροσύνην καὶ ἡδονὴν αὐτοῖς ἐξέτεινεν, εὐφροσύναν τάνυεν
ἐν πέντε ὅλαις νυξὶ καὶ ἡμέραις δρεπόμενος ἀθρόαις
τὸ ἱερὸν τῆς ζωῆς ἀπάνθισμα, τὴν εὐφροσύνην. ἄωτον
— τουτέστιν (dies Wort habe ich zugesetzt)
ἐξένιζε τοὺς συγγενεῖς. — ἀλλ᾽ ἐν τῇ ἕκτῃ
ἡμέρᾳ ὅλον τὸν λόγον τὸν σπουδαῖον ἐξ ἀρχῆς
ὁ Ἰάσων τοῖς συγγενέσιν ἑαυτοῦ ἐκοινώσατο. παρεκοινᾶθ᾽
οἱ δὲ ἀκούσαντες ἐπέσποντο καὶ ἠκολούθησαν,
ἀντὶ τοῦ συνῄεσαν αὐτῷ καὶ τὴν αὐτὴν γνώμην
ἀνέλαβον. ταχέως δὲ ἀπὸ τῶν σκηνῶν σὺν αἶψα
τοῖς προρρηθεῖσιν ὥρμησεν ὁ Ἰάσων, καὶ δὴ κλισιᾶν σὺν κείνοις ὦρτο
παρεγένοντο εἰς τὸν τοῦ Πελίου οἶκον, σπου- μέγαρον   ἐσσύμενοι
δαίως δὲ ἔσω τοῦ οἴκου κατέστησαν, ἡ δὲ Τυ-
ροῦς γενεά, τουτέστιν ὁ Πελίας, τούτων ἀκούσας καὶ αἰσθόμενος τὴν εἴσοδον ἀπήντησεν ὑπαντίασεν

V. 241—267.

μαλθακᾷ	αὐτοῖς. μαλθακῇ δὲ καὶ οὐ τραχείᾳ φωνῇ ἀπὸ
ποτιστάζων	τοῦ στόματος λόγον στάζων κατεβάλετο ὁ Ἰάσων (dies ὁ Ἰάσων habe ich hinzugefügt: es ist wahrscheinlich auch die Paraphrase von πραΰν des Textes ausgefallen, etwa προςηνῆ: πραΰν ὄαρον war wol nicht blos durch λόγον
κρηπῖδα σοφῶν ἐπέων	wiedergegeben) βάσιν καὶ ἀρχὴν τῶν σοφῶν λόγων· ὦ τοῦ Πετραίου Ποσειδῶνος παῖ Πε-
θνατῶν ὠκύτεραι	λία, αἱ μὲν τῶν ἀνθρώπων φρένες, ταχύτεραι
αἰνῆσαι δόλιον κέρδος	ἐπαινέσαι καὶ ἀνελέσθαι τὸ παρὰ τὸ δίκαιον κέρδος, καίτοι ἑρπόντων ἐκ τῆς ἀδικίας πρὸς
τραχεῖαν ἑρπόντων πρὸς ἐπίβδαν	τὴν ἑξῆς τραχεῖαν ὁδόν, ὅμως τὸ κέρδος τοῦ δικαίου προκρίνουσιν. ἀλλ' ἐμὲ προςήκει καὶ
θεμισσαμένοις ὀργὰς ὑφαίνειν	σὲ ἀφεμένους τῶν ἀγανακτίσεων συντιθέναι εἰς τὸ λοιπὸν τοῦ βίου τὴν εὐδαιμονίαν. γινώ-
βοῦς	σκοντί σοι λέγω· μία μήτηρ ἡ Ἐναρέα τῷ τε Κρηθεῖ καὶ τῷ Σαλμωνεῖ. ἐν δὲ τρίταις γοναῖς ἐξ ἐκείνων φυτευθέντες ἡμεῖς τὴν χρυσῆν
σθένος λεύσσομεν	δύναμιν τοῦ ἡλίου ὁρῶμεν, τουτέστιν ἐν τοῖς ζῶσι διάγομεν. ἐὰν δὲ τις ἔχθρα ὁμογόνοις γενηθῇ ὥστε καλύπτειν τὴν αἰδῶ καὶ ἀποκρύπτειν, τουτέστι μὴ αἰδεῖσθαι, τοῦ τοιούτου πράγματος ἀφίστανται αἱ Μοῖραι. — ὡς ἄν τις εἴποι οὐκ εὐμοιροῦσιν, οὐκ ἀγαθῇ μοίρᾳ χρῶνται. — Ὁ δὲ Χαῖρις προςτιθεὶς τὸ ι γράφει ἀφίσταιντο, ἵν' ᾖ εὐκτικὸς ὁ λόγος· ἀφίσταιντο αἱ Μοῖραι, εἰ μέλλοι ἐν τῷ γένει ἡμῶν διαφορὰ γενέσθαι ὥστε πρὸς ἀναίδειαν τραπῆναι· καὶ οὐκ ἀπιθάνως ὁ Χαῖρις. — οὐ
οὐ πρέπει νῶιν	προςῆκον οὐδὲ δίκαιον ἡμῖν ἀμφοτέροις χαλκοτόροις ξίφεσιν ἤγουν τοῖς τῷ χαλκῷ τετρωσκουσι ξίφεσιν, οὔτε μὴν [vgl. οὔτε μὴν in
ἀκόντεσσιν μεγάλαν	seiner Paraphrase zu 504] ἀκοντίοις τὴν μεγάλην καὶ περίφημον τῶν προγόνων βασιλείαν
δάσασθαι μῆλα ἀφίημι ἀπούραις ἁμετέρων τοκέων πλοῦτον πιαίνων με πονεῖ	διαμοιράσασθαι. τὰ μὲν γὰρ πρόβατα καὶ τὰς τῶν βοῶν ἀγέλας ἀφίημι καὶ συγχωρῶ καὶ πάντας τοὺς ἀγρούς, οὕστινας ἀφελόμενος τῶν ἐμῶν γονέων νέμῃ, τὸν σὸν οἶκον καὶ πλοῦτον ἐκ τῆς ἐπικαρπίας αὔξων. οὐκ ἀλγύνει δέ με

V. 268—295.

ταῦτα τὸν σὸν οἶκον αὔξοντα, ἀλλὰ τὸ σκῆ- πορσύνοντα καὶ σκᾶπτρον τὸ τῆς μοναρχίας καὶ ὁ θρόνος τῆς μο- πτον μόναρχον καὶ
ναρχίας, — ἀπὸ κοινοῦ τὸ λυπεῖ με. — ᾧ θρόνος
τινι ποτὲ τῷ θρόνῳ ὁ τοῦ Κρηθέως παῖς Αἴ-
σων ἐπικαθεζόμενος ἐπ' εὐθείας ἦγε τοῖς ὑπη- ἐγκαθίζων
κόοις τὰς δίκας. ταῦτα μὲν οὖν καὶ χωρίς τι- εὔθυνε λαοῖς
νος ἀνίας καὶ λύπης διάλυσον τῷ δικαίῳ, μή ἀνίας
τι νεώτερον ἡμῖν καὶ ἐπιβλαβὲς ἐξ αὐτῆς ἀνα- νεώτερον
σταίη κακόν. — ἐὰν δὲ ᾖ ἀναστήσῃ, ἔσται ὁ
νοῦς τοιοῦτος μὴ ὁ νεωτερισμὸς ἡμῖν κακὸν
ἀναστήσῃ. — οὕτως εἶπεν ὁ Ἰάσων. ὁ δὲ Πε-
λίας ἠρέμα καὶ ἡσύχως ἀνταπεκρίθη αὐτῷ· ἀκᾷ ἀνταγόρευσεν
γενήσομαι τοιοῦτος — οἷος μηδὲν ἀναστῆσαι ἔσσομαι τοῖος
ἄδικον καὶ νεώτερον, φησίν —, ἀλλὰ ἤδη μοι
τὸ γηραιὸν μέρος τῆς ἡλικίας περικυκλεῖ καὶ ἀμφιπολεῖ
περιέχει. τὸ δὲ σὸν ἄνθος ἥβης ἄρτι κυμαί- κυμαίνει
νει, μετεωρίζεται· ἡ μεταφορὰ ἀπὸ τῶν
κυμάτων —· σὺ δὲ νέος ὢν δύνασαι ἀπολῦσαι
τὸν ἐκ τῶν χθονίων γεγονότα κότον τῷ γένει
ἡμῶν. ἐπειδὴ γὰρ ἐν Κόλχοις τέθνηκεν ὁ Φρί-
ξος κελεύει με δι' ὀνείρων ἀνακαλέσασθαι τὴν κέλεται κομίξαι
ψυχὴν αὐτοῦ εἰς Θεσσαλίαν, παραγενόμενον εἰς
τοὺς τοῦ Αἰήτου οἴκους, κελεύει δέ με καὶ τὸ θαλάμους
δέρμα τοῦ κριοῦ ἀγαγεῖν, ᾧτινί ποτε ἐκ τοῦ
πόντου διεσώθη καὶ ἐκ τῶν τῆς μητρυιᾶς ἀθέων
βελῶν καὶ ἐπιβουλῶν, ταῦτά μοι ὁ θαυμαστὸς βελέων
ὄνειρος παραγενόμενος ἔλεγεν. ἐμαντευσάμην ἰὼν φωνεῖ
δὲ εἰς Δελφοὺς ἰών, εἰ ἐρευνητέον τι τούτων ἐπὶ Κασταλίᾳ μεταλλα-
καὶ φροντιστέον τι τούτων ὧν ὁ ὄνειρος καθ' τόν
ὕπνους ὑπέθετο, τουτέστιν εἰ πρακτέον· καὶ
ὡς τάχιστα κελεύει ναῦν παρασκευάσασθαι καὶ ὡς τάχος ὀτρύνει με τεύ-
καθέλκειν εἰς τὸν ἐπὶ Σκυθίαν ἀπόπλουν. τοῦ- χειν ναῖ πομπὰν
τον τὸν ἆθλον ἑκὼν ἐκτέλεσον καὶ σοι προΐημι ὄμνυμι προήσειν μοναρ-
ἄρχειν καὶ βασιλεύειν τῆς Θεσσαλίας. περὶ δὲ χεῖν καὶ βασιλευέμεν
τῶν λεγομένων καὶ τῆς ἀποδόσεως τῆς βασι-
λείας ὅρκος ἰσχυρὸς καὶ βέβαιος ὁ γενέθλιος
ἡμῖν Ζεὺς γενέσθω. ταύτην τὴν συνθήκην τῶν σύνθεσιν
ὅρκων καὶ τῆς βασιλείας πρὸς ἑαυτοὺς ἐπα-

9*

V. 296—335.

κρίθεν
ὤρνυεν κάρυκας ἐόντα πλόον φαινέμεν παντᾷ

ἀκαμαντομάχαι
Ἀλκμήνας θ' ἑλικοβλεφάρου Λήδας τε, δοιοὶ δ' ὑψιχαῖται ἀνέρες, Ἐννοσίδα γένος, αἰδεσθέντες ἀλκάν, ἔκ τε Πύλου καὶ ἀπ' ἄκρας Ταινάρου, τῶν μὲν κλέος ἐσλὸν Εὐφάμου τ' ἐκράνθη σύν τε Περικλύμεν' εὐρυβία. ἐξ Ἀπόλλωνος δὲ φορμικτὰς ἀοιδᾶν πατὴρ ἔμολεν εὐαίνητος Ὀρφεὺς
χρυσόραπις

ἐπ' ἄτρυτον πόνον
κεχλάδοντας ἥβᾳ ταχέως

ἔβαν
θυμῷ γελανεῖ θᾶσσον ἔντυνεν

ἔνδαιε πόθον
ἡμιθέοισι ναὸς Ἀργοῦς
ἀκίνδυνον αἰῶνα πέσσοντ'. Aber παμπειθῆ γλυκὺν wargewiss auch paraphrasirt

ἄλιξιν
ἄωτος

νέσαντες διεχωρίσθησαν. ὁ δὲ Ἰάσων αὐτὸς παρόξυνε τὸν ὄντα καὶ δόξαντα πλοῦν εἰς Σκυθίαν ἀναφανεροῦν πανταχοῦ. ταχέως δὲ οἱ τοῦ Κρόνου παιδὸς Διὸς τρεῖς παῖδες τὸν ἀριθμὸν οἱ ἀκοπίαστοι κατὰ τὴν μάχην παρεγένοντο, καὶ ἐκ μὲν Ἀλκμήνης ὁ Ἡρακλῆς, ἐκ δὲ Λήδας οἱ Διόσκουροι. δύο δὲ ἄνδρες παρεγένοντο ἐκ Ποσειδῶνος ἔχοντες τὸ γένος, τὴν ἑαυτῶν αἰδεσθέντες δύναμιν — τουτέστιν οὐκ ἀνάξια τῆς ἑαυτῶν ἀνδρίας λογισάμενοι· καὶ ὁ μὲν Περικλύμενος ἐκ Πύλου, ὁ δὲ Εὔφημος ἐκ Ταινάρου, ὅ ἐστιν ἀκρωτήριον τῆς Λακωνικῆς, παρεγένοντο. παρεγένετο δὲ καὶ ὁ τῶν ἀοιδῶν πατὴρ ἐξ Ἀπόλλωνος ὢν καὶ κιθαριστὴς ὁ εὐαίνητος Ὀρφεύς, τουτέστιν ὁ ὑπὸ πάντων ἐπαινούμενος*). συνέστειλε δὲ τοῖς ἥρωσιν ὁ χρυσῇ μεταχειριζόμενος ῥάβδον Ἑρμῆς τοὺς διδύμους ἑαυτοῦ παῖδας ἐπὶ τὸν δεινότατον ἆθλον, Ἐχίονα καὶ Εὔρυτον, τῷ τῆς ἀκμῆς ὑπεραίροντας θερμῷ. ταχύτατα δὲ πρὸς τὴν ἐξόρμησιν οἱ περὶ τὸ Πάγγαιον ὄρος οἰκοῦντες Βορεάδαι τοῖς ἥρωσι συνεστέλλοντο. καὶ γὰρ αὐτοὺς ἑκὼν ψυχῇ προσηνεστάτῃ ταχέως ἔστειλεν (so habe ich geschrieben für ἐκέλευσεν) ὁ τῶν ἀνέμων βασιλεὺς Βορέας. Es fehlt Ζήταν Κάλαῒν τε ἄνδρας πτεροῖσιν νῶτα πεφρίκοντας ἄμφω πορφυρέοις. ἐπέκαιε δὲ καὶ ἐνέβαλεν ἐπιθυμίαν τοῖς ἥρωσιν ἡ Ἥρα τοῦ Ἀργώου σκάφους, ὥστε μή τινα ἀπολειπόμενον ἀκινδύνως καὶ ἀδόξως τὸν αἰῶνα παρὰ τῇ μητρὶ μένοντα διατᾶσθαι, ἀλλὰ καὶ ἐπὶ τῷ θανάτῳ τῆς ἰδίας ἀρετῆς κάλλιστον φάρμακον τὴν μετὰ ταῦτα εὐδοξίαν σὺν τοῖς ἄλλοις ὁμήλιξιν εὑρέσθαι. ἐπειδὴ δὲ κατέβη εἰς τὴν Ἰωλκὸν τὸ τῶν ναυτῶν ἀπάν-

---

*) In dem hier sich anschliessenden interessanten Stück Kommentar über das ἐξ Ἀπόλλωνος ist für ὁ δὲ τοῦ Ἀπόλλωνος zu schreiben ὁ διὰ τοῦ Ἀπόλλωνος und τούτους πρώτους φησὶν ὠνομάσθαι, wo das πρώτους fehlt.

V. 336—365.

θισμα, τουτέστιν οἱ Ἀργοναῦται, λέξατο ἤτοι κατέλεξε καὶ κατελόχισεν ἢ ἠρίθμησεν πάντας ἐπαινέσας ὁ Ἰάσων (πάντας bis hieher habe ich hinzugefügt). καὶ δὴ τῷ Ἰάσονι ὁ μαντικώτατος Μόψος ὄρνισί τε καὶ κλήροις μαντευόμενος προθύμως ἐνεβίβασε τῷ σκάφει τοὺς Ἀργοναύτας, — αἴσιον γενέσθαι δηλονότι φήσας τὸν ἀπόπλουν. ἐπειδὴ δὲ τοῦ ἐμβόλου ἄνωθεν τὰς ἀγκύρας ἐκρέμασαν ἀποπλεῖν λοιπὸν μέλλοντες, χρυσῆν φιάλην ἐν χερσὶν ἔχων ὁ τῆς νεὼς ἡγεμὼν Ἰάσων κατὰ τὴν πρύμναν ἐπισπένδων τὸν τῶν θεῶν πατέρα Δία [Es fehlt καὶ ὠκυπόρους κυμάτων ῥιπὰς ἀνέμων τε νύκτας τε], καὶ τὰς τῆς θαλάσσης ὁδοὺς καὶ τὰς τῆς εὐφροσύνης αἰτίας ἡμέρας ἐκάλει καὶ τὴν προςφιλεστάτην μοῖραν τῆς ἐπανόδου, τουτέστιν ἐπαναστρέψασθαι ἠξίου. — ἐγχεικέραυνον δὲ Ζῆνα τὸν τῷ κεραυνῷ ἀντὶ ἔγχους χρώμενον. — ἐκ τῶν νεφῶν δὲ βροντήσας ὁ Ζεὺς αἴσιον σύμβολον αὐτῷ ἐδίδου τῆς ὁδοῦ, ἐκ δὲ τῆς βροντῆς ἀντιλάμψεις καὶ λαμπηδόνες ἐγένοντο. ἀνέπνευσαν δὲ οἱ ἥρωες τοῖς τοῦ Διὸς σημείοις πειθόμενοι, — δῆλον ὡς πρὸ τούτου ἀγωνιώντων αὐτῶν. — ἀμπνοὰν δὲ ἔστησαν περιφραστικῶς ἔπνευσαν δηλοῖ. — [ἀνέπνευσαν δὲ οἱ ἥρωες τοῖς u. s. w. habe ich geschrieben für ἀναπνεύσαντες δὲ οἱ ἥρωες ἔστησαν τοῖς —, alles übrige wie in der Romana]. ἀνεκήρυξε δὲ αὐτοῖς ὁ μάντις Μόψος σπουδαιότερον ἐμβαλεῖν ταῖς κώπαις καὶ ἐρέττειν, ἡδείας ὑπεμφαίνων ἐλπίδας. ἡ δὲ κωπηλασία ἐχώρει ἐκ τῶν ταχειῶν χειρῶν τῶν Ἀργοναυτῶν ἄκορος οὖσα. σὺν δὲ ταῖς τοῦ νότου πνοαῖς εἰς τὸ ἄξεινον (er las wol ἄξεινον nicht ἀξείνου) τοῦ πόντου στόμα παρεγένοντο, ἔνθα καὶ προκαθιερωμένον εὑρόντες βωμὸν ἔκτισαν καὶ αὐτοὶ Ποσειδῶνος τέμενος καὶ δεξάμενοι Θρᾳκικοὺς ταύρους πυῤῥοὺς τὴν χροιὰν

μάντις
θεοπροπέων ἱεροῖς
πρόφρων ἄμβασε στρατὸν

ὕπερθεν
λαβὼν
ἀρχὸς
οὐρανιδᾶν ἐγχεικέραυνον Ζῆνα
πόντου κελεύθους
ἄματα εὔφρονα
φιλίαν   νόστοιο

ἀντάϋσε βροντὰς αἴσιον φθέγμα· λαμπραὶ δ' ἦλθον ἀκτῖνες στεροπᾶς ἀποῤῥηγνύμεναι

κάρυξε   τερασκόπος

ἐνίπτων   εἰρεσία
ὑπεχώρησε   παλαμᾶν

αὔραις

ἔνθ' ἁγνὸν Ποσειδάωνος ἕσσαντ' εἰναλίου τέμενος, φοίνισσα δὲ Θρηι-

V. 366—389.

κίων ἀγέλα ταύρων
ὑπᾶρχεν καὶ νεόκτιστον
λίθων βωμοῖο θέναρ

βαθὺν ἱέμενοι

δεσπόταν συνδρόμων
ἀμαιμάκετον
κινηθμόν

κραιπνότεραι
βαρυγδούπων στίχες
ἤδη τελευτὰν
ἡμιθέων πλόος

κελαινώπεσσι
βίαν μίξαν
πότνια
ὀξυτάτων

Οὐλυμπόθεν φέρεν

ζεύξαισα κύκλῳ
λιτὰς ἐπαοιδὰς

ὄφρα Μηδείας τοκέων
ἀφέλοιτ' αἰδῶ

ἱερούργησαν τῷ θεῷ, — βωμοῦ θέναρ τὸ τοῦ βωμοῦ κοίλωμα τὸ ὑποδεχόμενον [er meint also wie eine Hand, θέναρ] τὰ θύματα. ἀπὸ κοινοῦ δὲ τὸ ὑπῆρχεν ἀκουστέον· ὑπῆρχε δὲ βωμοῦ θέναρ καὶ ὑπῆρχεν ἀγέλη Θρᾳκικῶν ταύρων. — εἰς δὲ τὸν ὑψηλότατον κίνδυνον προθυμίαν ἔχοντες καὶ σπουδὴν τὸν τῶν νεῶν ἔφορον καὶ δεσπότην καθικέτευον τῶν συνδρομάδων πετρῶν ἐκφυγεῖν τὴν ἀκαταμάχητον δύναμιν καὶ κίνησιν καὶ μὴ καταληφθῆναι ὑπ' αὐτῶν· δίδυμοι δὲ ἦσαν ζωαί. ἐπεκυλίοντο δὲ ἀλλήλαις αἱ πέτραι ταχύτερον ἤπερ αἱ τῶν ἰχητικῶν ἀνέμων πνοαί. ἀλλὰ λοιπὸν τελευτὴν καὶ θάνατον αὐταῖς, ταῖς πέτραις, ὁ τῶν Ἀργοναυτῶν πλοῦς ἐπήγαγεν. ἔπειτα εἰς τὸν Φᾶσιν ποταμὸν ἦλθον παρ' αὐτῷ τῷ Αἰήτῃ, ἔνθα τοῖς καταπληκτικοῖς Κόλχοις τὴν ἑαυτῶν ἰσχὺν προςήγαγον καὶ προςέμιξαν, — περιφραστικῶς παρεγένοντο. ἡ δέσποινα δὲ τῶν ὀξυτάτων βελῶν (Rom. βελέων), τουτέστι τῶν ἐρώτων, τὴν ποικίλην τῇ τριχώσει ἴυγγα τὴν τετράκνημον ἐξαγαγοῦσα τοῦ οὐρανοῦ καὶ καταγαγοῦσα πρῶτον εἰς ἀνθρώπους (diese letzten drei Worte habe ich hinzugefügt), ἐν τῷ ἀλύτῳ ὑποζεύξασα τροχῷ συνέπραττε τῷ Ἰάσονι, τὰς δὲ φαρμακευτικὰς ἐπαοιδὰς ἐξεδίδαξεν ἡ Ἀφροδίτη τὸν σοφὸν Ἰάσονα, — λιτὰς τὰς λιτανευτικάς φησιν (bei Böckh steht hinter Ἰάσονα: § Ἄλλως. λιτὰς — und es fehlt das φησίν, welches die Romana bietet, in welcher statt jenes Ἄλλως steht ἤ. Aber dies ἤ muss auch fort) καθὸ οἱ ταῖς ἐπαοιδαῖς χρώμενοι· λιτανεύουσι τοὺς θεοὺς καὶ εὔχονταί τινα γενέσθαι αὐτοῖς. — πρὸς τί οὖν ἐδίδαξε τὰς ἐπαοιδάς; ἵνα ἡ Μήδεια ἣν πρὸ τοῦ ἔφερεν (so habe ich geschrieben für ἣν προςεφέρετο) αἰδῶ πρὸς τοὺς γονεῖς ταύτην μὴ κατέχῃ, ἀλλ' ἀναιδὴς γενομένη καταλίπῃ μὲν αὐτούς, προτιμήσῃ δὲ τὸ τοῦ ξένου, ἡ

V. 390—406.

ποθεινὴ δὲ Ἑλλὰς αὐτὴν τῇ τῆς Πειθοῦς μά-
στιγι κατὰ τὴν φρένα καιομένην διακινοίη καὶ   ἐν φρεσὶ   δονέοι
παρασκευάσαι συναπᾶραι τοῖς Ἀργοναύταις.
καὶ ταχέως τῷ Ἰάσονι ἡ Μήδεια ὑπετίθετο τὰ   πείρατ᾽ ἀέθλων δείκνυεν
πέρατα καὶ τὰ τέλη τῶν ἄθλων, ὧν ἔμελλεν   πατρωίων
αὐτῷ ἐπιτάττειν ὁ πατὴρ αὐτῆς Αἰήτης. ἵν᾽
οὖν μηδὲν ὑπὸ τοῦ πυρὸς πάσχῃ φάρμακα ἐλαίῳ   φαρμακώσαισ᾽ ἀντίτομα
μίξασα ἔδωκεν Ἰάσονι ἡ Μήδεια. — ἀντίτομα   στερεὰν ὀδυνᾶν δῶκε
δὲ τὰ ἀλεξιφάρμακα, κατὰ μεταφορὰν τὴν ἀπὸ   χρίεσθαι
τῶν ῥιζοτόμων. — κατῄνεσαν δὲ καὶ συνετί-   καταίνησαν κοινὸν γάμον
θεντο κοινὸν ποιῆσαι τὸν γάμον τὸν γλυκὺν   γλυκὺν ἐν ἀλλάλοισι μί-
καὶ ἀλλήλοις μιγῆναι. ὅτε δὲ ὁ Αἰήτης ἐν μέ-   ξαι
σοις τὸ ἀδαμάντινον κατέθηκεν ἄροτρον καὶ   σκίμψατο
τὰς βοῦς, αἵτινες τῶν ξανθῶν γενύων φλόγα
ἀπέπνεον καιομένου πυρὸς ἐπιστρεφόμεναι καὶ
ταῖς χαλκαῖς ὁπλαῖς ἑαυτῶν ἐπέξεον καὶ ἐπεχάραττον (er las also doch wol nicht ἀράσ-
σεσκον, sondern χαράσσεσκον) τὴν γῆν κατὰ
τὴν πορείαν προβαίνουσαι. — τὸ γὰρ ἀμειβόμενοι οὕτως ἀκουστέον· τοῖς πόδας ἐναλλάσ-   ἀμειβόμενοι
σοντες κατὰ τὴν πορείαν. (Die Worte von
ἐπέξεον an lauten in der Romana: ἐπέξεον
καὶ ἐπεχάραττον ἐπιστρεφόμενοι καὶ κατὰ τὴν
πορείαν προβαίνοντες. τὸ γὰρ ἀμειβόμενον
u. s. w. Ich habe das ἐπιστρεφόμενοι an eine
andere Stelle vorangesetzt und das καί vor
κατὰ — weggelassen und das richtige Genus
gesetzt.)
  Es fehlt τοὺς ἀγαγὼν ζεύγλᾳ πέλασσεν μοῦ-
   νος.
ἐντείνας δὲ ἤλαυνε καὶ ἐπ᾽ εὐθείας ἔτεμνε τὰς   ἐντανύσαις ὀρθὰς αὔλακας
αὔλακας, τουτέστι τὰς τοῦ ἀρότρου τομὰς (das
vor τοῦ ἀρότρου stehende εὐθείας habe ich
weggelassen). καθ᾽ ἃς αὔλακας ὀργυιᾶς μέτρον
ἔσχισε τὴν γῆν εἰς βάθος κάτω τῷ ἀρότρῳ. —   ἀνὰ βωλακίας σχίζε νῶ-
ἀναβωλακίας δὲ τῆς ἐν τῇ τμήσει τὰς βώλους   τον γᾶς
ἄνω πεμπούσης. (Es steht τοὺς βώλους. Ich
möchte nicht Anstand nehmen diese Erklärung unserm Paraphrasten beizulegen: nur ist
dann, glaube ich, τοὺς βώλους erst von einem

V. 407—430.

ἔειπεν δ' ὧδε

τελέσαις βασιλεὺς ὅςτις
ἄρχει ναὸς
ἄφθιτον στρωμνὰν ἀγέ-
σθω κῶας αἰγλᾶεν χρυ-
σέῳ θυσάνῳ
κροκόεν εἷμα θεῷ πίσυνος

αἰόλει
παμφαρμάκου ξείνας ἐ-
φετμαῖς

ἐριπλεύρῳ φυᾷ

ἴυξεν δ' ἀφωνήτῳ ἄχει
δύνασιν ἀγασθείς

λαμπρὸν δέρμα ἔννεπεν
ἐκτάνυσαν

andern, der sie annahm, geschrieben. Unser Paraphrast hat diese βῶλος bisher sehr häufig zu nennen gehabt und hatte das Wort stets als Femininum. Eine Stelle, V. 85, wo ὁ βῶλος vorkam, gehört ihm nicht.) οὕτω δὲ ἔλεγεν ὁ Αἰήτης· τοῦτο τὸ τῆς γεωργίας ἔργον ἐμοὶ τελειάσας ὃς τῆς νεὼς προηγεῖται τὴν ἄφθαρτον στρωμνὴν τὸ κῶας ἀφαιρείσθω, τὸ κάλλιστον ὂν τῇ χρυσῇ μαλλώσει. — (Es fehlt ὡς ἄρ αὐδάσαντος) ἀποῤῥίψας δὲ ὁ Ἰάσων τὸ κροκωτὸν ἱμάτιον, πειθόμενος δὲ καὶ πεποιθὼς τῇ Ἀφροδίτῃ εἴχετο τοῦ ἔργου τοῦ ἀροτριᾶν· τὸ δὲ πῦρ αὐτὸν οὐκ ἐτάρασσε ταῖς ἐντολαῖς τῆς Μηδείας πεισθέντα. σπασάμενος δὲ ὁ Ἰάσων τὸ ἄροτρον καὶ δήσας τοῖς βοείοις λώροις καὶ ταῖς τοῦ ζυγοῦ ἀνάγκαις (er las, scheint es, ἀνάγκας ἔντεσί τ', und dass ζυγὸν ἀνάγκας dem Sinne nach poetisch besagen kann so viel als ἀνάγκη ζυγοῦ ist ja richtig: er wird wol darüber gesprochen haben, und hat dann vermuthlich gesagt, es sei ἀντιστρόφως ausgedrückt) τοὺς αὐχένας αὐτῶν, ἐμβαλὼν τὸ κέντρον (dieses τὸ κέντρον habe ich zugesetzt) τῇ μεγαλοπλεύρῳ φύσει τῶν ταύρων ἤλαυνεν. (Rom. ἤλασεν. Ich werde wol den aus Gott. hinzugekommenen Worten τῇ μεγαλοπλεύρῳ φύσει τῶν ταύρων, indem ich sie vor ἤλαυνεν gesetzt, ihre richtige Stelle gegeben haben.)

Es fehlt die genauere Paraphrase von αἰανὲς βιατᾶς ἐξεπόνασ' ἐπιτακτὸν μέτρον. ἐστέναξε δὲ λαθραίως κατὰ τὴν ψυχὴν ὁ Αἰήτης τὴν τοῦ Ἰάσονος δύναμιν θαυμάσας.

Es fehlt πρὸς δ' ἑταῖροι καρτερὸν ἄνδρα φίλας ὤρεγον χεῖρας στεφάνοισί τέ μιν ποίας ἔρεπτον μειλιχίοις τε λόγοις ἀγαπάζοντ'.

εὐθέως δὲ ὁ τοῦ Ἡλίου παῖς Αἰήτης τὸ χρυσόμαλλον κῶας ὑπεδείκνυε τῷ Ἰάσονι ἔνθα αὐτὸ ἐξέτειναν αἱ τοῦ Φρίξου μάχαιραι, του-

V. 431—445.

τέστιν ἡ τοῦ Φρίξου περὶ (Rom. παρὰ) τὸ ἐκδέρειν ἐνέργεια.

Es fehlt ἤλπετο δ' οὐκέτι οἱ κεῖνόν γε πράξασθαι πόνον.

ἐνέκειτο γὰρ τῷ δασεῖ τῆς ὕλης. (So habe ich wol schreiben dürfen aus κεῖτο γὰρ λόχμᾳ, τῷ δασεῖ τῆς ὕλης.) κατείχετο δὲ τὸ κῶας ὑπὸ τῶν δεινοτάτων τοῦ δράκοντος γενύων (beiläufig: die Bemerkung in diesen Scholien zu V. 434 λείπει ἡ ὑπό will nicht besagen ὑπὸ λόχμᾳ, sondern ὑπὸ γενύων), ὃς καὶ τῷ πάχει καὶ τῷ μήκει τοῦ σώματος πεντηκόντορον ναῦν κατεῖχεν (ich will bemerken, dass zu Eurip. Hec. 38 das κατέσχε πᾶν στράτευμ' Ἑλληνικόν paraphrasirt ist ἐκράτησε πάντας τοὺς Ἕλληνας), ἤ, ὡς ἔνιοι, ἐμβληθεὶς ἐπλήρου ναῦν πεντηκόντορον, ἥντινα ναῦν συνεπέραναν αἱ τοῦ σιδήρου πληγαί. μακρόν μοι κατὰ τὴν ὁδὸν ταύτην τὴν τῶν ἐγκωμίων τοῦ Ἰάσονος πορεύεσθαι καὶ πάντα λέγειν (μακρόν μοι und πάντα habe ich zugesetzt). καιρὸς γάρ με ἐπείγει ὥστε πρὸς τὸν Ἀρκεσίλαον ἀναδραμεῖν, καί τινα οἶδα ὁδὸν βραχεῖαν, τουτέστιν οἶδα καὶ ἐάσας (so habe ich geschrieben καὶ ἐάσας für κατὰ) τὰς ἐξηγήσεις καὶ βραχέα λέγειν. πολλοῖς δὲ ἥγημαι σοφίας ἑτέροις — ἤτοι ταύτης τῆς σοφίας τῆς περὶ τὸ συντόμως λέγειν καὶ ἄλλων γέγονα καθηγητής, ὅ ἐστι διδάσκαλος, ἢ πολλοῖς περισσὸς γέγονα καὶ ἄλλοις (so habe ich geschrieben für ἢ πολλοῖς περιέσχον ἄλλοις: denn περιέσχον hat die Romana, bei Böckh steht προσέσχον). — Ὡς ἐν συντομίᾳ ὥστε ταχέως αὐτὰ ἐξειπεῖν ἐπισυνάπτει τῆς ἱστορίας τὸ συμπέρασμα καί φησιν· ὁ μὲν Ἰάσων ἀνεῖλε ταῖς τῆς Μηδείας τέχναις τὸν γλαυκόφθαλμον καὶ πεποικιλμένον ἔχοντα νῶτον ὄφιν, ὦ Ἀρκεσίλαε, ἔκλεψε δὲ καὶ τὴν Μήδειαν ἑκοῦσαν τὴν τὸν Πελίαν φονεύσασαν *).

λόχμᾳ

εἴχετο
λαβροτατᾶν

κράτει

τέλεσαν
νεῖσθαι κατ' ἀμαξιτὸν

ὥρα γὰρ συνάπτει
οἶμον ἴσαμι βραχύν

κτεῖνέ γλαυκῶπα ποικιλόνωτον

σὺν αὐτᾷ
τὰν Πελίαο φόνον

---

*) Im Kommentar berichtet er, dass Chaeris Πελίαο φόνον getrennt schrieb, wo es

V. 446—464.

εἶτα ναυτιλλόμενοι ἐνεμίγησαν τῷ τε τοῦ Ὠκεανοῦ πελάγει καὶ τῇ ἐρυθρᾷ θαλάσσῃ καὶ τῶν Λημνίων γυναικῶν τῶν ἀνδροφόνων τῷ ἔθνει, ἀπὸ κοινοῦ τὸ ἐμίγησαν. — τὸ δὲ ἔνθα (so Rom.) ἐν τῇ Λήμνῳ· — ἔνθα (dies ἔνθα habe ich hinzugefügt, obgleich es nicht nothwendig

ἀέθλοις γυίων war) ἐν τοῖς ἀγῶσιν ἐπεδείξαντο τῶν μελῶν τὴν ἀνδρείαν καὶ τὴν κρίσιν ἀγωνιζόμενοι περὶ
ἀμφὶς ἐσθῆτας. — τὸ δὲ ἐσθᾶτος ἀμφὶς ἀμφίβολον πότερον τῆς ἐσθῆτος χωρὶς ἠγωνίσαντο, τουτέστι γυμνοί, ἢ τὸ ἀμφὶς ἀντὶ τῆς περὶ δεκτέον, χρῶνται γὰρ τῇ λέξει καὶ ἐπὶ τούτου, ἵν᾽ ᾖ τὸ ἔπαθλον ἐσθής, ὥστε περὶ ἐσθῆτος αὐτοὺς ἠγωνίσθαι· καὶ γὰρ καὶ παρὰ Σιμωνίδῃ ἐστὶν ἡ ἱστορία ὅτι περὶ ἐσθῆτος ἠγωνίσαντο. καὶ Πίνδαρος ἐν Ὀλυμπιονίκαις (nämlich erwähnt, dass es Spiele gab, wo ein Kleid der Preis war: Ol. IX, 146).

Es fehlen die Worte καὶ συνεύνασθεν. καὶ ἐν ἀλλοδαπαῖς ἀρούραις
ἀκτῖνας ὄλβου τηνικαῦτα δὲ τοῦ σοῦ γένους τὰς λαμπηδόνας καὶ καταβολὰς σὺν εὐδαιμονίᾳ ἐδέξατο (falsch
μοιρίδιον steht διεδέξατο) μεμοιραμένον ἦμαρ ἢ νύκτες.

Es fehlt τόθι γὰρ γένος Εὐφάμου φυτευθὲν λοιπὸν αἰεὶ τέλλετο.

οἱ δὲ ἀπὸ τῶν ἡρώων γεγενημένοι παῖδες καὶ
Λακεδαιμονίων ἀνδρῶν τοῖς Λακεδαιμονίοις μιχθέντες κατὰ ζήτησιν
ἤθεσι τῶν πατέρων παρέβαλον εἰς τὴν Ἑλλάδα καὶ εἰς τὴν Καλλίστην ποτὲ χρόνῳ ἀπῴκησαν. ἐν-
ὔμμιν τεῦθεν δέ, ἐκ τῆς Θήρας, ὑμῖν καὶ τῷ σῷ γένει (die Worte ὑμῖν καί habe ich zugesetzt),
Λατοίδας ἔπορεν Ἀρκεσίλα, ὁ Ἀπόλλων χρησμοῖς καὶ μαντείαις δέδωκε σὺν θεῷ τὸ τῆς Λιβύης πεδίον
ὀφέλλειν ἄστυ χρυσόθρονου τιμαῖς αὔξειν καὶ τὸ θεῖον πόλισμα τῆς τίμιον ἐχούσης θρόνον Κυρήνης — ἵνα ἐπὶ τὴν

---

dann werde: τὴν τῷ Πελίᾳ φόνον γενομένην, Didymus die Wahl liess zwischen Πελιαοφονόν mit Oxytonese und Πελίαο φόνον. Es ist im Kommentar eine Versetzung eingetreten. Ich glaube, dass das Stück ὁ δὲ νοῦς bis γενομένην hinter (446 bei Böckh) οὐ βούλεται συνθέτως ἀναγινώσκειν τὸ Πελίαο φόνον gehört.

V. 465—499.

Νύμφιν τὸν λόγον ἀνάγομεν — συνετὴν γνῶ-   ὀρθόβουλον μῆτιν ἐφευ-
σιν εὑροῦσιν*). γνῶθι νῦν τὴν Οἰδίποδος σο-   ρομένοις
φίαν. εἰ γάρ τις μεγάλης δρυὸς ἐκκόψει κλά-   ὄζους ὀξυτόμῳ πελέκει
δους καὶ καταισχύνει αὐτῆς τὸ θαυμαστὸν εἶ-   ἐξερείψῃ   θαητὸν
δος τῇ τῶν ἀκρεμόνων περικοπῇ, ὅμως καὶ
φθινόκαρπος οὖσα ψῆφον περὶ αὐτῆς δίδωσιν,
ὅτι δύναται εἴς τι χρησιμεύειν καὶ ἄκαρπος
οὖσα, ὅταν αὐτὴ κατὰ τὸν χειμῶνα πῦρ λοί-   χειμέριον
σθιον ἐπιγένηται.   ἐξίκηται
     Fehlt 475—480 σὺν ὀρθαῖς bis ἐσσὶ δ' ἰα-
τὴρ ἐπικαιρότατος.
ὁ δὲ Ἀπόλλων σοι τετίμηκε τὴν ζωήν. προς-   φάος
ήκει σε πραεῖαν ἐπιφέροντα τὴν χεῖρα θερα-   χρὴ μαλακὰν προσβάλλον-
πεύειν τὴν τοῦ ἕλκους τρῶσιν καὶ μὴ τὰς ἀλ-   τα ἀμφιπολεῖν τρωμαν
γηδόνας τρίβειν. τὸ μὲν γὰρ διασεῖσαι πόλιν
καὶ τοῖς ἀσθενεστέροις ῥᾴδιόν ἐστι, μή τοι   ἀφαυροτέροις
γε δὴ τοῖς ἐν δυνάμει κειμένοις, ἀλλὰ δια-
σεισθεῖσαν πόλιν ἐπὶ χώρας καταστῆσαι δυς-   ἔσσαι δυςπαλές
χερές ἐστιν, ἐὰν μὴ θεὸς ἡγῆται τοῖς δυνα-   κυβερνατὴρ γένηται ἁγε-
στεύουσιν εἰς τὸ αὐτὸ πειρωμένοις ἀγαγεῖν κα-   μόνεσσι
τάστημα. σοὶ δὲ καὶ τοῦ κατορθῶσαι τὴν
πόλιν αἱ χάριτες ἐξυφαίνονται ὑπὸ θεῶν ἢ   τούτων χάριτες
(vielmehr καὶ) παρὰ θεῶν κατασκευάζονται,
τουτέστιν ἔχεις παρὰ θεῶν δεδωρημένον τὸ
δύνασθαι τὴν πόλιν εἰς τὸ ἀρχαῖον ἀποδοῦναι
κατάστημα. ὑπόμεινον περὶ τῆς εὐδαίμονος   τλᾶθι
Κυρήνης πᾶσαν ἔχειν σπουδήν — ὡς καὶ τῆς   θέμεν
πόλεως λυπουμένης καὶ ζητούσης τοὺς φυγα-
δευθέντας πολίτας καὶ ὀφείλοντος αὐτοῦ τι-
μῆσαι τὸ δαιμόνιον. — τῶν δὲ Ὁμήρου καὶ
τόδε σύνες τὸ ῥῆμα, οἷον κατὰ μνήμην ἔχε,   συνθέμενος πόρσυνε
καὶ τίμα.
     Es fehlt ἄγγελον ἐσλὸν ἔφα τιμὰν μεγί-
σταν πράγματι παντὶ φέρειν.
αὔξεται καὶ ἡ ποίησις δι' ὀρθῆς ἀγγελίας καὶ   Μοῖσα
παιδείας. ἐπέγνω μὲν καὶ ἡ Κυρήνη καὶ ὁ
τοῦ Βάττου οἶκος, — τουτέστι τὸ σόν, ὦ Ἀρ-   (κλεεννότατον) μέγαρον

---

*) So steht dies in der Romana.

V. 500—509.

δικαιᾶν πραπίδων

κεσίλαε, οἴκημα, — τὴν δικαιοσύνην τῶν Δημοφίλου φρενῶν. — ἤτοι δὲ δικαίαν παροξυτόνως, ἵν᾽ ᾖ τὴν δίκην, ὡς καὶ τὴν ἀρχὴν ἀρχαίαν παραγώγως (s. oben V. 188) ἢ περισπωμένως, ἵν᾽ ᾖ δικαιῶν Δημοφίλου πραπίδων. — ἐκεῖνος γὰρ ὁ Δημόφιλος ἐν μὲν παισὶ τὴν ἡλικίαν

νέος βουλαῖς πρέσβυς
βιοτᾷ ἐγκύρσας

νεώτερός ἐστιν, ἐν δὲ φρεσὶ πρεσβύτερος τὸ φρόνημα, ὥςπερ ἂν ἑκατονταετεῖ χρόνῳ ἐπιτυχών. — οἰονεὶ οὕτω φρόνιμός ἐστιν ὡςπερεὶ ἑκατονταετὴς ἀνήρ. τοῦτο δὲ ἐὰν κυρίως ἀκούηται (so hat dies hinter ἀνήρ die Romana, nicht wie bei Böckh) ἀπεμφαίνει· ὁ γὰρ ἑκατονταετὴς παραφρονεῖ. δεῖ οὖν μεταλαμβάνειν εἰς τὸ πολυετὴς ὡς τὸ οὐδ᾽ ἂν νηῦς ἑκατόνζυγος

ὀρφανίζει
φαεννᾶς ὀπὸς   κακὰν
    γλῶσσαν
μισεῖν ὑβρίζοντα
οὐκ ἐρίζων ἀντία τοῖς
    ἀγαθοῖς οὐδὲ μακύ-
    νων τέλος οὐδὲν
πρὸς ἀνθρώπων

ἡ πολύζυγος (Hes. op. 714). — ἀποχωρίζει μὲν τῆς ἐλευθερίου αὐτοῦ φωνῆς τὴν κακογλωσσίαν, ἔμαθε δὲ βδελύττεσθαι τοὺς ὑβριστάς, οὔτε μὴν (s. V. 261) τοῖς ἀγαθοῖς ἐξ ἐναντίας φιλονεικεῖ, οὐδὲ τὸ τῶν πραγμάτων τέλος πρὸς ἄνυσιν μηκύνει. ὁ γὰρ ἐν ἀνθρώποις καιρὸς βραχὺ ἔχει τὸ μέτρον (hinter καιρός habe ich die Worte οἰονεὶ βίος weggelassen). οἰονεὶ ἡ τῶν πραγμάτων εὐκαιρία ῥαδίαν ἔχει τὴν παραδρομήν. — εὖ γιγνώσκει αὐτόν, θεράπων δὲ

εὖ νιν ἔγνωκεν, θεράπων
δὲ οἱ οὐ δράστας ὀπα-
δεῖ

αὐτῷ οὐ δράστας ὀπηδεῖ. — πολλαὶ κατὰ τοῦτο τὸ ῥητὸν ἐξηγήσεις προὐχώρησαν (s. Ol. VIII, 70. vgl. VI, 55). τῷ καιρῷ ἕπεταί φησιν ὁ Δημόφιλος οὐχ ὡς δράστας, ὅ ἐστι δραπέτης, οὐ πανουργῶν οὐδὲ τὰ παρ᾽ αὐτοῦ προςτασσόμενα ὑπερτιθέμενος καὶ ἀναβαλλόμενος τὰ προςπίπτοντα. ἢ οὕτως· (so ἢ οὕτως schreibe ich für ἄλλως) οὐκ ἀποδιδράσκει ὁ καιρὸς τὸν Δημόφιλον (so schreibe ich für τὸν καιρὸν ὁ Δημόφιλος) ἀκολουθεῖ δέ φησιν αὐτῷ ὁ καιρὸς θεράπων (besser wol ὡς θεράπων) οὐ δράστης ἀλλὰ παράμονος, τουτέστιν οὐ παρέρχεται αὐτόν, — d. i. der rechte Zeitpunkt geht dem Demophilos nicht vorüber — ἀλλὰ πάντα τὰ καίρια γινώσκει (so Rom., Böckh οἶδεν. In diesem zweiten Fall ist bei γινώσκει als Sub-

V. 510—520.

jekt Demophilos verstanden, bei ὅπῃδεῖ der Kairos: der Καιρός folgt wie ein treuer Diener — und Warner — dem Demophilos stets nach und so weiss denn Demophilos immer was der Καιρός will, er weiss πάντα τὰ καίρια. Nach der vorhergehenden Erklärung ist bei dem γινώσκει gleichfalls Demophilos Subjekt, bleibt dies aber auch bei ὅπῃδεῖ θεράπων, so dass der Καιρός als der Herr gedacht wird, Demophilos als der stets ihm folgende und seine Befehle stets augenblicklich ausführende Diener, der eben auch seines Willens genau kundig ist. — Gewiss ist verloren gegangen weitere Erklärung, wonach in εὖ νιν ἔγνωκε als Subjekt der Kairos genommen wird. Davon ist ein Rest in dem aus Pal. C bei Böckh hinzugekommenen Stück, das aber, wie die Darbringungen des Pal. C gewöhnlich, mit Dummheit versetzt worden ist.) φασὶ δὲ τοῦτ' ἀνιαρότατον εἶναι τὸ γινώσκοντά τινα τῇ ἀνάγκῃ ἤτοι δι' ἀνάγκην τούτων ἐκτὸς εἶναι καὶ μηδὲν ἀπολαύειν αὐτῶν δύνασθαι ἐφ' ὅσον βούλεται. καὶ μὴν καὶ ὁ Δημόφιλος τοσοῦτον ἔχει τὸ τῆς φυγῆς ἄχθος ὅσον καὶ ὁ Ἄτλας, ὃς (dies ὅς habe ich eingeschoben, nicht ganz nothwendig) τῷ βάρει πιεζόμενος διηνεκῶς προςπαλαίει τῷ οὐρανῷ, φέρει δὲ τῷ Ἄτλαντι ὅμοιον ἄχθος Δημόφιλος τῆς πατρίδος καὶ τῶν κτημάτων μακρὰν χωρισθείς. ἀπέλυσε δέ ποτε καὶ ὁ Ζεὺς τοὺς Τιτᾶνας τῆς τιμωρίας, καίτοι ἐπιθεμένους αὐτοῦ τῇ ἀρχῇ καὶ μεταστῆσαι βουληθέντας. — ἐγκαλοῦσι δέ τινες τῷ Πινδάρῳ ὅτι οὐκ οἰκείως ἐπὶ τῆς διαλλαγῆς τὸν Ἄτλαντα παρείληφε. διηνεκῶς γὰρ μοχθεῖ. (Dies ist etwa ähnlich wie man den Tityos nicht angemessen fand, oben V. 160.) — μεταβολαὶ δὲ γίνονται ἀνέμων ἐν χρόνῳ, ἐν χρόνῳ δὲ καὶ τὸ ἱστίον τῆς νεὼς εὐθεῖιαν ἔχει μεταβολὴν τοῦ χειμερινοῦ λωφήσαντος ἀνέμου. ἀλλὰ κατέχεται ὁ Δημόφιλος ταύτην τὴν ἐνε-

ἐκτὸς ἔχειν πόδα

καὶ μὰν κεῖνος Ἄτλας οὐρανῷ προςπαλαίει νῦν γε πατρῴας ἀπὸ γᾶς ἀπό τε κτεάνων

λῦσε δὲ Ζεὺς ἄφθιτος Τιτᾶνας

ἐν δὲ χρόνῳ μεταβολαὶ λήξαντος οὔρου ἱστίων

V. 521—532.

οὐλομέναν	στῶσαν ὀλεθριωτάτην νόσον τῆς φυγῆς διαν-
διαντλήσαις	τλήσας καὶ ἀποφυγὼν τὸν κατὰ τὴν Κυρήνην
ἰδεῖν	οἶκον θεάσασθαι καὶ ἐπὶ τῇ τοῦ Ἀπόλλωνος
συμποσίας ἐφέπων θυμὸν ἐκδόσθαι πρὸς ἥβαν	κρήνῃ πάλιν συνήθως συμποσιάσαι καὶ τὴν ψυχὴν ἐκδοῦναι πρὸς φιλοφροσύνην καὶ συμπόσια. — διόλου ἀπὸ κοινοῦ ληπτέον τὸ εὔχεται· εὔχε-
δαιδαλέαν φόρμιγγα	ται πολλάκις τὴν πεποικιλμένην κιθάραν ἐν σοφοῖς βαστάζων καὶ μουσικευόμενος ἐν τοῖς
ἡσυχίᾳ θιγέμεν	πολίταις λοιπὸν ἐν ἡσυχίᾳ εἶναι, μήτε τινὶ
πῆμα πορὼν ἀπαθὴς	κακὸν προςτριψάμενος καὶ αὐτὸς δὲ ἀβλαβὴς ὢν τὸ λοιπὸν πρὸς τῶν πολιτῶν (so habe ich geschrieben für πρὸς τοὺς πολίτας). καὶ δὴ
μυθήσαιτο ἀμβροσίων	εἴποι ἄν σοι ὁποίαν εὗρε πηγὴν θείων ἐπῶν, — τοῦτο δὲ ὡς πρὸς ἑαυτόν, ὅτι θαυμαστῶς
πρόςφατον ξενωθεὶς	γράφει — ἀρτίως ἐπιξενωθεὶς καὶ ἐπιδημήσας ταῖς Θήβαις. — παραγέγονε γὰρ πρὸς τὸν Πίνδαρον ὁ Δημόφιλος, ἵνα αὐτὸν ἀξιώσῃ (vgl. V. 467) διὰ τοῦ ὕμνου διαλλάξαι αὐτὸν πρὸς τὸν Ἀρκεσίλαον.

VIII.

Pyth. IX. Eine vollständige Probe der Behandlung. Paraphrase nebst dem zugehörigen Kommentar: und — abgesondert — was sonst in der Ueberlieferung sich daran gesetzt. Wir geben also nun eine Probe der Paraphrase nicht nur, sondern zugleich auch des damit verbundenen Kommentars: und scheiden zugleich alles übrige, was diesem Paraphrasten nicht gehöriges noch in den Scholien an- und ein- und zugesetzt ist, davon ab. Wir geben diese Probe an

Pyth. IX*).

Γράφει ὁ Πίνδαρος τὴν ᾠδὴν Τελεσικράτει (Rom. Γράφει τῷ προςειρημένῳ, nämlich in der Ueberschrift Τελεσικράτει Κυρηναίῳ ὁπλιτοδρόμῳ, und dann wie hier τὴν ᾠδὴν u. s. w.) νικήσαντι τὴν εἰκοστὴν ὀγδόην Πυθιάδα. ἐνίκησε μέντοι καὶ στάδιον τὴν λ´ Πυθιάδα. οὐ

Γράφεται Τελεσικράτει Κυρηναίῳ ὁπλιτοδρόμῳ νικήσαντι τὴν κη´ Πυθιάδα (hier steht Rom. noch ὁπλίτῃ, während das ὁπλιτοδρόμῳ fehlte), τῇ δὲ λ´ στάδιον· παρὸ

---

*) Links steht alles, was unserem älteren Paraphrasten angehört, sein Kommentar nebst seiner Paraphrase. Die Paraphrase ist jedesmal eingerückt. Rechts steht alles übrige aus den Scholien, was andern Ursprungs ist.

V. 1—16.

φαίνεται δὲ ὁ Πίνδαρος ταύτης τῆς νίκης μνημονεύων, ἴσως ὅτι προφθάσας τῆς εἰκοστῆς ὀγδόης ἔγραψεν.

Ἐθέλω χαλκάσπιδα Πυθιονίκαν) χαλκάσπιδά φησιν ὅτι σὺν ἀσπίσι χαλκαῖς τὸν ὁπλίτην ἔτρεχον δρόμον. τὸ ἑξῆς δὲ (wie V. 61) „σὺν βαθυζώνοισι Χάρισιν". ὁ νοῦς·

βούλομαι τὸν Πυθιονίκην Τελεσικράτην ἐγκωμιάζων σὺν ταῖς βαθυζώνοις Χάρισιν ἀνυμνεῖν εὐδαιμονέστατον ἄνδρα, στέφανον καὶ δόξαν ὄντα τῆς ἱππικῆς Κυρήνης.

Τὰν ὁ χαιτάεις —) εἰς τὴν ἡρωΐδα, ἀφ' ἧς τοὔνομα ἔλαβεν ἡ πόλις Κυρήνη, μετάγει τὸν λόγον. ἀπὸ δὲ Ἡοίας Ἡσιόδου τὴν ἱστορίαν ἔλαβεν ὁ Πίνδαρος, ἧς ἡ ἀρχὴ „Ἢ οἵη Φθίῃ Χαρίτων ἄπο κάλλος ἔχουσα Πηνειοῦ παρ' ὕδωρ καλὴ ναίεσκε Κυρήνη". ὁ δὲ νοῦς·

ἥντινα τὴν Κυρήνην ὁ κομήτης Ἀπόλλων ἐκ τῶν ὑψηλῶν τοῦ Πηλίου κόλπων ἥρπασε καὶ ἤνεγκε χρυσῷ δίφρῳ τὴν θηρευτικὴν καὶ ἀγρευτικὴν παρθένον.

ἀνεμοσφαράγων τῶν ψόφον ἀποτελούντων ἐκ τοῦ ἀνέμου (Gott.).

ἔνθα αὐτὴν τῆς πολυπροβάτου καὶ εὐκάρπου γῆς ἔθηκε δέσποιναν καὶ οἰκεῖν θάλλουσαν καὶ γαυριῶσαν τὴν ἐπέραστον τρίτην μοῖραν τῆς ἠπείρου γῆς, τουτέστι τὴν Λιβύην.

τρίτην δὲ εἶπε ῥίζαν γῆς τὴν Λιβύην (So Rom., während bei Böckh: τὸ χ ὅτι τὴν Λιβύην τρίτην εἶπε u. s. w.) διὰ τὸ διαιρεῖν τινας ὅλην τὴν οἰκουμένην εἰς Ἀσίαν καὶ Εὐρώπην καὶ Λιβύην. εἰς ἔπαινον δὲ καὶ τοῦτο ἔλαβε, τουτέστιν ὅτι ἡ Λιβύη τρίτον ἐστι τῆς οἰκουμένης καθ' αὐτὴν καὶ οὐ τῇ Ἀσίᾳ συντατομένη.

Ὑπέδεκτο δ' ἀργυρόπεζ' Ἀφροδίτη) ζητεῖται διὰ τί ἐνταῦθα καὶ (so doch wol zu schreiben für καὶ ἐνταῦθα) ἡ Ἀφροδίτη εὑρίσκεται συμπρομπέμπουσα τὸν Ἀπόλλωνα καὶ ἐφαπτο-

δὴ οὐ μνημονεύει τῆς ἐν τῷ σταδίῳ νίκης. τούτου δὲ ἀνάκειται ἐν Δελφοῖς ἀνδριὰς ἔχων κράνος, ἐκ προγόνων δέ ἐστι δρομεύς. Ἀλεξίδαμον γάρ φησιν αὐτοῦ εἶναι πρόγονον Λίβυν, ἐλθόντα ἐπὶ τὴν Ἀνταίου θυγατέρα καὶ ἀγωνισάμενον· πολλοὶ δὲ ταύτης μνηστῆρες.

V. 17—32.

μένη τοῦ δίφρου. καὶ ἤτοι ὅτι μετέρχεται τὰ γαμήλια ἔργα ἡ θεός. Ὅμηρος· „Ἀλλὰ σύ γ' ἱμερόεσσα μετέρχεο ἔργα γάμοιο" (E, 429). ἢ ὅτι, ὡς αὐτὸς τὴν Κυρήνην φησὶ (τὴν Κυρήνην habe ich eingeschoben, Pyth. V, 31) κῆπος Ἀφροδίτης ἡ Λιβύη. καὶ ἴσως διὰ τὸ ἐπέραστον τῶν χωρίων (vgl. Pindar unten V. 95). οὐκ ἔχομεν γὰρ ἐξ ἱστορίας δεῖξαι ὅτι ἱερὰ ἦν ἡ Λιβύη τῷ θεῷ. ὁ δὲ νοῦς·

ὑπεδέξατο δὲ ἡ λευκόπους (so habe ich geschrieben für λευκόπηχυς, bei Pindar ἀργυρόπεζα) Ἀφροδίτη τὸν Δάλιον ξένον, τουτέστι τὸν Ἀπόλλωνα, κούφως καὶ ἠρεμαίως τῶν θείων ὀχημάτων τῇ χειρὶ αὐτῆς ἁπτομένη.

ξένον δὲ ἔφη τῇ Κυρήνῃ τὸν Ἀπόλλωνα διὰ τὸ νῦν πρῶτον ἐπιδημῆσαι. διὰ τιμῆς δὲ ἄγουσι τὸν θεόν.

καὶ δὴ αὐτῶν ταῖς γλυκεραῖς κοίταις ἐπέραστον ἔβαλεν αἰδῶ, κοινὸν ἁρμόζουσα τὸν μιχθέντα γάμον τῷ θεῷ καὶ τῇ τοῦ Ὑψέως θυγατέρι Κυρήνῃ, ὅστις ὁ Ὑψεὺς τῶν ἀνδρειοτάτων Λαπιθῶν βασιλεὺς ἐτύγχανεν ἐξ Ὠκεανοῦ δεύτερος κατάγων τὸ γένος.

ἐξ Ὠκεανοῦ γὰρ Πηνειὸς ὁ ποταμός, ἀφ' οὗ ἐγένετο ὁ Ὑψεύς.

Ὃν ποτε Πίνδου κλεενναῖς ἐν πτυχαῖς) τῷ Θεσσαλικῷ ὄρει. Πίνδος γὰρ ὄρος Περραιβίας, ἡ δὲ Περραιβία τετράπολις τῆς Θεσσαλίας. Ναΐδος δὲ καὶ Πηνειοῦ τὸν Ὑψέα Φερεκύδης, Ἀκέσανδρος δὲ Φιλύρας τῆς Ἀσωποῦ καὶ Πηνειοῦ ἱστορεῖ τὸν Ὑψέα. ὁ δὲ νοῦς·

ὅντινα τὸν Ὑψέα ποτὲ ἐν ταῖς ἐξοχαῖς τοῦ Πίνδου ἡ Ναῒς εὐφρανθεῖσα τῇ τοῦ Πηνειοῦ μίξει ἐγέννησε Κρέουσα Γῆς οὖσα θυγάτηρ. ὁ δὲ Ὑψεὺς τὴν λευκόπηχυν Κυρήνην ἀνέθρεψεν. (λευκόπηχυν führt

τὸ δὲ Ναῒς εὐφρανθεῖσα ἀντὶ τοῦ παννυχίσασα διὰ τὴν εὐφροσύνην. Diese Worte stehen überliefert zwischen Θεσσαλίας und Ναΐδος. Dass sie dahin nicht gehören können, sondern für sich sind, ist klar. Es ist auch klar, dass man für εὐφροσύνην zu schreiben

V. 33—44.

darauf, dass er vielmehr λευκώλενον las für das jetzige εὐώλενον.)
ἔσχε δὲ ταύτην ἐκ Χλιδανώπης. οὐ μόνον δὲ Κυρήνην ἔσχεν, ἀλλὰ καὶ Ἀλκαίαν. Ἃ μὲν οὖν ἱστῶν παλιμβάμους —) ἀντὶ τοῦ παλιμπορεύτους. αἱ γὰρ ὀρθαὶ ὑφαίνουσαι προπορεύονται καὶ πάλιν τὸν αὐτὸν πορεύονται τόπον καὶ ὑποστρέφουσιν. ὡς καὶ Ὅμηρος· „ἱστὸν ἐποιχομένην καὶ ἐμὸν λέχος ἀντιόωσαν" (Α, 31). οἰκουριῶν δὲ, ἤτοι οἰκοδεσποινῶν, οἰονεὶ τῶν ἤδη γεγαμημένων καὶ ἀρχουσῶν οἰκῶν. γράφεται καὶ δεῖπνον οἰκουριῶν (Die Worte γράφεται bis hier sind aus Gott., natürlich verdorben: welches die angegebene Lesart war kann auf einige Arten vermuthet werden, und kann uns eben deshalb solche Vermuthung hier nichts helfen). ὁ δὲ νοῦς·

αὕτη μὲν οὖν ἡ Κυρήνη οὔτε τὰς παλιμπορεύτους ἐφίλησε τῶν ἱστῶν ὁδοὺς οὔτε τῶν δείπνων τὰς τέρψεις οὔτε (es muss die Frage gestellt werden, ob nicht doch vielleicht der Paraphrast μετά geschrieben: die gänzliche Nichtberücksichtigung eines οἰκουρίαν als Akkusativ, wenn er οὔτε las, ist auffallend) τῶν ἑταιρῶν τῶν τοῦ οἴκου δεσποζουσῶν, — ἀπὸ κοινοῦ τὸ οὐχ εἵλετο τὰς τέρψεις. — ἀλλὰ χαλκοῖς δόρασι καὶ ξίφει μαχομένη ἐπόρθει καὶ ἀνῄρει τοὺς ἀγρίους θῆρας, πολλὴν ἡσυχίαν καὶ εἰρήνην ταῖς πατρῴαις παρέχουσα βουσίν,
— ἀναιρουμένων γὰρ τῶν ἀγρίων θηρῶν εὐμαρῶς καὶ ἀδεῶς τὰ ἥμερα τῶν ζώων νέμεται —,

καὶ τὸν ἑωθινὸν δὲ ὀλίγον ἐπερχόμενον ἡδὺν ὕπνον ἀφανίζουσα καὶ ἀναλίσκουσα.
τὸ γὰρ ῥέποντα ἀντὶ τοῦ ἐπερχόμενόν φησιν. ἔξωθεν δὲ προςυπακουστέον τὸ ἐθήρα. ὁ δὲ λόγος (dies ὁ δὲ λόγος hat Rom.)· οὕτως ἐμμανῶς εἶχε περὶ τὴν θήραν ὡς καὶ πρὸ ἡμέ-

hat εὐφρόνην. Und dass wir hier die schöne Erklärung haben: εὐφρανθεῖσα bedeutet παννυχίσασα, wegen εὐφρόνη Nacht.

V. 45—64.

ρας θηρᾶν καὶ μὴ κοιμᾶσθαι τὸν ἑωθινὸν
ὕπνον.
    κατέλαβε δὲ ἐν τῷ Πηλίῳ ποτὲ τὴν Κυ-
ρήνην ὁ Ἀπόλλων τῷ ἰσχυρῷ ἄνευ δόρατος μόνην διαμαχομένην λέοντι.
καὶ Καλλίμαχος· „ἔνθα λέοντα Ὑψὴς κατέ-
πεφνε βοῶν σίνιν Εὐρυπύλοιο" (h. Apoll. 92).
Fehlt Paraphrase von αὐτίκα δ᾽ ἐκ μεγά-
ρων Χείρωνα προςέννεπε φωνᾷ.
    τὸ σεμνόν σου ἄντρον, ὦ Κένταυρε, κα-
ταλιπὼν ἐλθὲ καὶ θαύμασον τὴν ψυχὴν τῆς
γυναικός, ὁποίαν νίκην ἐπάγει τῇ ἑαυτῆς
κεφαλῇ ἡ νεᾶνις τοῦ καμάτου ὑπερτέραν
ἔχουσα τὴν ἑαυτῆς ψυχήν, — οἱονεὶ οὐ κάμ-
νουσα πρὸς τὸ καταπαλαῖσαι τὸν λέοντα —
ἀλλ᾽ οὐδὲ φόβῳ ἐχειμάσθησαν αὐτῆς αἱ φρένες. — Τίς δὴ ἀνθρώπων αὐτὴν ἐγέννησεν,
ἀπὸ ποίας δὲ φύσεως καὶ γένης ἀποσπα-
σθεῖσα (so für ἀποσπαρθεῖσα, was wie bei
Böckh auch in der Rom.) καὶ γεννηθεῖσα
τῶν συμφυτῶν ὀρῶν τοὺς κευθμῶνας ἔχει;
ἀντὶ τοῦ θηρᾷ. — ἡ δὲ μεταφορὰ ἀπὸ τῶν
κλάδων τῶν ἀποσπωμένων ἀπὸ τῶν φυτῶν.
    γεύεται δὲ καὶ ἐφάπτεται ἀπείρου καὶ
    πολλῆς ἀνδρείας,
οἷον ἰσχυρά ἐστιν. Ὅμηρος· „γευσόμεθ᾽ ἀλλήλων χαλκήρεσιν ἐγχείησιν" (Υ, 258) ἀντὶ τοῦ
πολεμήσομεν. ἀπειράντου δέ φησιν ἀντὶ τοῦ
πέρας οὐκ ἐχούσης (In Rom. steht so gut, nur
dass ich ἀπειράντου für ἀπείρου geschrieben.
Bei Böckh steht: πολεμήσομεν· ἢ οὕτω· πέρας οὐκ ἐχούσης) διὰ τὸ μεγέθος. τὸ δὲ ἑξῆς·
(die Wortfolge, dass man ἦρα als Fragepar-
tikel annehme) ἆρα ὅσιόν ἐστι τὴν χεῖρα προς-
ενεγκεῖν καὶ δρέψαι τὴν παρθενίαν αὐτῆς; ὁ
γὰρ λόγος ἐρωτηματικὸς παρ᾽ Ἀπόλλωνος ἐν
ἤθει λεγόμενος·
    ἆρα ὅσιόν ἐστι τὴν ἔνδοξον χεῖρα αὐτῇ
    ἐπενεγκεῖν καὶ ἐκ τῶν κοιτῶν αὐτῆς ἰδεῖαν
    βοτάνην ἀποκεῖραι;

Ἄλλως. τοῦτό φησιν
ὡς τὰς νύκτας ὅλας περὶ
τὰ κυνηγέσια γινομένης
αὐτῆς, πρὸς ὄρθρον δὲ
κοιταζομένης. οὗτος γάρ
ἐστιν ὁ πρὸς τὴν ἕω ῥέ-
πων ὕπνος. οἱ δὲ ἄτο-
πον εἶναι λέγουσι δι᾽ ὅλης
νυκτὸς καὶ μέχρι τοῦ ἑω-
θινοῦ θηρᾶν αὐτήν. οὐ
γὰρ οἷόν τε νυκτὸς σκό-
τους ὄντος θηρᾶν, ἀλλ᾽
εἰ ἄρα (so Rom. richtig,
nicht wie Böckh ἢ ἄρα)
περὶ τὸν ὄρθρον.
    Ἄλλως. αὕτη ἀταρβὴς
οὖσα, τὴν ψυχὴν ὕπερ-
θεν ἔχουσα τοῦ μόχθου,
τουτέστιν οὐ νικωμένη τῷ
μόχθῳ, οἵαν φιλοτιμίαν
ἐπάγει τῇ ἑαυτῆς κεφαλῇ.

V. 64 – 65.

ἤτοι διαπαρθενεῦσαι αὐτήν. ἢ ἐξ αὐτῆς γεννῆσαι παῖδα. ἢ τοῦτο γάρ ἐστι τὸ κεῖραι μελιηδέα ποίην ἢ μεταφορικῶς εἴρηκε τὴν ἀκμὴν καὶ τὴν παρθενίαν μελιηδέα ποίην. (Es steht dies übrigens in der Romana, nur habe ich ἢ für καί geschrieben vor ἐξ αὐτῆς, und umgekehrt καί hinter ἀκμήν statt des dortigen ἢ und hinzugefügt das ἢ vor τοῦτο. Nachdem die Paraphrase sich noch anschliessend an den Text gehalten, ποίην durch βοτάνην wiedergegeben, sagt er: dies kann zweierlei bedeuten: entweder die Frucht pflücken, so dass „die Frucht", gleichsam das Erzeugniss, den Sohn bedeutet, einen Sohn zeugen: oder es bedeutet die höchste Blüte, die ἀκμή der Pflanze, und hier auf die Jungfrau übertragen: die Blüte pflücken, τὴν παρθενίαν. Dem letztern scheint er den Vorzug zu geben: wenigstens hatte er dies in der vorläufigen Angabe der Wortfolge oben ausgedrückt. — Bei Böckh steht hinter βοτάνην ἀποκεῖραι so: ἀντὶ τοῦ διαπαρθενεῦσαι αὐτήν. τὸ σημεῖον ὅτι μεταφορικῶς εἴρηκε τὴν ἀκμὴν ἢ τὴν παρθενίαν μελιηδέα ποίην. Worauf bei Böckh noch die hier rechts stehenden Worte Ἄλλως — μελιηδέα folgen, während es in Romana hinter ihrem μελιηδέα ποίην sogleich ohne diese Worte weiter geht

Τὸν δὲ Κένταυρος ζαμενής) ζαμενὴς ὁ συνετός, τινὲς δὲ ὁ ἰσχυρός. (Ich habe συνετός geschrieben statt σεμνός, nämlich aus dem sogleich folgenden συνετός, nicht umgekehrt: denn ζαμενής kann doch wol eher durch συνετός erklärt werden als durch σεμνός).

τὸν δὲ Ἀπόλλωνα εὐθὺς ὁ συνετὸς Κένταυρος τῇ ἀγανῇ ἑαυτοῦ ὀφρύϊ προςηνὲς καὶ ἡδὺ γελάσας ἀνταπεκρίνατο. Den Akkusativus bei ἀνταποκρίνεσθαι habe ich mich nicht entschliessen wollen zu ändern, weil es zu interessant wäre, wenn er, in Nachahmung von ἀμείβεσθαι, ἀντα-

Ἄλλως. ἤγουν γεννῆσαι ἐξ αὐτῆς παῖδα. τοῦτο γάρ ἐστι τὸ κεῖραι μελιηδέα ποίαν.

V. 66 — 67.

μείβεσθαι, richtig wäre. Ich habe noch eine Stelle, wo er mir begegnet: bei dem Bekkerschen Paraphrasten Il. *A*, 285 τοῦτον δὲ ἀνταποκρινόμενος ἔφη ὁ βασιλεὺς Ἀγαμέμνων, und wenn ich auch dort bedenklich bin, ganz geschwind πρὸς τοῦτον δὲ — zu ändern, obgleich an allen andern Stellen dieser Vers dort heisst πρὸς τοῦτον (ταύτην) δὲ ἀνταποκρινόμενος oder ἀνταποκριθείς oder ἀποκρινάμενος ἔφη oder noch öfter εἶπε, so hat auch dieses seine Gründe. Auch den, dass er das Homerische τὴν δ᾽ αὖτ᾽ Ἀντήνωρ πεπνυμένος ἀντίον ηὔδα *Γ*, 202 wiedergiebt durch ταύτην δὲ Ἀντήνωρ ὁ συνετὸς ἐξ ἐναντίας εἶπεν. Wiewol *Δ*, 265 πρὸς τοῦτον δὲ δὴ ὁ Ἰδομενεὺς ὁ τῶν Κρητῶν ἀγὸς ἐξ ἐναντίας εἶπεν. *E*, 170 καὶ λόγον αὐτῷ ἐξ ἐναντίας εἶπεν für λόγον τέ μιν ἀντίον ηὔδα. Aber wieder *Θ*, 200 καὶ δὴ τὸν Ποσειδῶνα τὸν μέγαν θεὸν ἐξ ἐναντίας εἶπεν. Und nach mehrmaliger Anwendung von πρὸς αὐτὸν ἐξ ἐναντίας εἶπεν dann *Ω*, 334 εὐθέως δὲ τὸν προσφιλῆ υἱὸν Ἑρμῆν κατὰ πρόσωπον εἶπεν (αἶψα δ᾽ ἄρ᾽ Ἑρμείαν υἱὸν φίλον ἀντίον ηὔδα).

χλιαρὸν προςηνὲς καὶ ἡδὺ παρὰ τὸ χλιαρόν. τὰ μὲν γὰρ ἀπηνῆ τοῖς ψυχροῖς παραβάλλουσι, τὰ δὲ προςηνῆ καὶ τερπνὰ τοῖς θερμοῖς διὰ τὴν γινομένην διάχυσιν.

[Es ist mir hier nichts übrig geblieben als ein durch einander gewirrtes Geflecht nach Wahrscheinlichkeit aus einander zu lösen und zu vertheilen, wie hier geschehen. Was überliefert ist hinter ἀνταπεκρίνατο schreibe ich hier nach der Romana, und gebe die Böckhischen Abweichungen an:

Ἄλλως. χλιαρόν φησι (Böckh ἤτοι für φησι) τὸ πολὺ καὶ κεχαλασμένον. χλιδὸν γὰρ λέγουσι τὸ πλῆθος. ἢ προςηνὲς καὶ ἡδύ, παρὰ

Ἄλλως. χλιαρόν φησι τὸ πολύ. χλιδὸν γὰρ λέγουσι τὸ πλῆθος (also, meint dieser, von einer Wurzel χλι, gleich χλη, die in χλῆδος ist. — Pyth. IV, 318. Ol. IX, 3 —) οὕτως οὖν ἐπιπολὺ γελάσας. ἢ χλιαρὸν τὸ κεχαλασμένον (also das solutum, von der Wärme). ἀγανᾷ ὀφρύι) οὐ γὰρ ὡς οἱ σκυθρωπάζοντες συνηγμένας εἶχε τὰς ὀφρῦς.

Ἢ οὕτως· χλιαρὸν ἀντὶ χλιαρὸν καὶ ἡδὺ κατὰ

V. 68—81.

τὸ χλιαρόν. τὰ μὲν γὰρ ἀπηνῆ τοῖς ψυχροῖς παραβάλλουσι, τὰ δὲ προσηνῆ καὶ τερπνὰ τοῖς θερμοῖς διὰ τὴν γινομένην διάχυσιν. οὕτως οὐκ (Böckh οὖν) ἐπιπολὺ γελάσας. οὐ γὰρ ὡς οἱ σκυθρωπάζοντες συνηγμένας εἶχε τὰς ὀφρῦς. Wonach bei Böckh hinzugekommen: ἢ οὕτω· χλαρὸν ἀντὶ τοῦ χλιαρὸν καὶ ἡδὺ κατὰ συναίρεσιν.] συναίρισιν. (Dies letzte ist bei Böckh hinzugekommen.)

τὸ δὲ μῆτιν ἐὰν ἀντὶ τοῦ κατὰ τὴν ἑαυτοῦ διάνοιαν οἱονεὶ ἐπιμειδιάσας, ἵνα μὴ δῶμεν αὐτὸν πολὺ καὶ ἄκαιρον γελάσαντα.

Κρυπταὶ κλαΐδες ἐντὶ σοφᾶς Πειθοῦς —) ἕκαστος, φησί, κρύπτει τοὺς λόγους τοὺς περὶ συνουσίας. ἔοικε παρεγχειρεῖν ὁ Χείρων τὸν Ἀπόλλωνα, ἐπεὶ προεῖπεν ἐκεῖνος· ὅσια κλυτὰν χεῖρά οἱ προσενεγκεῖν —; ἢ οὕτως ἀποδοτέον· σὺ Ἀπόλλων ἐρωτᾶς με εἰ ὅσια κλυτὰν χεῖρά οἱ προσενεγκεῖν, ὁ πᾶν τὸ ἐσόμενον εἰδώς; μάντις γὰρ εἶ. ἀλλ' ἐπεὶ αἰσχυνόμεθα περὶ τούτων λέγειν καὶ κρυπτῶς ταῦτα ἐνεργεῖται, καὶ σὺ αἰδούμενός με ἐρωτᾶς. ἐπίστασαι γὰρ μάντις ὤν.

τῆς (vor diesem τῆς habe ich Ἄλλως weggelassen) περὶ τὰς γυναῖκας πειθοῦς, φησίν, ὦ Ἄπολλον κρυπταί εἰσι τῶν ἱερῶν συνουσιῶν αἱ κλεῖς. ἐν θεοῖς γὰρ καὶ ἀνθρώποις ὁμοίως ἐστὶ τοῦτο· αἰσχύνονται γὰρ οἵ τε ἄνδρες καὶ οἱ θεοὶ τὸ πρῶτον ἐκ τοῦ φανεροῦ τῆς ἡδείας κοίτης τυχεῖν. καὶ γὰρ σέ, ὃν οὐ θεμιτὸν οὐδὲ δυνατὸν ψεύσασθαι, παρέτρεψεν ὁ προσηνής σου τρόπος ἐρωτᾶν με περὶ Κυρήνης τοῦ γένους καὶ τῆς μίξεως καίπερ εἰδότα ἀκριβῶς πάντα.

Ἀπερυθριῶν γὰρ ἡμῶν ἕκαστος αἰσχύνεται ἐκ τοῦ φανεροῦ περὶ ἀφροδισίων διαλέγεσθαι. (Diese Worte standen zwischen τοῦτο und αἰσχύνονται.)

Ἢ οὕτως· αἰδοῦνται, ὦ Ἄπολλον, οἵ τε ἄνδρες καὶ οἱ θεοὶ φανερῶς τὸν ἔρωτα λέγειν.

Ἢ οὕτως· (so Rom., Böckh Ἄλλως) ἡ αἰδὼς ἐποίησέ σε τὸν μάντιν πυνθάνεσθαι, ὃν οὐδεμία διαφεύγει ἀλήθεια, πάντα δὲ τὰ μέλλοντα προγινώσκεις.

κούρας δ' ἐπόθεν γενεὰν) ὁ λόγος ἠθικός· ἐμὲ ἐρωτᾶς, ὦ δεσπότα Ἄπολλον, πόθεν τῆς κόρης ἡ γενεὰ καὶ τίνες οἱ γονεῖς; ὅστις πάντων τῶν ὑπὸ τὸν βίον οἶδας τὸ τέλος καὶ πάσας τὰς ὁδοὺς καὶ ὅσα ἐν

V. 82 — 103.

τῷ ἔαρι ἀναφύει ἡ γῆ (das ἡ γῆ habe ich zugefügt).

Es fehlt ὅσσα τε χθών bis κλονέονται (82 — 85).

καὶ πόθεν τὴν ἀρχὴν μέλλει λαμβάνειν — καλῶς καὶ ἀπταίστως καθορᾷς ἀπὸ κοινοῦ. εἰ δὲ χρὴ καὶ σοφῷ σοι ὄντι ἐξισωθῆναι ἐρῶ. ἢ οὕτως· (so Rom., Böckh "Ἄλλως) εἰ δὲ χρὴ ἐξισωθῆναί σοι καὶ μαντεύεσθαι ὡς σὺ μαντεύῃ, ἐρῶ. παραγενοῦ ταύτῃ πόσις, ταύτην τὴν βῆσσαν καὶ τὸ σπήλαιον, — ἔξωθεν δὲ τὸ καταλιπών. (Wunderlich, doch ähnliches auch sonst.) μέλλεις γὰρ αὐτὴν διὰ τοῦ πόντου εἰς τὸν τοῦ Διὸς ἔξοχον κῆπον ἐνεγκεῖν.

Ὅς ταχὺ πάντα οἶδας καὶ δύνασαι ἐμὲ περὶ τῶν τῆς κόρης γονέων ἐρωτᾷς;

λέγει δὲ τὴν Λιβύην Διὸς κῆπον διὰ τὸ πλησιάζειν τῇ Αἰγύπτῳ, ἣν Διὸς τέμενος οἱ ποιηταί φασιν (s. Pyth. IV, 97) ἢ διὰ τὸ τὸν "Ἄμμωνα Δία νομίζεσθαι· „Ἄμμων Ὀλύμπου δέσποτα", φησί (Pind. Fr.), καὶ πάλιν· „Διὸς ἐν "Ἄμμωνος θεμέθλοις" (Pyth. IV, 28), "Ἄμμωνος δὲ ἡ Λιβύη.

Ἄλλως. πῶς Διὸς κῆπος ἡ Λιβύη; ὅτι δοκεῖ ὡς Ζεὺς ἐν Λιβύῃ "Ἄμμων τιμᾶσθαι, ὡς Φαῖστος ὁ τὰ Λακεδαιμονικὰ (so hat Böckh korrigirt für Μακεδονικά, aus Pyth. IV, 28) συγγράψας. „Ζεῦ Λιβύης "Ἄμμων κερατηφόρε κέκλυθι μάντι."

Ἔνθα νιν ἀρχέπτολιν) ἡ γὰρ πόλις ἀπ' αὐτῆς Κυρήνη κληθήσεται·

ἔνθα αὐτήν, φησί, δέσποιναν ἀποδείξας, ἐπὶ τὸ ὑψηλὸν μέρος τῆς Λιβύης τὸν ἐκ Θήρας ὄχλον ἀναστήσας (so natürlich waren die Worte umzustellen aus ἐπὶ τὸ ὑψ. μ. τ. Λ. δέσποιναν ἀποδείξεις τὸν) καὶ συναθροίσας.

ἀμφίπεδον δὲ ὄχθον εἶπε τὴν Κυρήνην διὰ τὸ αὐτὴν μὲν ἐπ' ὄχθον ἱδρύσθαι, περὶ αὐτὴν δὲ πεδιάδα εἶναι. ἀμφίπεδον δὲ λέγεται τὸ ἑκατέρωθεν πεδία ἔχον. Νῦν δ' εὐρυλείμων) ὁ νοῦς· ἐπὶ δὲ τοῦ παρόντος αὐτὴν ἡ πλατεῖς ἔχουσα λειμῶνας Λιβύη ὑποδέξεται τὴν εὔδοξον νύμφην ἐν τοῖς τιμίοις αὐτῆς οἴκοις μετὰ προθυμίας, ἔνθα αὐτῇ τὴν μερίδα τῆς γῆς εὐθέως κατασκευάζειν καὶ οἰκονομεῖν εὐκόλως καὶ δικαίως παράσχοι

Ἡ τὸν πανταχόθεν ὁδευόμενον τοῖς πεδίοις (περιοίκοις?) Gott.

Ὅπου τῆς ἰδίας γῆς μέρος δωρήσεται ἡ Λιβύη τῇ Κυρήνῃ οὔτε φυτῶν ἀπεστερημένην (Rom.

V. 104—116.

(wenigstens doch παράσχῃ wenn nicht παρασχήσει), οὔτε πολυκάρπων φυτῶν ἄμοιρον, οὔτε ἀνεπίγνωστον θηρίων, τουτέστι πολύθηρον.

Τόθι παῖδα τέξεται) ὁ νοῦς·
ἐν τῇ Λιβύῃ ἡ Κυρήνη τέξεται παῖδα —
λέγει δὲ τὸν Ἀρισταῖον — ὅν τινα ὁ ἔνδοξος Ἑρμῆς ἀνελὼν καὶ λαβὼν παρὰ τῆς μητρὸς οἴσει καὶ δώσει τρέφειν Ὥραις, καὶ Γῇ δώσει —

ὡς προμάμμῃ τῆς μητρὸς τοῦ παιδός. ἡ γὰρ Κρέουσα ἡ Ναῒς („Gott. Ὠκεανίς male" Böckh) Γῆς παῖς οὖσα ἔτεκε τὸν Ὑψέα τὸν πατέρα τῆς Κυρήνης —

αἱ δὲ Ὧραι καὶ ἡ Γῆ ἐπὶ τοῖς ἑαυτῶν γόνασι θεῖσαι τὸν Ἀρισταῖον καὶ θαυμάσασαι τὸ βρέφος ἐνστάξουσι τοῖς χείλεσι νέκταρ καὶ ἀμβροσίαν καὶ ποιήσουσιν αὐτὸν ἀθάνατον ὥσπερ Ζῆνα καὶ Ἀπόλλωνα — ἵνα τὸ ὥσπερ ἔξωθεν ὑπακούσωμεν — θρέψουσι δὲ αὐτὸν τοῖς ἀνθρώποις χαρὰν καὶ ὄφελος ἀκόλουθον ὄντα τῶν προβάτων —

πρὸ γὰρ τοῦ γενέσθαι Ἀρισταῖον τὰ πρόβατα ὁπόσας οὐκ εἶχεν —
τινὰς δὲ αὐτὸν Ἀρισταῖον, τινὰς δὲ Ἀγρέα καὶ Νόμιον ποιήσουσι καλεῖν, — ἀπὸ κοινοῦ γὰρ τὸ θήσονται.

[So ungefähr wird wol das richtige für den Paraphrasten herausgezogen sein aus dem Wirrwarr der Ueberlieferung, die hinter εἶχεν so ist in der Romana: "Ἄλλως. εὐκίνητον τῶν προβάτων ἀκόλουθον αὐτὸν θήσονται. τινὲς δὲ τὸν Ἀρισταῖον ἀγρέα φασί (dies glaub' ich war ursprünglich ποιήσουσι). ἀπὸ κοινοῦ γὰρ τὸ θήσονται. Ἀγρέα καὶ νόμιον. ἔνιοι δὲ u. s. w., was wir rechts stellen werden. Bei Böckh heisst es hinter dem ἀκόλουθον αὐτὸν θήσονται so: τινὲς δὲ αὐτὸν

-νη) οὔτε ἔξω κυνηγεσίων, συντελέθειν, ὥστε συντελεῖν ἐννόμως αὐτῇ, ὥστε συνάπτεσθαι καὶ συμβάλλεσθαι πρὸς τὴν κατασκευήν.

Ἡ (Rom., Böckh "Ἄλλως) συντελοῦσαν αὐτῇ ἐν τῇ νομῇ καὶ νεμήσει, συναύξουσαν αὐτῇ καὶ τὰς φυτείας καὶ τὰ κυνηγέσια. ἔνθηρος γὰρ ἡ Λιβύη. Dieser las ἐν νόμῳ oder wenigstens ἐν (Aeolisches εἰς) νόμον, und bezog νήποινον φυτῶν und ἀγνῶτα θηρῶν auf die Kyrene. Böckh hat (obiges ist nach der Romana) ἐν ταῖς οἰκοδομίαις καὶ ἐν τῇ νομῇ καὶ νεμήσει.

Συντελέθειν συντελεῖν, κατασκευάζειν ἢ οἰκονομεῖν. — Bei Böckh hinzugekommenes Stück.

Νήποινον κυρίως μὲν τὴν ἀνεκδίκητον, νῦν δὲ τὴν ἄμοιρον καὶ ἄπειρον.

Καλῶς τῇ Γῇ δίδωσιν, ἐπεὶ καὶ ἐκ Γῆς δίδωσι (nicht διδόασι?) καταφέρειν τὸ γένος. Γῆς γὰρ Κρέουσα, ἧς Ὑψεύς, οὗ Κυρήνη, ἧς Ἀρισταῖος.

Ἄλλως. εὐκίνητον (Gott. ἀκίνητον) τῶν προβάτων ἀκόλουθον αὐτὸν θήσονται.

Ἔνιοι δὲ τὸν Ἀρισταῖον (so Rom., Böckh: "Ἄλλως. ἱστέον ὅτι τὸν Ἀρισταῖον) διὰ τὸ τὴν κτηνοτροφίαν καὶ κυνηγεσίαν εὑρηκέναι ἀγρέα καὶ νόμιον, Δία καὶ Ἀπόλλωνα προσηγόρευον. ἔστι δὲ καὶ τοῦ μέλιτος εὑρετὴς

V. 117—129.

'Αρισταῖον καλεῖν, ἀπὸ κοινοῦ τὸ θήσονται, Ἀγρέα καὶ Νόμιον. Ἄλλως· ἰστέον ὅτι —] οὕτως εἰπὼν ὁ Χείρων παρεσκεύαζε τὸν Ἀπόλλωνα τελειοῦν τὸ τοῦ γάμου τέλος. τουτέστιν εἰ καὶ ἀνεβάλετο τὸν γάμον ὁ Ἀπόλλων, ἀλλὰ τοῖς λόγοις προετράπη ταχέως μιχθῆναι.

σπευδόντων δὲ τῶν θεῶν ταχεῖα καὶ ἡ πρᾶξις καὶ ἡ κατόρθωσις γίνεται.- αἱ δὲ ὁδοὶ (hinter γίνεται habe ich ἢ οὕτως weggelassen) τῶν θεῶν βραχεῖαι καὶ μικραί εἰσι διὰ τὸ ταχὺ καὶ ἀκοπίατον (Böckh ἀκοπίαστον, wie Pyth. IV, 303 auch in der Romana steht) αὐτῶν.

γλαφυρῶς ἀπέπαυσε (wol ἀπέσπασε) τὸν νοῦν ἀπὸ τῆς μίξεως, εἰπὼν ὅτι πάντα οἱ θεοὶ ἀνύουσι καὶ ὁδοὺς ἔχουσι βραχείας ὧν ἂν ἐθέλωσι πρᾶξαι, ἀντὶ τοῦ εἰπεῖν· εὐθέως ἤνεγκεν αὐτὴν εἰς Λιβύην καὶ συνῆλθεν αὐτῇ.

ἐν ἐκείνῃ τῇ ἡμέρᾳ ἐκεῖνο τὸ πρᾶγμα διετέλεσεν, ἐν ᾧ συνωμίλησεν αὐτῷ ὁ Χείρων, ἐτελειώθη (Böckh καὶ ἐτ.) τὰ περὶ τὸν γάμον· ἐν δὲ τῷ πολυχρύσῳ θαλάμῳ τῆς Λιβύης ἐμίγη αὐτῇ ὁ Ἀπόλλων, ἔνθα τὴν καλλίστην πόλιν καὶ ἔνδοξον κατὰ τοὺς ἀγῶνας περιέπει ὁ Ἀπόλλων —

τὴν ὁμώνυμον τῇ νύμφῃ Κυρήνην.
καὶ νῦν ἐν Πυθῶνί νιν) ὁ νοῦς·
καὶ νῦν δὲ ἐν τῇ θείᾳ Πυθῶνι νικήσας ὁ Τελεσικράτης ἐπιφανῆ ἐποίησε τὴν Κυρήνην,

τὴν πόλιν ἢ τὴν ἡρωίνην (diese Worte sind von mir: nämlich hinter dem obigen τῇ νύμφῃ Κυρήνην stehen die sonderbaren Worte ἢ ἡρωικήν in der Rom., im Gott. ἡ ἡρωίς. Diese Worte glaube gehören hieher, müssen dann aber so emendirt und mit τὴν πόλιν ergänzt werden). ὁ δὲ Τελεσικράτης Καρνειάδου παῖς ἦν. (Diese Worte ὁ δὲ — aus Gott., wo nur falsch Κρονίδου, von Böckh schon emendirt.)

ὁ Ἀρισταῖος, ὃ δὴ τῆς ἀθανασίας δέκατον μέρος ᾠήθησαν εἶναι. L. ἀμβροσίας. Ath. 39. Φαίνεται δὲ ὅτι καὶ τὴν ἐλαιουργίαν καὶ μελιτουργίαν πρῶτον ἐπινενόηκεν (Böckh ἐπενόησεν) Ἀρισταῖος.

Ἄλλως. ἕτοιμον αὐτοῖς τόπον ἐποίει, ἵνα οὕτως ὁ γάμος κρανθῇ. (Diese Erklärung, die sogleich noch in andrer Form wiederkehren wird, ist ja offenbar schon gegen den Text des Pindar.) ἢ ὁμιλήσας ὅτι ἐκ Κυρήνης (dies ἐκ Κ. hat Rom. nicht) πολυώνυμος (habe ich versucht für πολυομίλης, wie Rom., oder ποιμενικός, wie Gott.) γενηθήσεται ὁ Ἀρισταῖος καὶ ἀθάνατος παῖς παρεσκεύασεν αὐτῷ τὸν γάμον. τουτέστιν εἰ ἀνεβάλετο (so Rom., Böckh εἰ καὶ ἀνεβάλετο) τὸν γάμον ὁ Ἀπόλλων, ἀλλὰ τοῖς λόγοις προετράπη ταχέως μιχθῆναι (Dieses τουτέστι — scheint mir aus dem Paraphrasten hergenommen — auf den schon das παρεσκεύασεν führt — und habe ich sie von hier auch für jenen entnommen).

Ἡ οὕτως· (Böckh Ἄλλως. ἀντὶ τοῦ) οὕτως εἰπόντος τοῦ Χείρωνος εὐτρεπίζετο (Böckh ηὔτρ—) αὐτοῖς τὰ πρὸς γάμον.

Ἡ οὕτως· ἐν ἐκείνῃ τῇ ἡμέρᾳ ἁρπάσας τὴν Κυρήνην ἐκόμισεν εἰς Λιβύην.

V. 130—147.

ἥτις αὐτὸν ἡ Κυρήνη εὐμενὴς δέξεται τῇ
καλὰς ἐχούσῃ γυναῖκας πατρίδι δόξαν ἐπέραστον ἄγοντα ἀπὸ Δελφῶν. (So habe
geschrieben für ἡ καλὰς ἔχουσα und für
ἄγοντα αὐτόν, wie Böckh, oder ἄγοντι αὐτῷ, wie Rom. hat) αἱ δὲ μεγάλαι ἀρεταὶ
ἀεὶ καὶ πολύμυθοί εἰσι,
τουτέστι πολλῶν λόγων δέονται πρὸς τὰ ἐγ-
κώμια. ἢ οὕτω· περὶ δὲ τῶν μεγάλων ἀρετῶν
πολλὰ ἔνεστιν εἰπεῖν.

Βαιὰ δ' ἐν μακροῖσιν) ἐάν τις, φησί, μα-
κρὰ ἐκλάβῃ πράγματα καὶ βαιὰ ποιήσῃ
αὐτὰ τῷ λόγῳ, ἀκοῇ σοφοῖς ἐστί, τουτέστι
σοφοῦ ἀκροατοῦ δεῖται, ἵνα συνῇ τὰ πολλὰ
ἐπιτετμημένα. ἢ καὶ οὕτως· ἐν μεγάλοις
δὲ κατορθώμασιν ὀλίγα συντιθέναι καὶ
λέγειν, τοῖς σοφοῖς ἡ τοιαύτη ἀκοὴ καὶ
ποίησις ᾠκείωται. παντὸς δὲ πράγματος
τὸ τέλος καὶ κορυφὴν ὁμοίως ἡ εὐκαιρία
ἔχει, τουτέστι δεῖ κατὰ καιρὸν καὶ μεγάλα
καὶ μικρὰ λέγειν.

Ἔγνων ποτὲ καὶ Ἰόλαον —) ὁ γὰρ Ἰόλαος
τεθνηκώς, ἐπειδὴ ἔμαθεν Εὐρυσθέα ἐξαιτούμενον παρ' Ἀθηναίων τοὺς Ἡρακλείδας καὶ
ἐπαπειλοῦντα πόλεμον εἰ μὴ δώσουσιν, εὔξατο
ἀναβιῶναι, καὶ ἀναβιοὺς ἀπέκτεινε τὸν Εὐρυσθέα καὶ πάλιν τέθνηκεν. οἱ δὲ πρὸς τὸ πι-
θανώτερον ἕλκουσι τὴν ἱστορίαν, ὅτι γέρων ὢν
ηὔξατο ἀνηβῆσαι καὶ τελέσας τὸν ἆθλον εὐθέως ἐτελεύτα. ὁ δὲ νοῦς·

ἐγνώρισαν δέ ποτε καὶ οἱ ἑπτάπυλοι Θῆ-
βαι τὸν Ἰόλαον οὐκ ἀτιμάσαντα τὴν τῶν
πραγμάτων εὐκαιρίαν, οἱονεὶ καταχρησά-
μενον τῇ εὐκαιρίᾳ· ὅντινα τὸν Ἰόλαον,
ἐπειδὴ τῇ τοῦ ξίφους ἀκμῇ τὴν τοῦ Εὐρυσθέως κεφαλὴν ἀπέτεμεν, ὑποκάτω τῆς
γῆς ἔκρυψαν παρὰ τῷ τάφῳ τοῦ ἱππι-
κωτάτου Ἀμφιτρύωνος. ἔνθα ὁ τοῦ πατρὸς αὐτοῦ πατὴρ Ἀμφιτρύων ὁ τῶν Θη-

Οὐκ ἀτιμάσαντά νιν)
αὐτόν. τίνα; τὸν και-
ρόν. εἰς γὰρ δέον καὶ
ἐν καιρῷ τοῖς πράγμασι
κατεχρήσατο συνταχθεὶς
τοῖς (cod. τὰς) περὶ τὸν
Ὕλλον καὶ τὴν κεφαλὴν
τοῦ Εὐρυσθέως ἀποκό-
ψας. Ex Gott.
Ἢ οὕτως· ἔκρυψεν ἡ
Θήβη αὐτόν, ἐπεὶ τὸν
Εὐρυσθέα ἀπεκεφάλισεν,

V. 148—163.

βαίων φίλος καὶ ξένος μετοικήσας ἔκειτο
εἰς τὰς Θήβας.

Τέκε οἱ) τῷ Ἀμφιτρύωνι ἡ Ἀλκμήνη. ὁ νοῦς·
ἐγέννησε δὲ τῷ Ἀμφιτρύωνι καὶ τῷ Διὶ
μιγεῖσα ἡ Ἀλκμήνη ἐν μιᾷ ὠδῖνι διδύμων
υἱῶν πολεμικωτάτην δύναμιν.

ἐν μόναις ὠδῖσι) ἐν ἑνὶ τόκῳ γὰρ καὶ μιᾷ
ὠδῖνι. ἐν μιᾷ νυκτὶ λέγεται καὶ τῇ αὐτῇ συν-
εννασθέντων Διὸς καὶ Ἀμφιτρύωνος τῇ Ἀλκ-
μήνῃ γενέσθαι τοῦ μὲν Ἡρακλέα, τοῦ δὲ Ἰφικλέα. (So Rom., bei Böckh ist der Anfang
ἐν ἑνὶ τόκῳ καὶ ὠδῖνι· ἐν μιᾷ γὰρ νυκτὶ —.)
κωφός ἐστι καὶ ἀπαίδευτος ἐκεῖνος ὁ ἀνήρ,
ὅστις Ἡρακλεῖ τὸ ἑαυτοῦ μὴ περιβάλλει
στόμα, τουτέστιν ὅστις μὴ ἐγκωμιάζει τὸν
Ἡρακλέα, καὶ ὅστις μηδὲ τῶν τῆς Δίρ-
κης ὑδάτων αἰσθάνεται καὶ ἔχει μνήμην,
ἀπὸ κοινοῦ τὸ κωφός ἐστιν· ὁ γὰρ μὴ
ἀκούσας οὐδὲ εἰπεῖν δύναται. (Er will
also das κωφός für das zweite καὶ ὅστις —
in andrer Bedeutung als für das erste
genommen wissen, das zweitemal als
„stumm".)

Es fehlt τά νιν θρέψαντο καὶ Ἰφικλέα.
πεπονθώς τι ἐξ αὐτῶν τέλειον ἀγαθὸν διὰ
τοῦ κώμου ὑμνήσω.
τί δ᾽ ἂν εἴη πεπονθώς; δηλαδὴ καὶ τὰ Ἰολάεια ἐνίκησεν ὁ νικηφόρος. τὸ δὲ ὑπερβατόν·
τοῖσι κωμάσομαι τέλειόν τι παθὼν ἐπ᾽ εὐχᾷ
ἐσλόν.

τῶν εὐδόξων Χαρίτων τὸ ἀνθηρὸν φέγγος
καὶ ἡ παρρησία (dies scheint er in κα-
θαρόν zu finden: oder schrieb er καλλιρ-
ρημοσύνη?) μή με λίποι, τουτέστι γένοιτό
μοι χαρίεντα γράφειν. διορίζομαι γὰρ τὸν
νικηφόρον ἔν τε Αἰγίνῃ καὶ τρίτον ἐν
Μεγάροισι νικήσαντα ταύτην τὴν πόλιν
εὐκλέα καταστῆσαι, ἔργῳ τὴν σιγηλὴν καὶ
ἀπαρρησίαστον ἀμηχανίαν καὶ αἰσχύνην
ἐκφυγών (ohne Zweifel für ἐκφυγόντα ge-

ἐν τῷ τοῦ Ἀμφιτρύωνος
σήματι, ὅπου αὐτοῦ ὁ
προπάτωρ ἦν κείμενος.
ὅτι δὲ εὐξάμενος ὁ Ἰόλαος
ἀνενεώθη (so Gott., Rom.
ἀνεβίω) καὶ ἀπέκτεινεν
Εὐρυσθέα δῆλον. ηὔξατο
δὲ τῷ Διὶ ἐπὶ μίαν ὥραν
ἡβῆσαι, ὅτι διὰ τοὺς
Ἡρακλείδας ἐν (so) τῇ
Ἀττικῇ καταφυγόντας
Εὐρυσθεὺς Ἀθηναίοις
πόλεμον συνεκρότησεν.
Ἐν τῇ ἁμαξιτῷ (Böckh
Ἄλλως· ἐν —) πλησίον
τοῦ τάφου Ἀμφιτρύωνος
ἔθαψαν τὸν Εὐρυσθέα,
ἵνα ἀεὶ πατῆται.

Λευκίππους δὲ εἶπε
διὰ Ζῆθον καὶ Ἀμφίονα.
Fehlt Rom., sonst würde
es auch nicht fehlen bei
Valck. zu Phoen. 609.

Bei dem κωμάσομαι:
Ὁ λόγος παρὰ τοῦ ὑμ-
νουμένου πρὸς τὸν Ἡρα-
κλέα καὶ Ἰφικλέα. τετυ-
χηκὼς τῆς νίκης τῶν Ἡρα-
κλείων (das sind diesel-
ben mit den Ἰολάεια, zu
Ol. VII, 153) κἀγὼ ἀνα-
κομάσω αὐτούς, φησί,
καὶ ὑμνήσω. (In dieser
Erklärung liegt wenig-
stens die Empfindung,
die man doch wol thei-
len muss, dass, wenn
überhaupt in Pindars
Worten an einen Sieg in
den Iolaeia zu denken
ist, nicht ein bereits er-
worbener, sondern ein
gewünschter gemeint ist.)

V. 164—176.

nommen, nach Il. *B*, 350, vgl. ihn zu dem ναίων Pyth. VII, 4).

οἱ γὰρ νικηθέντες ἀμηχανοῦντες καὶ αἰσχυνόμενοι σιωπῇ περιπατοῦσι, μὴ ἔχοντες παρρησίαν μετὰ τινός (verdorben, etwa ἐναντίον) διαλεχθῆναι. ἔστιν οὖν εἰπεῖν τέσσαρας εἶναι τὰς νίκας (sind diese Worte noch dem Paraphrast angehörig, — was nicht sicher ist — so ist oben τρίτον zu verstehen, nicht „drittens", sondern gleich τρίς, wie es auch gebraucht wird, s. zu Ol. IX, 1) μίαν μὲν ἐν Αἰγίνῃ, τρεῖς δὲ ἐν Μεγάροις. (Hier folgen bei Böckh die von mir oben rechts hingestellten Worte ὁ δὲ λόγος ἀπὸ τοῦ νικηφόρου, die in der Rom. nicht stehen.)

διὸ εἴτε τις αὐτῷ τῷ νικηφόρῳ φίλος τῶν πολιτῶν εἴτε ἐναντίος καὶ ἐχθρός ἐστι, τὸ ἐν τῷ κοινῷ πονηθὲν ἀγαθὸν ἀνυμνείτω, μὴ (ich habe αὐτόν vor μή weggelassen) καταβλάπτων τὸν λόγον τοῦ Νηρέως. ἐκεῖνος γὰρ ὁ Νηρεὺς ἔφη δεῖν τὸν καλῶς πράττοντα καὶ μετὰ δικαιοσύνης πάντα τρόπον καὶ παρὰ τῶν ἐχθρῶν ἀνυμνεῖσθαι.

Πλεῖστα νικήσαντά σε) ὁ λόγος ἀπὸ τοῦ χοροῦ πρὸς τὸν νικήσαντα (so Böckh, Rom. νικητήν)

πολλάκις σε νικήσαντα εἶδον τὰ Παναθήναια ἐν ταῖς ὡρισμέναις τελεταῖς τῆς Ἀθηνᾶς. ἄφωνοι καὶ ἐν ἑαυταῖς κατὰ τὴν ψυχήν, ὦ Τελεσίκρατες, ἑκάσται τῶν παρθένων εὔχοντό σε ἄνδρα εὐτυχῆσαι, αἱ δὲ γυναῖκες υἱόν. ἀπὸ κοινοῦ τὸ εὔχοντο ἔμμεν· εὔχοντο δὲ ἐν τοῖς Ὀλυμπίοις φησίν, ὁρῶσαί σε καὶ ἐν τοῖς ἄθλοις καὶ ἀγῶσι (so habe ich geschrieben für ἐν τοῖς ἄλλοις ἀγῶσι) τῆς πλατείας (βαθείας?) γῆς καὶ ἐν πᾶσιν ἁπλῶς τοῖς ἐν ἑκάστῃ πόλει ἐπιχωρίοις ἀγῶσι, πανταχοῦ ὁρῶσαί σε αἱ γυναῖκες ταῦτα ηὔχοντο.

— Bald darauf (zu φαμὶ — φυγών) ὁ δὲ λόγος ἀπὸ τοῦ νικηφόρου. "Αλλως. τῷ ἔργῳ τὴν μὲν σιγωμένην (also anderes Verständniss von σιγηλὴν) ἀμηχανίαν φυγών, εὔκλειαν δὲ κτησάμενος. Es könnte leicht sein, dass diese Worte auch dem Par. angehören, dass man hinter αἰσχύνην ἐκφυγών fortfahren dürfte, nicht mit ἄλλως zwar, aber mit ᾗ καὶ οὕτως· τῷ ἔργῳ u. s. w.

Ἀμήχανον δὲ τὴν σιγὴν εἶπεν ὅτι κατηφεῖς εἰσιν οἱ νικηθέντες· καὶ ἑτέρωθι δέ φησι· „νικώμενοι δὲ ἀγρυξίᾳ δέδενται" (s. zu Ol. VIII, 92).

Ἀντάεις δὲ ὁ ἐναντιωθεὶς τὴν νίκην τοῦ νικηφόρου. ἢ ἐναντιούμενος καὶ ἐχθρός. So steht dies in der Rom. (Bei Böckh: ἀντάεις ὁ ἐναντιωθεὶς τὴν νίκην τοῦ νικηφόρου. Ἄλλως. ἀντάεις ἐναντιούμενος, ἐχθρός.)

V. 177—187.

Ὀλυμπίοις οὐ τοῖς ἐν Πίσῃ νῦν, οὐ γὰρ ἂν οὕτως ἔῤῥιψεν ἁπλῶς τὸν λόγον, ἀλλὰ τοῖς ἐν Ἀθήναις. καὶ ἐν τοῖς ἀγομένοις ἀγῶσι τῇ Γῇ, τουτέστιν ἐν Ἀθήναις. ἐκεῖ γὰρ ἄγεται τῇ Γῇ ἀγών, ὥς φησι Δίδυμος. (So Rom., bei Böckh steht λέγει δέ für τουτέστιν, und dann so: λέγει δὲ ἐν Ἀθήναις. τὸ δὲ Γῆς ὅτι καὶ αὐτῆς ἀγὼν ἄγεται ἐν Ἀθήναις, ὥς φησι Δίδυμος. Verschiedenheiten also für den Sinn gleichgültig. Beide aber haben hinter dem τοῖς ἐν Ἀθήναις die Worte ἐκ κοινοῦ γὰρ — γὰρ fehlt bei Böckh = νικήσαντα εἶδον, was auszusondern war.) — Hiernach folgen nun zu den Pindarischen Worten ἐμὲ δ᾿ οὖν τις bis οἷοι, von welchen an wieder die Paraphrase richtig fortgeht, diese Worte: ἐμὲ δ᾿ οὔ (so Rom., Böckh οὖν) τις ἀοιδᾶν δίψαν ἀκειόμενον) διψώσῃ τῇ ᾠδῇ προςτιθέντα ἀκειόμενόν με καὶ θεραπεύοντα. ἢ διψῶσαν ᾠδὴν τῷ (so) θέλειν ὑμνεῖν ὑμᾶς πράσσει τις ἐμὲ καὶ ἀναγκάζει ἔτι τοῦτο ὑπομεῖναι, καὶ συμπεριλαβεῖν τὴν τῶν προγόνων ὑμῶν δόξαν. Ich weiss hiemit nichts weiter anzufangen, als dass ich glaube, etwa folgendes, mit Hinzufügung des Wortes χρεία als Paraphrase herausziehen zu dürfen:

θεραπεύοντα διψῶσαν ᾠδὴν τοῦ θέλειν ὑμνεῖν ὑμᾶς πράσσει τις ἐμὲ καὶ ἀναγκάζει χρεία ἔτι τοῦτο ὑπομεῖναι, καὶ συμπεριλαβεῖν τὴν τῶν προγόνων ὑμῶν δόξαν.

ὁποῖοι ἦσαν μνηστῆρες οἱ τοῦ νικηφόρου πρόγονοι, οἳ περὶ τῆς Λιβυκῆς γυναικὸς ἦλθον εἰς τὴν Ἴρασσαν τὴν τοῦ Ἀνταίου πόλιν πρὸς τὴν ἔνδοξον κόρην.

Ἴρασσα (Ἄλλως vor Ἴρασσα lasse ich weg) πόλις Λιβύης, ἣν ᾤκησεν Ἀνταῖος, οὐχ ὁ παλαίσας Ἡρακλεῖ· ἐκεῖνος γὰρ διαλλάσσει τοῖς χρόνοις· ὃν καὶ ἀνεῖλεν Ἡρακλῆς· ἀλλ᾿ ἕτερος, ὃς τὴν θυγατέρα τοῖς μνηστευομένοις προὔ-

ἐκ κοινοῦ γὰρ νικήσαντα εἶδον. Ein Fetzen aus einer Erklärung, welche — abweichend vom Paraphrasten — zu ἐν Ὀλυμπίοισί τε u. s. w. ergänzte das obige εἶδον.

Ὅτι οὐκ Ἀνταῖος ὁ παράνομος, ὃν ἀνεῖλεν Ἡρακλῆς οὗτος, ᾧ φησι (so habe ich geschrieben für ἢ ὅτι ὁ Ἀνταῖος ὁ παράνομος, ὃν ἀνεῖλεν

V. 188—199.

ϑηκεν ἆϑλον δρόμου τῷ φϑάσαντι λαβεῖν κελεύσας. ὅμοιον δὲ ἐποίησε Δαναῷ. καὶ γὰρ ἐκεῖνος τὰς ϑυγατέρας δρόμῳ προὔϑηκε. τὴν δὲ κόρην ταύτην τῶν Τελεσικράτους τις προγόνων Ἀλεξίδαμος μνηστευσάμενος καὶ νικήσας τὸν δρόμον ἔγημεν. ἔνιοι γάρ φασιν ὅτι (so Rom., Böckh σημειωτέον ὅτι) ὁ ὑπὸ Ἡρακλέους καταγωνισϑεὶς Ἀνταῖος Ἰράσσευς ἦν ἀπὸ Ἰράσσων τῶν ἐν τῇ Τριτωνίδι λίμνῃ, ὥς φησι Φερεκύδης, ὁ δὲ Πίνδαρος (nämlich meinen jene ἔνιοι, was der Paraphrast eben nicht annehmen will) ὑπὸ τοῦ χαρίσασϑαι τῷ ἐπαινουμένῳ παρατρέψας τὴν ἱστορίαν φησὶν Ἀλεξίδαμον πρόγονον τοῦ ἐπαινουμένου γενέσϑαι μνηστῆρα τῆς Ἀνταίου ϑυγατρός. ὄνομα δὲ αὐτῇ Ἀλκηΐς, ὥς φησι Πείσανδρος ὁ Καμειρεύς, ἕτεροι δὲ Βάρκην. ὁ νοῦς·

ἥντινα τὴν Ἀνταίου ϑυγατέρα πολλοὶ τῶν ἀρίστων ἀνδρῶν ᾔτουν, ᾔτουν δὲ πολλοὶ μὲν συγγενεῖς αὐτῆς, πολλοὶ δὲ καὶ ἐκτὸς γένους ὄντες, ἐπειδὴ ἐκπρεπὲς αὐτῆς ἐϑαυμάζετο καὶ ἐϑρυλλεῖτο εἶναι τὸ κάλλος· τῆς γὰρ ἐντίμου αὐτῆς νεότητος καρπὸν δρέψασϑαι ἐβούλοντο, — ἐκ δὲ τούτου (woraus dann verstanden wird) τὴν παρϑενίαν αὐτῆς ἐβούλοντο λαβεῖν. ὁ δὲ πατὴρ Ἀνταῖος ἐνδοξότερον τῇ ἑαυτοῦ ϑυγατρὶ κατασκευάζων τὸν γάμον πεποίηκεν ὅπερ ἤκουσέ ποτε ἐν Ἄργει τὸν Δαναὸν ταῖς τεσσαρακονταοκτὼ ϑυγατράσιν αὐτοῦ πεποιηκέναι κἀκεῖνον ἐμιμήσατο. ἤκουσε γὰρ τὸν Δαναόν ποτε ἐν Ἄργει ὁποῖον ταῖς τεσσαρακονταοκτὼ ϑυγατράσιν αὐτοῦ γάμον εὗρε (Rom. ἐν Ἄργει τοιοῦτον u. s. w. εὑρέσϑαι) πρὶν τὸ μέσον τῆς ἡμέρας γενέσϑαι.

τὸ γὰρ ἑωϑινὸν ἠγωνίσαντο καὶ πρὸ μεσημβρίας διελύϑησαν τοῦ δρόμου καὶ ἕκαστος ἣν ἐβουλήϑη ἔλαβεν. ζητεῖται δὲ διὰ τί τεσσαρακονταοκτὼ εἶπε πεντήκοντα οὐσῶν. καὶ ῥη-

Ἡρακλῆς, οὗτός φησι) παραγενόμενον τὸν Ἀλεξίδαμον δρόμῳ νικήσαντα τοὺς σὺν αὐτῷ μνηστῆρας λαβεῖν γυναῖκα τὴν ϑυγατέρα τοῦ Λιβύων βασιλέως. Dies Stück steht hinter δρόμον ἔγημεν. Es war auszusondern. Und hinter diesem βασιλέως folgt bei Böckh noch folgendes, was in der Romana gar nicht steht:

Ἀνταίου οὐ τοῦ ξενοκτόνου, ἀλλὰ ἑτέρου. ἐκεῖνον γὰρ ἀνεῖλεν Ἡρακλῆς, ᾧ συνήκμασεν Εὔφημος, οὗ ἀπόγονοι μετῴκησαν εἰς Κυρήνην.

ὁ Δαναός, ἔφη, ἔστησε τὰς ϑυγατέρας ἕως μέσης ἡμέρας, ἵνα δηλονότι προϑεωρήσωσιν αὐτὰς οἱ μνηστῆρες καὶ ἕκαστος

V. 200—220.

τέον ὅτι Ἀμυμώνη μὲν προδιαφθαρεῖσα ἦν Ποσειδῶνι, Ὑπερμνήστρα δὲ ἐρασθεῖσα Λυγκέως· αἱ δὲ ἄλλαι συνδραμοῦσαι τῷ πατρῴῳ βουλήματι ἀνεῖλον τοὺς Αἰγύπτου παῖδας. Es fehlt ὠκύτατον γάμον bis ἦλθον. οὕτω δ᾽ ἐδίδου) τῷ νικήσαντι γὰρ καὶ αὐτὸς ἔδωκε τὴν παῖδα πρὸς γάμον. (τῷ νικήσαντι bis γάμον bei Böckh hinzugekommen.) ὁ δὲ νοῦς· οὕτως οὖν καὶ ὁ Ἀνταῖος ὁ Λίβυς ἐδίδου πρὸς γάμον τὴν ἑαυτοῦ θυγατέρα κατασκευάζων τῇ κόρῃ τὸν προϊόντα νυμφίον ἄνδρα. πρὸς γὰρ τὸ τέλος τοῦ σταδίου ἔστησε τέλος καὶ ἄκρον εἶναι αὐτὴν τῷ νικήσαντι, ἐν μέσοις δὲ αὐτοῖς εἶπεν ὅτι ὅστις ἂν πρῶτος τῶν πέπλων αὐτῆς ἐφάψηται ἐκεῖνος ἐπαγέσθω αὐτὴν (so Rom., Böckh ἐκεῖνος αὐτὴν ἀπαγέσθω). ἔνθ᾽ Ἀλεξίδαμος) οὗτος πρόγονος ἦν τοῦ νικηφόρου ὡς προείπομεν. ὁ δὲ νοῦς*)· ἐνταῦθα ὁ Ἀλεξίδαμος, ἐπειδὴ τὸν ταχὺν δρόμον ἐξέφυγε καὶ ἐνίκησε, τὴν ἔνδοξον παρθένον τῆς χειρὸς τῇ ἑαυτοῦ χειρὶ λαβὼν ἤγαγεν εἰς τὴν τῶν ἱππικῶν Λιβύων στρατιάν. πολλὰ δὲ φύλλα καὶ στεφάνους οἱ περὶ αὐτὸν ἑστῶτες ἔρριπτον, πολλὰ δὲ πτερὰ νίκης καὶ πρὸ τοῦ ἀγῶνος ἔλαβε, τουτέστι πολλοὺς καὶ ἄλλους ἀγῶνας ἐνίκησε. πτερὰ γὰρ νίκης περιφραστικῶς τὴν νίκην λέγει.

ἕληται τῶν δρόμῳ πρωτευσάντων ἣν ἂν βούλοιτο.

207 Λίβυς ὄνομα κύριον, οὐχ ὁ Ἀνταῖος, ὡς Δίδυμος (vgl. 214. 218).

ποτὶ γραμμὰν γάρ) ἔστησε γὰρ αὐτὴν πρὸς τῇ ἐσχάτῃ γραμμῇ τοῦ δρόμου, τοῦτο ἄκρον καὶ τέλος διατάξας, τὴν στάσιν (so bei Böckh, Rom. τάξιν) τῆς παρθένου.
ἐχάρασσον δὲ γραμμήν τινα, ἣν ἀρχὴν καὶ τέλος εἶχον οἱ ἀγωνιζόμενοι· ὅθεν καὶ παροιμία· μὴ κίνει γραμμήν.
Ἄλλως. ποτὶ γραμμᾷ) τῇ νύσσῃ, τῷ τέλει τοῦ σταδίου.
214 Ἄλλως. (Das Ἄλλως bei Böckh hinzugekommen: nämlich hinter προείπομεν: Ἄλλως. Ἀλεξίδ.) Ἀλεξίδαμος ἦν ὁ νικήσας χάριν τῆς Αἴ-

βυος (s. V. 207) θυγατρός. τὸ δὲ ἔφυγεν οὐ κυρίως, οὐ γὰρ ἐδίωκέ τις, ἀλλὰ τὸ τάχος βούλεται παραστῆσαι, παρόσον οἱ διωκόμενοι ἐπιτείνουσι τὸν δρόμον.
Ἄλλως. ἱππευτῶν τῶν νομάδων) Λιβύων τῶν νομάδων φησίν· οἱ γὰρ πλείους αὐτῶν ὑποδύντες τὴν γῆν οἰκοῦσιν. ἢ καὶ παρὰ τὸ (so habe ich geschrieben für τοῦτο) οὕτω καλούμενον ἔθνος.
218 πολλὰ μὶν κεῖνοι —) ἐκ δὲ τούτου δῆλον ὅτι ὁ Ἀνταῖος οὐκ ἔστιν. οὗτος γὰρ ἦν κατὰ τοὺς χρόνους Ἡρακλέους· πρὸ δὲ τοῦ Ἡρακλέους οὐδεὶς ἦν ἀγών, ὁ δὲ Ἀλεξίδαμος ἱστορεῖται προνενικηκέναι.

*) οὗτος bis προείπομεν bei Böckh hinzugekommen. Wo hier ὁ δὲ νοῦς aus Rom. folgt, steht bei Böckh Ἄλλως· ὁ νοῦς.

Anhang

zweier Abhandlungen

zur philologischen Quellenkunde.

Ueber den falschen Hesychius Milesius und über den falschen Philemon.

1.
Hesychius Milesius.
(Zuerst bekannt gemacht 1862.)

Es fällt mir die neue Abhandlung von Otto Schneider in die Hände, de Callimachi operum tabula quae exstat apud Suidam, 1862, in welcher das Verzeichniss der Kallimachischen Schriften bei Suidas vortrefflich, wie mich dünkt, aufgeklärt wird*). In derselben Abhandlung kommt der Verfasser auf Hesychius Milesius zu sprechen. Auch er ist der Meinung, das kleine Büchlein, welches wir unter dem Namen Ἡσυχίου Μιλησίου Ἰλλουστρίου περὶ τῶν ἐν παιδείᾳ διαλαμψάντων σοφῶν haben, sei ein Auszug aus jenem Buche, von dem wir bei Suidas unter Ἡσύχιος Μιλήσιος lesen ἔγραψεν Ὀνοματολόγον ἢ Πίνακα τῶν ἐν παιδείᾳ ὀνομαστῶν, οὗ ἐπιτομή ἐστι τοῦτο τὸ βιβλίον**): von welchem

---

*) Von dem Fall, dass eine oder einige bekanntere Schriften vorausgenommen werden, ehe die alphabetische Ordnung sichtbar wird, wie das erwähnte Νίκανδρος, ist auch ein sehr gutes Beispiel Ἡσίοδος. — Ist es wol schon angemerkt (vermuthlich doch), dass wir über den Ἑρμοκράτης Ἰασεύς, der als Lehrer des Kallimachos genannt wird, jetzt einige bezeichnende Nachrichten haben? Dass er von Varro in Accentsachen erwähnt war, und den Circumflex σύμπλεκτος genannt hatte? Endlicher Anal. 532. 533.

**) Der Ausdruck: Hesychius schrieb ein Gelehrtenlexikon, wovon dieses Buch hier ein Auszug ist, natürlich in seinem Gelehrtentheil, und ohne dass damit gesagt sein soll, auch dieser Theil sei ganz allein aus jenem, ist vielleicht nur nicht pedantisch. Sollte er aber auch paulo pinguior sein, wie Schneider meint S. 12, so ist dies doch kein Grund ihn dem Suidas abzusprechen und ihn einem Interpolator beizulegen. So lange sodann daselbst noch berichtet wird εἰς δὲ τὸν πίνακα τῶν ἐν παιδείᾳ λαμψάντων ἐκκλησιαστικῶν διδασκάλων οὐδενὸς μνημονεύει· ὡς ἐκ τούτου ὑπόνοιαν παρέχειν μὴ εἶναι αὐτὸν Χριστιανόν, ἀλλὰ τῆς Ἑλληνικῆς ματαιοπονίας ἀνάπλεων. Unser Büchlein besteht bekanntlich aus lauter Artikeln, die mit Stellen aus Suidas, meistens noch abgekürzt, und mit theils kürzeren, theils und vielfach ziemlich langen Stellen aus Diogenes Laertius, auch hier hin und wieder mit Zwischenauslassungen, wörtlich übereinstimmen, und zwar aus Diogenes grösstentheils solchen Stellen, in welchen die philosophischen Lehren der betreffenden Philosophen oder auch ihrer ethischen Charakteristik dienendes angegeben werden. Hiernach hätte denn also Hesychius Milesius in sein Gelehrtenwörterbuch die Lehren der Philosophen mit bedeutender Ausführlichkeit, und zwar wörtlich aus Diogenes, aufgenommen, während er für den biologischen Theil auch hier, wie in andern Fächern, andere Quellen hatte. Suidas liess diese langen Stellen der philosophischen Lehren ganz fort, an welchen ihm nichts lag. Für die Beschaffenheit und den Umfang des ursprünglichen Werkes des Hesychius (gewiss dann Ὀνοματολόγος bescheiden genannt) giebt diese Meinung ein weites Bild, um so mehr da der Verfasser durch eine Combination zu erweisen sucht, dass auch die Schriftenverzeichnisse der Philosophen ganz mit der Ausführlichkeit wie im Diogenes Laertius, z. B. bei Aristoteles, ja vielleicht noch vervollständigter, von Hesychius aufgenommen waren. Uebrigens würde auch folgen, dass des Diogenes eigne Epigramme recht fleissig mit aufgenommen waren, auch solche lange wie das auf Βίων, und dass auch von jenen Stellen des Diogenes noch Gebrauch gemacht war, in welchen die homonymen Männer genannt werden, wie man aus Βίων (Βίων ἄλλος Ἀβδηρίτης u. s. w. aus Diog. IV, 58), Ἀρχύτας (aus Diog. VIII, 82), und Θεόδωρος ἄλλος Σάμιος (aus Diog. II, 103) ersieht.

Mir hatte der Umgang mit Suidas und Diogenes und daneben das dürftige und planlose Büchlein Hesychius einen andern Eindruck hinterlassen. Mir hatte sich die Vorstellung gebildet, auch dieses sei wie Apuleius, wie Drako Stratonicensis, wie Philemon „ex Phavorino descriptus" (Herodian S. 439) ein Machwerk neuester Zeit aus der Aera der erwachten Wissenschaften, dem wie jenen ein antiker Name vorgesetzt wurde. Hier hatte er den Diogenes und den Suidas vor sich und die zog er aus. Vielleicht lässt es sich auch beweisen: möglicher Weise auch nicht.

---

nicht bewiesen ist, dass der Hauptbestand der Artikel über die griechischen Profangelehrten nicht aus jener Schrift des Hesychius Milesius sei, und Herr Schneider selbst wenigstens glaubt ja und unterstützt durch mehrere Gründe das Gegentheil, wüsste ich zur Verdächtigung jener Worte οὐ — βιβλίον keinen Grund.

1. Die Artikel, welche mit Suidas übereinstimmen, sind immer gegen die im Suidas noch abgekürzt. Sie enthalten nirgend ein mehreres oder irgend eine Notiz, die im Suidas fehlte. Das wäre doch, wenn beide aus derselben Quelle sollen geschöpft haben, nur möglich unter der Voraussetzung, dass Suidas, dass unser Suidas den Hesychius Milesius, οὗ ἐπιτομή ἐστι τοῦτο τὸ βιβλίον, vollständig abgeschrieben.

Der Artikel Εὐριπίδης heisst in unserm Hesychius: Εὐριπίδης κατὰ τὴν ἡμέραν, ἣν ἐνίκων Ἕλληνες Πέρσας ἐν τῇ κατὰ Ξέρξου ναυμαχίᾳ, γεννᾶται, εὐτυχίαν προσημαίνων Ἀθηναίοις. Im ausführlichen Artikel Εὐριπίδης bei Suidas steht: ἐν δὲ τῇ διαβάσει Ξέρξου ἐκυοφορεῖτο ὑπὸ τῆς μητρὸς καὶ ἐτέχθη καθ᾽ ἣν ἡμέραν Ἕλληνες ἐτρέψαντο τοὺς Πέρσας. Von welchen Worten Müller im Vergleich zu jenen des Hesychius sagt: quae cum verbis Nostri minus quam in ceteris locis alia concinunt. Dies ist sehr richtig. Kaum ist irgendwo der Wortunterschied auch nur so gross, sei's gegen Diogenes oder Suidas, sondern noch geringer, namentlich aber der Zusatz (eine Notiz ist es freilich nicht), das εὐτυχίαν προσημαίνων Ἀθηναίοις, dergleichen sonst keiner ist, darf auffallen. Von irgend einem Einfluss kann diese Einzelheit nicht sein, habe der Verfasser einmal bei dem beliebten Euripides sich selbst freier ergangen, oder habe er eine Handschrift des Suidas vor sich gehabt, in welcher der Artikel, wie er ihn hat, auch stand.

2. Die Reihefolge der Artikel in unserm Hesychiusbüchlein ist folgende. Es beginnen die Worte: Κυνικὴ ἐκλήθη φιλοσοφία διὰ τὸ ἐν Κυνοσάργει τῷ γυμνασίῳ κατάρξασθαι αὐτῆς τὸν Ἀντισθένην, ἡ δὲ περιπατητικὴ διὰ τὸ ἐν περιπάτῳ ἤτοι κήπῳ κατάρξαι αὐτῆς Ἀριστοτέλην, entsprechend dem Suidas s. Ἀντισθένης und s. Ἀριστοτέλης. Dann:

Ἀπολλώνιος Τυανεύς Suid.*)	ὁ μουσικὸς Ἀρχύτας Diog. VIII, 82.
Ἀριστέας Suid.	
Αἰσχίνης Diog. II, 60—62.	Ἀνάξαρχος Diog. IX, 58.
Ἀρίστιππος Diog. II, 66. 86.	Αἴσωπος Suid.
Ἀλεξῖνος Diog. II, 109.	Βίων Diog. IV.
Ἀριστοτέλης Diog. V.	Βίων ἄλλος item.
Ἀντισθένης Diog. VI.	Γενέθλιος Suid.
Ἀρκεσίλαος Diog. IV.	Δαφίδας Suid.
Ἀρχύτας ὁ Πυθαγορικὸς Diog. VIII, 82.	Διαγόρας Suid.
	Διόδωρος Diog. II.

---

*) Die entsprechenden Stellen aus Diogenes und Suidas, wie sie dankenswerth von Müller zum Hesychius Milesius (fragm. hist. gr. IV) angeführt sind, bedürfen nur geringer Berichtigung. Einiges nachgetragen (nicht alles ganz richtig) bei Schneider S. 12.

Δημήτριος ὁ Φαληρεύς Suid.
Δημήτριος Ἰξίων Suid.
Δίδυμος Suid.
Δράκων Suid.
Δημόκριτος Diog. IX, 38. 45.
Διογένης ὁ Ἀπολλωνιάτης Diog. IX, 57.
Ἐπιμενίδης Suid.
Ἑρμογένης Suid.
Ἐρατοσθένης Suid.
Εὐριπίδης Suid.? (s. das oben gesagte.)
Εὐκλείδης Diog. II.
Ἐπίκουρος Diog. X.
Ἐμπεδοκλῆς Diog. VIII.
Ζήνων Κιττιεύς Diog. VII.
Ζήνων Ἐλεάτης Diog. IX, 29.
Ἡράκλειτος Diog. IX, 4 ff.
Θεόδωρος ἄθεος Diog. II, 101.
Θεόδωρος ἄλλος Diog. II, 103.
Θεόφραστος Diog. IV, 37.
Ἵππασος Diog. VIII, 84.
Καρνεάδης Suid.
Κράτης Diog. IV, 21.
Κράντωρ Diog. IV, 26.
Κλεάνθης Suid. (bis φρεάντλης) Diog. VII, 170—3.
Λεύκιππος Diog. IX, 30—33.
Μενέδημος Diog. II.
Μέλισσος Diog. IX.
Νικόλαος Suid.
Νουμήνιος Suid.
Νέστωρ ἐποποιός Suid.
Ξάνθος Suid.

Ξενοκράτης Suid. (bis φιλόσοφον) Diog. IV, 11. 14.
Ξενοφάνης Diog. IX.
Ὅμηρος Suid.
Παλαμίδης Suid.
Πίνδαρος Suid.
Πλάτων aus Suid. bis κληθῆναι. Dann Diog. III.
Πύῤῥων Diog. IX.
Ποτάμων Suid.
Σίβυλλα Suid.
Στησίχορος Suid.
Σαπφώ Suid.
Σοφοκλῆς Suid.
Σώφρων Suid.
Στίλπων Diog. II.
Τίμαιος Suid.
Τιμόλαος Suid.
Τριβωνιανός Suid.
Τύρταμος Suid.
Τυραννίων Suid.
Ὑπατία Suid.
Φαίδων Ἠλεῖος Suid.
Φερεκύδης Σύριος Suid.
Φιλήμων aus Suid. Φιλιστίων und Φιλήμων.
Φιλίσκος Suid.
Φιλητᾶς Suid.
Φίλων ὁ Ἑβραῖος Suid.
Φιλόστρατος ὁ Λήμνιος Suid.
Χοιρίλος Σάμιος Suid.
Χρύσιππος ὁ φιλόσοφος Diog. VII, 188. 181.

Es ist allerdings keine genaue Buchstabenfolge bewahrt; doch ist sie es stellenweise, namentlich nach den zwei ersten Buchstaben der Wörter, so die ganze Reihe von Τίμαιος bis zum Schluss so genau, dass man länger fortgesetzte grosse Unregelmässigkeiten wol darauf ansehen darf. Nachdem der einzige Artikel, der Γ bildet, Γενέθλιος, dem Suidasartikel entnommen, vorausgegangen, folgen Δαφίδας, Διαγόρας, Διόδωρος, Δημήτριος ὁ Φαληρεύς, Δημήτριός τις ἕτερος Ἰξίων, Δίδυμος, Δράκων, Δημόκριτος, Διογένης ὁ Ἀπολλωνιάτης, also in wiederholter Gesetzlosigkeit. Versucht darf wol werden dies so zu erklären. *Γενέθλιος, Δαφίδας, Διαγόρας* schrieb er aus Suidas. Hier griff er zu Diogenes und schrieb den Artikel *Διόδωρος* aus, dann kehrte er zu Suidas zurück, und mit dem neuen Buche die Fortsetzung der Buchstabenfolge unterbrechend schrieb er *Δημήτριος, Δημήτριος, Δίδυμος, Δράκων*. Nun griff er wieder zu Diogenes und kehrte damit wieder aus der Buchstabenfolge um zu *Δημόκριτος, Διογένης. — Α* geht so: *Ἀπολλώνιος, Ἀριστέας* beide aus Suidas. Es folgt *Αἰσχίνης* mit noch acht andern Artikeln aus Diogenes bis einschliesslich *Ἀνάξαρχος*. Freilich stehen jene neun Artikel aus Diogenes auch sonderbar. Ist es zufällig, dass sie mit einer Ausnahme, dem *Ἀρκεσίλαος* hinter dem fünften, in der Reihenfolge stehn, welche Diogenes an die Hand gab? Ja ist es zufällig, dass er, aus seinem grossen Hesychius ausziehend, hinter einander gerade neun Diogenesartikel auszog? Und dass sie, jedenfalls nicht nach einem bestimmten Gesetz ausgezogen, nun so beinahe ganz dem Hintereinander im systematisch geordneten Diogenes entsprachen?

3. Der Artikel *Τριβωνιανός* lautet: *Τριβωνιανὸς κολακεύων Ἰουστινιανὸν βασιλέα ἔπειθεν αὐτὸν ὅτι οὐκ ἀποθανεῖται, ἀλλὰ μετὰ σαρκὸς εἰς οὐρανὸν ἁρπαγήσεται. Ἦν δὲ ὁ Τριβωνιανὸς Ἕλλην καὶ ἄθεος.*

Kann man zweifeln ob jene Worte von einem Heiden oder Christen geschrieben sind? Man kann es schon aus diesen Worten nicht; und wie nun gar aus dem vollständigern Artikel, wie er bei Suidas erhalten ist:

Τριβωνιανὸς Μακεδονιανοῦ ἀπὸ διεηγόρων τῶν ὑπάρχων. οὗτος ὁ Τριβωνιανὸς Ἕλλην ὑπῆρχε καὶ ἄθεος καὶ ἀλλότριος κατὰ πάντα τῆς τῶν χριστιανῶν πίστεως. κόλαξ δὲ καὶ ἀπατεὼν καὶ πείθων Ἰουστινιανὸν τὸν βασιλέα ὡς ὅτι οὐκ ἀποθανεῖται ἀλλ' εἰς τοὺς οὐρανοὺς μετὰ σαρκὸς ἀναληφθήσεται. ἦν δὲ κοιαίστωρ Ἰουστινιανοῦ.

Dieser Artikel rührt von demjenigen her, von welchem man vermuthen durfte, dass er kein Christ sei, wie wir unter *Ἡσύχιος Μιλήσιος* bei Suidas gelesen haben? Auch von dem dürfte man es, der folgenden Artikel schrieb?

Σίβυλλα Ῥωμαϊκὴ λέξις ἐστὶν ἑρμηνευομένη προφῆτις. Ὅθεν αἱ θήλεια μάντιδες (so) ἐνὶ ὀνόματι σίβυλλαι ὠνομάζοντο. Γεγόνασι δὲ Σίβυλλαι δέκα, ὧν πρώτη ἡ Χαλδαία ἡ περὶ Χριστοῦ προφητεύσασα. Εἰ δὲ οἱ στίχοι αὐτῆς ἀτελεῖς εὑρίσκονται καὶ ἄμετροι, οὐκ αὐτῆς ἡ αἰτία ἀλλὰ τῶν ἀντιγράφων ἀσυμφθασάντων τῇ ῥύμῃ τοῦ λόγου· ἅμα γὰρ τῇ ἐπιπνοίᾳ ἐπέπαυτο ἡ τῶν λεγομένων μνήμη.

So in unserm Hesychius. Auch hier noch stärker in dem vollständigern Suidas, als: *ἐκ τοῦ γένους τοῦ μακαριωτάτου Νῶε.* — Uebrigens vergleicht man jenen Hesychiusartikel mit unserm Texte des Suidas, so wäre er aus zwei Suidasartikeln zusammengesetzt. Indess ist es aus Vergleichung des Stückes *περὶ Σιβύλλης* in Cramers An. Par. I, 332 zweifelhaft, ob nicht auch in Handschriften des Suidas nur ein Artikel war was in den bis jetzt uns bekannten in zwei Artikel auseinandergestellt und umgestellt ist. Was aber die Christlichkeit betrifft, so liegt sie in den genannten Artikeln zu offen, als dass sie dem Benutzer, dem Epitomator des Buches hätte entgehn können, wenn wir ihm vielleicht auch ein so feines Gefühl noch erlassen, um zu merken, dass auch der Artikel *Νουμήνιος* von einem Christen geschrieben ist: *Νουμήνιος Πυθαγορικὸς φιλόσοφος ὁ Ἀπαμεὺς τὴν Πλάτωνος διάνοιαν ἤλεγξεν ὡς ἐκ τῶν Μωσαικῶν βιβλίων τὰ περὶ θεοῦ καὶ κόσμου ἀποσυλήσασαν· διὸ καί φησι· Τί γάρ ἐστι Πλάτων ἢ Μωσῆς ἀττικίζων;*

2.
Des sogenannten Philemon λεξικὸν τεχνολογικόν und Favorinus.
(Zuerst bekannt gemacht 1872.)

1. Wahrlich es giebt wunderbare Artikel in diesem Philemon. Z. B. S. 126 *Σπεῖον τὸ σπήλαιον, σπύλωνες δὲ οἱ πρὸς τῇ βάσει λίθοι. καὶ τῆς νεὼς σκεῦός τι. καὶ σύστρεμμα ἐκ σχοινίου. καὶ εἶδος ἱματίου γυναικείου εὐμεγέθους. εὑρήσεις δὲ καὶ γενικὴν σπείους, ἀπὸ τῶν εἰς ος οὐδετέρων. ἀεὶ γὰρ ἐντελῶς λέγεται τείχεος, σάκεος. τὸ δὲ αἴτιον ἡ εὐθεῖα, καθὸ σπέος καὶ δέος, εἰ προσέλαβεν ἡ γενικὴ ἕτερον ε, σπέεος καὶ δέεος, κακόφωνον ἂν ἐγένετο. ἔνθεν ἐποίησεν δέους καὶ σπέους. καὶ αὗταί εἰσι μόναι παρὰ τῷ ποιητῇ εἰς ους λήγουσαι. καὶ πλεονασμῷ τοῦ ι δείους καὶ σπείους.* Abgerechnet die nicht nachgewiesene Form *σπεῖον*, welch ein sonderbarer Uebergang zu einem Worte — übrigens wieder ein an und für sich wunderliches Wort, bei dem man doch nach der Bedeutung eher etwa an ein *στύλων* denken möchte — zu einem Worte also, das mit *σπεῖον* weder der Form noch der Bedeutung nach zusammengehört. Sodann mehrere Erklärungen, die doch als zusammengehörige mit *σπύλων* oder selbst mit *σπεῖον* auf das äusserste befremdend sind, während sie sicher vielmehr sich als Erklärungen zu *σπεῖρον* und *σπεῖρα* zu erkennen geben. Sodann mit *εὑρήσεις* ein unerklärlicher Uebergang. Denn man würde doch erwarten: „man findet aber — ausser *σπεῖον* — den Nominativ auch *σπεῖος*." Und dagegen haben wir nicht nur den ganz fremdartigen Uebergang: „man findet aber auch den Genitiv *σπείους*", sondern auch mit der Fortführung „von den Neutra auf ος: denn man

sagt immer mit der vollständigen Form τείχεος, σάκεος" — den reinen Unsinn.

Sieht man sich nun in sonstigen alten Quellen um, so wird man gewahr, dass die erste Partie bis εὐμεγέθους aus Hesychios ist. Der Unterschied besteht nur darin, dass unter den Erklärungen hinter σπίλωνες Hesychios noch einige mehr hat, und — was gleichfalls sehr wichtig — dass bei ihm keine Verbindung der beiden Wörter σπεῖον und σπίλωνες durch ein δὲ vorhanden ist; sondern es sind zwei gesonderte Artikel: Σπεῖον σπίλαιον. Σπίλωνες οἱ πρὸς τῇ βάσει λίθοι. καὶ τῆς νεὼς σκεῦός τι. καὶ σύστρεμμα ἐκ σχοινίου. ἢ ῥάκη. καὶ ἱμάτια. καὶ ἱστία. ἄλλοι εἶδος ἱματίου εὐμεγέθους γυναικείον. Also nicht nur aus Hesychios wäre der erste Theil des Philemonartikels geflossen, sondern aus einem bereits ebenso wie unser Venetus fabelhaft durch Verschreibung und Versetzung und Zusammenwürfelung und Auslassung der Indexwörter (denn unzweifelhaft sind hier die zu σπεῖρον und σπεῖρα gehörigen Erklärungen hineingekommen) entstellten Manuscript des Hesychios. Nur die Zusammenfügung der wenigstens noch zwei Artikel zu Einem würde dem Philemon angehören. Ist nun etwa die Fortsetzung von εὑρήσεις an ein Originalstück des Philemon? Der verkehrte Uebergang und Sinn lässt es nicht gerade vermuthen. Es ist der Artikel Σπείους aus dem Etymologicum: übrigens genau, nur dass er dort ein Artikel für sich ist und ausserdem der Anfang daselbst anders lautet, nemlich so: Σπείους· αὗταί εἰσι μόναι παρὰ τῷ ποιητῇ εἰς ους λήγουσαι ἀπὸ τῶν εἰς ος οὐδετέρων. ἀεὶ γὰρ u. s. w., wo denn alles ganz verständlich und gut ist, obgleich, was man sich gleich sagt, die jetzigen Worte des Etymologicum auch eine kleine Verderbung haben: nemlich hinter Σπείους ist ohne Zweifel ausgefallen ein ὡς δείους (unter dem kurzen Artikel des Etymologicum δείους ist auf diesen verwiesen mit den Worten εἰς τὸ σίγμα). Auch diesen kleinern Irrthum des Etymologicum hätte Philemon in seinem Manuscripte des Etymologicum schon gehabt. Was ihn bewog einen Artikel, den er sich nach dem ersten dann selbst aus der Ferne und aus einer andern Quelle herbeiholte, so unverständig mit dem ersten als einen einzigen Artikel zu behandeln, ist gewiss auch befremdend.

Die Wirklichkeit der Sache ist folgende. Er hatte weder den Hesychios vor sich noch das Etymologicum, sondern des Favorinus Wörterbuch, in welchem die drei Artikel Σπεῖον, Σπίλωνες, Σπείους unmittelbar hinter einander folgen, und zwar völlig mit Hesychios und Etymologicum, wie wir deren Bestand oben angegeben, übereinstimmend (aus Hesychios nicht nur die von Philemon ausgelassenen Erklärungen, sondern sogar auch die dortige Wortstellung ἱματίον εὐμεγέθους γυναικείον). Einzeln stehende Artikel des Favorinus zu verbinden wird man bei Philemon häufig die Neigung finden, und er benimmt sich dabei öfter nicht vorsichtig oder verständig. Für die Verbindung des σπίλωνες mit dem vorangehenden Artikel σπεῖον mag aber hier noch etwas ihn verleitet haben, was komisch wäre, nemlich dass im Favorinus der Artikel σπίλωνες nicht, wie bei neuen Artikeln im Favorinus gewöhnlich allerdings geschieht — ich habe natürlich immer die Römische Ausgabe des Favorinus von 1523 vor mir — mit einem grossen Anfangsbuchstaben gedruckt ist, sondern mit dem kleinen. Was aber auch sonst mitunter geschieht, z. B. οἶο hinter Οἰόθεν.

Also hätte Philemon aus dem Wörterbuch des Favorinus abgeschrieben? Und nicht wenigstens umgekehrt? Wie denn anders? Wie hätte denn Favorinus die bei Philemon fehlenden Erklärungen des Hesychios? den mit Etymologicum stimmenden Anfang des σπείους? Wie hätte er die verklitterten Artikel richtig wieder auseinander getrennt?

2. Mich wieder mit der Frage über diesen Philemon zu beschäftigen wurde ich veranlasst, als ich vor einiger Zeit Naber's Einleitung zum Photios vor mir hatte, wo er diesem Philemon einen besonderen Paragraphen (23) widmet. Es wird ganz richtig gegen Osann, welcher ihn ins fünfte Jahrh. setzte, festgehalten, dass er jünger sei als Eustathios, indem eine Anzahl Artikel angezeigt werden, welche unzweifelhaft aus Eustathios seien. S. 191 heisst es: „Sed iam satis est ut lectores intelligant, Philemonis reliquias eodem pretio esse habendas atque Varini Camertis lexicon." Hierbei musste mir wol natürlich einfallen, dass ich im Jahre 1848 (Naber's Buch ist von 1864) in meinen Herodiani scripta tria S. 439 folgendes geschrieben habe: „Prudens genus hominum, qui libros suos non scripserunt sed descripserunt, non remota et recondita solent quaerere sed proxima quaeque arripere, vel sic se latere scientes. Philemo qui fertur descriptus ex Favorino. Qui si Apuleio Pseudographo et Draconi Stratonicensi idem dixerit quod Dionysius tyrannus amicis Pythagoreis apud Schillerum, non poterunt detrectare." Hätte Naber dies gelesen, so wäre er vielleicht doch auch nicht bei einer zufälligen gegenseitigen Werthabschätzung zwischen Philemon und Favorinus stehen geblieben. Wir haben seitdem einen vierten zu jenem Freundschaftsbunde kennen gelernt, den falschen Hesychius Milesius. Was den Philemon und Favorinus betrifft, so ist allerdings die Sache auch in Deutschland recht unbekannt, und Citiren des Philemon kommt befremdlicher Weise immer noch vor. Ich hatte geglaubt, dass ich selbst nicht mehr nöthig haben würde darauf zurückzukommen. Ich hatte gemeint, das würde nun jeder, der es zu wissen nöthig hätte, leicht selbst sehen. Es zeigt sich nun doch

eine ausführliche Behandlung der Sache nöthig. Es gilt — offen gesagt — einem Skandal ein Ende zu machen, auf den man, um etwa nur ein grosses Werk zu nennen, z. B. in Gaisford's Etymologicum fortwährend stösst, aber auch im Thesaurus.

3. Wer den Eustathios gut kennt, der wird schon in einem geschraubten und gezierten Ausdrucke wie dieser (Philemon S. 90), womit er sagt, dass οὔδει keinen Nominativ habe: τὸ δὲ οὔδει ὠρφάνισται οἶον μητρὸς εὐθείας, den Eustathios erkennen. Ganz in derselben Manier gesagt, wie er z. B. über δάκρυ spricht (S. 217, 4): ἰστέον δὲ ὅτι τὸ δάκρυ ἀποκοπὴν παθὸν ἐκ τοῦ δάκρυον οὐκέτι κινεῖται εἰς κλίσιν, ὡς οὐδὲ τὸ δῶ . . . οὐδ' ὅσα ἕτερα τοιαῦτα. ὡς γὰρ οὐκ ἂν ὑπόνουν ζῶον βαδίζοι τῶν ποδῶν αὐτῷ ἀποκοπέντων, οὕτω που οὐδὲ λέξις ἀποβαλοῦσα τὴν λήγουσαν ἔχοι ἂν κινεῖσθαι εἰς κλίσιν. Aber auch ohne solche Feinheiten muss ja doch jeder, der nur einigermassen sich in den Eustathios eingelesen und seine Quellen und Art und Eigenheit beobachtet hat, an den wiederkehrenden Citaten von Aelios Dionysios und Pausanias, von οἱ παλαιαί, ὁ γεωγράφος, ὁ δειπνοσοφιστής — ja auch Ἡρόδωρος, wenn auch nur Einmal und aus Ἀπίων καὶ Ἡρόδωρος abgekürzt erscheinend, bleibt nicht aus — erkennen, dass er den Eustathios vor sich hat*). Nun dies ist ja auch von Einigen gemerkt worden, und die Uebereinstimmung mit dem Etymologicum auch. Aber wie? Sind denn nicht Artikel darin aus Zonaras, und aus Moschopulos, und aus Thomas Magister, und aus Maximus Planudes, und aus — Theodorus Gaza? Ja freilich sind sie wörtlich darin. Zum Beispiel

Zonaras ist in ἄλλος, ξηρόν, σέας, Οἰδίπους.

Moschopulos sylloge in ἔμπληκτος, εἱμαρμένη, ὅσα, ὁστισοῦν, σκύτος, τί (S. 166 ζητεῖ bis λέγεται), ἀλλάττομαι, ἀκούω σου.

Thomas in μόνος, μηδένες, οὐδείς, ποδαπός, σέες, χάρις, ἀξιῶ.

Maximus Planudes in ἐπίθετον ὄνομα (Bachmann II S. 34), ἐρωτηματικὰ ὀνόματα (S. 119).

Gaza in ἀναφορικὰ ὀνόματα (S. 471 ed. Basileae 1538), περιληπτικὰ (S. 475), πευστικὰ unter ποῖος πόσος S. 98 (S. 469).

---

*) οἱ παλαιοί ist bekanntlich bei Eustathios der ihm sehr gewöhnliche Ausdruck für die ihm vorliegenden Bücher, aus denen er schöpft, die auch recht neu sein können. Wie sehr ihm dieser Ausdruck in dieser Bedeutung ich möchte sagen im Blute steckte, sehe man aus folgender komischen Stelle, wo er ein οἱ παλαιοί in anderer Bedeutung erst durch einen Zusatz definirt und dann sogleich in die ihm zur Gewohnheit gewordene Bedeutung ohne Vermittlung zurückfällt: Od. ι, 219 ταρσοὶ δὲ καλαθίσκοι, ἐν οἷς τυροκομοῦσι, κληθέντες οὕτω παρὰ τὸ τέρσαι τὸ ξηρᾶναι, ἐν οἷς, τερσαίνονται οἱ τυροί. οὓς καὶ πλεκτοὺς ταλάρους ἐρεῖ. οἱ δὲ παλαιοὶ τὸν τοιοῦτον ταρσὸν καὶ ταρρὸν λέγουσιν, οἱ μεθ' Ὅμηρον δηλαδή, ἐν οἷς καὶ ὁ κωμικός. οἳ καί φασιν ὅτι ταρρὸς τὸ τυροκομεῖον, καὶ ὅτι ἄρριχοι μὲν κόφινοι σταφυλοφόροι, ταρροὶ δὲ ἀγγεῖον πλεκτὸν u. s. w.

Also nicht bloss jünger als Eustathios ist unser Mann, sondern jünger als Theodorus Gaza. Alle jene Artikel stehen bei Favorinus auch, bei dem bekanntlich aus diesen wie aus allen anderen auch hier irgend sich zeigenden bei weitem reichlichere Benutzung vorhanden ist. In jenen eben bezeichneten Artikeln findet sich bei Philemon nie weiter oder mehr ausgeschrieben als bei Favorinus. Wol aber weniger. Um aus den eben angeführten zur Anschaulichkeit nur eins auszuheben: der Artikel εἱμαρμένη ist, wie gesagt, aus Moschopulos sylloge (denn dass er von dort ist, dafür darf man sich mit Sicherheit entscheiden, und nicht aus dem allerdings sehr ähnlichen Artikel bei Thomas Magister). Aber dem was hier steht geht bei Moschopulos noch ein Stück voran über die Synonyma πεπρωμένη μοῖρα τύχη πρόνοια, was bei Philemon nicht steht, aber bei Favorinus steht dies alles auch.

4. Dass bei Philemon überhaupt kein Artikel vorhanden ist, der nicht bei Favorinus stände, sei hier auch sogleich gesagt. Das gegenseitige Verhältniss an einigen Beispielen zu betrachten ist nun doch nöthig, da man immer noch die wunderliche Vorstellung hat, Favorinus sei der Abschreiber unseres Philemon, dieser Philemon sei eine der Quellen des Favorinus gewesen. Aber nur an einigen Beispielen aus ähnlichen zu Gebote stehenden. Eustathios hat schon zu *Γ*, 449 S. 434, 31 eine Regel angekündigt mit den Worten Ἰστέον δὲ ὡς ὁ ἐξ Αἰτωλίας οὐ μόνον Αἰτωλός, ἀλλὰ καὶ Αἰτώλιος λέγεται, ὡς ἀλλαχοῦ φαίνεται. Und zu *Δ*, 398 S. 488 gegen Ende giebt er dann folgendes: ὁ δὲ Αἰτώλιος διφορεῖται ὁμοίως τῷ Δάρδανος Δαρδάνιος, κάπρος κάπριος, Κάϋστρος Καΰστριος, ἔκτοπος ἐκτόπιος ὁ καὶ ἄφορμος παρὰ Σοφοκλεῖ, ἔγχωρος, οὗ χρῆσις παρὰ Λυκόφρονι, ἐγχώριος. Bei Favorinus steht folgendes: Αἰτώλιος διφορεῖται ὁμοίως τῷ Δάρδανος Δαρδάνιος, κάπρος κάπριος, Κάϋστρος Καΰστριος, ἔκτοπος ἐκτόπιος ὁ καὶ ἄμορφος παρὰ Σοφοκλεῖ, ἔγχωρος, οὗ χρῆσις παρὰ Λυκόφρονι, ἐγχώριος (worauf alsbald bei ihm ein anderer Artikel Αἰτωλός aus einer andern Stelle des Eustathios S. 311 zu *B*, 638). Und bei Philemon haben wir folgendes: Αἰτώλιος. Αἰτωλός. διφορεῖται οἷον (also nicht ὁμοίως τῷ, wie Favorinus übereinstimmend mit Eustathios hatte) Δάρδανος Δαρδάνιος, κάπρος κάπριος, Κάϋστρος Καΰστριος, ἔκτοπος ἐκτόπιος ὁ (nicht ὁ καὶ) ἄμορφος παρὰ Σοφοκλεῖ, ἔγχωρος, οὗ ἡ χρῆσις παρὰ Λυκόφρονι, ἐγχώριος. Nun ist die Verwandlung von ἄφορμος in ἄμορφος, welche wir bei Favorinus und Philemon sehen, komisch. Wenn Favorinus nicht wusste was er mit ἄφορμος machen sollte und deshalb ἄμορφος las — worauf dann Philemon durch Weglassung des καί die Sache noch etwas mehr verdunkelte — so würden wir uns nicht zu sehr wundern. Wenn aber Osann gar nicht sich zu helfen weiss mit ἄμορφος, wenn er eine veränderte

Interpunktion vorschlägt („ita ut post ἄμορφος colo posito verba παρὰ
Σοφοκλεῖ cum sequentibus coniungerentur"), von deren Abenteuerlichkeit er denn doch wieder eine Ahnung hat, sowie von der Sonderbarkeit, dass ἐκτόπιος bei Sophokles soll ἄμορφος bedeutet haben, und
wenn er nun zuletzt seine Note in Verzweiflung endigt — so darf man
doch wirklich fragen, ob dies spasshaft sei oder über den Spass. Dass
die Quelle Eustathios ist und das dortige ἄφορμος, war ihm unbewusst. Sonst hätte er ja wol gesehen, dass das Citat zu ἐκτόπιος aus
Soph. OK. 119, welches er giebt, noch nichts hilft, sondern noch ein
anderes Citat wesentlich war, nemlich OK. 233 σὺ δὲ τῶνδ' ἑδράνων
πάλιν ἔκτοπος αὖτις ἄφορμος ἐμᾶς χθονὸς ἔκθορε. Eustathios wollte
sagen und hat es auch gesagt, wiewol es in seiner Quelle gewiss deutlicher gesagt war, ἔκτοπος und ἐκτόπιος und für denselben Begriff
ἄφορμος finde sich alles bei Sophokles; wahrscheinlich besagte seine
Quelle deutlicher, dass alles in demselben Sophokleischen Stück vorkomme, dem Oedipus auf Kolonos.

5. Die Erwähnung des Lykophron in der eben behandelten Stelle
erinnert mich an eine andere Stelle, die zu Wunderlichkeiten Anlass
gegeben hat, in welcher gerade Lykophron auch citirt ist. Eustathios
zu E, 557 S. 582, 13 hat folgendes: σταθμοὶ δὲ καὶ νῦν αἱ ἐν ἀγροῖς
καταγωγαί. καὶ ἐκ τούτου μὲν συντέθειται τὸ βούσταθμον, ἐκ δὲ τοῦ
ἁπλῶς δηλοῦντος τόπον στάσεως τὸ ναύσταθμον εἴρηται. ὀξύνεται δὲ
ὁ σταθμὸς κανόνι τοιούτῳ· τὰ εἰς μος λήγοντα ἔχοντα πρὸ τοῦ μ τὸ
θ ὀξύνεται, μηριθμός, πορθμός, σκαρθμός, ἰσθμός. οὕτω καὶ σταθμός. τὸ κρῆθμος οἱ μὲν τοῦ Ὁμήρου ὑπομνηματισταὶ βαρύνεσθαί φασιν εἰς ἰδιότητα, ἐν δὲ τοῖς ἀντιγράφοις τοῦ Λυκόφρονος καὶ αὐτὸ
ὀξύνεται. Dies steht bei Favorinus so: Σταθμὸς ὀξύνεται κανόνι τοιούτῳ. τὰ εἰς μος λήγοντα ἔχοντα πρὸ τοῦ μ τὸ θ ὀξύνεται· μηριθμός, πορθμός, σκαρθμός, ἰσθμός. τὸ κρῆθμος οἱ μὲν τοῦ Ὁμήρου
ὑπομνηματισταὶ βαρύνεσθαί φασιν εἰς ἰδιότητα. ἐν δὲ τοῖς ἀντιγράφοις τοῦ Λυκόφρονος σταθμοὶ αἱ ἐν ἀγροῖς καταγωγαί. καὶ ἐκ τούτου μὲν συντέθειται τὸ βούσταθμον, ἐκ δὲ τοῦ δηλοῦντος ἁπλῶς τόπον στάσεως τὸ ναύσταθμον εἴρηται. Bei Philemon unter σταθμός
(S. 128) heisst dieses Stück so: ὀξύνεται δὲ κανόνι τοιούτῳ· τὰ εἰς
μος λήγοντα ἔχοντα πρὸ τοῦ μ τὸ θ ὀξύνεται, μηριθμός, πορθμός,
σκαρθμός, ἰσθμός. τὸ κρῆθμος δὲ βαρύνεται· παρὰ δὲ Λυκόφρονι
σταθμοὶ αἱ ἐν ἀγροῖς καταγωγαί. καὶ ἐκ τούτου μὲν τὸ βούσταθμον,
ἐκ δὲ τοῦ δηλοῦντος ἁπλῶς τόπον στάσεως τὸ ναύσταθμον εἴρηται.
Also die Ὁμήρου ὑπομνηματισταί und die ἀντίγραφα Λυκόφρονος und
den Ausdruck εἰς ἰδιότητα hat Favorinus noch aus Eustathios beibehalten, von Philemon sind diese dann weggelassen, der denn also auch
wol die allerdings gleichgültigen Worte οὕτω καὶ σταθμός in Folge

davon nicht haben wird, weil sie Favorinus nicht hat. Sodann hat Favorinus die Reihenfolge bei Eustathios, indem er die Accentregel voransetzt, verändert und hat hierbei oder dadurch etwas ganz anderes als Eustathios gesagt: und ebenso auch Philemon. Osann hat davon wieder nichts bemerkt. Er macht zu Philemon's παρὰ δὲ Λυκόφρονι σταθμοὶ αἱ ἐν ἀγροῖς καταγωγαί die Anmerkung: „Lycophr. v. 272 et 290. Phavorinus ἐν δὲ τοῖς ἀντιγράφοις τοῦ Λυκόφρονος." von Eustathios keine Erwähnung und keine Ahnung, dass es auf Lykophron's κρηθμοῖσι V. 238 ankommt. Seine Citate sind um so komischer, da σταθμοί bei Lykophron V. 272 die Wagschale bedeutet und V. 290 — ναυλόχων σταθμῶν πρόβλημα — doch wahrlich auch nicht αἱ ἐν ἀγροῖς καταγωγαί. Uebrigens an der dritten Stelle, an welcher es bei Lykophron überhaupt noch vorkommt, V. 1371 — πάντα δυσμενῶν σταθμά — auch nicht. So dass also die Worte bei Philemon παρὰ δὲ Λυκόφρονι σταθμοὶ αἱ ἐν ἀγροῖς καταγωγαί, blos einmal ganz für sich betrachtet, etwas Falsches enthalten, was freilich bei Favorinus durch das noch beibehaltene ἐν τοῖς ἀντιγράφοις sinnloser erscheint. Dass Philemon davon etwas gemerkt und vielleicht deshalb absichtlich blos παρὰ Λυκόφρονι geändert hat, ist möglich.

Doch halten wir einen Augenblick an. Kann es dem geringsten Zweifel unterworfen sein, dass die Abfolge ist: Eustathios, Favorinus, Philemon?

Aber ich fürchte, es spukt in manchem Kopfe etwa doch noch von einer Möglichkeit, Favorinus und Philemon haben ihre Quellen unabhängig benutzt. Sie haben also hier die gleiche Umstellung im Artikel des Eustathios durch Zufall vorgenommen und haben dabei, was damit noch gar nicht nöthig war, den Sinn des Eustathios verdreht und ganz gleichmässig verdreht und auf Lykophron die σταθμοί übertragen, während Eustathios, und zwar ganz deutlich, von Lykophron's κρηθμός spricht. Welch eine wunderbare prästabilirte Harmonie! Wer sie weiter beachten will — sie erstreckt sich bis auf Schreib- und Druckfehler — wird sich in tiefes mystisches Sinnen verlieren dürfen.

Doch wir sind mit dem eben behandelten Artikel noch nicht fertig. Die bereits behandelte Stelle ist ja nur eine Partie aus dem viel längern Artikel des Philemon. Und in dem übrigen wird wol seine Selbständigkeit sich glänzend offenbaren. Es ist jene Stelle nicht einmal der Anfang seines ganzen Artikels; dieser lautet so: Σταθμὸς ἡ ἔπαυλις, ἣν Σοφοκλῆς μεταπλάσας σταθμὰ λέγει. ὀξύνεται δὲ κανόνι τοιούτῳ und nun weiter die obige Stelle. Woher das? Unmittelbar hinter der oben ausgeschriebenen Stelle folgt hinter εἴρηται bei Favorinus ein anderer Artikel so: Σταθμὸς ἡ ἀγροτικὴ κατοικία. ὅ ἐστιν ἔπαυλις· ἦν ὁ Σοφοκλῆς μεταπλάσας σταθμὰ λέγει, welches ist Eustathios zu *B*, 470 S. 257, 8 *σταθμὸς δὲ νῦν μὲν ἀγροτικὴ κατοικία, ὅ ἐστιν* u. s. w. ebenso. Es geht bei Eustathios und ebenso bei Favorinus noch weiter. Philemon wollte aus *σταθμός* Einen zusammenhängenden Artikel machen und nahm jenes Stück voran, um mit einer Definition der Wortbedeutung anzufangen. Hinter der oben behandelten Stelle geht der Artikel bei Philemon so weiter: *καὶ ὅλως σταθμοὶ αἱ ἀγροτικαὶ κατοικίαι. πολλὴ δὲ χρῆσις παρὰ τῷ ποιητῇ* u. s. w. Das ist nun nach dem bei ihm Vorangegangenen ein wunderlicher Fortgang, und jeder, meine ich, fühlt sogleich, dass hier eine Zusammenflickung ist. Bei Favorinus folgt bald noch ein anderer für sich bestehender Artikel so: *Σταθμοὶ τὰ ἐν τοῖς ἀγροῖς ζωοστάσια, αἱ ἐπαύλεις. καὶ ὅλως κατοικίαι ἀγροτικαί. πολλὴ δὲ χρῆσις παρὰ τῷ ποιητῇ* u. s. w. bis zum Schluss ebenso wie hier. Dies ist wieder alles Eustathios, wieder aus einer anderen Stelle, zu *E*, 140 S. 531, 18. Philemon hat mit dem *καὶ ὅλως* angefangen, was immer noch um ein weniges eher anging und die Wiederholung des schon Gesagten ein klein wenig mehr verhüllt als in ein und demselben Artikel nun fortzufahren etwa: *καὶ τὰ ἐν τοῖς ἀγροῖς ζωοστάσια —*. Ich will noch anmerken: *ἀγροτικαὶ κατοικίαι*, wie Philemon, hat auch Favorinus, bei Eustathios ist auch hier gedruckt *ἀγροτικαί*, und etwas später bei Philemon *οὓς παραστάτιδας ὁ τραγικός φησιν*, ebenso bei Favorinus, bei Eustathios *παραστάδας*.

6. Bei Philemon S. 118 steht folgender Artikel: *Σέας σημαίνει τοὺς σκώληκας, οὗ ἡ ὀνομαστικὴ οὐχ εὕρηται ἐν χρήσει, ἀλλ᾽ αἱ πλάγιαι. παρὰ Ἀριστοφάνει· ὑπὸ σέων κατακαμπτόμενος. ὤφειλε δὲ περισπᾶσθαι, ὡς χῆρες χηρῶν· ἀλλὰ σεσημείωται καὶ τοῦτο μετὰ τῶν ἄλλων ἐννέα. ἀπὸ ἀχρήστου ὀνομαστικῆς τῆς σεύς ὅμως τὸ σέας φαίνεται, καὶ τὸ σέες. Λουκιανός· συμβούλους τοὺς σέας ἐπὶ τὴν ἐξέτασιν παραλαμβάνεις*. Dass dieses kein fliessendes Ganzes ist, sondern eine Zusammenklitterung, sieht man sogleich. Vergleicht man nun den Favorinus, so erklärt sich alles, zugleich auch, was man hier sich wol zu fragen hat, warum er mit dem Accusativ begonnen. Nemlich bei Favorinus stehen drei getrennte Artikel, jeder an seinem alphabetischen Platze eintretend, nemlich:

1) *Σέας σκώληκας. οὐχ εὕρηται ἡ εὐθεῖα ἐν χρήσει, ἀλλ᾽ αἱ πλάγιαι· καὶ παρ᾽ Ἀριστοφάνει ὑπὸ τῶν σέων καμπτόμενος. ἡ εὐθεῖα τῶν πληθυντικῶν σέας* (so) *σεῖς*.

2) *Σέες ἀττικόν, καὶ σέας, ἀπὸ τῆς σεὺς ἀχρήστου εὐθείας, ὥσπερ καὶ υἱέας ἀπὸ τοῦ υἱεύς. Λουκιανὸς ἐν τῷ πρὸς τὸν ἀπαίδευτον καὶ πολλὰ βιβλία ὠνούμενον· καὶ συμβούλους τοὺς σέας ἐπὶ τὴν ἐξέτασιν παραλαμβάνεις*.

3) Σεύς· σημαίνει τὸν σκώληκα. οὐχ εὕρηται δὲ ἐν χρήσει ἡ εὐθεῖα, ἀλλ' αἱ πλάγιοι, ὡς παρὰ Ἀριστοφάνει ὑπὸ τῶν σέων κατακαμπτόμενος. ὤφειλε δὲ περισπᾶσθαι, ὡς χῆνες, χηνῶν· ἀλλὰ σεσημείωται καὶ τοῦτο μετὰ τῶν ἄλλων ἐννέα, ὥσπερ καὶ οὐδένος οὐδένων καὶ τὸ φῶδες φώδων. Χοιροβοσκός.

Man sieht hier also deutlich und zur völligen Erklärung des Artikels bei Philemon die drei Artikel, aus welchen der seinige zusammengeflossen, und wie. Man sieht, dass selbst der Unterschied im Anfang, bei Favorinus σέας σκώληκας, bei ihm σέας σημαίνει τοὺς σκώληκας nicht zufällig ist, sondern aus dem Einblick in den dritten Artikel des Favorinus geflossen ist, aus welchem auch sein κατακαμπτόμενος stammt, über das man freilich getäuscht würde, wenn man meinte sich auf Osann verlassen zu können, der Folgendes schreibt: „In Aristophane, Lysistr. 731, hodie editur ὑπὸ τῶν σέων κατακοπτόμενος. Phav. ὑπὸ τῶν σέων καμπτόμενος." Nach dem ersten Artikel hat er also zunächst aus dem dritten Artikel, dessen Anfang mit dem ersten Artikel ja ganz übereinstimmt, die sich anschliessende Accentregel herübergenommen. Ferner sieht man in den Artikeln des Favorinus Verschiedenes noch aus den Quellen beibehalten, was Philemon nun weggelassen hat: ὥσπερ καὶ υἱέας ἀπὸ τοῦ υἱεύς, und ὥσπερ καὶ οὐδένες οὐδένων καὶ τὸ φῶδες φώδων, und besonders das Citat Χοιροβοσκός und der Titel der Schrift, aus welcher das Lukianische Beispiel ist. Und woher hat Favorinus die drei Stücke seines Artikels? Sein erstes Stück ist Zonaras, sein zweites Thomas Magister (S. 328), sein drittes Etymologicum: in diesen drei verschiedenen Quellen je unter demselben Index stehend, σέας, σέες, σεύς, und aus ihnen fast bis auf die Silbe genau abgeschrieben, so genau, dass sich sogar im ersten Artikel das σέας vor σεῖς, welches man für Druckfehler halten würde, nicht als solcher erweist — es steht im Zonaras ebenso — sondern nur erweist, dass Favorinus gedankenlos abgeschrieben. Nur das καὶ (bedeutend „z. B.") vor παρ' Ἀριστοφάνει steht nicht in unserm Zonaras.

Und nach alledem bleibt ja doch dem Philemon noch einiges zu eigen. Zuerst der Uebergang mit ὅμως: ἀπὸ ἀχρήστου ὀνομαστικῆς τῆς σεύς ὅμως τὸ σέας φαίνεται. Man sieht den Grund. Er empfand doch, dass jetzt, wo die getrennten Artikel verbunden wurden, bei der völligen Wiederholung des in demselben Artikel schon Gesagten eine kleine Milderung zu versuchen war. Dann aber gehört ihm noch, dass er zweimal für εὐθεῖα gesetzt hat ὀνομαστική. Was er auch gethan hat unter Αἰδώς, wo die Quellen, Favorinus und Etymologicum, εὐθεῖα haben. Auch unter συγκριτικὸν ὄνομα ist ein ihm angehöriges ὀνομαστική (das dreimalige ὀνομαστική aber unter πῶϋ ist auch bei

Favorinus). Diese Aenderung hat keinen Grund als den Kitzel etwas
zu ändern. Solchen Veränderungskitzel, es mögen die Veränderungen
in Weglassung, in leicht zu machenden Zusätzen, in Umstellung, in
leicht zu machenden stilistischen Aenderungen in Wort oder Wendung
bestehen, empfindet, wie die Erfahrung lehrt, jeder Abschreiber. Selbst
Favorinus, im Ganzen seine Vorlagen sehr treu abschreibend, hat dergleichen.

7. Aus Philemon will ich hier etwas Interessanteres, das in dasselbe Kapitel gehört, anführen. Unter τί hat Favorinus auch eine
Partie, welche abgeschrieben ist aus Moschopulos Sylloge. Es ist das
Stück, welches bei Favorinus, wie auch bei Moschopulos, anfängt mit
Ἰστέον ὅτι τὸ μὲν τί ζητεῖ τὴν οὐσίαν —. Hierin kommt Folgendes
vor, was bei Moschopulos so lautet: ἐπεὶ δὲ πρὸς τὸ τίς οὐκ ὄνομα
μόνον ἀπαντᾷ κύριον, ἀλλὰ καὶ σὺν ἐπιθέτῳ ἐνίοτε κύριον, οἷον τίς
ὅδε ἐστίν; ὁ ἡδὺς Λουκιανός, διὰ τοῦτο οὐκ ὀνόματι μόνον κυρίῳ τὸ
τίς ὑποτάσσεται, ἀλλ᾽ ἔστιν ὅτε καὶ ἐπιθέτῳ, οἷον Λουκιανός τις
ἐποίησε τοῦτο, καὶ ὁ Λουκιανὸς ἡδύς τίς ἐστι. Dies heisst bei Favorinus ganz ebenso bis ἀλλ᾽ ἔστιν ὅτε καὶ ἐπιθέτῳ, nach welchen Worten es sodann bei ihm heisst οἷον Βαρῖνος ἐποίησε τόδε καὶ Λουκιανὸς ἡδύς τίς ἐστι. Er hat sich hier also das Vergnügen gemacht seinen eignen Namen zu einem Beispiel zu benutzen, was übrigens auch
sonst noch bei ihm vorkommt, z. B. unter ῥῆμα.

Nun wie hat sich denn unser Philemon da verhalten? Varinus
wollte sich gar nicht unkenntlich machen, im Gegentheil. Aber unser
Verfasser, der sich verkappen wollte, wie die Vorrede an Antiphanes
zeigt, und als ein Alter erscheinen? Bei ihm steht unter seinem τί,
einem aus mehreren Favorinischen Artikeln (in etwas veränderter Ordnung) zusammengeschriebenen Artikel, auch jene obige Partie. Sie fängt
an ζητεῖ δὲ τὴν οὐσίαν —. Und an der Stelle, wo der Βαρῖνος eintritt? Ei da werden wir wol — aus gemeinschaftlicher Quelle scili-
cet — das οἷον Λουκιανός τις ἐποίησε τοῦτο wiederfinden. O nein.
Wir finden nur, dass er bei dem unbequemen Βαρῖνος sich auf die
einfachste Weise half. Er liess das Beispiel mit dem Βαρῖνος fort und
schrieb οἷον Λουκιανὸς ἡδύς τίς ἐστι.

8. Wie er nicht sehen lassen konnte, dass er den Favorinus ab-
schreibe, so mochte er auch nicht sehen lassen, dass er ein Christ sei.
Unter ἄλλος ist ein Stück, welches aus Zonaras ist (S. 121 Tittm.)
und aus diesem ganz übereinstimmend bei Favorinus. Bei beiden lautet der Anfang: ἄλλος προςώπου σημαντικόν ἐστιν ἤγουν ὑποστάσεως,
οἷον ἄλλος Πέτρος καὶ ἄλλος Παῦλος. Und was lesen wir bei unserm
Philemon? ἄλλος προςώπου σημαντικόν ἐστιν ἤγουν ὑποστάσεως, οἷον
ἄλλος Ἀντιφάνης καὶ ἄλλος Ξενοφάνης. Indem er also aus genanntem

Grunde offenbar den Petrus und Paulus eliminirte (deren Anwendung übrigens bei ἄλλος traditionell war, wie die Homerischen Epimerismen unter dem Artikel zeigen, wo sie auch schon angewendet sind S. 70), erinnerte er sich seines fingirten Antiphanes in der Vorrede — ἐπεὶ δέ σοι, ὦ Ἀντίφανες — und setzte diesen und ihm anschliessend den Ξενοφάνης hinein.

Σχοινίον beginnt mit einem Artikel aus dem Etymologicum, in welchem eine Stelle vorkommt, die im Etymologicum wie bei Favorinus so lautete: ... καὶ ἡ κατ' εὐθυντηρίαν κάθοδος, ὡς ὁ ψαλμῳδός φησι· τὴν τρίβον μου καὶ τὴν σχοῖνόν μου σὺ ἐξιχνίασας. Philemon hat den Psalmisten und die Psalmenstelle herausgeschafft und hat eben nur ἡ κατ' εὐθυντηρίαν κάθοδος. Wobei beiläufig Osann eine verkehrte Kritik geübt hat, wie an vielen anderen Stellen auch. Er hat gebessert ἡ κατ' εὐθυντηρίαν κάθετος. Aber κάθοδος steht bei Favorinus und es steht im handschriftlichen Etymologicum, wo es dem allerdings richtigen κάθετος erst durch Sylburg gewichen ist. So weit erstreckte sich Philemon's Kenntniss oder Aufmerksamkeit nicht: Osann konnte für seinen Schützling zufrieden sein, wenn er das richtige παρασάγγης schrieb. Denn bei Favorinus fand er παραπάγης, was Favorinus selbst im Etymologicum fand: auch dies hat in dem Etymologicum erst Sylburg gebessert. Philemon hat nemlich bei Favorinus auffällige Fehler, auch Schreib- oder Druckfehler, wenn er einmal aufmerksam war, gebessert, sonst die auffallendsten stehen lassen, wie ἀποδόσαι τι für ἀποδόσθαι unter ἀπεμπολῶ σοι τὸν ἵππον S. 263.

Doch wir haben noch ein Beispiel zum verhehlten Christenthum anzuführen. Unter ἀναβάλλω steht S. 243 τὸ ἐνδύομαι. Das Citat einer Bibelstelle, welches im Favorinus dabei steht: τὸ ἐνδύομαι, ὡς τὸ ἀναβάλλομαι φῶς ὡς ἱμάτιον liess er fort. Und ebenso ferner unter ἀξιῶ hat er die Worte καὶ παράκλησις παρὰ τῇ θείᾳ γραφῇ weggelassen, welche bei Favorinus und in dessen Quelle, Thomas Magister S. 32 stehen. Ein anderes Beispiel aus Euripides, das im Thomas steht, hat er freilich auch nicht. Aber dies hat Favorinus auch schon nicht.

Unter ὅστις heisst es: ὅστις ἀόριστόν ἐστι. τὸ δὲ ὅστις ποτὲ ἀμφίβολος λόγος. Der Artikel ist aus Thomas Magister S. 260, wo als Beispiel hinzugefügt wird, was bei Favorinus auch beibehalten ist, ὅστις ποτὲ ἦν ὁ παράδεισος (aus Gregorios von Nazianzos); bei Philemon ist dies weggeblieben.

9. Dass „unser sogenannter Philemon aus dem Favorinus abgeschrieben ist", das würde auch dann die Sache richtig bezeichnen, wenn er einiges eigen hinzugefügt hätte, sei es aus sich selbst, sei es indem er hin und wieder einmal auch ein Buch aufschlug. Dass es

sich, wie überhaupt, nur um Einiges handeln könne, davon kann sich jeder in Osann's Ausgabe überzeugen, welcher bei den einzelnen Artikeln sein „Phavorinus h. v. pag.—" hinzusetzt. Und dieser Nachweis bleibt ganz selten aus. Und doch darf man sich dabei noch nicht auf Osann verlassen. Er sagt zu ἀνήλωκα S. 256 „in Phavorino non exstat." Es steht aber — man erlaube — lang und breit alles ganz genau bei Favorinus. Er sagt zu ὤρ: „multo breviora Phavorinus s. ὤρεσσι." Es steht aber bei Favorinus alles, und noch einige Kleinigkeiten mehr. Er sagt S. 229 unter ἀλήλιφα: „breviora Phavorinus." Aber es steht bei Favorinus mehr: Philemon hat gegen den Schluss abgekürzt. Er sagt unter ᾠδή S. 241: „— παιήονα. Reliqua desunt apud Phavorinum." Das ist unrichtig: das Folgende steht bei Favorinus etwas später. Unter ὦπες sagt er: „usque ad verba τρήματι ἐοίκασιν Phavorinus." Nemlich unter ὦπες. Er sieht nicht, dass alles Folgende auch bei Favorinus steht unter einem kurz voran stehenden Artikel ὦπα. Zu dem Artikel νῆες, beginnend νῆες, οὐχ αἱ ναῦς, τὰ πλοῖα λέγομεν· σόλοικον γάρ· ἥμαρτε μέντοι Φαβωρῖνος u. s. w. finden wir bei Osann den Favorinus nicht citirt. Und das wäre doch sehr angebracht gewesen. Obgleich er nach einer spätern Note „haec verba, quae in codice desunt, e Phavorino restituit Burneius" zu wissen scheint, dass es im Favorinus vorhanden ist. Wer es vergleichen will, wird unter νῆες oder etwa ναῦς nichts finden. Es steht aber dennoch bei ihm unter Αἱ νῆες. Nach dem Artikel Αἰνήσωσιν — folgt: Αἱ νῆες ἐρεῖς. σόλοικον γάρ. ἥμαρτε μέντοι Φαβωρῖνος u. s. w. Das ist geschehen, weil der Artikel des Phrynichos, den er hier abschrieb, anfängt (S. 170 Lob.) Αἱ νῆες ἐρεῖς, οὐχ αἱ ναῦς. σόλοικον γάρ. ἥμαρτε γὰρ Φαβωρῖνος u. s. w. Immerhin ist das sonderbar geschehen. Eine Parallele dazu habe ich zur Hand aus Favorinus' Eclogae, wo hinter dem Artikel Ἀπορρῶγες folgt: Ἀπὸ τοῦ βλάβεται ἡ βλάβη γίνεται u. s. w.

Zu Εὐγήρως S. 63 heisst es bei Osann: „partem priorem Favorinus h. v." Das wäre bis χρυσόκερῳ, und es bliebe ein grosses Stück übrig, fast noch einmal so lang als dieses erste Stück, das im Favorinus nicht stünde. Es steht aber auch dieses ganz bei Favorinus unter Εὐθεῖαι. Es beginnt bei ihm Εὐθεῖαι πολλαὶ μονάζουσι πλαγίας μὴ ἔχουσαι —. Es ist aber dies ein von Favorinus abgekürzter Artikel aus Eustathios zu Α, 340 S. 113, 20, daselbst beginnend: Ὅτι πολλαὶ τῶν εὐθειῶν μονάζουσι πλαγίας μὴ ἔχουσαι —. Wörtlich wie bei Favorinus steht es hier bei Philemon, nur dass er es an das vorangehende Stück εὐγήρως zu Einem Artikel zusammenfügend verbunden hat mit dem Uebergang — dessen Anwendbarkeit und Richtigkeit hier er selbst zu vertreten hätte — ἐν τούτοις εὕρηνται καί τινες εὐθεῖα μονάζουσαι πλαγίας οὐκ ἔχουσαι —.

Gleich auf der nächsten Seite (64) zu Ζωγράφος sagt uns Osann wieder, dass das Schlussstück — von ζῷον καὶ ζῴδιον ὑπογράφονται an — bei Favorinus fehle: „desunt apud Phavorinum." O nein: es steht zwar nicht unter ζωγράφος, aber unter ζῴδιον. Und dabei hat hier Osann, wie eine, um wenig zu sagen, wunderliche Anmerkung zeigt, wodurch er seine wunderliche Aenderung des hsl. ὑπογράφονται in προςγράφονται begründet — er hat also hierbei sogar Favorinus' Artikel ζῴδιον eingesehen, aber es nicht erkannt, weil Philemon das in des Favorinus Artikel allerdings auch vorkommende ζῷον vorangesetzt und es noch ein wenig abgekürzt hat — noch ein wenig mehr, als Favorinus selbst es schon gethan hatte mit dem Artikel des Etymologicum, aus dem er den seinigen nahm.

Noch an einer ganzen Zahl von Stellen wird man bei Osann solche Bemerkungen über das Fehlen von Philemonischen Artikeln oder Stücken von Artikeln („desunt", „multo concisiora haec apud Phavorinum" u. dgl.) finden. Ich glaube sagen zu können, nirgends ist es richtig. Wol aber ist einiges Bemerkenswerthe vorhanden, was auf eine Selbständigkeit des Philemon weisen könnte, wo Osann meistentheils nichts sagt.

10. Da sind nun zuerst, meist am Anfange hinter dem Lemma, ein oder ein paar Worte theils als lexikalisches Synonymon hinzugesetzt, theils als sonst eine kurze Erläuterung.

Bei den lexikalischen Synonyma trifft sichs wol, dass er sein erklärendes Wort aus einem verwandten nahen Artikel des Favorinus nahm, aber doch öfter auch nicht. Wenn er beginnt Ἀβλὴς ὁ κακόβλητος, ἢ ὁ μήπω βληθεὶς ἤτοι ἀφεθεὶς ὀϊστός. κλίνεται —, so findet man in diesem Artikel bei Favorinus die Worte ἢ bis ὀϊστός nicht. Aber der Zusatz ist entnommen aus einem andern Artikel des Favorinus ἀβλὴς ὀϊστός.

Αἰδώς „ἡ εὐλάβεια", ἐν τῇ ὀνομαστικῇ ὀξύνεται u. s. w. Dies ist bei Favorinus wie in dessen Quelle Etymologicum (in welchen beiden auch noch der von Philemon weggelassene Vers citirt ist ὡς τὸ τά τ' αἰδῶ ἀμφικαλύπτει) eine Bemerkung zum Accusativ αἰδῶ. Philemon hat den Nominativ vorgesetzt und das ἡ εὐλάβεια hinzugefügt, vielleicht genommen aus einem Artikel Αἰδώς des Favorinus: Αἰδὼς αἰσχύνη ἢ εὐλάβεια ἢ φόβος.

Ἀκωκὴ ἡ τῆς αἰχμῆς ὀξύτης· τὸ ω μέγα u. s. w. Bei Favorinus steht blos ἡ ὀξύτης, und ebenso bei Zonaras, aus welchem — nicht aus dem Etymologicum — ganz deutlich Favorinus seinen Artikel nahm. Im Etymologicum beginnen die hiermit in Vergleichung kommenden Artikel (eigentlich die dort vereinigten Artikel) mit Ἀκωκὴ ἡ ὀξύτης τοῦ βέλους. Diese Uebereinstimmung, die zugleich wieder eine

Nichtübereinstimmung ist, mache ja niemand irre: sie ist Zufall. Wol ist es möglich, dass, indem Philemon bei Favorinus las, was er abkürzend ausgelassen, *παρὰ τὸ ἄκω γίνεται ἀκή, καὶ κατὰ ἀναδιπλασιασμὸν ἀκωκή*, es ihm einfiel einmal *ἀκή* in seinem Favorinus nachzusehen, wo er fand *ἀκή, αἰχμὴ σιδήρου*.
Alle derartigen Zusätze, deren im ganzen Buche wenige sind, wenn auch einige mehr als ich hier weiter anführen will, waren recht wolfeil. Ich bezeichne die Zusätze mit Gänsefüsschen.

Ἀναφορικὰ ὀνόματα „τὰ ἀναφορὰν σημαίνοντά τινος" λέγονται — Βοῦν σίτου ὠνοῦμαι. „ἔν τισιν ὀνόμασι κατὰ τὴν σύνταξιν προεπινοεῖται πρόθεσις." οἷον ἀποδίδομαι βοῦν σίτου, λείπει ἡ διά —
Ἐρωτηματικὰ ὀνόματα „λέγονται τὰ ἐρωτῶντα οἷον τίς ἐστι;" ζητεῖ δὲ —
Εὐγήρως εὐγήρῳ „ὁ καλὸν γῆρας ἔχων". τὰ γὰρ — bei Favorinus *Εὐγήρως τοῦ εὐγήρω. καλλιγήρως καλλιγήρῳ. τὰ γὰρ —*
„Εὐφυὴς ὁ δεξιὰν φύσιν ἔχων." Εὐβοεῖς. Hier hat er vor dem Artikel des Favorinus, der mit *Εὐβοεῖς* beginnt und ganz sprachlich (nicht ethnographisch) ist, gar nicht unpassend und unverständig ein eignes Lemma, das innen vorkommt, vorangesetzt und die lexikalische Erklärung desselben *ὁ δεξιὰν φύσιν ἔχων* hinzugefügt, auch, nachdem er dies gethan, nicht unpassend die beiden Theile des Artikels umgestellt, so dass das *εὐφυής*, welches in diesem Theile der Regel vorkommt, dem Anfange näher trat.

11. Doch hier drängt sich uns die Gelegenheit auf, einen andern Punkt zu besprechen, der unsere Sache nicht wenig unterstützt. Philemon's Wörterbuch ist auf genaue Buchstabenfolge angelegt, und wenn sie einmal ausbleibt, kann man fast immer den Anlass bei Favorinus ersehen. Was ganz vergnüglich ist. Man bemerkt, dass dies eben besprochene *Εὐφυής* nicht richtig in der alphabetischen Reihe eintritt. Es steht vor *εὐγήρως*, nicht, wie zu erwarten wäre, nach *εὐγήρως*. Es ist nemlich stehen geblieben an der alphabetischen Stelle von *Εὐβοεῖς*. Doch wie? könnte jemand gerade hier sagen, genaue alphabetische Ordnung? Zeugen denn nicht dagegen sogleich die unmittelbar vorausgehenden Artikel rückwärts verfolgt, *ἑκάτερος ἕτερος*, dass also *ἑκάτερος* hinter *ἕτερος* folgt? Aber *ἑκάτερος* zeigt sich bei Favorinus nicht als selbständiger Artikel gegen *ἕτερος* an. Und wir haben bei Philemon entweder auch nicht *ἑκάτερον* als besonderen Artikel zu schreiben, oder wenn Philemon es gethan und so die Folge *ἕτερος ἑκάτερος* stehen blieb, so sehen wir denselben Grund, dass der ihm vorliegende Favorinus es veranlasste. Sehen wir noch etwas rückwärts: vor *ἕτερος* finden wir den grossen Artikel *ἐρωτηματικὰ ὀνόματα* und davor *ἐρωτύλος*. Gerade so bei Favorinus. Dies hat bei

Favorinus seinen sehr guten Grund: da stehen alle zu ἔρως gehörigen Wörter zusammen, als letztes ἐρωτύλος. Worauf die ἐρωτηματικὰ ὀνόματα folgen.

Derselbe Fall ist in Ὅστις. Ὁστιςοῦν. Ὅσα. Bei Favorinus beginnt Ὅς, an welches anschliessend, ehe er ὅσα folgen liess, erst alle die zu ὅς zugehörigen Artikel abgefertigt werden.

Die Reihenfolge πρότερος, προτεραίτερος ist Favorinus. Es folgt bei Philemon πρώτιστος und dann erst πρόςπολος. Das ist auch aus Favorinus, wo S. 454 zwar nicht unmittelbar hinter πρώτιστος, aber unmittelbar hinter einem πρῶτος dieser Artikel πρόςπολος folgt. Und auch bei Philemon folgt er, genau gesagt, hinter einem πρῶτος, indem Philemon nur wieder einen selbständigen Artikel πρῶτος des Favorinus mit dem πρώτιστος durch δὲ (πρῶτος δὲ —) verbunden hat. Ich musste sagen: hinter einem πρῶτος: denn Favorinus hat mehr als Einen Artikel πρῶτος. Man findet an dieser Stelle bei Favorinus hinter einander: zuerst πρῶτος, πολλοστός, πόστος, κορυφαῖος, ἔσχατος καὶ ὕστατος, ὑπερθετικά: hierauf dieser Artikel πρόςπολος: dann πρῶτος ἐπὶ πολλῶν u. s. w., dieser von Philemon aufgenommene Artikel. Jener frühere Artikel πρῶτος in seiner Kürze war für sein technologisches Wörterbuch weniger brauchbar als der andere, den er begreiflich lieber abschrieb. Bei dieser Gelegenheit fand er aber das πρόςπολος, das er nicht Lust hatte bis vor προτεραία zurück zu datiren. — Wie kommt denn aber bei Favorinus dies πρόςπολος an diese Stelle, zumal er schon oben einen kürzern Artikel πρόςπολος an der richtigen Buchstabenstelle hatte? Dadurch dass er seinen eben von mir abgeschriebenen Artikel πρῶτος πολλοστός u. s. w. aus Moschopulos' Sylloge entnahm, in welchem bekanntlich überhaupt in unregelmässiger Reihe gehenden Buche unmittelbar dahinter dieser Artikel πρόςπολος folgt.

In dem ganzen Bereich der Nomina bei Philemon ist aber doch Eine Stelle, wo ich die Ursache der nicht eingehaltenen genauen Buchstabenfolge nicht anzugeben weiss. Jedenfalls wird der Grund nicht der gewesen sein, dass Osann auf die Reihenfolge der Buchstaben in einem Griechischen Wörterbuch nicht viel gibt („ordinem litterarum in lexico Graeco magni haud facientes" S. 81). Der ganze Buchstab Ξ besteht aus drei Artikeln (es gibt auch einen Buchstaben, der nur aus Einem Artikel besteht, Θ, blos Θοαντιάς) Ξυγγέωργος, Ξυλάφιον, Ξηρόν in dieser Folge, worauf Buchstab O, beginnend mit Οἰδίπους, Ὁ ἕτερος. Ich glaube folgendes. Kurz wollte er zwar den Buchstaben ξ abfertigen, ging auch gleich über den ersten Abschnitt des Favorinus τὸ ξ μετὰ τοῦ α καὶ μετὰ τοῦ ε hinweg und griff aus dem folgenden, dem ξ mit η ι ο υ und ω, ein paar Artikel heraus. Er wollte eigentlich mit ξυγγέωργος und ξυλάφιον aufhören. Da meinte er doch, nachdem auch eben der Buchstab ν nur mit zwei Artikeln abgemacht war, wenigstens noch Einen hinzuzufügen und sah nach einem aus dem Anfange, der mit dem ξύλον einige innere Aehnlichkeit hatte*). — Den Οἰδίπους im folgenden vor Ὁ ἕτερος zu setzen, geschah vielleicht, weil er das nomen proprium voransetzen wollte.

In der ganzen Abtheilung, welche die Verba behandelt, S. 223 — 284, ist die genaue alphabetische Ordnung Einmal gestört. Es steht ἀμφικαλύπτειν vor ἀμφεποτᾶτο. Was man hier unter ἀμφικαλύπτειν liest, davon sieht man sogleich, dass es auf eine bestimmte Stelle gemünzt ist. Es ist eine Erklärung, gehörig zu ἔρως φρένας ἀμφεκάλυψε Γ, 442, und es ist Eustathios zu eben dieser Stelle, was wir lesen, und es steht bei Favorinus unter ἀμφεκάλυψε.

Diese Bemerkungen über die Buchstabenfolge sind allein ein so untrüglicher Beweis dafür, dass Philemon den Favorinus abschreibt, dass ich an dieser Stelle den Vorwurf wieder recht empfinde, den ich mir wiederholt mache, dass ich einer so augenscheinlichen Sache so viel Zeit widme. Und soll ich aufrichtig sein, das Verlangen einem philologischen Skandal entgegenzuwirken, wie ich oben gesagt, hätte mich doch dabei nicht festgehalten, zumal ich persönlich ja schon durch meine Bemerkung im Herodian sicher gestellt war. Was mich bei der Sache festhielt, ist erstens mancherlei, was man dabei nebenbei recht gründlich kennen lernt, und was für Leben und Kritik verwerthet werden kann, und zweitens dass durch Fürsorge des Autors und des Herausgebers immerfort Ergötzliches vorkommt.

12. Wir hatten uns in jener unter 10 angefangenen Aufzählung der eigenen Zusätze des Philemon unterbrochen. Wir fahren nun damit fort.

Μετουσιαστικὰ ὀνόματα „τὰ μετέχοντα ἔκ τινος ὕλης", οἷον χρύσειον —

Παιδάριον „τὸ μικρὸν παιδίον, ὑποκοριστικῶς· ᾧπερ" οὐ μόνον ἐπὶ ἀρρένων κέχρηνται οἱ ῥήτορες, ἀλλὰ καὶ ἐπὶ τῶν παρθένων. Bei Favorinus: Παιδάριον· οὐ μόνον —

Σαθρός ὁ σεσηπώς. Statt dessen findet man bei Favorinus Σαθρός σημαίνει τὸν σεσαπημένον, im Etymologicum, woher der Artikel ist, σημαίνει τὸν σεσημμένον. Also ihm scheint das σεσαπημένος (s. jedoch du Cange σαπήναι) nicht bekannt gewesen zu sein, und er schrieb ganz gut σεσηπώς.

---

*) Uebrigens hat er in diesem Artikel eine kleine, verderbliche Veränderung gemacht, wozu, wie ich glaube, er veranlasst wurde durch einen Druckfehler bei Favorinus, ξυρόν für ξερόν.

Συγκριτικὸν ὄνομα „ἔστι δι' οὗ σύγκρισις γίνεται πρὸς ὁμοφυεῖς καὶ ἑτεροφυεῖς". ἔχει —
Σῶος „ὁ ὑγιής". προςγεγραμμένον ἔχει —

Den Artikel Ταρσοί, der auf eine bemerkenswerthe Art aus drei Stellen des Eustathios und einer des Moschopulos zusammengefügt ist, hat Philemon ebenso. Nur am Schluss, der bei Favorinus heisst σημαίνει δέ ποτε καὶ πόλιν — wo auch das ποτε noch aus Eustathios geblieben ist — hat er etwas hinzugefügt. Es heisst bei ihm: σημαίνει δὲ καὶ πόλιν „τῆς Κιλικίας, ἧς ὁ πολίτης Ταρσεύς".

Ταχὺς „ὁ ὠκὺς" καὶ —
Ἀλήλιφα S. 229 das „Ἀττικοί εἰσιν ὑπερσυντελικοί".

Bemerkenswerth wäre noch Folgendes: Ἀκειρεκόμης heisst bei Favorinus (abgeschrieben aus Zonaras: es ist erkennbar, dass aus diesem vielmehr als aus dem allerdings auch sehr ähnlichen Etymologicum): Ἀκειρεκόμης ὁ μὴ κείρων τὴν κόμην. παρὰ τὸ κείρω, ὁ μέλλων αἰολικῶς κέρσω, καὶ τὴν κόμην γίνεται κερσοκόμης διὰ τοῦ ο μικροῦ· πᾶς γὰρ ἐνεστὼς ἐν πρώτῳ προςώπῳ λαβὼν συνήθειαν τρέπει τὸ ω μέγα εἰς ο μικρόν· λείπω λειποτακτίτης. μίξω μιξόπολις. Hier hat Philemon die Begründung der Futurform anders gegeben und auch ausserdem sich aufmerksam gezeigt auf einiges freilich sehr leicht Bemerkliche: Ἀκειρεκόμης ὁ μὴ κείρων τὴν κόμην. ἐκ τοῦ κείρω κέρσω. οὕτως γὰρ ὤφειλεν. ἀλλ' ὅτι ἀμετάβολον ἑπομένου τοῦ σ οὐχ εὑρίσκεται, ποιεῖ κερῶ. ἐκ δὲ τοῦ κέρσω πρώτου προςώπου κερσοκόμης διὰ τοῦ ο μικροῦ. πᾶς γὰρ ἐνεστὼς ἐν πρώτῳ προςώπῳ ἐν συνθέσει τὸ ω μέγα εἰς ο μικρὸν τρέπει, οἷον λείπω λειποτάκτης. καὶ ὁ μέλλων μίξω μιξόπολις. Er merkte also, als er an μίξω μιξόπολις kam, dass zu dem πᾶς γὰρ ἐνεστώς, wie Favorinus aus Zonaras unaufmerksam beibehalten (im Etym. steht πᾶς γὰρ ἐνεστὼς ἢ μέλλων), das μιξόπολις nicht passe, und schob das καὶ ὁ μέλλων ein. μιξόπολις hat auch schon Favorinus, während wir in unserm Zonaras haben μιξοπόλιος (und so hat auch ein Theil der Hss. des Etymologicum, andere μιξοπολίτης). Gebessert hat er den Druck- oder Schreibfehler bei Favorinus λειποτακτίτης und vielleicht auch συνήθειαν, das Favorinus aus Zonaras beibehalten — Verwechselung von σύνθεσις und συνήθεια: s. Bast zu Gregor. Cor. S. 844 —. Es ist nemlich bei Osann nicht verständlich ausgedrückt, ob die Hs. des Philemon συνήθειαν oder σύνθεσιν hat. Dass bei Burney σύνθεσιν steht, entscheidet auch nicht: denn dieser hat sich dergleichen Aenderungen erlaubt.

Eine bemerkenswerthe Veränderung habe ich angetroffen unter Ἄλφα. Dies heisst bei ihm so: "Ἄλφα τὸ στοιχεῖον. ἐκ τοῦ ἄλφω. ὅπερ μετὰ ἄρθρων κλινόμενον τὰς πλαγίας διΐστησι. Bei Favorinus steht: Ἄλφα τὸ στοιχεῖον. περὶ οὗ ἰστέον ὅτι χωρὶς ἄρθρου δίδωσιν ὑπόνοιαν εὐθείας, εἰ δὲ σὺν ἄρθρῳ πλαγίας πτώσεως, was aus Suidas ist. Man sieht aber, dass dies schlecht ausgedrückt ist; bei Philemon gut. Aber die zu Anfang hinzugesetzten Worte τὸ στοιχεῖον ἐκ τοῦ ἄλφω hat er vielleicht doch auch aus Favorinus genommen. Nemlich ausser den Artikeln Ἄλφα unter Ἀλ- hat Favorinus einen Artikel Ἄλφα als ersten Artikel seines ganzen Wörterbuchs. Und dieser fängt an: Ἄλφα τὸ στοιχεῖον, παρὰ τὸ ἄλφω τὸ εὑρίσκω.

13. Wir gelangen nun zu Aenderungen und Zusätzen etwas anderer Art als die bisher angeführten.

Unter Ὦταν S. 220 steht Δείναρχος δὲ τὸ πλῆρες εἶναί φησιν ὃ ἔταν —. Es muss aber Δίδυμος sein, und so steht auch bei Favorinus und in der Quelle dieses Artikels, Suidas gleich Schol. Plat. S. 332 Bk. Was den Philemon bewogen haben könnte Δείναρχος für Δίδυμος zu setzen, vermag ich durchaus nicht abzusehen, und kann nur glauben, dass durch irgend einen Zufall das ursprünglich geschriebene Δίδυμος bis auf Anfangs- und vielleicht Endbuchstaben verlöscht war und von einem Abschreibenden falsch ergänzt ward. Und dasselbe möchte ich glauben von dem τῷ Κυζικηνῷ, welches wir S. 259 unter ἀπάγει finden. Es ist alles aus drei Artikeln des Favorinus (ἀπάγει, ἀπάγεται, ἀπάγω) zusammengesetzt, die er durch καί verbindend zusammengerückt hat. Zu den beiden ersten Partien hat Philemon Beispiele weggelassen, und zwar, zugleich mit dem Namen des Autors, ein Beispiel aus Aristophanes und eines aus Synesios. In einem dritten Beispiel, welches bei Favorinus wie in seinen Quellen (vgl. die Mittheilungen aus dem Pariser Wörterbuch bei Osann S. 225) noch heisst καὶ παρὰ Συνεσίῳ „ἄπαγε τοῦ νόμου" (Synesios epist. 3 S. 159b), hat Philemon die Worte des Beispiels weggelassen, den Autornamen aber mit einem eignen Zusatz verziert, der jetzt τῷ Κυζικηνῷ lautet: was ich, wie angedeutet, doch geneigter bin für eine Verderbung aus Κυρηναίῳ zu halten als ihm selbst zuzuschreiben.

Wir haben S. 100 einen sehr langen Artikel Πρευμενής. Er ist aus Eustathios S. 437, 5 geflossen und steht übereinstimmend mit Eustathios bei Favorinus. Er steht im übrigen ganz übereinstimmend auch hier: nur sind dem Philemon im Anfang einige Zeilen eigen. Es heisst also bei Philemon: Πρευμενής „ὁ εὐμενής". ἐτυμολογεῖται ἐκ τοῦ πρᾶος καὶ εὐμενής. „καὶ ἐκ τῆς τεχνολογίας γινώσκεις τὴν δύναμιν τῆς λέξεως. οὐ γὰρ μικρὸν ἡ τεχνολογία παρὰ γραμματικοῖς, ἀλλὰ γνῶσίς τις τῆς ὑποκειμένης λέξεως. σαφῶς γὰρ δι' αὐτῆς" καὶ τὸ ἀγηλατεῖν τὸ ψιλούμενον ἐκ τοῦ ἀπάγειν καὶ ἀπελαύνειν „ἔχει τὴν ἐτυμολογίαν, ἥτις διαφερεῖ (so der Codex) τὴν τῆς λέξεως δύναμιν". καὶ κυκεὼν ἐκ τοῦ χύω καὶ χέω κατὰ τοὺς παλαιούς u. s. w. Die hier mit

Gänsefüsschen bezeichneten Worte sind es, welche weder bei Eustathios noch bei Favorinus stehen. Bei Eustathios steht καὶ*) ἐκ τοῦ πρᾷος καὶ εὐμενὴς ὁ ἐν τῇ τραγῳδίᾳ πρευμενὴς καὶ ἐκ τοῦ ἀπάγειν καὶ ἀπελαύνειν τὸ ψιλούμενον ἀγηλατεῖν u. s. w. Bei Favorinus beginnt es: Πρευμενής ἐκ τοῦ πρᾷος καὶ εὐμενής, καὶ ἐκ τοῦ ἀπάγειν καὶ ἀπελαύνειν τὸ ψιλούμενον ἀγηλατεῖν u. s. w. Es ist doch wol sehr natürlich zu sagen, Philemon, der ein λεξικὸν τεχνολογικόν zu schreiben schon in der Vorrede angekündigt, ein λεξικὸν τῶν ὀκτὼ μερῶν τοῦ λόγου, σύνταξιν καὶ τεχνολογίαν τινὰ γραμματικῆς περιέχον, kam hier darauf, bei einem recht langen und an Belegen für die Sache reichen Artikel, eine Lobrede auf die τεχνολογία einzuflechten. An der Stelle, wo der Codex das verdorbene διαφερεῖ hat, wird man bei Osann finden διασαφεῖ mit der Bemerkung: „Ita Burneius e Phavorino pro scriptura codicis διαφερεῖ." Da die Stelle bei Favorinus nicht steht, so kann Burney sein διασαφεῖ daher nicht haben. Dass sich die Konjektur — neben dem eben vorangehenden σαφῶς — sehr empfehle wird man nicht sagen. Ich möchte emendiren διακριβοῖ. Ich übersetze die Stelle: „πρευμενής bedeutet εὐμενής, ist etymologisch herzuleiten aus πρᾷος und εὐμενής. Und durch das grammatische Raisonnement erkennt man das Wesen des Wortes. Denn nicht von geringer Wichtigkeit ist das grammatische Raisonnement bei den Philologen, sondern es ist eine Art Gnosis desjenigen Wortes, um das es sich handelt. Durch dieses grammatische Raisonnement erhält ebenso auch das mit dem Lenis geschriebene ἀγηλατεῖν deutlich aus ἀπάγειν und ἀπελαύνειν seine etymologische Herleitung, welche das Wesen des Wortes genau gibt." Ich bemerke: δύναμις kann nicht obenhin durch „Bedeutung" übersetzt werden. Ferner τεχνολογία bedeutet nicht ἐτυμολογία, und Osann's „legendum pro τεχνολογίας ni fallor ἐτυμολογίας, parique modo mox ἐτυμολογία pro τεχνολογία" — wodurch wir dann auch erhalten würden σαφῶς διὰ τῆς ἐτυμολογίας τὸ ἀγηλατεῖν ἐκ τοῦ ἀπάγειν καὶ ἀπελαύνειν ἔχει τὴν ἐτυμολογίαν — ist sicher ein Irrthum. Die ἐτυμολογία ist ein Theil der τεχνολογία, derjenige Theil, um den es sich augenblicklich hier handelt: denn Deklination, Konjugation, Accentlehre und vieles andere gehört auch zur τεχνολογία, zum technologischen, spezifisch technischen Theil der Grammatik, die auch andere Theile hat, das ἱστορικὸν μέρος, das κριτικόν, das ἐξηγητικὸν μέρος. Auch wird es wol von Umständen und Belieben abhängen, ob man diesen Theilen gegenüber unter τεχνολογία auch die Syntax mit begreifen will oder speziell auch wieder ihr gegenüber nur

---

*) Denn bei Eustathios schliesst sich dies an schon Vorangehendes an. Dies Vorangehende steht bei Favorinus unter ὀροθύνω.

die Formenlehre. Ich habe *τεχνολογία* übersetzt durch „grammatisches Raisonnement". Das wird hier ausreichen; anderwärts würde es nöthig sein, dem, was mit *τεχνολογία* bezeichnet wird, noch näher zu kommen: nach den Regeln der grammatischen Kunst, nach der grammatischen Theorie oder System (*ars*) vorgenommenes Raisonnement oder dergleichen. „Grammatisch", wo eben die grammatische *τέχνη* gemeint ist, was nach Umständen wie hier als selbstverständlich vorausgesetzt wird, sonst auch hinzugesetzt werden kann. Sextus Empiricus Adv. Grammaticos I §. 97 sagt: διὰ πολλὰ μὲν καὶ ἄλλα δίκαιόν ἐστι μετὰ σπουδῆς ἐξετάζειν τὴν γραμματικὴν τεχνολογίαν, μάλιστα δὲ ἁπάντων διὰ τὸ ἐπ' αὐτῇ κομᾶν καὶ μέγα φρονεῖν τοὺς γραμματικούς. Darauf §. 98 μία γὰρ ἀντὶ πάντων ἄμυνα γενήσεται πρὸς αὐτούς, ἐὰν τὴν ψευδώνυμον αὐτῶν τεχνολογίαν ἄτεχνον ἀποδείξωμεν. Denn an und für sich kann man dem Worte nicht ansehen, auf welche *τέχνη* es bezogen wird, wie wir Philologen ja bei Anführungen mit Bedauern oft im Zweifel bleiben, ob namentlich eine γραμματικὴ τέχνη oder eine ῥητορικὴ τέχνη gemeint ist. Und allerdings ist *τεχνολογία* und *τεχνολογεῖν* namentlich auch in der Rhetorik gebräuchlich gewesen, es scheint früher als in der Grammatik. Für den Gebrauch in der Grammatik sind, wenn ich nicht irre, die Stellen bei Sextus die ältesten. Gerade diese Stellen des Sextus, wo das Wort auf die Grammatik übertragen ist, sind im Thesaurus nicht angegeben. Ich habe ausser den obigen noch notirt §. 141 — die Stelle ist lang, aber sie ist schön, ich will sie ganz herschreiben: ταῦτα μὲν οὖν καθολικώτερον πρὸς τὰ μέρη τοῦ λόγου ῥητέον· ἐμβάντες δὲ εἰς τὰς κατὰ μέρος παρ' αὐτοῖς περὶ τούτων τεχνολογίας πολὺν λῆρον εὑρήσομεν. καὶ τοῦτο πάρεστι μαθεῖν οὐκ ἐπὶ τὴν πᾶσαν ὕλην φοιτήσαντας (ἀδόλεσχον γάρ ἐστι καὶ γραμματικῆς γραολογίας πλῆρες), ἀλλ' ὅμοιόν τι τοῖς οἰνοκαπήλοις ποιήσαντες καὶ ὃν τρόπον ἐκεῖνοι ἐξ ὀλίγου γεύματος τὸν ὅλον δοκιμάζουσι φόρτον, οὕτω καὶ αὐτοὶ ἐν λόγου μέρος προχειρισάμενοι, καθάπερ τὸ ὄνομα, ἐκ τῆς περὶ τούτου τεχνολογίας συνοψόμεθα καὶ τὴν ἐν τοῖς ἄλλοις τῶν γραμματικῶν ἐντρέχειαν. §. 170 bei ihrer Behandlung der Orthographie: πάλιν ἡ τοιαύτη τεχνολογία μάταιος εἶναι φαίνεται. §. 171 ὅθεν καὶ οὕτως αὐτοὺς ἐρωτητέον. εἰ χρειώδης ἐστὶν ἡ περὶ ὀρθογραφίας τεχνολογία τῷ βίῳ, ἐχρῆν u. s. w. §. 270 ἤδη μὲν δυνάμει καὶ τὸ περὶ ποιητὰς καὶ συγγραφεῖς μέρος τῆς γραμματικῆς ἀνῄρηται, δείξασι τὸ ἀδύνατον τοῦ κατὰ τὰς τεχνολογίας καὶ τὸ ἱστορικόν· χωρὶς γὰρ τούτων οὐκ ἀπευθύνεταί τις ποιήσεως ἐξήγησις.

Für Sextus Empirikus konnte es für dasjenige, wogegen er ankämpft, die Systematik der Gelehrsamkeiten, kein bezeichnenderes Wort geben als *τεχνολογία*, und so hat er es denn auch bei der Polemik gegen die Grammatik wiederholt angewendet. Und es ist wol möglich, dass diese, wie wir sehen, wiederholte Anwendung bei ihm in seiner grammatischen Schrift einen Einfluss geübt hat auf ein späteres Einbürgern in die grammatische Terminologie. Unser Philemon, der es selbst gebraucht, schreibt gleich am Anfange der Vorrede auch von τοῦ Ἀλεξανδρέως Ὑπερεχίου ὀνομάτων τεχνολογία κανονικῶς συντεθεῖσα, wobei wir nicht sicher wissen, ob er das τεχνολογία als Titel jenes Buches verstanden haben wollte, ja sicher nicht einmal, ob das Buch des Hyperechios überhaupt vorhanden war und nicht auch zu Philemon's Fiktionen gehört.

Zur Grammatik des Dionysios spricht ein Scholiast, dessen Name nicht übereinstimmend überliefert wird in verschiedenen Handschriften (Porphyrios z. B., auch Choeroboskos, dem wenigstens die Worte, um die es sich hier gerade handelt, schwerlich gehören): Dionysios habe nicht mit der Prosodie angefangen, sondern mit der Definition der Grammatik: ein Späterer habe dann dieses für Anfänger nothwendige Stück περὶ προςῳδίας hinzugefügt: δεῖ οὖν ἡμᾶς μὴ ἀπὸ τῆς τοῦ Διονυσίου τεχνολογίας τῆς ἐξηγήσεως ἄρξασθαι, ἀλλ' ἀπὸ τῆς προςῳδίας. Von Georg Lekapenos wird genannt „diversa ab edita syntaxi τεχνολογία περὶ γραμματικῆς sive περὶ σημασίας ῥημάτων καὶ ὀνομάτων in codice Parisino et Vaticano: incipit γράφειν ἐνεργητικὸν σημαίνει πέντε" bei Fabricius Bibl. Gr. VI S. 343. τεχνολογία περὶ γραμματικῆς ist aber gar nichts und ist entstanden durch Zusammenwerfung verschiedener Titel, welche diese Schrift führte. Sie heisst in Matthaei's Handschrift — denn es handelt sich offenbar um dieselbe Schrift, die mit allerhand Variationen abgeschrieben ward — γραμματικὴ Γεωργίου τοῦ Λεκαπηνοῦ, Lectt. Mosq. 55: freilich auch ganz unpassend. (Der Name περὶ σημασίας ῥημάτων καὶ ὀνομάτων wäre nicht unpassend, aber wenigstens für die von Matthaei herausgegebene Redaktion nicht vollständig: denn sie wenigstens enthält auch Artikel anderer Redetheile, z. B. ἐπιεικῶς, ἥπου, ἦν καὶ ἄν, λαμπρῶς, μόλις, ὅποι, οὔκουν, ὅπως —.) Ein ganz später Byzantinischer Titel: σταχυολογία τεχνολογικὴ κατ' ἐρωταπόκρισιν τῆς γραμματικῆς τέχνης bei Fabricius VI S. 335. Unsere Moschopulische Sylloge wird so überschrieben (und diese Ueberschrift ist aus Handschriften, s. Iriarte S. 270): ὀνομάτων Ἀττικῶν ξυλλογὴ ἐκλεγεῖσα ἀπὸ τῆς τεχνολογίας τῶν εἰκόνων τοῦ Φιλοστράτου, ἣν ἐξέδοτο ὁ σοφώτατος κύριος Μανουὴλ ὁ Μοσχόπουλος. Bei Bachmann Schol. in Il. haben wir: Τεχνολογία κανονισμάτων συλλεγέντων ἐκ τῆς παραφράσεως κυρίου Μανουὴλ τοῦ Μοσχοπούλου τῶν δύο ῥαψῳδιῶν τοῦ Ὁμήρου. — ἡ τεχνολογία τοῦ θηλικοῦ καὶ τοῦ οὐδετέρου προεγράφη εἰς τὸ τυπτόμενος Theodosios Gramm. Goettl. S. 181. Die ganze Sippschaft hat man bei

Laskaris: *ἐν ᾧ διεξοδικώτατα τεχνολογίαν τινὰ ποιήσομαι περὶ τῆς κλίσεως πάντων τῶν ὀνομάτων γενῶν τε καὶ καταλήξεων καὶ σχηματισμῶν τῶν πτώσεων* im Prooemium zum dritten Buche S. 96. *νῦν δὲ εἰδικῶς περὶ πάντων τεχνολογητέον· περὶ ῥημάτων* S. 160. *πόσα δὲ αὐτῷ (τῷ ῥήματι) καὶ ποσαχῶς συντάσσεται ἐν τοῖς πρότερον εἴρηται, νῦν δὲ τεχνολογικῶς περὶ τοῦ σχηματισμοῦ λεκτέον* S. 156. Der im Laskaris belesene falsche Drakon hat ein Kapitel S. 147 *περὶ κοινῆς συλλαβῆς τεχνολογικῶς*. — *προτεχνολογήματα* bei Stephanos von Byzanz unter *Αἰθίοψ*: *περὶ τοῦ Αἰθιόπισσα πλατύτερον ἐν τοῖς τῶν ἐθνικῶν προτεχνολογήμασιν εἴρηται*. (Das *τεχνογραφεῖ* bei Eustathios S. 650, 19 *ὡς Ἡρωδιανὸς τεχνογραφεῖ* scheint mir nichts anderes sagen zu wollen als *τεχνολογεῖ*, genau etwa gleich *τεχνολογῶν γράφει*.)

Dass die Beispiele des Wortes, die ich mir, leider nicht mit bestimmter Absicht der Vollständigkeit, angezeichnet habe, überwiegend späte und byzantinische sind, wird dennoch wol kein Zufall sein.

14. Wir fahren weiter fort in der Betrachtung der Zusätze, die wir bei Philemon als dessen Eigenthum finden. S. 233 *Ἀμέρδειν. τὸ ἀποστερεῖν καὶ ἀμαιροῦν· ὅ ἐστι τοῦ μέρδειν ἤτοι τοῦ βλέπειν ἀποστερεῖν. οὗ τὸ ἐναντίον σμέρδειν τὸ ἄγαν βλέπειν, ὃ καὶ διὰ τοῦ ζ παρὰ τοῖς παλαιοῖς, καὶ σμερδνὸν κυρίως τὸ τῇ ὄψει καταπληκτικόν. σημείωσαι δὲ ὅτι οὐ μόνον τὸ ζμέρδειν, ἀλλὰ καὶ ἕτεραι λέξεις ἐν ἀρχῇ προέφερον τὸ ζ, ὡς αὐτὸς ἐν τῷ περὶ διαλέκτων εὑρήσεις*. Statt der letzten Worte steht bei Favorinus und in dessen Quelle, Eustathios zu *N*, 340 S. 936 *ὡς ἀλλαχοῦ ἱκανῶς δεδήλωται* (vgl. zu *B*, 310 S. 228). Solche Verweisungen hat Philemon, sowie Favorinus, an anderen Stellen auch nicht selten mit abgeschrieben. Hier beliebte es ihm wieder sich seiner Maske zu erinnern und sich ein Buch über die Dialekte anzudichten. Einige sonstige Verkürzung, die er beim Abschreiben des Favorinus vorgenommen, ist uns gleichgültig. Aber Eine Verschiedenheit muss angemerkt werden. Wo nemlich hier steht *παρὰ τοῖς παλαιοῖς* (und so, sagt man uns, hat die Handschrift) ist bei Favorinus gedruckt *παρὰ τοῖς Ἀχαιοῖς*, bei Eustathios *παρὰ τοῖς ἀρχαίοις*. Philemon hat also hier wieder einmal aufgepasst und gemerkt, dass es mit den *Ἀχαιοί* nicht richtig sei, und schrieb etwas Allgemeineres, was dem Sinne nach mit des Eustathios *ἀρχαίοις* zufällig ziemlich übereinkam. Aber dergleichen Aufmerken ist bei Abschreibern zufällig, und dasselbe bei Favorinus stehende *Ἀχαιοί* statt des bei Eustathios richtig stehenden *ἀρχαῖοι* hat er nicht geändert, sondern das *Ἀχαιοί* aus Favorinus nachgeschrieben unter *Φρήτρη* (aus Eustathios S. 239). Was hinter dem *ἐν τῷ περὶ διαλέκτων εὑρήσεις* bei Philemon zunächst folgt: *καὶ ἀμέρσαι ἀντὶ τοῦ μερίδος στερῆ-*

σαι u. s. w., ist wieder aus Eustathios an einer ganz andern Stelle S. 1045, 40: bei Favorinus als besonderer Artikel zu finden wenige Zeilen später.

Der Artikel Ὠιδή beginnt mit einer ziemlich langen Partie, die aus Eustathios stammt, zu jenen Versen οἱ δὲ πανημέριοι μολπῇ θεὸν ἱλάσκοντο, καλὸν ἀείδοντες παιήονα, κοῦροι Ἀχαιῶν, μέλποντες ἑκάεργον, ὁ δὲ φρένα τέρπετ' ἀκούων Α, 472 S. 137, 30. Philemon stimmt mit Favorinus bis auf ganz unwesentliche Kleinigkeiten, auch darin natürlich, dass er am Anfang ein paar Zeilen, die Favorinus aus Eustathios weggelassen, gleichfalls nicht hat. Aber er hat auch etwas zugesetzt, was bemerkt zu werden verdient. Nemlich ganz am Schluss. Dieser lautet bei Eustathios: καὶ παιανική, ὁποία ἐστὶν ἡ νῦν αὕτη παρὰ τῷ ποιητῇ· φησὶ γὰρ καλὸν ἀείδοντας παιήονα. Bei Favorinus ebenso, nur ohne αὕτη und mit dem Aoristus καλὸν ἀείσαντες. Bei Philemon καὶ παιανική, ἡ εἰς τὸν Παιήονα, ὡς λέγει καλὸν ἀείσαντες παιήονα οἱ κοῦροι τῶν Ἀχαιῶν τὸν θεὸν (denn Osann wird wol richtig θεὸν für das θυμὸν der Handschrift geschrieben haben) ἔτερψαν. Nicht das leicht hinzuzufügende τὸν Παιήονα bemerken wir, sondern die Ausfüllung des οἱ κοῦροι τῶν Ἀχαιῶν τὸν θεὸν ἔτερψαν. Er hatte also diese Homerischen Verse aus dem ersten Buche der Iliade im Gedächtniss. (Favorinus hat den viel weiter gehenden Artikel des Eustathios hier abgebrochen. Die Fortsetzung hatte er bereits unter Παιήων.)

Ein diesem ähnlicher Fall ist S. 103 unter πρότερος . . . ἐκράτησε δὲ τοῦτο (nemlich πρώτιστος) παρὰ τοῖς Ἴωσιν, ὡς καὶ παρ' Ὁμήρῳ εὑρίσκεται Ἰλιάδος β' ἅ σοι πρωτίστῳ δίδομεν εὖτ' ἂν πτολίεθρον ἕλωμεν. Dies ist, wie das Vorhergehende des Artikels πρότερος, genau wie bei Favorinus, auch ἅ σοι für das richtige ἅς τοι (Il. B, 228); nur die Worte εὑρίσκεται Ἰλιάδος β' sind dort nicht zu finden und ein Zusatz.

Die ganze Reihe der Artikel, welche Philemon hier hat, προτεραία, πρότερος, προτεραίτερος, πρώτιστος lässt sonst bei Favorinus nichts vermissen. Wol aber möchte nicht unwesentlich sein, dass unter πρώτιστος in den Worten ἔστι δὲ ὑπερθετικὸν χαρακτῆρι μόνῳ die beiden letzten Worte bei Philemon ausgelassen sind. Denn die Lehre ist ja, um es etwa mit Gaza's Worten zu sagen (S. 483) τὸ δ' Ὁμήρου πρώτιστος καὶ τρίτατος σχῆμα μόνον ὑπερθετικοῦ ἔχει.

Ein drittes Beispiel, dass er ein Citat genauer gegeben, ist unter πόσον. Dies heisst bei Favorinus: Πόσον ἔχει τὴν ἐρώτησιν περὶ πλήθους εἰ πολὺ ἢ ὀλίγον ἐστί. Πόσον ἐστὶ τὸ ἐν τῷ καταμετρεῖσθαι ἔχον τὴν ὑπόστασιν· πόσον χρόνον δεμνίοις πέπτωχ' ὅδε, ἤγουν ἐπὶ πόσον κεῖται ἐν τοῖς δεμνίοις. Bei Philemon heisst es so: πόσον ἐπὶ πλήθους, εἰ πολὺ ἢ ὀλίγον ἐστί· ὡς παρ' Εὐριπίδῃ· πόσον χρόνον δεμνίοις πέπτωχ' ὅδε; οἷον ἐπὶ πόσον. Es ist Orestes 88.

Zu der Bekanntschaft mit Euripides findet sich noch ein merkwürdiges Beispiel. Der sehr lange Artikel συγκριτικὸν ὄνομα S. 131 —141 ist dem allergrössten Theile nach der Abschnitt περὶ συγκριτικῶν καὶ ὑπερθετικῶν aus des Planudes περὶ γραμματικῆς διάλογος S. 72—79 in Bachmann's Anecdota II. Es sind darin nur folgende Stücke, die nicht aus Planudes, sondern anderswoher sind, um- und eingesetzt: die vier Einleitungszeilen S. 131 bis τιμιώτερος τῶνδε: ferner das Stück S. 132 Z. 2—13 καὶ τὰ μὲν εἰς ος ἐπίθετα bis καὶ τἆλλα. Ferner S. 136 gegen Ende ein Stück von sechs Zeilen ἔτι τὰ συγκριτικὰ bis ἀλλὰ πάντων. Und von S. 137 unten ein vierzehn Zeilen betragendes Stück τὰ συγκριτικὰ ἀντὶ ἁπλῶν bis μάλιστα πάντων σοφός. Diese sind also in die grosse Stelle aus Planudes eingewoben. In dem Planudischen Stück ist ein paar mal mit kleinen Partien eine Umstellung vorgenommen, so dass man bei der ersten Vergleichung mit Planudes glaubt, sie fehlten. Abgekürzt ist äusserst Weniges. Dies alles steht nun ganz so bei Favorinus. Nur entspricht Favorinus dem Texte des Planudes noch genauer. Weggelassen hat Favorinus aus Planudes nur weniges (z. B. 76, 4—16). Dies fehlt natürlich bei Philemon auch, der aber selbst noch einiges ausgelassen hat, was bei Favorinus steht, theils in den Planudea, theils in dem nicht Planudischen Stück S. 73, wo Favorinus noch mehr Beispiele hat. An der Stelle, wo gesagt wird, dass bisweilen noch μᾶλλον zu dem Comparativ gesetzt sei, heisst es bei Planudes S. 75, 26 ἔστι γε μὴν ὅτε οἱ λογογραφοῦντες οὐ παρῃτήσαντο πρὸς τῷ συγκριτικῷ καὶ τὸ μᾶλλον τιθέναι, ὡς καὶ Εὐριπίδης· θανὼν δ' ἂν εἴη μᾶλλον εὐτυχέστερος ἢ ζῶν. Dies hat Favorinus so geschrieben: ἔστι δ' ὅτε πρὸς τῷ συγκριτικῷ μᾶλλον τιθέασιν ὡς Εὐριπίδης· θανὼν δ' ἂν εἴη μᾶλλον εὐτυχέστερος ἢ ζῶν. Und ebenso Philemon, nur dass er hat ὡς Εὐριπίδης ἐν Ἑκάβῃ θανὼν δ' u. s. w. Hekabe 381. Ausserdem ist Philemon's Zusatz die Definition am Anfang: Συγκριτικὸν ὄνομα „ἔστι δι' οὗ σύγκρισις γίνεται πρὸς ὁμοφυεῖς καὶ ἑτεροφυεῖς", worüber oben S. 180.

Bei Favorinus ist ein Artikel Σχοινίον, aus dem Etymologicum. Dann nach Dazwischentreten einiger kleiner anderer Artikel mehrere Artikel Σχοῖνον, deren einer so lautet: Σχοῖνόν φησιν Ἀριστοφάνης ἐν τῷ Πλούτῳ τὴν σκύλλαν. δηκτικὰ γὰρ βούλεται πάντα εἶναι. ἀλλὰ ἕτερόν τι ἡ σκίλλα ἐκ τῶν Θεοφράστου. καὶ σχοῖνος παρὰ τὸ σχίζεσθαι καὶ δακρύειν. ἡ αὐτὴ γὰρ τῇ μαστίχῃ. Es ist nicht gleichgültig ausdrücklich anzumerken, dass hinter Θεοφράστου das Punktum so bei Favorinus steht. Dies ist eine von den Stellen, wie sie bei

Favorinus, aber auch im Etymologicum vorkommen, die aus den Scholien zu einer bestimmten Stelle abgeschrieben gar nicht mehr verständlich sind, weil die bezügliche Stelle nicht mit angeführt ist. Natürlich gehört dieses zu Aristophanes' Plutos 720, wo der Gott seine Mischung für die Augeneinreibung macht, bestehend aus lauter beissenden Ingredienzen, dergleichen ganz richtig in dem dortigen καὶ σχῖνον (σκόροδα sind abgesondert genannt in V. 718) auch bezeichnet sein muss. Denn von σχῖνος ist natürlich die Rede; aber Favorinus hat σχοῖνος, gesichert durch die Buchstabenfolge bei ihm, und Philemon ebenso. Es ist das dortige Scholion, welches wir jetzt so lesen: Σχῖνον νῦν φησι τὴν σκίλλαν. δηκτικὰ γὰρ βούλεται πάντα εἶναι. ἐν δὲ τοῖς ἑξῆς παράκειται ἐκ τῶν Θεοφράστου ὅτι ἕτερόν τι ἡ σκίλλα καὶ σχῖνος, παρὰ τὸ σχίζεσθαι καὶ δακρύειν. ἡ αὐτὴ γὰρ τῇ μαστίχῃ. Nun hat also Philemon nach dem Artikel σχοινίον (wo er, wie oben gezeigt, nur das christliche Citat weggelassen) den Artikel σχοῖνον unmittelbar mit δὲ angeknüpft folgen lassen: σχοῖνον δὲ Ἀριστοφάνης und ganz so wie Favorinus bis ἡ σκίλλα ἐκ τῶν Θεοφράστου, in derselben, von der Gestalt unseres heutigen Aristophanesscholions doch ein wenig abweichenden Form. Hier aber abbrechend fügt er hinzu: σχῖνος δὲ (hier auch richtig σχῖνος mit ι schreibend) παρὰ τὸ σχίζεσθαι, δένδρον, ὅπερ σχιζόμενον δακρύει τὴν καλουμένην σχινίτην τὴν καὶ μαστίχην. ἥτις καὶ ῥητίνη παρά τινων λέγεται, ὡς Διοσκορίδης ὁ Ἀναζαρβεὺς περὶ αὐτῆς ἐν τῷ πρώτῳ διαλαμβάνει (hyle iatr. S. 93 Sprengel). Und hiermit stehe ich ganz zum Schluss an einer ἔνστασις. Dieses ganze, offenbar sehr gute Stück, mit seinem Citate des Dioskorides, steht im Favorinus nicht. Es ist mir wenigstens nicht gelungen es zu finden. Das wäre das einzige in seiner Art in diesem ganzen Philemon. Aber das Resultat kann dadurch nicht erschüttert werden.

Schliesslich überlasse ich nun zu erwägen, ob man glauben will, das Abbrechen des Buchs mit dem Artikel βάλλειν und in diesem selbst mitten im Anfangsbuchstaben eines Wortes καὶ βάλλειν ἐν ἁ (ἁπλότητι müsste es werden) sei durch Abschreiben entstanden, oder vielmehr dass der Autor meinte seinem Zwecke genug gethan zu haben und sich die Fortsetzung des Verbums durch die übrigen Buchstaben und dann die noch übrig bleibenden sechs Redetheile ersparen zu können. Ebenso ob der Anfang der Vorrede Ἐπεὶ δέ σοι, ὦ Ἀντίφανες —, worüber Osann nicht eine Silbe verliert, bloss verschrieben ist aus Ἐπειδή σοι, oder so geschrieben vom Autor, um auch am Anfang die Lücke einer alten Handschrift zu fingiren.

15. Noch einige Beispiele zum Studium der prästabilirten Harmonie (vgl. oben S. 170). Bei Zonaras steht der Artikel Οἰδίπους so:

Οἰδίπους· οἰδῶ οἰδήσω οἰδησίπους καὶ Οἰδίπους διὰ τοῦ ι. τὰ γὰρ
ἀπὸ βαρυτόνων μελλόντων γινόμενα διὰ τοῦ ι γράφεται ἢ διὰ τοῦ ο
μικροῦ, ἐνίοτε δὲ καὶ διὰ τοῦ ε ψιλοῦ, οἷον στήσω Στησίχορος, πράξω
Πραξιφάνης, μίξω μιξόθριξ, πέρσω Περσεφόνεια. οὕτως οὖν καὶ οἰδήσω οἰδησίπους καὶ ἐν συγκοπῇ οἰδίπους. οὕτω Θεόγνωστος. Diesen Artikel hat Favorinus ebenso; nur hat er weggelassen μίξω μιξόθριξ, πέρσω Περσεφόνεια, welches letzte doch eigentlich nothwendig ist. Und eben diese Wörter hat auch Philemon weggelassen.
Dass dieser auch noch das Citat οὕτω Θεόγνωστος weggelassen hat,
ist natürlicher.
 S. 153 ist bei Philemon ein Artikel Ταρσοί. Man wird leicht
finden, dass man hier drei, resp. zwei Stellen des Eustathios vor sich
hat. Nemlich aus der Stelle Eustathios' zu ι, 219 S. 1625, 12—14;
dann, nachdem aus dem fortgehenden Eustathios ein Stück weggelassen, wieder Eust. ebd. Z. 20. 21; endlich Eust. zu Λ, 377 S. 850, 33.
Nur vermisst man, wenn man die genaue Vergleichung mit Eustathios
anstellt, bei diesem die hier zwischen dem zweiten und dritten Stück
stehenden Worte λέγεται δὲ ὁ ταρσὸς καὶ τυροψύκτης, und vermisst
die in dem dritten Stück vorkommenden Worte λαμβάνεται δὲ καὶ ἐπὶ
χειρός. Woher stammen diese Zusätze? Sie stammen aus einem Artikel des Moschopulos: ταρσὸς ἐπὶ ποδὸς καὶ ἐπὶ χειρὸς λαμβάνεται.
λέγεται δὲ καὶ ὁ τυροψύκτης. Dieser kleine Artikel ist also dort, in
seine zwei Theile zerlegt, zwischen- und eingeschoben in jene Stücke
aus Eustathios. Dies alles hätte Philemon ganz ebenso gemacht wie
Favorinus, bei dem alles dies ebenso ist.
 S. 45 finden wir den Artikel aus Eustathios über den Namen Do-
lophonia oder Doloneia übertragen, dessen Worte am Anfange von Il. K
so lauten: νυκτεγερσία καὶ δολωνοφονία, καθ᾽ ἣν δηλαδὴ ὁ Δόλων πεφόνευται. πολλοὶ δὲ τῶν παλαιῶν καὶ Δολώνειαν ταύτην ἐκάλεσαν
ὥσπερ καὶ Πατρόκλειαν u. s. w. Bei Philemon finden wir: Δωλωφονία ἡ νυκτεργασία, καθ᾽ ἣν δηλαδὴ ὁ Δώλων πεφόνευται. λέγεται δὲ
καὶ Δωλώνεια ὥσπερ καὶ Πατρόκλεια. Der Artikel bei Favorinus
schliesst sich in einigem Gleichgültigen genauer an Eustathios an, z. B.
in dem πολλοὶ δὲ τῶν παλαιῶν. Die Δωλωφονία (der Artikel steht
bei ihm unter Τὸ Δ μετὰ τοῦ Ω), der Δώλων und die Δωλώνεια ist
auch bei ihm, und die νυκτεργασία auch.
 Der Artikel ἀπεμπολῶ σοι τὸν ἵππον — schliesst S. 263 mit
einem Stücke aus Hesychios: Ἀπεμπολῆσαι τὸ ἐπὶ κέρδος ἀποδόσθαι
τί. Bei Philemon lesen wir τὸ ἐπὶ κέρδος ἀποδόσαι τι: von Osann
übrigens ebenso wenig wie die eben besprochene Δωλωφονία auch
nur einer Silbe gewürdigt. Bei Favorinus ganz ebenso τὸ ἐπὶ κέρδος
ἀποδόσαι τί. Wogegen denn es allerdings nur eine Kleinigkeit ist,

wenn unter χειά in den Worten des Eustathios (S. 1259) λέγονται δὲ αἱ τοιαῦται χειαὶ καὶ εἰλυοὶ καὶ τρόχμαλοι — beide haben τροχμαιοι, wenn auch Favorinus τρόχμαιοι, er τροχμαιοί *).

---

*) Osann hat im Texte τρόχμαλα und dazu folgende Anmerkung: „Codicis et editionis Angl. scripturam τροχμαιοὶ iubentibus Villoisono et Bastio ad Gregorium Schaeferi p. 512 mutavimus." Dass die englische Ausgabe so habe ist falsch: sie hat τρόχμαλοι, ohne Zweifel durch Aenderung des Herausgebers. Jene Stelle von Bast heisst: „Etym. m. p. 809, 54 λέγονται δὲ οἱ τοιοῦτοι τόποι εἰλυοὶ καὶ τρόχμαλα (so steht im Etym.) καὶ αἱμασιαί. Posteriore etymologi loco usi sunt Philemon lex. techn. (v. Apollon. Villois. p. 852) et Phavorinus: sed uterque male habet τροχμαιοὶ pro τρόχμαλα." Aber bei Favorinus steht τρόχμαιοι, und die Stelle ist nicht aus dem Etymologicum, sondern aus Eustathios. Und Philemon hat sie weder aus dem Etymologicum noch aus Eustathios, sondern aus Favorinus.

Berichtigungen und Zusätze.

S. 10. Stehe doch hier noch eines von den Beispielen aus der Paraphrase zu entnehmender, bei Mommsen fehlender Lesarten. Pyth. III, 115 (65) hat der eine Scholiast jedenfalls nicht καί νιν gelesen, sondern (indem er ἰατῆρα auf den Chiron bezog, Χείρωνα ἰατρὸν ὄντα) dafür einen substantivischen Accusativ vor sich gehabt, den er paraphrasirt mit ἀπόλυσίν τινα. Entweder, ob es gleich wider das Metrum, λύσιν, oder λύτρον. Dies zu wissen ist schon deshalb nöthig, weil man sonst mit den Scholien, die zu 127 stehen, wo das eine zu dieser Lesart gehört, nicht zurecht kommen kann.

S. 20 Z. 8 λέγω δέ l. λέγει δέ.

S. 44 unter Nr. 6 die 7te Zeile: „Einiges vereinzelt einmal vorkommende" — l. vereinzelter vorkommende. — Jenes erregt doch über die Häufigkeit z. B. des τὸ δὲ σαφές eine unrichtige Vorstellung.

S. 76. Ueber das Verhältniss der Stellen des Moschopulos in den Pindarscholien, welche mit denen in der Sylloge übereinstimmen, bin ich einer Voraussetzung gefolgt, die vielleicht einmal als unrichtig erwiesen wird: der Voraussetzung, dass der gewöhnliche Titel dieser Schrift unzuverlässig ist, nämlich dieser: Τῶν ὀνομάτων Ἀττικῶν ξυλλογή, ἐκλεγεῖσα ἀπὸ τῆς τεχνολογίας τῶν εἰκόνων τοῦ Φιλοστράτου ἣν ἐξέδοτο ὁ σοφώτατος κύριος Μανουὴλ Μοσχόπουλος, καὶ ἀπὸ τῶν βιβλίων τῶν ποιητῶν. συνετέθη δὲ ἐνταῦθα κατὰ στοιχεῖον. Der Titel steht auch äusserlich nicht fest; es steht auch γραμματικὴ τοῦ κυροῦ Μανουήλ., s. Montf. bibl. Coisl. 515. Der Eindruck scheint gegen eine solche von fremder Hand gemachte Zusammenstellung aus den Kommentaren des Moschopulos zu sein. Und diesem musste ich für jetzt mich überlassen. Das muss auch Ritschl so empfunden haben, wie man in der Vorrede zu Thomas sieht, der sich auch um jenen Titel gar nicht kümmert. Eine eingehende Untersuchung über dieses Moschopulos Schriften und insbesondre über die Sylloge, ein Gegenstand, auf dessen Wichtigkeit schon Ritschl damals aufmerksam machte, ist dringend zu wünschen und ist ein sehr zu empfehlendes Thema. Dann wird sich zeigen, ob man sich doch das Verhältniss jener Stellen umgekehrt zu denken habe.

§. 79. Bei Gelegenheit der Ausdrücke οὕτω λέγε, οὕτω εἴποις u. s. w. wolle man folgendes Epimetrum annehmen.

Ueber den technisch-grammatischen Gebrauch von λέγειν und γράφειν.

Suidas unter δαιτὸς ἐΐσης .... ἀγνοῶν δὲ ὁ Ζηνόδοτος τῆς φωνῆς ταύτης τὴν δύναμιν ἔφη· ἑλώρια τεῦχε κύνεσσιν οἰωνοῖσί τε δαῖτα. Wo bei dem ἔφη Bernhardy sagt: „ἔφη) immo γράφει". Man dürfte zunächst wünschen, die Worte lauteten: „immo γράφει, ut apud Athenaeum p. 12." Woher die Suidasstelle genommen. Allein auch dies vermag nicht das ἔφη, das eben bei Suidas an die Stelle gesetzt worden, als unrichtig zu beseitigen. Buttmann muss an diesen Sprachgebrauch nicht gedacht haben, als er 3, 251 zu παίσατε das Scholion Harl. so edirte: Ζηνόδοτος, παίσατον, εἶπεν, οὐ κακῶς. Also doch wol sich damit nicht zurecht zu finden wusste. Allein er hatte ja ε, 296 aus Harlejanus: ʽΡιανὸς καὶ Ἀριστοφάνης αἰθρηγενέης λέγουσι. Schol. B Aesch. Pers. 186 lesen wir: οὕτω γὰρ ἐν πᾶσι τοῖς παλαιοῖς βιβλίοις εἴρηται διὰ τῆς ο καὶ ι διφθόγγου γραφόμενον. Bei Dindorf lesen wir εὕρηται: vermuthlich als selbstverständlich von ihm geändert. Und doch vielleicht sogar hier mit Unrecht. Apollon. lex. H. 2, 7 ἀασίφρων βλαψεσίφρων· εἴρηται καὶ ἀεσίφρων. Schol. A Pers. 76 τὸ δὲ χρυσονόμου ἀντὶ τοῦ πλουσίας εἶπε. τινὲς δὲ χρυσογόνου λέγουσι, διὰ τὸ τὸν Περσέα ἀπὸ χρυσοῦ γεγενῆσθαι. ὃ καὶ βέλτιον. Schol. vet. Pind. Ol. VII, 5 τινὲς „προπέμπων" λέγουσι, τὸ δὲ „προπίνων" παλαιὸν σφάλμα φασὶ τῶν γραψάντων. Nem. IX, 95 ὁ δὲ τῆς Ἀρείας πόρος ἀνεξήγητός ἐστι. διὸ καὶ ἄδηλον εἴτε Ἀρείας εἴτε ʽΡείας λεκτέον εἴτε ὕφ' ἓν Ἀρειάςπορον. Tzetz. Lyc. 1113 καὶ πᾶν λακίζουσα) σχίζουσα. τινὲς δὲ παλλακίζουσα φασίν, ἵν' ᾖ ὡς παλλακίδα τιμωρουμένη. ib. 234 κἂν γὰρ λαρνακοφόρους εἴπῃς, für λαρνακοφθόρους, οὐκ ἔστιν ἐπταισμένος ὁ στίχος. (Von Ciz. und Vit. 1 in εἶπεν verwandelt.) Schol. Aesch. B Pers. 532 ὀλέσας) γρ. ὤλεσας (oder wol ὅλεσας), ὅπερ εἰ εἴπῃς κομματικὸν ἐκφέρεις τὸ λοιπόν.

Aber nicht nur für dieses „schreiben" bei Angabe von Lesarten werden diese Wörter gebraucht, sondern auch für „erklären", „verstehen". In jener Stelle des Suidas δαιτὸς ἐΐσης steht: δαιτὸς ἐΐσης) ἐξ ἴσου μεριζομένης εὐωχίας. Ζηνόδοτος δὲ τῆς ἀγαθῆς φησιν. Schol. B Aesch. Pers. 478 τινὲς δὲ τοῦτό φασιν οὕτως, ὅτι ἐκεῖσε φησὶν ἀπίασιν ὅπου αὐτοὺς ὁ ἄνεμος φέρει. Schol. Pind. Nem. X, 132 Ζεὺς ἐπ' Ἴδᾳ πυρφόρον πλᾶξε ψολόεντα κεραυνόν) οἱ μὲν ἐπὶ τῷ Ἴδᾳ φασίν, οἱ δὲ ἐν τῷ ὄρει τῇ Ἴδῃ, ἵνα ἴδῃ πᾶν ὄρος ὑψηλὸν ἀκούσωμεν. Nem. I, 3 εἰσὶ δὲ οἳ Ἀλφειῶαν τὴν Ἄρτεμιν λέγουσι διὰ τὸ τὸν Ἀλφειὸν πλησίον τῆς Ἠλείας Ἀρτεμισίας καταφέρεσθαι „sie erklären den Beinamen der Artemis Ἀλφειῴα daher dass —". Der bei den Byzantinern häufige Gebrauch des οὕτω λέγε, οὕτως εἴποις, οὕτως ἐρεῖς und ähnliches ist S. 79. 80 erwähnt. Dazu noch einiges. Triclin. zu Ol. VI, 122 τιμῶντες δ' ἀρετὰς ἐς φανερὰν ὁδὸν ἔρχονται. τεκμαίρει χρῆμ' ἕκαστον) τὸ τιμῶντες εἰ μὲν μετὰ τοῦ οἱ ἄρθρου εἴποις, καθολικῶς γνωμικὸς ἔσται ὁ λόγος· εἰ δὲ χωρὶς τοῦ ἄρθρου, πρὸς τοὺς Ἰαμίδας νοήσεις, καὶ τὸ τεκμαίρει χρῆμ' ἕκαστον ἢ δι' αὐτοὺς ἢ διὰ πάντας ἐρεῖς: „und wirst, je nachdem du τιμῶντες so oder so verstehst, das χρῆμ' ἕκαστον nehmen, verstehen als gesagt wegen der Jamiden oder wegen aller Menschen". Wozu es nicht uninteressant, eine ähnliche Stelle desselben zu vergleichen, in welcher zum Uebergang aus der Bedeutung „ausdrücken, paraphrasiren" noch eine Hinnöthigung nicht gegeben wäre: Ol. VII, 125 μὴ εἴπῃς τὸ κορυφαὶ μετὰ ἄρθρον, ἀλλ' οὕτω· τελεύτασαν δὲ κορυφαὶ πετοῖσα καὶ πεσοῦσαι ἐν ἀληθείᾳ u. s. w. Bei Ὑψηλᾶν ἀρετᾶν καὶ στεφάνων ἄωτον γλυκὺν τῶν Οὐλυμπίᾳ, Ὠκεανοῦ θύγατερ, καρδίᾳ γελανεῖ ἀκαμαντόποδός τ' ἀπήνας δέκευ Ol. V Anfang sagt er: τὸ δὲ ἄωτον καὶ εἰς τὸ ἀρετᾶν καὶ εἰς τὸ στεφάνων καὶ εἰς τὸ ἀπήνης λέγε. Und werden wir uns nicht wundern, wenn sogar wie νοεῖν ἀντί auch gesagt ward hienach λέγειν ἀντί. Eust. p. 635, 24 τὸ δὲ ἵνα μὴ ῥέξομεν ὧδε ἠθέλησάν τινες εἰπεῖν ἀντὶ τοῦ ὅπου μὴ ποιήσομεν οὕτω. οὐκ εὖ δέ. στέργεται γὰρ μᾶλλον ἡ προρρηθεῖσα ἐξήγησις. Und kein anderes ἐρεῖς ἀντί ist jenes in der im Text schon angeführten Stelle des Triklinius Ol. I, 141 ἕλεν δ' Οἰνομάου βίαν παρθένον τε σύνευνον) τὸ ἕλεν οὐ πρὸς τὸ παρθένον κατὰ κοινοῦ εἴποις, ἀλλ' ἐνταῦθα μὲν ἀντὶ τοῦ ἔλαβεν ἐρεῖς, πρὸς δὲ τὸ βίαν ἀντὶ τοῦ ἐκράτησε καὶ ἐνίκησεν. — Tricl. Ol. V, 27 ἢ ὑψίγυιον ἄλσος λέγε ἀντὶ τοῦ ὑψηλὰ καὶ μεγάλα ξύλα. Ein sehr gutes Beispiel für unser λέγειν ist Sch. Pind. Nem. VI, 69 βοτάνη λέοντος τὸ σέλινον λεκτέον. Und es gehört doch schon Aristonikus zu M, 36 hieher: κανάχιζε δὲ δούρατα πύργων βαλλόμενα) ἡ διπλῆ ὅτι πύργων ἀντὶ τοῦ πύργους καὶ ἐλλείπει ἡ ἐπί, ἵν' ᾖ κανάχιζε δὲ δούρατα ὡς ἐπὶ πύργους βαλλόμενα, οὐ τὰ ἐπῳκοδομημένα τῷ τείχει ἐκανάχιζε ξύλα. Διονύσιος δὲ ὁ Σιδώνιος τὴν μὲν πτῶσιν οὐκ ἐνήλλαξε, τὴν δὲ πρόθεσιν προσλαβὼν εἴρηκεν ἐπὶ πύργων (Cod. πύργους. Ob es vielleicht ἀπὸ πύργων sein muss?) βαλλόμενα.

Dass dieser Gebrauch sich herschreibt von dem Anwenden dieser oder jener Worte, Ausdrucks bei paraphrastisch erklärender Umsetzung, die ja so sehr in Gang kam: — vielleicht hat man früh im mündlichen Unterricht über Texte den Schüler gefragt: πῶς τοῦτο ἐρεῖς; — das ist wol wahrscheinlich. Dass diese reinen Wörter des „sagens" diese spezielle technische Bedeutung erhielten, ist aber auch schon zu bemerken. Auch wenn das erklärende Umsetzen in Gedanken geschieht, erhalten wir schon unser „verstehen". Daran erinnert eine Stelle wie in den ältern Scholien zu Ol. IX, 85 πρὶν Ὀλύμπιος ἀγεμών. Es soll πρίν für „ehemals", τὸ παλαιόν genommen werden. Es heisst da: πρὶν Ὀλύμπιος ἀγεμών) πρόςθες σύνδεσμον γάρ, ἵν' ᾖ συναρμοστέος ὁ λόγος τοῖς ἄνωθεν, καὶ εἰπέ· πρὶν γὰρ Ὀλύμπιος ἀγεμών. τὸ γὰρ παλαιὸν ὁ Ζεὺς ἀναρπάσας u. s. w. die Paraphrase. — Hieran schliesst sich nun ein ähnlicher Uebergang für γράφειν. Es ist oben S. 75 eine Stelle des Moschopulos berührt worden (zu Ol. IV, 38, und muss empfohlen werden, die etwas längere Stelle zusammenhängend in den Scholien selbst nachzulesen), wo λέγεται und γράφεται wechselten. So scharf, wie dort zu übersetzen zweckmässig war, „es tritt bei der paraphrastischen Umsetzung ein" werden die Ausdrücke auch dort wol kaum von dem Autor empfunden sein.

Dass γράφειν in Scholien auch die Bedeutung „erklären, glossiren" hat, ward von Bernhardy bemerkt zu Eratosthenes S. 219 und wurden Beispiele aus den Scholien zu Aristophanes und Pindar beigebracht. Jedenfalls aber mit Beispielen aus den Pindarischen Scholien hat er Unglück gehabt. „Pind. Schol. Ol. I, 13. VI, 44. Nem. VII, 96 ubi leg. πόρον· γράφεται πόνον. Hinc ἡ γραφὴ explicatio, ibid. ad Pyth. IV, 195 οὐκ ἐκκόπτεται (sic leg. — nämlich für ἐκκόπτει) ἡ γραφή." Denn in Ol. I, 13 ist nicht das γράφεται richtig, welches in der einen Fassung steht (in welcher übrigens nicht nur das γράφεται in περιγράφεται, sondern auch noch das προβάλλεται in περιβάλλεται zu verändern ist), sondern das περιγράφεται in der andern, und ist περιγράφεται zu der einen Erklärung von ὅθεν ἀμφιβάλλεται μητίεσσιν ὕμνος gebraucht: „Olympia, woher der Hymnus umschrieben wird, seinen Umriss gleichsam erhält," den der Dichter dann ausfüllt, wie ein Bau, dessen Grenzen man zuerst umschreibt (περιγράφεται, περιλαμβάνεται) und rings aufwirft (ἀμφιβάλλεται, περιβάλλεται), wie im Homer von jenen, welche des Patroklus Grab aufrichten, zuerst es heisse im Homer τορνώσαντο δὲ σῆμα. Und dieses τορνώσαντο δὲ σῆμα paraphrasirt das Scholion zur Stelle und der Bekkersche Paraphrast durch περιέγραψαν δὲ κύκλῳ τὸν τάφον. Und ohne Zweifel auch Apollonius im lex. Hom. περιέγραψαν, wie schon Toll verlangt, nicht ἐπέγραψαν.

Die zweite Stelle war στεφάνους ἐν Ὀλυμπίᾳ ἐπεὶ δέξαντο. Da stand ganz unverständlich in der Romana ἐπεὶ δέξαντο) ἀντὶ τοῦ στεφάνους οὓς ἔλαβον, in Vrat. D ἀντὶ τοῦ ἐπεδείξαντο τοὺς στεφάνους οὓς ἔλαβον. Aber aus Vrat. A ist für ἀντὶ τοῦ aufgetaucht γράφεται καὶ ἐπεδείξαντο τοὺς στεφάνους οὓς ἔλαβον. Wobei Böckh eine sonderbare und unklare Bemerkung macht: „Ultima inde a γράφεται variam lectionem non textus, sed scholiorum codicis designant." Nun es ist einfach klar, dass eine andere Lesart für στεφάνους ἐπεὶ δέξαντο angegeben wird, nämlich offenbar στεφάνους ἐπεὶ δείξαντο: erklärt: weil sie Kränze in Olympia wiesen, die erhaltenen Siegeskränze vor den anwesenden Hellenen sehen liessen, indem sie ihnen dort aufs Haupt gesetzt wurden. Auch in der dritten Stelle Nem. VII, 95 heisst γράφεται „es wird geschrieben" als andere Lesart. Sie ist ohne Zweifel von Böckh ganz richtig beurtheilt. Endlich Pyth. IV, 195 πεύθομαι γάρ νιν Πελίαν ἄθεμιν λευκαῖς πιθήσαντα φρασὶν ἁμετέραν ἀποσυλᾶσαι ἀρχεδίκαν τοκέων: mit den vom Scholiasten besprochenen Lesarten ἁμετέρων und ἀρχεδικᾶν. Und wenn er sagt: εἰ δὲ καὶ περισπωμένως ἀναγινώσκομεν ἀρχεδικᾶν οὐκ ἐκκόπτει ἡ γραφή, so heisst das: „noch so ist die Lesart ἁμετέραν nicht falsch." Die Stelle ist von mir oben S. 128 besprochen und auch Parallelstelle zu dem intransitiven ἐκκόπτειν beigebracht, welches freilich auch ohne Parallelstelle in der von selbst sich darbietenden Erinnerung an παρακόπτειν und προκόπτειν so rasch nicht anzufechten war.

Dagegen ist sehr gut die Stelle, welche Bernhardy anführt Schol. Aristoph. Ran. 1060 (1055) ἐχάρην γοῦν ἡνίκ᾽ ἀπηγγέλθη περὶ Δαρείου τεθνεῶτος. Hier hatten einige die wunderliche Erklärung, es sei unter Δαρείου zu verstehen Ξέρξου. Das wird in dem einen dortigen Scholion so gesagt: Χαῖρις δέ φησι τὸ Δαρείου ἀντὶ τοῦ Ξέρξου. σύηθες γὰρ τοῖς ποιηταῖς ἐπὶ τῶν υἱῶν τοῖς τῶν πατέρων ὀνόμασι χρῆσθαι. In dem andern: τινὲς δὲ γράφουσι Δαρείου τοῦ Ξέρξου, [οἱ δὲ] ὅτι τοῖς κυρίοις ἀντὶ πατρωνυμικῶν κέχρηνται. Sehr gut ferner eine andere von Bernhardy angeführte Stelle, zu πτίλον δὲ τὸ μέγα κομπολακύθου πεσὸν (oder, wie man sieht, mit anderer Lesart πεσὼν) πρὸς ταῖς πέτραισι δεινὸν ἐξηύδα μέλος, Acharn. 1181 (1197): γράφεται δὲ οὕτως· πτίλου δὲ τοῦ μεγάλου πεσόντος (also nominativus absolutus) ἐς τὰς πέτρας δεινὸν μέλος ἐξηύδα ὁ Λάμαχος, ἢ πεσὼν πρὸς ταῖς πέτραις ἐθρήνει τὸ μέγα πτίλον. Die hieraus sich ganz sicher ergebende Lesart πεσών hat Dindorf nicht angemerkt. Wenn er dagegen Pac. 1139 (1146) bei οὐ γὰρ οἷόν τ᾽ ἐστὶ πάντως οἰναρίζειν τήμερον sagt: „ἀμπελουργεῖν pro οἰναρίζειν varia lectio apud scholiasten", so darf uns dies nach dem obigen doch sehr zweifelhaft sein: οἰναρίζειν, heisst es, τὸ ἀποφυλλίζειν. οἴναρα γὰρ τὰ φύλλα τῆς ἀμπέλου. τινὲς γράφουσιν ἀμπελουργεῖν, οὐκ ὀρθῶς. οἰναρίζειν δὲ τὰς οἴνας ἐργάζεσθαι, καὶ οἴναρα τὰ φύλλα ... Es handelt sich wol auch hier nur um verschiedene Erklärung.

Bei Behandlung des Cod. Harles. war Porson auf solches γράφειν aufmerksam geworden, wodurch offenbar nicht Lesart, sondern Glosse angegeben ward. Aber er war der Meinung, das sei nur durch Missverständniss geschehen: ein an den Rand geschriebenes oder übergeschriebenes Wort, das als Glosse gemeint war, habe ein unverständiger

Abschreiber dann für Lesart genommen und mit dem γράφεται versehen. So äussert er sich zu ϑ, 434 ἀμφὶ πυρὶ στῆσαι τρίποδα μέγαν ὅττι τάχιστα. Wo Harl. εἶχε δὲ ὁ λέβης τρίποδα (übrigens wahrscheinlich nach Schol. D zu Il. Ψ, 40, vgl. Ath. 38. b., zu schreiben βάσιν τρίποδα). Und dabei steht am Rande γρ. καὶ λέβητα. Dass einmal auch ein Abschreiber Glosse für Lesart hielt, das wird ja nicht ausgeblieben sein. Aber den bisher behandelten Gebrauch des γράφεται als technischen Ausdruck zu leugnen haben wir kein Recht. Buttmann hatte bei solchen wiederholt vorkommenden Beispielen in den Odysseescholien, mit γρ. wie β, 40 τάχα εἴσεαι) γρ. τάχα μαθήσῃ u. s. w., einmal auch καὶ κύνει) γράφε προςκύνει (s. die Beispiele in seinem Index) anfangs auf diesen Sprachgebrauch für „glossiren" aufmerksam gemacht, s. besonders zu β, 334, und er hätte sich dann nicht durch Porson's Bemerkung, die er zu ϑ, 434 traf, sollen irre machen lassen und in den Nachträgern dessen Ansicht annehmen. — Schol. A Aesch. Pers. 674 bei dem schwierigen δίδυμα — ἁμάρτια sagt: ὁμοῦ ἡρμοσμένα· γράφεται καὶ ἁμαρτήματα. Wir haben kein Recht zu bezweifeln, dass der Scholiast A selbst so geschrieben, noch dass er etwas anders hat sagen wollen als: es wird so erklärt, verstanden.

Berühren wir nun noch den Gebrauch von λέγει „dieses Wort bedeutet" λέγει. Schol. vet. Pind. Ol. II, 7 bei der Erklärung von ἀκροθίνια: ... λέγει δὲ ἡ λέξις μεταφορικῶς ἅπαντος ἀπάργματος τὸ κορυφαῖον καὶ κάλλιστον. Tzetz. Lyc. prooem. S. 264 Πτολεμαῖος ἀπὸ μέλιτος λέγει μεταγραμματιζόμενον, Ἀρσινόη δὲ ἴον Ἥρας. Lex. schedogr. Boiss. An. IV p. 338 V. 337 κυανοχαίτης Ποσειδῶν τὸ μελανόθριξ λέγει. Daselbst κομιδῇ ἐπιμέλειαν λέγει p. 385 V. 379. λύματα τὰ καθάρματα λέγει p. 389 V. 446.

S. 85 Zeile 9 von unten: die Stelle οὐδὲ τὴν Διὸς ἔριν ist Aesch. Sept. 413.

S. 91. Auf Entlehnungen des Tzetzes aus den Pindarischen Scholien wird überhaupt noch mehr zu achten sein. Lyc. S. 454 heisst es: Ἀρτέμων δὲ ὁ ἱστορικός φησιν, ὥσπερ ἐγώ, ὅτι πᾶν ὄρος πυρὸς ἔχον ἀνάδοσιν καθάπερ ὑπὸ Τυφῶν καίεται. Da sagt Müller bei καθάπερ: Vit. et Ciz. καθάπαξ, male. Allein das hat Tzetzes ohne Zweifel aus Schol. Pind. Pyth. I, 31, wo καθάπαξ ganz sicher ist.

S. 93 füge hinzu Tzetzes zu Lyc. V. 183 S. 466 bei der Geschichte der Iphigenie: οὐκ ἀγνοεῖς δὲ καὶ τὸν ἀντὶ Ἰσαὰκ κριὸν ἐν φυτῷ Σαβὲκ δεδεμένον κατὰ τὴν θείαν γραφήν (Gen. 22, 13).

S. 108 fehlt Pyth. IV, 135 Boeckh τὸ δὲ σημεῖον χ ὅτι —, Rom. σημειωτέον δὲ ὅτι —.

S. 114 und 115 ist hinzuzufügen: Pyth. IV, 412 ζητεῖται δέ πῶς (so Rom., Böckh blos πῶς) τὸ πῦρ οὐκ ἐτάρασσε τὸν Ἰάσονα. Pyth. X, 72 ζητεῖται δέ πῶς in der Romana, bei Böckh blos πῶς δέ —. Wie Perseus auf seinem Zuge nach den Gorgonen zu den Hyperboreern kommt. Dass jeder Versuch zur **Beantwortung fehlt, darf gewiss zu den Zeichen der grossen Lückenhaftigkeit der Ueberlieferung gerechnet werden.** Nem. I, 49 ἐπαπορήσειεν ἄν τις διὰ τί τοῦ Ἡρακλέους μνημονεύει. οὐ γὰρ εὔκαιρος δοκεῖ ἡ μνήμη νῦν Ἡρακλέους, καί φαμεν —. Weil aber die Lückenhaftigkeit der Ueberlieferung erwähnt ist und nichts wichtiger ist als sich mit dieser Ueberzeugung zu durchdringen, mag hier noch ein Beispiel stehen. Zu Ol. XIII Ξενοφῶντι Κορινθίῳ fehlt jede vorläufige Notiz über den Mann. Und doch war das wichtige zu sagen, was wir aus Athen. XIII, 33 wissen, dass Xenophon der Aphrodite Hetären gelobt für den Fall des Sieges in Olympia **und dass nachher für das Opfer bei der Einführung dieser Hetären Pindar dem Xenophon ein Skolion gedichtet, worin er die Hetären selbst angeredet.** Es war dies ganz gewiss auch in **dem Proömium erwähnt.** Ferner wird hier zu V. 32 der Gebete Erwähnung gethan, welche die Korinthischen Frauen und Hetären im Perserkriege an Aphrodite richteten. Ich sage der **Frauen und Hetären. Jetzt freilich steht da von den Hetären nichts.** Es ist aber ganz deutlich, dass die Erwähnung derselben hinter προςταξάσης ausgefallen ist. Denn auf sie war das gleich folgende Epigramm nach Athenäus gemacht.

S. 152 Z. 57 von unten: ἡρωινήν l. ἡρωικήν.

Index.

ἀνταποκρίνεσθαι c. accus. 147.
ἄνωθεν. κάτωθεν S. 102.
ἁπλῶς 81.
ἀργός 80.
Aristarch. Er paraphrasirt 52.
Asteriskos 104. 105.

Glossen aus Paraphrase 67. 84.
γράφειν 75. Zusätze 192.

δέον εἰπεῖν 86.
δηλονότι 20.
Δημοσθένης Θρᾷξ 51.
διαγράφειν διάγραμμα 41.
διακόπτειν διακοπτικός 63.
διπλῶς νόει 79.

ἐκκόπτειν 128. 195.
ἐκ τοῦ παρατυχόντος, ἐκ παραδρομῆς 81.
ἐκτρέπεσθαι, ἐντρέπεσθαι 127.
Ἑρμοκράτης Ἰασεύς 159.
ἑξῆς. τὸ ἑξῆς 43.
ἐπὶ τοῦ παρόντος ähnl. 25.
ἕτερ᾽ ἄττα 78.
ἔφη ähnl. 6.

ζῆλος Ὁμηρικός 78.
ζητεῖται 111.

ἤγουν 20. (Steht wol auch einmal

falsch für ἡ γοῦν. Beiläufig sei bemerkt, dass in späteren Zeiten γοῦν für οὖν unzweifelhaft gefunden wird. Im Tzetzes zu Lycophron giebt es ganz sichere Stellen, ja selbst πῶς γοῦν —; zu 980 S. 897. Aber auch in den älteren Pindarscholien sind einige Stellen. Z. B. Ol. I, 150. 157. Ol. XI (X), 48. Pyth. II, 39. Nem. IV, 112. Nem. VI, 17. 104. Nem. VII prooem. Isthm. III (IV), 82. — Triclin. Ol. V, 27.

θρῆνος, τό 71.
Θωμᾶς Magister 97.

ἱστορία 88.

καί zur Paraphrase 21. (Ueber ein etwaiges τε καί ist für jetzt absichtlich nicht gesprochen.)

Latein unter dem Griechischen 96.
λέγειν, φάναι 75. 79. Zusätze 192.
λέγω „nämlich" 20.
λοιπόν 28.

μεθερμηνευτικός 80.
μεταβολή „Paraphrase" 51.
Moschopulos 73 — 78. 91. 98. 99.

νοῦς· ὁ νοῦς, ἡ διάνοια, ἡ ἔννοια, ὁ λόγος ähnl. 43.

ὄπισθεν, ἔμπροσθεν, πρώην S. 81. 101.

ὅστις 26. Ich will bemerken, dass hinter der Präposition nicht ὅστις für ὅς einzutreten pflegt, ἐν ᾗ νήσῳ, ἐν ᾗ u. s. w.

παλαιοί, οἱ π. bei Eustathios 167. Paraphrase der Dichter 49 ff. Aeschylus 42. 67. Aratus 69. Dionysius Ixeutica 52. Dionysius Periegetes 67. Euripides 68. Homer, und insbesondre die Bekkersche Paraphrase der Ilias 51. 53—67. 148. Hesiodus 51. 67. 68. 72. Lykophron 21. 40. 69—72. Nikander 51. 69. Oppian 52. 68. Sophokles 40. 69. 72.

Perfektum, dritte Person, für Aoristus 46.

παρό παρόπερ nach Compar. 102.
ποταπός; 82.
προςφιλής 26.

ῥητόν 140.

σαφές. τὸ δὲ σ. 44.
Σουίδας 159.
σταυρογραφεῖν 111.
σύνταξις S. 35.
Syntaktische Konstruktion beibehalten beim Citiren 4.
σχόλια. Des Pindar ältere und neuere 34. 45. 100. Zu Aeschylus 42. 67. 83. 102. 103. Zu Lykophron 41. 67.

τεχνολογία 182.
Τζέτζης 73. 102. 103.
Triklinius 73. 78—96.
τρίς für πολλάκις 5.
τρίτον 155.

Φαβωρῖνος 164.
Φιλήμων 164.

χ. τὸ σημεῖον 40. (Diese Frage hier ist natürlich an Böckh gerichtet, der an eine Ausscheidung dieser Scholien mit χ aus dem eigentlichen Bestand der ältern Scholien nicht gedacht.) 96. 107 ff.

Christliches bei den Byzantinischen Erklärern 93.